Für meine Großmutter

# Inhalt

| | | Seite |
|---|---|---|
| Einleitung | | 1 |
| I. Teil | | |
| 1. | Das Erbe der griechischen Traummantik | 5 |
| 1.1 | Die theologische Auffassung | 7 |
| 1.2 | Die anthropologische Auffassung | 10 |
| 1.3 | Die physiologische Auffassung | 15 |
| 1.4 | Die kosmologische Auffassung | 19 |
| 1.5 | Oneiromantie und Inkubation | 25 |
| 1.6 | Schlußfolgerungen | 33 |
| 2. | Der Traum im christlichen Mittelalter | 37 |
| 2.1 | Ist die Traumdeutung Götzendienst? | 37 |
| 2.2 | Die Klassifikation der Träume | 41 |
| 2.3 | Eine Kultur der Vision | 45 |
| 2.4 | Medizinisch-wissenschaftliche Traumtheorien | 48 |
| 2.4.1 | Hildegard von Bingen | 48 |
| 2.4.2 | Scholastik | 50 |
| 2.5 | Zusammenfassung | 54 |
| 3. | Das 16. Jahrhundert | 55 |
| 3.1 | Phantasien der Krise | 56 |
| 3.1.1 | Das "namenlos Wilde" | 56 |
| 3.1.2 | Monster und Prodigien - Die Sensationspresse des 16. Jahrhunderts | 59 |
| 3.2 | Kulturform-Traum I: Apokalypse | 61 |
| 3.2.1 | Die "grosse wesserung" 1524 - Dürers Traumgesicht | 61 |
| 3.2.2 | Der neue Daniel (Thomas Müntzer) | 66 |
| 3.3 | Kulturform-Traum II: Hexenritt | 73 |
| 3.3.1 | Der Umbruch im Hexenglauben | 73 |
| 3.3.2 | Nachtfahrende und Benandanti | 77 |
| 3.4 | Die Anschauungen der Renaissance-Gelehrten | 87 |
| 3.4.1 | Die Wiedergeburt der antiken Traumdeutung | 87 |
| 3.4.2 | Kosmische Witterungen | 90 |
| 3.4.3 | Die Traumküche della Portas | 94 |
| 3.4.4 | Magie und Imagination | 95 |
| 3.4.5 | Die platonische Tradition | 97 |
| 3.4.6 | Zusammenfassung | 103 |

| | | |
|---|---|---|
| 3.5 | Traum und Realität in zwei exemplarischen Biographien | 104 |
| 3.5.1 | John Dee | 104 |
| 3.5.1.1 | Der Lebensweg eines elisabethanischen Magiers | 104 |
| 3.5.1.2 | Seine Tagebücher und Träume | 106 |
| 3.5.2 | Girolamo Cardano | 111 |
| 3.5.2.1 | Werke, Leben, Persönlichkeit eines Flügelmannes | 111 |
| 3.5.2.2 | "Dinge, die wie Märchen klingen..." | 118 |
| 3.5.2.3 | Die Traumdeutung | 126 |

II. Teil

| | | |
|---|---|---|
| 1. | Prolegomena zur neuzeitlichen Trennung von Traum und Realität - ihre Motive und Verlaufslinien | 145 |
| 1.1 | Das metaphysische Motiv | 148 |
| 1.2 | Das methodologische Motiv | 152 |
| 1.3 | Das psychodynamische Motiv | 154 |
| 1.4 | Das Motiv der Aberglaubenkritik | 156 |
| 2. | Descartes | 159 |
| 2.1 | Die Träume des jungen Descartes | 159 |
| 2.1.1 | "Welchen Lebensweg werde ich gehen?" - Die Nacht vom 10./11. November 1619 | 159 |
| 2.1.2 | Descartes und die Rosenkreuzer | 167 |
| 2.1.3 | Die Bedeutsamkeit der Natur: Ein Irrtum der Kindheit | 170 |
| 2.1.4 | Reminiszenzen der Träume im "Discours" und in den "Meditationen" | 174 |
| 2.2 | Das Traumproblem in der cartesianischen Metaphysik | 178 |
| 2.2.1 | Die verblüffende Annäherung von Wachen und Traum (1. Meditation) | 179 |
| 2.2.2 | Zur Problematik des Traumarguments | 182 |
| 2.2.3 | Betrügerischer Geist und "Weltvernichtung" | 186 |
| 2.2.4 | Restitution der Welt und Unterscheidung von Wachen und Traum (6. Meditation) | 188 |
| 2.2.5 | Die Bedeutung des Kohärenzkriteriums | 190 |
| 2.3 | Der Traum als "passion de l'âme" | 193 |
| 3. | Das Problem der Außenwelterkenntnis | 198 |
| 3.1 | Die Schatten der Skepsis | 198 |
| 3.2 | Vom "problematischen" zum "dogmatischen Idealismus" | 200 |

| | | |
|---|---|---|
| 3.3 | "Über die Methode, reale Phänomene von imaginären zu unterscheiden" (Leibniz) | 202 |
| 3.4 | Kants "Widerlegung des Idealismus" | 207 |
| 4. | Wachsein als Selbstüberwachung | 209 |
| 4.1 | Das Leben ein Traum (Pascal, Calderon) | 209 |
| 4.2 | Die Attentate der Phantasie | 213 |
| 4.3 | Die Wahrheit des Wahnsinns (Thomas Tryon) | 219 |
| 5. | Die Vertreibung der Gespenster | 224 |
| 5.1 | Gespensterwissenschaft (Le Loyer) | 225 |
| 5.2 | Die Vision des Brutus (Hobbes) und die "Hexenmeister der Einbildung" (Malebranche) | 226 |
| 5.3 | "Die bezauberte Welt" (Balthasar Bekker) | 230 |
| 5.4 | Gegner und Verteidiger des Geisterglaubens | 234 |
| 6. | Traumkritik und Leibreiztheorie der Aufklärung | 243 |
| 6.1 | "Die Schrecken der Nacht" (Nashe, 1594) | 244 |
| 6.2 | "Vom Schlaf und den Träumen" (le Vayer, 1654) | 249 |
| 6.3 | Der Rückgang des Prodigienglaubens | 253 |
| 6.4 | "Abhandlung über die Nichtigkeit der Träume und der Geistererscheinungen" (anonym, 1690) | 257 |
| 6.5 | Träume "ohne Grund"? | 264 |
| 6.6 | Der Artikel "Songe" in der Enzyklopädie von Diderot und d'Alembert | 269 |
| 6.7 | Der Traum ist eine "unwillkürliche Dichtung" (Kant) | 274 |
| 7. | Kants Schrift "Träume eines Geistersehers, erläutert durch die Träume der Metaphysik" | 278 |

| | |
|---|---|
| Schluß | 286 |
| Anmerkungen | 288 |
| Quellen | 314 |
| Sekundärliteratur | 318 |

## Einleitung

Die Idee, eine Untersuchung zur "neuzeitlichen Trennung von Traum und Realität" zu schreiben, erwuchs aus einer eingehenden Beschäftigung mit der cartesischen Philosophie. Ich stellte fest, daß Descartes als erster Denker der abendländischen Geistesgeschichte einen für das aufklärerische Denken in seiner Nachfolge richtungsweisenden Versuch unternahm, ein präzises Kriterium zur Unterscheidung von Wacherfahrung und Traum anzugeben. In der sechsten und letzten seiner "Meditationen über die Grundlagen der Philosophie" (1641) formuliert Descartes den Lehrsatz, daß Vorstellungen dann der empirischen Wachwirklichkeit angehören, wenn sie mit anderen einen kohärenten, rational einsehbaren Zusammenhang ergeben, andernfalls aber der Scheinwelt einer in sich völlig chaotischen Traumphantasie zugerechnet werden müssen.

Die Tragweite dieser radikalen Entgegensetzung von Wachwelt und Traum durch den Vater der neuzeitlichen Philosophie ist meines Erachtens in der Forschung bisher noch nicht angemessen beschrieben worden[1].

Für die Kulturgeschichte des Traums bedeutet sie einen fundamentalen Bruch mit einer in den symbolischen Weltbildern von der Antike bis zur Renaissance allgemein vorherrschenden Anschauungsweise, die die Träume als höchst bedeutsame Botschaften für den Menschen anerkannte.

Diese Anschauung wurde von dem jugendlichen "vorcartesianischen" Descartes sogar selbst noch geteilt. Im Alter von dreiundzwanzig Jahren beschloß er aufgrund dreier Träume in einer einzigen Nacht, in denen er den übernatürlichen Geist der Wahrheit auf sich herabsteigen fühlte, sein Leben der Philosophie und Wissenschaft zu widmen. Von dieser Hochschätzung der Träume hat sich Descartes jedoch alsbald abgekehrt. Sie wurden so - und das ist paradox genug - zur Quelle einer Philosophie, die alles Träumen aus sich ausschließt. Der epistemologischen Trennung von Traum und Wirklichkeit geht also eine biographische voraus.

In Descartes' rationalistischer Metaphysik erscheinen die Träume nur noch als Mangel der dem vernünftigen Wachbewußtsein eigenen Ordnung; sie gelten als illusionäre Situation schlechthin, vor deren Irrtumsmöglichkeit das Erkenntnissubjekt beständig auf der Hut zu sein hat. In der mit Descartes paradigmatisch werdenden mechanistischen Philosophie erscheinen die Träume nur noch als sinnloser Reflex von Leibreizen im Bewußtsein des Schlafenden, um in der Affektenlehre als "Leidenschaften der Seele" (passions de l'âme) vom Vernunftmenschen als ärgerliches Faktum angetroffen zu werden, das seiner rationalen Kontrolle entzogen bleibt.

Die durch Descartes auf den Begriff gebrachte neuzeitliche Trennung von Traum und Wachsein bedeutet aber nicht nur eine für die neuzeitliche Aufklärung charakteristische Entwertung der Träume, sondern impliziert einen weiter reichenden Umbruch im Wirklichkeitsverständnis selbst. Descartes - und im Anschluß an ihn Leibniz - definieren in Abgrenzung von den täuschenden Nachtträumen die empirische Realität des Wachseins als eine lückenlose rationale Organisation, aus der auch alles im weiteren Sinne Traumhaft-Phantastische und Wunderbare als unwirklich herausfällt. Lücken im Erfahrungszusammenhang, Einbrüche numinoser Mächte, sonderbare Erscheinungen und plötzliche Anmutungen sind in diesem entzauberten, am Vorbild der exakten Naturwissenschaft orientierten Wirklichkeitsverständnis nur noch als Einbildungen möglich. Das Universum ist ein System naturgesetzlich verbundener Fakten, die als einzelne bedeutungslos sind; es ist im Idealfall eine Maschine.

Dieses Realitätsverständnis steht in deutlichem Gegensatz zu dem der früheren symbolischen Weltbilder, in dem der Kosmos als lebendiges und beseeltes Ganzes voller geheimnisvoller Kräfte und als unendliches Reservoir verborgener symbolischer Sinnbezüge galt.

Zwar wird man nicht sagen können, die Menschen früherer Jahrhunderte hätten keinerlei Unterscheidung zwischen Wach- und Traumzustand gekannt, gleichwohl aber waren die Realitätsgrenzen in ihrer Erfahrungswelt wesentlich flüssiger. Zwischen der Traumwelt und der Welt des Wachseins waren beständig Übergänge möglich. Im Rahmen der mantischen (weissagenden) Künste etwa macht es keinen Unterschied, ob nun im Wachzustand oder im Traum ein Käuzchen schreit, ein Komet erscheint oder eine unbekannte Person etwas zu uns sagt. Solche vom Alltäglichen abweichenden und daher als bedeutsam erlebten Vorkommnisse, die Descartes als Brüche im Erfahrungszusammenhang in die Irrealität abdrängt und die im neuzeitlichen Wirklichkeitsverständnis nur noch als Zufälle erscheinen können, wurden hier grundsätzlich als Zeichen oder gar als Vorzeichen aufgefaßt.

Meine These von der neuzeitliche Trennung von Traum und Wirklichkeit hat also zwei zueinander komplementäre Aspekte. Sie besagt zum einen, daß die Traumerfahrung des Menschen in die Nacht des trügerischen Scheins abgewiesen und als "partie honteuse", als das Andere der wachen Vernunft, der Verdrängung anheimfiel; sie besagt zum anderen, daß die Wachwirklichkeit so definiert wurde, daß alle traumhaften Elemente aus ihr herausfallen mußten.

Damit komme ich zum Gang meiner Untersuchung. Ihr erster Hauptteil stellt in einem kulturhistorischen Abriß das den symbolischen Weltbildern von der Antike bis zur Renaissance eigentümliche Traumverständnis dar, das sich durch seine generelle Anerkennung der Bedeutsamkeit des Traums von dem der neuzeitlichen Aufklärung grundsätzlich unterscheidet. Die für diesen Zeitraum maßgeblichen theoretischen Erklärungsversuche und Deutungstechniken des Traums gehen im wesentlichen auf die griechische Antike zurück, werden auf verschlungenen Wegen durch die Jahrhunderte des Mittelalters hindurch tradiert, wo sie eine christliche Umdeutung erfahren, und erleben schließlich im 16. Jahrhundert eine mächtige Renaissance.

Hier liegt im ersten Teil das Schwergewicht der Untersuchung. Es soll gezeigt werden, daß in diesem dem Einsetzen der Aufklärung vorausgehenden Jahrhundert des Epochenumbruchs vom Mittelalter zur Neuzeit und der Krise eine Verflüchtigung der Grenzen zwischen dem Realen und dem Imaginären zu beobachten ist, die mit einer Konjunktur der Traumdeutung einherging.

Eingehender als dies in den bis heute vorliegenden Darstellungen zur Geschichte des Traums[2] geschehen ist, versuche ich hier, gelehrte Einstellungen zum Traum, biographische Traumerlebnisse und sogenannte "Kulturform-Träume" (apokalyptische Gesichte, Hexenritt) im kulturgeschichtlichen Zusammenhang darzustellen. Das hierbei für die volkstümliche wie die gelehrte Mentalität des 16. Jahrhunderts aufgezeigte "Ineinanderlaufen" von Traum und Realität steht in schärfstem Kontrast zu ihrer im 17. Jahrhundert einsetzenden Trennung.

Der zweite Hauptteil stellt zunächst die Schlüsselrolle Descartes' für die neuzeitliche Trennung von Traum und Realität heraus und weist dann den Idealismus der an Descartes anschließenden Bewußtseinsphilosophie, durch die die Erkenntnis der Außenwelt zu einem Transzendenzproblem hochstilisiert wird, als das metaphysische Motiv dieser Trennung nach.

Wo die äußere Wirklichkeit nicht mehr als an sich seiende Substanz vorgefunden werden kann, da erwächst dem Subjekt die Aufgabe, selbst das Reale zu bestimmen und methodisch gegen Fiktion und Traum abzugrenzen. Die sich daraus ergebenden psychodynamischen Konsequenzen untersuche ich in dem Kapitel "Wachsein als Selbstüberwachung".

Gegen welche Bedrohung von seiten des Irrationalen die Demarkationsstrategien der Aufklärung eigentlich gerichtet waren, zeige ich in Kapiteln über die "Vertreibung der Gespenster" und zur populäraufklärerischen Traumkritik. Hier werde ich auch bisher kaum bekannte Quellen heranziehen und interpretieren. Im Zeitalter der Vernunft herrscht eine "Gleichzeitigkeit des Ungleichzeitigen". Der Glaube an Gespenster und ominöse Träume geht nur sehr allmählich zurück, und zwar gerade deshalb, weil solchen als Aberglaube diskreditierten Erfahrungen keinerlei neue Sinngebung zuteil wird. Kants Schrift "Träume eines Geistersehers, erläutert durch die Träume der Metaphysik" (1766), in der zentrale Motive der neuzeitliche Trennung von Traum und Wirklichkeit reflektiert werden, beschließt die Darlegungen des zweiten Hauptteils.

# I. Teil

## 1. Das Erbe der griechischen Traummantik

Soweit wir in der Geschichte zurückblicken können, hat die Frage nach der Herkunft und Bedeutung der Träume die Menschen beschäftigt und zu unterschiedlichsten Antworten herausgefordert. In der Stille des Schlafs widerfahren uns die merkwürdigsten Erlebnisse, die uns nach dem Erwachen noch schemenhaft, bisweilen aber auch ganz leibhaftig vor Augen stehen. Gerade wo der Mensch mit sich allein zu sein scheint, wird er überfallen. Wir verfügen über unsere Träume nicht, doch welchen Ursprungs ist das nächtliche Geschehen, und was will es uns sagen? Warum und wozu träumen wir überhaupt, und gerade diesen und keinen anderen Traum? Für den Gebildeten von heute ist der Traum eine hirnphysiologisch erklärbare Illusion, die vielleicht etwas über sein Unbewußtes aussagt, aber jedenfalls nirgendwo anders als in seiner Phantasie Realität hat.

Doch diese Antwort auf die Frage nach der Herkunft und Bedeutung der Träume, so natürlich sie uns erscheinen mag, ist keineswegs selbstverständlich, wie der Blick in die Geschichte der Traumdeutung und der Traumtheorien lehrt. In den antiken Kulturen des Mittelmeerraums genoß der Traum eine uns heute kaum noch vorstellbare Wertschätzung. Er eröffnete dem Menschen Einblicke in eine ihm sonst verborgene transzendente Wirklichkeit und konnte, richtig entschlüsselt, ihm in seinem praktischen Leben und in wichtigen Entscheidungen von großem Nutzen sein.

Aufzeichnungen von Träumen und Anweisungen zu ihrer Auslegung gab es bereits im alten Ägypten und in Babylon, wie die archäologischen Funde des "Chester Batty Papyrus" (Ägypten, 12. Dynastie, 1891-1786 v.Chr.) und der Tontafeln aus der Bibliothek des Kaisers Asurbanipal (668-627 v.Chr.) in den Ruinen von Ninive belegen.[3] Die Prominenz, die ein berufener Traumdeuter in diesen Kulturen erlangen konnte - man denke an den alttestamentarischen Joseph am Hofe des Pharaos und an Daniel, der Nebukadnezars Träume sogar erraten haben soll, bevor er sie deutete -, wird durch zahllose Zeugnisse bestätigt. In der Inkubation, dem Schlaf auf dem Fell eines heiligen Tieres, neben dem Grabmal eines Heroen oder in einem Tempel (wie dem der Isis und Serapis in Ägypten) hatte der Traum eine institutionalisierte Basis und war eine in Religion und Kultur fest integrierte Erlebnisform.

Für die vorneuzeitliche Tradition der Traumdeutung, die uns nun beschäftigen soll, waren jedoch die Anschauungen der Griechen vor allem maßgeblich.[4] Waren sie für kurze Zeit bei ihren Nachbarvölkern die Lernenden, so wurden sie danach für mehr als ein Jahrtausend - manche sagen bis hin zu Freud - die Lehrer des Abendlandes in den Fragen des Traums. Ihre mythisch-religiösen wie medizinisch-wissenschaftlichen und philosophischen Erklärungsversuche prägten die Stränge einer Denktradition, die, ungeachtet ihrer späteren Überformung durch das Christentum, bis an die Schwelle der Neuzeit vorherrschend blieb.

Anfänglich im griechischen Mythos sind die Träume etwas Finsteres und gehören dem Bereich einer furchterregenden numinosen Erfahrung an. Als Kinder der Nacht werden sie in Hesiods "Theogonie"[5] genannt, die dem Chaos entsprungen ist und neben Schlaf und Traum auch sonst alles Hassenswerte gebiert. Bei Homer wohnt das "Volk der Träume" (demos oneiron) am Rande des Okeanos, unweit des weißen Felsens und der Insel der Glückseligen, also an der Peripherie des Kosmos, irgendwo an der Grenze zwischen dem Sein und dem Nicht-Sein des Totenreichs.[6] Eben dorthin verlegt Ovid das Land der Kimmerer, wo die sprichwörtliche kimmerische Finsternis herrscht und kein Vogel den Sonnenaufgang verkündet. Hier hat Somnus, Schlaf, sein Haus, umgeben von undurchdringlichem Nebel und nichtigen Träumen (somnia vana).[7]

Bis zur Machtergreifung der olympischen Götter sind die Träume chthonischen Ursprungs, kleine schwarzgeflügelte Genien, Söhne der Erdmutter Gaia. Doch schon bei Homer[8] hat Zeus die Urheberschaft der Träume an sich gerissen. Euripides hat in seinem Drama "Hekabe"[9] an das Gewaltsame dieser Machtergreifung erinnert: Als Apoll seinen Platz als prophezeiende Gottheit in Delphi einnahm und Gaia zum Schweigen bringen wollte, rächte sich die Erdmutter, indem sie weiterhin nachts die schwarzgeflügelten Träume aus ihren Höhlen aufsteigen ließ, auf daß sie ihre Aufträge den Menschen im Schlafe überbrächten.

Nachdem die Griechen in der archaischen Periode vor den Träumen als etwas Unheimlichem und Numinosem zurückgeschreckt waren, entwickelten sie alsbald eine reiche Kultur des Traums.

Über Wesen und Herkunft des Traums bildeten sich verschiedene Auffassungen heraus, die ich idealtypisch in folgende vier gliedern und nacheinander erörtern möchte: 1. die theologische, 2. die anthropologische, 3. die physiologische, 4. die kosmologische.[10] Im Anschluß daran soll auf die durch Artemidor begründete Tradition der lexikonartigen

Traumbücher eingegangen und an die Stellung des Traums in der griechischen Kultur (Inkubation) erinnert werden.

1. Die theologische Auffassung

   Der Traum ist ein personifiziertes Wesen, das objektiv im Raum existiert und von außen an den Schläfer herantritt, um ihm eine Botschaft der Gottheit zu überbringen.

2. Die anthropologische Auffassung

   Der Traum ist eine Tätigkeit der im Schlaf vom Leibe befreiten Seele.

3. Die physiologische Auffassung

   Der Traum ist eine Phantasietätigkeit während des Schlafs.

4. Die kosmologische Auffassung

   Der Traum spiegelt ein Geschehen im Makrokosmos wider, mit dem der Mensch durch das Band der Sympathie vereinigt ist.

Diese Aufstellung soll keinen Fortschritt in der Zeit oder eine logische Hierarchie suggerieren, obwohl die physiologische Auffassung des Aristoteles gegenüber der theologischen von Homer zweifellos einen Schritt vom Mythos zum Logos darstellt. Nicht selten werden wir mehrere dieser Auffassungen oder Topoi bei ein und demselben Autor antreffen und Übergänge zwischen ihnen feststellen.

## 1.1 Die theologische Auffassung

Bei Homer[11] ist der Traum stets eine personifizierte Gestalt, ein geflügeltes Wesen, das sich objektiv im Raum bewegt. Er erscheint dem Schläfer, indem er sich über sein Haupt beugt (hyper kephales), ihm eine Botschaft von Zeus überbringt und verschwindet, wie er gekommen ist. Betrachten wir als Beispiel den Traum Agamemnons eingangs des zweiten Gesangs der Ilias.[12] Zeus ruft den Traum zu sich und trägt ihm auf, sich auf Agamemnon auf den Weg zu machen, der in seinem Zelt liegt, "ringsumhüllt vom ambrosischen Schlaf".[13]

Die Umstände am Vorabend des Traums sind folgende: Die Griechen liegen schon im neunten Jahr vor Troja. Die Götter sind erzürnt über die Hybris des Oberfeldherrn Agamemnon und haben den Belagerern die Pest geschickt. Agamemnon soll nun bestraft werden, indem er im Kampf furchtbar unterliegen wird.

Zeus schickt nun den Traumboten los mit dem Auftrag, er solle dem Schlafenden verkünden, die Götter hätten sich von Hera umstimmen lassen und seien nicht mehr zornig. Die Stunde sei günstig und der Augenblick der Entscheidung nahe: Troja werde unter dem vereinten Ansturm der Athener fallen.

Der Traum macht sich auf den Weg, stiehlt sich in Agamemnons Zelt und stellt sich "zu Häupten" des Schlafenden. Jetzt hat er die Gestalt (eidolon) Nestors angenommen und verkündet, beginnend mit den Worten "Von Zeus bin ich dir ein Bote",[14] den trügerischen Auftrag der Gottheit.

Hier ist zunächst folgendes zu bemerken: Träume können, auch wenn sie stets von Zeus gesandt werden, bei Homer durchaus trügerisch (oulios)[15] sein. Manche kommen nämlich durch das Tor aus Horn, welches lichtdurchlässig ist, und diese sind zuverlässig; andere kommen durch das Tor aus Elfenbein, einer opaken Materie, und solchen Träumen ist nicht zu trauen.[16] Zweifellos gehört Agamemnons Traum zu der zweiten Kategorie. Aber wie? War es nicht geradezu eine homerische Blasphemie, den Göttervater als einen arglistigen Betrüger hinzustellen? Über dieser Frage haben sich in der Antike die Gemüter erhitzt. Platon rügt die schlechte Theologie in Homers Traumerzählung, denn "in jeder Hinsicht ist das Dämonische und Göttliche ohne Falsch".[17] Synesios dagegen meint, nicht Zeus sei ein Betrüger, sondern Agamemnon habe den Traum falsch interpretiert und in der Anordnung des Traumboten "sich rüsten lassen sollst du (...) die Achaier, und mit aller Macht!" die Worte "mit aller Macht" nicht berücksichtigt, da doch die Achill unterstellten Truppen gar nicht am Kampf teilgenommen hätten. Für Synesios, der die Einteilung der Träume in wahrhaftige und trügerische nicht mitmacht, gilt daher, "daß man nicht an den Träumen verzweifeln solle und die Unfähigkeit derer, die sie haben, nicht auf die Gesichte selbst übertragen dürfe".[18]

Die Frage, ob nun alle oder ob nur ganz bestimmte Träume wahrhaftig seien, war demnach bei den Griechen umstritten. Ob ein Traum ernstgenommen zu werden verdiente, hing nicht zuletzt vom sozialen Rang des Träumers ab. Nachdem Agamemnon seinen Traum vor dem Kriegsrat erzählt hat, entgegnet Nestor, der den Augenblick, nunmehr zum Sturm auf Troja überzugehen, offenbar keineswegs für günstig hält:

> "O Freunde! Mitführer der Argeier! Wenn diesen Traum ein anderer von den Achaiern erzählt hätte - für Trugwerk (pseudos) hielten wir's und ließen ihn stehen! - Nun aber hat

ihn der gesehen, der von sich sagen kann, der oberste der Achaier zu sein. - Also voran! Rüsten wir die Leute!"[19]

Hier zeigt sich ein charakteristisches Stück archaischer Sozialpsychologie: Göttliche Traumgesichte zu sehen, ist ein Privileg von Königen und Weisen, Priestern und Feldherrn.

Feldherrenträume wie die Agamemnons gehören hier zu den typischen, wiederkehrenden Träumen. Ein bekanntes Beispiel ist der von Artemidor überlieferte Traum Alexanders des Großen, der, nachdem er lange vergeblich die phönizische Stadt Tyros belagert hatte, im Traum einen Satyrn auf seinem Schilde tanzen sah. Sein Traumdeuter verstand das Bilderrätsel, denn der Traum bedeutete "Sa-Tyros", "Tyros sei dein!". Tatsächlich gelang es Alexander auf diesen Traum hin, die belagerte Stadt einzunehmen.[20]

Kehren wir nun zurück zu der Frage, was der Traum der theologischen Auffassung zufolge ist. "Dios de toi aggelos eimi", sagt der Traum zu Agamemnon: "Von Zeus bin ich dir ein Bote". Der Traum ist demnach nicht selbst göttlich, sondern ein mittleres Wesen, das sich in die Gestalt (eidolon) eines dem Schläfer vertrauten Menschen (Nestor) kleidet.

Der Traum nimmt eine Zwischenstellung zwischen Gott und Mensch ein und gehört zu dem, was Platon das Dämonische nennt. Durch die Priesterin Diotima wird es in seinem Dialog "Symposion" folgendermaßen definiert:

> "... alles Dämonische ist zwischen Gott und dem Sterblichen.
> - Und was für eine Verrichtung, sprach ich, hat es? - Zu verdolmetschen und zu überbringen den Göttern, was von den Menschen, und den Menschen, was von den Göttern kommt... In der Mitte zwischen beiden ist es also die Ergänzung... Gott verkehrt nicht mit Menschen, sondern aller Umgang und Gespräch der Götter mit den Menschen geschieht durch dieses, sowohl im Wachen als im Schlaf. Wer sich nun hierauf versteht, der ist ein dämonischer Mann, wer aber nur auf Künste und Handarbeiten, der ist ein gemeiner (banausos)."[21]

Vielleicht geht Platons Respekt vor diesem Bestandteil der griechischen Glaubensvorstellungen auf seinen Lehrer Sokrates zurück, der stets auf die Warnungen einer rätselhaften inneren Stimme achtgab, die er sein Daimonion nannte. Sokrates, sonst der Prototyp des abendländischen Rationalisten, nahm seine Träume sehr ernst. So erklärt er in seiner Verteidigungsrede, er habe auf eine göttliche Weisung (theia moira) hin gehandelt, die sich ihm in Orakeln und Träumen offenbart habe.[22] Wiederkehrende Träume fordern Sokrates dazu auf, Musik zu treiben, eine Weisung, die er, den Tod vor Augen, schließlich befolgt, indem er einige Verse für Apoll verfaßt, obwohl das Dichten nicht gerade seine Stärke war.[23] Wie bei Homer, so erscheinen auch dem Sokrates göttliche Boten, um zu mahnen oder ein Ereignis anzukündigen. So verkündet "eine wohlgestalte Frau mit weißen Kleidern angetan" ihm durch einen "deutlichen" Traum, daß er einen Tag später als vorgesehen sterben werde.[24]

Das subjektunabhängige Dasein, das der Traum in der Theologie der Griechen genießt, hat seinen bleibenden Niederschlag in der sprachlichen Verwendung des Wortes "Traum" gefunden.[25] Nicht im Traum, sondern "als Traum" erscheinen die Götterboten. Ihre Weisungen erfolgen stets in kurzen, klaren und eindringlichen Worten. Den Träumen haftet nichts Unstimmiges, Verschwommenes an, nichts, was wir heute für traumhaft halten würden. Von einer Traumerfahrung als einem psychischen Zustand kann zumeist bei Homer noch gar nicht die Rede sein, da hier die Vorstellung von einer die Einheit der Person konstituierenden Seele noch überhaupt fehlt.[26] Aber auch in der nachhomerischen Zeit kommt im griechischen Sprachgebrauch stets das subjektunabhängige Dasein des Traums zum Ausdruck. Für die Griechen wäre es ganz undenkbar gewesen, wie die Franzosen zu sagen: "J'ai fait un rêve", oder wie die Italiener: "Ho fatto un sogno", wo die subjekthafte Urheberschaft des Traums besonders stark betont ist. Von einem Traum "besucht" zu werden (episkopein), oder "einen Traum sehen" (ónar idein), dies waren die typischen Sprechweisen, die auf die objektive Wirklichkeit des Traums und sein dämonisches Wesen hindeuteten.

## 1.2 Die anthropologische Auffassung

Dieser Auffassung zufolge ist der Traum das Erlebnis der im Schlaf vom Leibe frei werdenden Seele.[27] Der Traum ist ein ekstatischer Zustand, während dessen die Seele in ferne Gegenden ausschwärmt, in das Totenreich hinabtaucht und zukünftige Dinge schauen darf. Anders als bei Homer setzt diese der orphisch-pythagoreischen Vorstellungswelt angehörige Auffassung voraus, daß sich die Idee einer Seele bereits herausgebildet hat. Die Seele ist hier eine relativ selbständige, vom Leibe dissoziierbare Entität mit eigener Aktivität und Wahrnehmungsfähigkeit. Keineswegs unbedingt körperlos, ist sie jedenfalls leichter und beweglicher als dieser, wird gerne im Bilde des Schmetterlings vorgestellt und ist so etwas wie ein Doppelgänger, ein alter ego der menschlichen Person und schließlich ihr metaphysischer Kern. Im Vergleich zu ihrer sterblichen Hülle gilt die Seele hier als der bessere und unsterbliche Teil des Menschen. In den orphisch-pythagoreischen Seelenwanderungslehren ist sie dem Leibe präexistent und hat in ihrem Vorleben eine mythische Schuld auf sich geladen, von der sich der Mensch durch asketische Lebensführung reinigen muß, will er den Kreislauf immer erneuter Reinkarnationen durchbrechen. Diese Auffassung impliziert einen ausgeprägten sinnesfeindlichen Leib-Seele-Dualismus, den sich Platon zu eigen gemacht hat. Der Leib wird als Haus, oder eher noch als Gefängnis und sogar als Grab der Seele angesehen (soma = sema).[28] Aus der Geringschätzung der Sinnlichkeit und des Leibes folgt jedoch keineswegs eine des Traums. Im Gegenteil: Durch den Traum streift die Seele die Fesseln der Leiblichkeit ab, schwingt sich in die Lüfte empor und ist ihrem göttlichen Ursprung näher, wodurch sie der Gabe der Weissagung teilhaftig wird.

Den ersten Beleg in den griechischen Quellen für diese Auffassung finden wird bei dem orphischen Dichter Pindar[29] und dann in klarerer Form bei Xenophon:

> "Im Schlaf zeigt die Seele (psyche) am deutlichsten ihre göttliche Natur; im Schlaf genießt sie einen gewissen Einblick in die Zukunft, und es verhält sich dies offenbar so, weil sie am freiesten ist im Schlaf."[30]

Nach dem Tode, so argumentiert Xenophon weiter, sei zu erwarten, daß die Seele dann am freiesten sei, da der Schlaf für die Lebenden diejenige Erfahrung sei, die der des Todes am nächsten komme. Hier finden wir also die jedem gebildeten Griechen geläufige Vorstellung vom Schlaf als einem kleinen Bruder des Todes.

Wie E. R. Dodds gezeigt hat,[31] ist die hier geschilderte orphisch-pythagoreische Seelen- und Traumauffassung schamanistischen Ursprungs. Gegen Ende der archaischen Periode (7. Jahrhundert v.Chr.) dürften die Griechen zum ersten Mal mit Schamanen sibirischer Herkunft in Berührung gekommen sein, welche vom Schwarzen Meer über Skythien und den Hellespont nach Kleinasien kamen. Seither erzählte man sich in Griechenland phantastische Geschichten von Medizinmännern und Sehern (Iatromanteis), welche an mehreren Orten zugleich auftauchten und vom Scheintod wieder erwachten. Einer von ihnen war Abaris der Hyperboreer. Er zog in ganz Griechenland umher, teilte Weissagungen und Weihesprüche aus, und soll der Sage zufolge auf einem von Apoll erhaltenen Pfeil durch die Lüfte geritten sein. Die Parallele zum Besen der Hexen ist keineswegs zufällig, wie wir später noch sehen werden, und in Sibirien reiten die Seelen noch heute auf Pfeilen durch die Luft - Abaris der Hyperboreer kam von Norden. Von Hermotimos aus Klazomenä heißt es, seine Seele sei jahrelang vom Leibe getrennt zukünftige Dinge weissagend durch Griechenland gereist, während sein Leib, in den er dann und wann wie in ein Futteral zurückkehrte, um ihn zu erwecken, in Klazomenä zurückblieb.

Bald darauf sind die "griechischen Schamanen" auch in Süditalien und auf Kreta anzutreffen, also im Westen des griechischen Kulturkreises. Der durch seine Lügner-Paradoxie berühmte Kreter Epimenides war ein Virtuose des Fastens und der Askese und brachte angeblich 57 Jahre schlafend zu, eine Anspielung auf die Zurückgezogenheit des Schamanen. Er behauptete von sich, mehrere Leben hinter sich zu haben, was Aristoteles zu der Bemerkung veranlaßte, seine Weissagung betreffe nicht die Zukunft, sondern die Vergangenheit.[32]

In der sagenhaften Gestalt des Pythagoras schufen sich die "griechischen Schamanen" erstmals eine schulmäßige Tradition, die auf Platon einen beträchtlichen Einfluß ausübte.

Als Pythagoras gefragt wurde, was es bedeute, daß er im Traum mit seinem verstorbenen Vater gesprochen habe, soll dieser zur Antwort gegeben haben, daß dies überhaupt nichts *bedeute*, da er ja in Wirklichkeit mit seinem Vater gesprochen habe.[33]

Der Sizilianer Empedokles ist nach Pythagoras der wichtigste Vertreter unserer Seelen- und Traumtheorie. Er unterscheidet zwischen zwei Seelen, einer gebundenen und einer Frei-Seele, wie man sagen könnte. Die gebundene, "psyche" geheißen, spendet Leben und Wärme, während die freie Seele, das okkulte alter ego, das Empedokles "daimon" nennt, für gewöhnlich in den Leib eingekerkert ist und, wenn der Mensch wach ist, schläft, aber umgekehrt im Schlaf und im Zustand der Trance zur Tätigkeit erwacht.

"Schlafend wird der Geist durch Augen hell", sagt das den Erinnyen erscheinende Traumbild Klytemnestras.[34]

Dem liegt der Gedanke zugrunde, daß seelische und körperliche Tätigkeit in reziproker Weise wechseln und einander, nach einer Art Drehtür-Prinzip, sogar wechselseitig ausschließen. Die Seele erreicht den höchsten Grad an Aktivität, wenn bzw. gerade weil der Körper ruht, oder, wie Aristoteles hinzufügte, im Sterben liegt. Diese Anschauung wirft Licht auf ein recht merkwürdiges Fragment Heraklits:

"Der Mensch in der Nacht: Ein Licht zündet er an für sich selbst, sobald erloschen seine Sinneswerkzeuge. Lebend rührt er an den Toten im Schlaf (ist er gleichsam angezündeter Toter,)..."[35]

Der Schlaf, wo der Mensch sich auf eine Stufe mit den Toten begibt, entfacht zugleich im Menschen ein Feuer, Symbol des alles Leben durchwaltenden Logos im Denken Heraklits.

In der anthropologischen Auffassung ist der Traum ein paranormaler, privilegierter Zustand des Menschen, der ihn einer höheren Wahrheit teilhaftig werden läßt. Es ist eine Ekstasis der Seele, ein Außer-sich-Sein, ähnlich wie Ohnmacht und Trance, Besessenheit und Wahnsinn. All diese Zustände werden als partielle Dissoziation von Leib und Seele begriffen, von der sich, wie Cicero meint, sogar verschiedene Grade unterscheiden lassen, denen entsprechende Dispositionen der Seele für Weissagung und Prophetie korrespondieren.[36]

Der griechische Fachausdruck für die Seher- oder Wahrsagekunst ist "mantike techne", der im Lateinischen mit "divinatio" (= "göttliches Wissen") übersetzt und bei uns zu dem Begriff Mantik zusammengezogen wurde. Er hat dieselbe Wurzel wie das Wort "Manie" und leitet sich vom griechischen "mainomai", "außer sich sein", "rasen", her. Die Etymologie des Wortes Mantik weist darauf hin, daß die Weissagung bei den Griechen ursprünglich solch paranormalen und darum heiligen Zuständen vorbehalten war.

Platon meint, die Alten hätten, von "manike (techne)", vom "Wahnsagen" gesprochen. Da aber inzwischen der Wahnsinn bei vielen Leuten in Verruf geraten sei, habe man ein "t" eingefügt und die Seherkunst "mantike (techne)" genannt. Aus dem "Wahnsagen" war das "Wahrsagen" geworden.[37]

"Die größten Wohltaten werden uns durch den Wahnsinn zuteil", heißt es an der gleichen Stelle im Dialog "Phaidros", "vorausgesetzt, daß er uns durch göttliche Gabe zuteil wird".[38]

Bei aller uns fremd gewordenen Hochachtung vor dem Wahnsinn hielten die Griechen dennoch nicht jede Art von Delirium automatisch für göttlich. Platon unterscheidet drei Arten des göttlichen Wahnsinns, die musische Inspiration der Dichter (sie wird im Dialog "Ion" abgehandelt, der auf den Neuplatonismus der Renaissance einen beträchtlichen Einfluß ausübte), den erotischen Wahnsinn und schließlich den weissagenden.

> "Die Seherkunst hat der Gott der menschlichen Bewußtlosigkeit (aphrosyne) gegeben; niemand nämlich kann bei klarem Bewußtsein (ennous) an die Seherkunst rühren, - die gotterfüllt - und wahr ist."

Deshalb

> "bedient sich die Seele der Seherkunst im Schlaf - weil sie da an Verstand und Denken keinen Anteil hat."[39]

In gleicher Weise heißt es von der Pythia in Delphi und von den Priesterinnen in Dodona, sie hätten

> "in Wahn verzückt vieles Schöne - in privaten und öffentlichen Dingen - für Hellas bewirkt - bei klaren Sinnen aber Kümmerliches oder gar nichts."[40]

Im "Timaios"[41] entwickelt Platon im Ansatz eine Traumtheorie, die nun weniger die Unterbindung der Leiblichkeit zur Voraussetzung göttlichen Träumens erklärt, wie man nach der Gleichsetzung von "sema" und "soma" erwarten könnte, sondern die Ausschaltung der Vernunft. Platons Theorie ist im übrigen nicht sehr klar und in ihrer Bewertung des Traums auch ambivalent. Im "Timaios" bezeichnet Platon die Leber als das Organ der Träume. Sie liegt in der Bauchhöhle, wo der begehrliche Seelenteil und die niederen Triebe des Menschen ihren Sitz haben. In der "Politeia" heißt es:

> "Was wir aber wissen wollen, ist dieses, daß also eine heftige, wilde und gesetzlose Art von Begierden in einem jeden wohnt, und wenn auch einige noch so gemäßigt erscheinen; und dies nun eben wird in den Träumen offenbar."[42]

Im Schlaf, wenn das Schamgefühl schweigt und die Vernunft ausgeschaltet ist, erwacht selbst in den besonnensten Menschen die Bestie, das Irrationale und Vernunftwidrige.

Auf der anderen Seite, so Platon im "Timaios", habe der Gott aber auch dem begehrlichen Seelenteil einen gewissen Anteil an der Wahrheit nicht vorenthalten wollen und daher das Irrationale mit der Fähigkeit der Weissagung verknüpft. Die Leber eigne sich wegen ihrer glatten, glänzenden Oberfläche besonders dazu, göttliche Träume zu empfangen.[43] Für Platon ist die Leber gewissermaßen das einem jeden einwohnende delphische Orakel, und man erinnert sich an die in der Antike überall verbreitete Praxis der Haruspomantie, der Zukunftsdeutung aus der Leber von Opfertieren. Der Traum ist demnach ambivalent, verrät er doch einerseits die vernunftwidrigen Begierden, ermöglicht er aber zugleich die übervernünftige Gabe der Weissagung.

Platons Kompromiß sieht so aus, daß er zwar das Empfangen göttlicher Orakel den Zuständen des Traums und des Wahns vorbehält, deren Auslegung aber zu einer Sache der Vernunft macht. Denn wie die Sprüche der Pythia nicht von ihr selbst verstanden werden, sondern von besonnenen Experten verantwortungsvoll in die Sprache der Vernunft verdolmetscht werden, so kommt es der Vernunft des Menschen zu, nach dem Erwachen die Bilder des Traumes zu ordnen und ihren verborgenen Sinn zu ergründen.[44] Aller Hochachtung vor der Mantik zum Trotz ist Platon hierin Rationalist.

Die orphisch-pythagoreische Forderung nach einer Befreiung der Seele vom Leibe ist freilich in Platons Denken omnipräsent geblieben. Philosophieren heißt Sterben-Lernen. Die Extase des Schamanen ist geläutert zum philosophischen Aufstieg aus der niederen Sphäre des Sinnlichen zur Schau der reinen Wahrheit im Ideenhimmel.

## 1.3 Die physiologische Auffassung

Hiernach ist der Traum die Phantasietätigkeit im Schlaf. Diese Auffassung, die dem heutigen Verständnis am nächsten kommt, wurde von Platons großem Schüler Aristoteles begründet. In den in den "Parva Naturalia" versammelten Schriften "Von Schlafen und Wachen" (Peri hypnou), "Von den Träumen" (Peri enhypnion) und "Von den weissagenden Träumen" (Peri thes kath'hypnon matikes)[45] entwickelt er eine Traumtheorie, die die physiologische Basis der Traumvorgänge in den Vordergrund stellt und außerordentlich einflußreich war. In deutlichem Gegensatz zu seinem Lehrer Platon, der den Traum als einen zugleich irrationalen und heiligen Zustand gewürdigt hatte, und zu seinen eigenen Jugendansichten,[46] ist der Zugang des Aristoteles wissenschaftlich, nüchtern, rational und nicht religiös.

Aristoteles bezeichnet den Schlaf als einen "Mangel des Wachens";[47] er ist zur Erhaltung der Lebewesen unabdingbar, doch "das Wachen ist der Zweck, für den sie da sind".[48] Der Wechsel von Schlafen und Wachen ist nur den animalischen, mit Sinneswahrnehmung begabten Wesen eigen. Wachsein bedeutet nämlich nichts anderes als sinnlich wahrzunehmen, und umgekehrt ist der Schlaf ein Gebundensein der Sinne. Er wird hervorgerufen durch den Rückzug der Körperwärme ins Innere, wobei die von unten aufsteigende Feuchtigkeit im Gehirn, welches ein Abkühlungsorgan ist, kondensiert und dem Menschen die Augenlider schließt.

Welche Seelentätigkeit erzeugt nun die Träume, fragt Aristoteles. Offenbar nicht die sinnliche Wahrnehmung, denn im Schlaf sind die Sinne ja gebunden. Offenbar auch nicht das denkende Vermögen, denn dieses erzeugt keine Bilder, sondern setzt sie voraus. Demnach entspringen die Träume einer Tätigkeit der Phantasie.

Wie geht dies zu? Die sinnlichen Bilder, die wir im Wachen wahrnehmen, werden als Phantasmen im Gemeinsinn aufbewahrt, der, wie Aristoteles annimmt, im Herzen seinen Ort hat. Die Bewegung aber, die die Sinneseindrücke hervorruft, dauert über die aktuelle Wahrnehmung hinaus an. Die im Wachen durch den ständigen Andrang neuer Wahrnehmungen zurückgedrängten Bilder treten nun im Schlaf als Träume in Erscheinung, da ja jetzt der Zustrom neuer Eindrücke von seiten der äußeren Sinne unterbunden ist.

Die Träume sind demnach nichts anderes als ein Nachzittern der aktuellen Wahrnehmungen, vergleichbar den Wellenbewegungen, die sich auf der Oberfläche des Wassers fortpflanzen, nachdem man einen Stein hineingeworfen hat.

Nach den Mahlzeiten und bei jungen Menschen herrscht im Schlaf jedoch so großer Blutandrang vor, daß keine Träume entstehen können, so wie man ja auch in heftig aufgewühltem Wasser keinerlei Spiegelbilder sehen kann. Kommt dagegen der Blutandrang gegen Morgen zur Ruhe, dann produzieren die fortdauernden Wahrnehmungsbewegungen lebhafte Träume. Vernünftige Gedanken sowie Wahrnehmungen der Außenwelt, die ja auch im Schlaf gelegentlich vorkommen können, sind nach Aristoteles keine Träume. "Aus alledem muß man schließen, daß der Traum ein Phantasma ist, das im Schlafe erscheint".[49]

Wie steht es nun um die Bedeutung der Träume? Daß sie von den Göttern geschickt werden, hält Aristoteles für unglaubwürdig. Denn würde Gott den Menschen Träume senden, so würde er sie nur den Vortrefflichsten zuteil werden lassen. Es träumen aber alle Menschen, und selbst die Tiere. Ferner würde sich Gott den Menschen eher im Wachen offenbaren, was ja ihr Zweck ist, als im Schlaf, und er würde es auf klare und verständliche Weise tun. Die Träume aber sind meist dunkel und rätselhaft.

Wenn die Träume aber nicht göttlichen Ursprungs sind, können sie dann die Zukunft anzeigen? Die Vernunft spricht gegen eine solche Möglichkeit, die Erfahrung vieler Menschen spricht aber dafür. Die

Träume können sich nun auf dreierlei Weise auf das Zukünftige beziehen: ursächlich, als Anzeichen oder rein zufällig.

Als Ursachen des Zukünftigen kommen die Träume in folgendem Sinn in Betracht: So wie die Wahrnehmungen des Tages unsere Träume beeinflussen, so können umgekehrt die Träume den Menschen nach dem Erwachen beeinflussen und ihn zum Handeln antreiben. Unmittelbare Ursachen von Ereignissen außerhalb des Menschen können die Träume demnach nicht sein.

Als Anzeichen des Zukünftigen sind die Träume vor allem für den Arzt von Bedeutung, wie folgende Überlegung lehrt: Bei Tage bleiben innere Bewegungen, wenn sie nicht sehr stark sind, unbeachtet, da sie von den großen Erlebnissen des Wachzustandes übertönt werden. Im Schlafe dagegen machen sich auch die kleineren inneren Vorgänge bemerkbar und treten als große auf.

"Man sieht dies an dem, was häufig im Schlafe stattfindet: man meint, es blitze und donnere, wenn ein schwacher Schall unser Ohr trifft, glaubt Honig und süße Geschmäcke zu kosten, wenn man etwas Schleim verschluckt, und durch Feuer zu gehen und entsetzlich heiß zu werden, wenn einzelne Glieder ein wenig warm werden."[50]

Da nun die Anfänge in allen Dingen klein sind, so ist dies offenbar auch so bei Krankheiten, die erst im Entstehen begriffen sind. Damit ist der Wert der Träume für die medizinische Diagnose erwiesen.

Zweifellos war Aristoteles, der selbst einer Medizinerfamilie entstammte, mit der allgemein anerkannten Traumdiagnostik der griechischen Ärzte vertraut. Die früheste erhaltene Schrift, die Anweisungen zur Traumdiagnostik enthält, ist das pseudo-hippokratische Traktat "Über die Diäthetik" (peri diaithes) aus der Zeit um 400 v.Chr.[51] Der anonyme Arzt und Verfasser dieser Schrift vermutet, daß die Seele im Schlaf "ihr eigener Herr wird" und in der Lage ist, ungestört von äußeren Einflüssen ihre körperliche Wohnung zu inspizieren, was an den im vorigen Abschnitt besprochenen Topos von der im Schlaf frei werdenden Seele erinnert. Er nimmt an, daß viele Träume in symbolischer Form Krankheitssymptome erkennen lassen. So zeigen Träume von Brunnen und von Wasser häufig Blasenstörungen an. Träume von Toten beziehen sich auf die Ernährung, "denn von den Toten kommt Nahrung, Wachstum und Saat". Flüsse bedeuten Blut, ein Baum den Penis, Erdbeben beziehen sich auf physiologische Veränderungen beim Träumer. Auf der Basis teilweise sehr phantastischer Makrokosmos-Mikrokosmos-Analogien wird so hier zum ersten Mal eine Form der

Leibreiztheorie des Traums vorgetragen. Allgemein galt in der hippokratischen Schule der Satz, daß Träume, die zu den Tagesverrichtungen in Gegensatz stehen (z.B. Angstträume), Krankheiten indizieren, physische, wie auch seelische.

Nach Aristoteles ist die Beziehung der Träume auf die Zukunft jedoch meistens zufällig, etwa so wie wenn man an jemanden denkt, der dann kommt, oder wie man von einer Seeschlacht träumt, die dann tatsächlich stattfindet. Daß man besonders häufig etwas voraussieht, das Bekannte anbetrifft, kommt daher, daß Bekannte besonders häufig an einander denken. Daß viele Träume sich nicht erfüllen, braucht, so Aristoteles, nicht zu verwundern, denn man müsse sich hüten, das vermutlich zu Erwartende mit dem Zukünftigen zu identifizieren. Melancholischen Menschen gesteht Aristoteles allerdings eine besondere Begabung für ahnungsvolle Traumgesichte zu, da diese wegen ihrer Empfindsamkeit und starken Phantasie sich die Zukunft am besten ausmalen können. Bei denjenigen, die im Zustand der Ekstase weissagen, ist der Grund ihres Könnens darin zu sehen, daß sie sich unter Ausschaltung ihrer eigenen Person ganz den fremden Eindrücken hingeben - eine Erklärung, die von Platon nun doch nicht so weit entfernt ist.

Auch telepathische Träume hält Aristoteles für möglich. Wie nämlich, wenn das Wasser oder die Luft durch etwas in Bewegung versetzt wird, dadurch wieder ein anderes bewegt wird, und so fort, bis die Bewegung irgendwo stille steht, so ist es auch möglich, daß von einem fernen Gegenstande eine Bewegung ausgeht und zu den Träumenden gelangt. Dies geschieht nun viel eher bei Nacht als bei Tage, weil tags zu viele abhaltende Störungen vorhanden sind, und weil im Schlaf die Seele auch die geringsten Bewegungen eher wahrnimmt als im Wachen.

Vom Traumdeuter sagt Aristoteles, daß derjenige am besten seine Kunst beherrsche, welcher in der Lage sei, Ähnlichkeiten zu sehen. Die im Traume nachzitternden Wahrnehmungsbewegungen sind nämlich mit Spiegelbildern in bewegtem Wasser zu vergleichen, welche verzerrt sind. Somit muß ein Traumdeuter fähig sein, die verworrenen Traumbilder zu unterscheiden und das Ähnliche und Zusammengehörige zu erkennen.

Aristoteles glaubte also sehr wohl an die Bedeutung gewisser Träume, doch ist seine Haltung insgesamt eher skeptisch und rational.

## 1.4 Die kosmologische Auffassung

Die unverkennbare Abwertung des Traums bei Aristoteles und seine nüchterne Herangehensweise hatte angesichts der Autorität des Stagiriten einen nachhaltigen Einfluß. In der Neueren Akademie unter Karneades, aber auch bei den Epikureern und Kynikern machte man von den Träumen wenig Aufhebens. So behauptete Epikur in der Nachfolge von Demokrit:

> "Träume haben keine göttliche Natur und keine mantische Kraft, sondern entstehen durch den Einfall von Bildern."[52]

Diese Bilder (Eidola) lösen sich dann von den materiellen Gegenständen ab und dringen beim Schlafenden durch die Poren des Körpers ein.

Wie man sieht, ist der Traum auch in der atomistischen Theorie ein objektives Ding im Raum wie bei Homer, nur daß seine Entstehung jetzt materialistisch erklärt wird.

Mit den Schulen des Neuplatonismus und der Stoa schwang das Pendel jedoch zurück, und die Träume wie auch alle anderen Formen der Weissagung kamen erneut zu großem Ansehen.

In der Älteren Stoa wurden wohl erstmals Klassifikationsversuche der Träume unternommen. Sie kommen entweder von Gott oder von den Dämonen oder von der Tätigkeit der Seele selbst.[53]

Der Neuplatoniker Poseidonius unterscheidet folgende drei Weisen, in denen das Göttliche in Träumen mit dem Menschen in Beziehung tritt: (1) Die Seele sieht das Zukünftige dank ihrer eigenen göttlichen Natur; (2) die Luft ist von unsterblichen Seelen erfüllt, die Bilder des Wirklichen tragen, welche durch Poren in den Körper des Schlafenden gelangen; (3) Gott spricht selbst zu den Menschen in Träumen.[54]

Die wichtigste Erklärung für die Möglichkeit der Traumweissagung und der Mantik im allgemeinen war jedoch eine kosmologische. Sie geht davon aus, daß die Einzelseele des Menschen mit der Weltseele (Pneuma) in Wechselbeziehung steht. Infolge einer Analogie von Makrokosmos und Mikrokosmos spiegelt die Einzelseele im Traum ein Geschehen im All wider, mit dem sie durch Sympathie, durch "Mitleidenschaft", verbunden ist.

Die wichtigste von der kosmologischen Auffassung geprägte Schrift, die des Synesios von Kyrene "Über die Traummantik", soll uns nun beschäftigen. Das Traktat des Synesios ist nicht nur eines der schönsten und originellsten der ganzen Antike, es ist überdies durch seine eigehende Rezeption bei den Gelehrten der Renaissance für den weiteren Zusammenhang unserer Untersuchung von besonderer Bedeutung.

Synesios von Kyrene (370-413 n.Chr.) verkörpert eine Synthese von griechischer stoisch-neuplatonischer Philosophie, römischer Bildung und Rhetorik - seine Hymnen und Briefe galten im byzantinischen Mittelalter als stilistische Vorbilder ihrer Gattung - und Christentum. Synesios war ein vornehmer Feudalherr. Er studierte Philosophie bei der Neuplatonikerin Hypatia von Alexandria, die 415 von einem christlichen Mob ermordet wurde.

Im Jahre 410 wird Synesios christlicher Bischof von Ptolemais und Metropolit der libyschen Pentapolis, Ämter, die er nur widerstrebend annahm. Er weigerte sich standhaft, sich von seiner Frau zu trennen, und vertrat weiterhin die Präexistenz der Seele.

Synesios' Schrift "Über die Traummantik" entstammt seiner "heidnischen" Periode. Sie beginnt mit einer kosmologischen Begründung der Mantik im allgemeinen.

> "Wenn die Mantik nun alles durch alles vorher ankündigt, da ja alles mit allem verwandt ist, was zu einem Lebewesen gehört, und wenn sich all dies gewissermaßen wie Buchstaben verschiedener Art verhält, phönizische, ägyptische oder assyrische, wie wir sie in den Büchern finden, dann muß es der Weise auch lesen können. (Unter einem Weisen verstehe ich den, der etwas aus der Betrachtung der Natur gelernt hat.) Und zwar vermag der eine dies, der andere jenes zu lesen, der eine mehr, der andere weniger, wie z.B. der eine nur die Silben, der andere ganze Worte, der dritte noch den Sinn dazu erfaßt. So sehen die sternkundigen Weisen die Zukunft, indem der eine die Fixsterne, der andere die rötlich leuchtenden Sterne und Sternschnuppen beobachtet, wieder andere, indem sie die Zukunft aus den Eingeweiden lesen, andere aus dem Geschrei der Vögel, aus ihrem Sitz und Flug. Wieder anderen dienen sogenannte Symbole, Worte und zufällige Begegnungen als deutbare Schriftzeichen der Zukunft. Denn alles kündigt sich ja durch alles im voraus an. Wenn daher die Vögel jene Weisheit besäßen, würden sie sich die Kunst, Kommendes vorauszusagen, aus den Menschen zurecht gemacht haben wie wir aus ihnen."[55]

Der Kosmos nun ist ein von *einem* Gefühl durchdrungenes und von *einem* Leben beseeltes Ganzes. Seine Teile sind daher miteinander verwandt und affizieren sich, oder, wie Synesios sagt, sie "bezaubern" sich gegenseitig. Der Weise nun kennt diese umfassende Konspiration der Dinge im Kosmos und die Art, in der sie sich wechselweise ankündigen. Der Kosmos ist ein umfassendes System von Korrespondenzen, von Harmonien und Disharmonien, so daß selbst räumlich und zeitlich noch so weit auseinanderliegende Ereignisse aufeinander verweisen und einwirken. Denn wie bei der Leier durch das Anschlagen einer Saite nicht die benachbarte, sondern eine fernerliegende Saite in Mitschwingung versetzt wird, und wie "ein Übel am Finger sich in die Drüsen ziehen (kann), ohne daß die dazwischen liegenden Teile etwas empfinden", so erklärt sich auch die Beziehung der Zeichen auf ferne und zukünftige Ereignisse, da ja alles an *Einem* auftritt. Dergestalt kann nun der Weise, der die Zeichen zu lesen versteht, "von dem einen auf das andere schließen, da er gewissermaßen ein Pfand in der Hand hat von Dingen, die noch so weit entfernt sein mögen in Gestalt von Lauten, von Materie oder äußeren Formen".[56]

"Von allen Gütern", sagt Synesios, "ist die Weissagekunst wohl das höchste".[57] Durch sie hebt sich der Mensch über das Alltägliche hinaus und ist der Gottheit nah an Erkenntnis. All ihren Zweigen ist freilich das Rätselhafte und Dunkle gemeinsam, "so daß man keineswegs mit Beweisen rechnen darf, wie wir sie bei der Naturbetrachtung vor uns haben. Unsere Überlegung lehrte uns aber auch das als etwas Erhabenes kennen, gerade so wie das Geheimnisvolle in den Mysterien".[58]

Nach dieser allgemeinen kosmologischen Begründung der Mantik wendet sich Synesios ihrem, wie er meint, edelsten Teil zu: der Traummantik, mit dem Ziel, "sie vor Verachtung zu schützen und die Menschen zur Beschäftigung mit ihr anzuregen".[59]

Auf der Basis neuplatonischer und stoischer Voraussetzungen entwickelt Synesios nun eine eindrucksvolle Philosophie des Traums. Den Ausgangspunkt seiner Überlegung bildet die ontologische Hierarchie der Seinsstufen, an deren Spitze der unwandelbare, göttliche "Nous" die ewigen Formen in sich faßt. Er ist zugleich das schlechthin Gute. Das irdische Leben entsteht durch den Abstieg aus dem intelligiblen Bereich des Nous in die Sinnlichkeit, den Bereich der Materie und des Schlechten. Als mittleres zwischen beidem ist der Bereich der Phantasie angesiedelt, des Pneumas, das als Weltseele den Kosmos wie ein ätherischer Atem durchdringt, als Individualseele auch "vorstellendes Pneuma" genannt wird, und präziser als "erste Verleiblichung der Seele" anzusprechen ist.[60] Entsprechen dem Nous die intelligiblen Formen des Seins, so dem Pneuma, der Phantasie, die wandelbaren Bilder des Werdens. Das Pneuma bezeichnet somit sowohl etwas Objektives, die Sphäre des Werdens, der alles Irdische angehört, als auch etwas Subjektives, insofern es das bildliche Vorstellungsvermögen meint. Der endliche Mensch kann nicht ohne Bilder denken. Daher bringt die Phantasie die Formen des Seins dem Menschen als Bilder des Werdens zu Bewußtsein.

"So ist das Leben hienieden ein Leben in der Phantasie, oder ein Leben des Nous, der sich der Phantasie bedient."[61]

Das Pneuma ist

"Grenzland von Vernunft und Unvernunft, von Körperlichem und Unkörperlichem und gemeinsames Gebiet für Beides, und mittels seiner tritt das Göttliche mit der Materie in Berührung. Deshalb ist es auch so schwer, seine Natur wissenschaftlich zu erfassen. Denn es borgt sich, was ihm paßt von den äußersten Teilen der sich benachbarten Gebiete zusammen, und grundsätzlich so Verschiedenes erscheint in einer Gestalt vereinigt."[62]

Aus dem diffusen Gemisch von Materie und Geist erklärt sich also das Nebelhafte der Phantasie, welche ohne Rücksicht auf Raum und Zeit in der sinnlichen Wirklichkeit traumhafte Phantasiegebilde aus scheinbar heterogenen Elementen komponiert. Und daher rührt auch die Schwierigkeit einer eindeutigen Auslegung der mantischen Zeichen.

"Denn das Nebelhafte des Pneuma vermag nicht die Wirklichkeit des Seins zu erfassen."[63]

Je nach der moralischen Verfassung des Menschen und seiner mehr oder weniger vernunftgemäßen Lebensführung ist das Seelenpneuma bald leicht und ätherisch; es schwingt sich empor zu den "ringsumerleuchteten" Sphären, bald sinkt es jedoch, wenn dem Schlechten zugewandt, "in zwangsläufigem Fall in den Schlamm der Erde".[64]

Der Traum ist als eine Tätigkeit der Phantasie der Sinneswahrnehmung des Wachzustandes überlegen. Die Phantasie ist nämlich Gemeinsinn, ähnlich wie bei Aristoteles, und weist daher gegenüber der Zerstreutheit der äußeren Sinne, die der Materie näherstehen, einen höheren Einheitsgrad auf. Im Schlaf kann die Seele

"von hoher Warte aus um vieles deutlicher sehen, was unten vorgeht, als wenn sie sich mitten unter ihm befände"

und

"in unerschütterlicher Ruhe dem Individuum die Abbilder des Werdenden darbieten."[65]

Im Schlaf, wenn der Mensch "frei ist von den Überschwemmungen äußerer Eindrücke"[66] und sich den Wirrnissen der Tagesgeschäfte entzogen hat, findet er Muße, sich mit sich selbst zu beschäftigen. Indem er auf seine Träume achtet, unternimmt er eine Form der Selbstprüfung und kann den "Reinheitsgrad" seines Seelenpneumas kontemplieren, das heißt, er erhält ein Bild seiner seelischen und moralischen Verfassung.

Synesios fordert seine Leser dazu auf, sich ihre Träume und die daraufhin eintretenden Ereignisse genauestens zu merken, und

> "den sog. Tagebüchern die von uns sog. Nachtbücher hinzuzufügen als Dokumente für die Lebensweise seiner selbst. Denn das Leben in der Phantasie, so hat unsere Untersuchung gezeigt, ist je nach Krankheits- und Gesundheitszustand des Pneuma bald besser, bald schlechter..."[67]

Auf diese Weise eine Geschichte seiner selbst zu schreiben, die die eigenen Träume mit einschließt, sei nicht nur eine artige Unterhaltung, sondern ebenso eine nützliche Stilübung.

> "Überdies ist man gezwungen, durch Vermittlung von Worten das Traumgesicht demjenigen klar zu machen, der es selbst nicht gehabt hat. Es ist nämlich kein leichtes Unterfangen, eine in der Seele entstandene, ganz eigenartige Regung auf einen anderen zu übertragen."[68]

Von den professionellen Traumdeutern hält Synesios wenig. Der Mensch solle vielmehr lernen, sich seine Träume selbst auszulegen. Es sei eine Schande, wenn ein Jugendlicher im Alter von 25 Jahren sich in der Kunst der Traumauslegung noch keine Fertigkeit erworben habe!

Kann man nun durch die Träume in die Zukunft schauen? Synesios tut sich schwer, dies aus der Lehre von der Sympathie des Ganzen und seiner Teile plausibel zu machen, scheint diese doch nur zu erklären, wie im Traume ein gegenwärtiges Geschehen in weiter Ferne anklingen kann. Die demokritische Theorie, wonach sich von allen materiellen Gegenständen Bilder (Eidola) ablösen, die durch die Luft schwirren, in die Poren der Schlafenden eindringen und sich in der Phantasie "wie auf einem Herd" versammeln, hilft hier nicht recht weiter. Denn wie es Bilder von etwas Zukünftigem, noch gar nicht Existentem soll geben können, vielleicht "Sprosse eines noch unvollkommenen Wesens, gleichsam Triebe und Schößlinge einer verborgenen Saat",[69] ist doch sehr geheimnisvoll. Eher schon sind die die Zukunft betreffenden Wahrträume "Vorhut von immer denselben Ereignissen und ähnliche von dementsprechend ähnlichen Ereignissen"[70] und ihre Deutung Konjekturen aufgrund angesammelten Erfahrungswissens, so wie man beispielsweise aus dem Hof um den Mond schließt, daß es schlechtes Wetter geben wird.

In der Antike war die Traumdeutung eben kaum anders als durch ihre Einbeziehung in den traditionellen Rahmen der mantischen Künste zu rechtfertigen. Dieser Aufgabe war Synesios durch seine kosmologische Begründung der Weissagung in der Idee der "sympathia ton holon" nachgekommen. Indem er das Pneuma zum Individuum und Kosmos gleichermaßen erfüllenden Medium im Bereich des Werdens erklärte, erhob er die Phantasie in den Rang eines ontologischen, alles bloß Subjektive hinter sich lassenden Prinzips. Sie gilt ihm als das "umfassendste Organ". Letztlich überschreitet Synesios den Rahmen der traditionellen Traummantik. Der Traum steht bei ihm weniger im Dienst der Zukunftsschau als in dem der Selbsterkenntnis. So sehr er einerseits durch das Band der Sympathie eine Beziehung zur Welt darstellt, so sehr ist er doch gleichzeitig für das Individuum eine Rückzugsmöglichkeit aus dieser, ein Refugium der Selbstbesinnung. Gerade diese Synthese aus kosmischem All-Einheitsdenken und einem ausgeprägten Individualismus traf sich später mit den Intuitionen der Renaissance-Gelehrten und erklärt das Ansehen, das Synesios als Autorität und Berufungsinstanz in den Fragen des Traums bei ihnen genoß.

Synesios' Schrift gipfelt in einem in der europäischen Geistesgeschichte fast einzigartigen Hymnus auf "den Wert des Lebens in der Phantasie",[71] den Synesios aus eigener Erfahrung schätzen gelernt hatte.

Zu den großen Vorzügen des Traums rechnet Synesios, daß er dem Menschen Hoffnung, Zuversicht und Heiterkeit beschert. Er läßt einen "das Unangenehme der sinnlichen Erkenntnis vergessen",[72] womit Synesios in platonischer Sprechweise auf die Sorgen und Anfeindungen anspielt, denen er sich in den politischen Wirren seiner Zeit gegenüber sah.

Außerdem gelingen einem im Traum Problemlösungen, nach denen man im Wachen vergeblich gesucht hat. Ihm selbst seien im Traum stilistische Verbesserungen, ja selbst ganze Schriften eingefallen. Wenn er einmal bei der Jagd schon die Hoffnung aufgegeben hatte, das Wild zu fangen, habe ihn ein Traum zum Ausharren gemahnt und für den nächsten Tag Glück verheißen.

Auch in schwierigen Zeiten - das bezieht sich auf die Jahre 399-402, die Synesios als Gesandter am Hofe zu Konstantinopel zubrachte - habe ihn die Traummantik nicht im Stich gelassen, ihn vor den Nachstellungen von Seelenbeschwörern gewarnt und ihm geholfen, vor dem Kaiser mutige Worte zu finden.

Ein besonderer Vorzug der Träume besteht darin, daß sie durch kein Gesetz eigeschränkt werden können: Es gibt kein Naturgesetz, das den Menschen darin hindern würde, sich wie Ikarus in die Lüfte zu erheben, vor allem aber kein menschliches, denn auch der ärgste Tyrann könnte den Menschen das Träumen nicht verbieten.

Die Traumdeutung verdient nach Synesios den Vorzug vor allen anderen Formen der Mantik. Das hat vor allem soziale Gründe, denn nur die Reichen können es sich leisten, das Honorar eines "Chaldäers" - so wurden damals die professionellen Astrologen genannt - zu bezahlen. Wer hat schon die Möglichkeit, die weite Reise nach Delphi oder zum Heiligtum des Ammon anzutreten? Was für einen Aufwand muß man nicht treiben, um in den Besitz der "kretischen Pflanze", des "ägyptischen Vogels" oder des "iberischen Knochens" zu gelangen, wie Synesios mit unverhohlener Polemik gegen das zu seiner Zeit blühende Geschäft mit der Wahrsagerei und den modischen Mysterienkulten schreibt.

Das Träumen und Traumdeuten ist dagegen unabhängig vom Alter, Geschlecht und Vermögen. Es ist an keinen Ort gebunden und kann den Menschen gleichsam als tragbares Orakel auf Reisen überall hin begleiten. "Es genügt vielmehr, sich schlafen zu legen, nachdem man seine Hände gewaschen und sein Gebet gesprochen hat".[73]

> "Auf diesem demokratischen Zug beruht gerade die Menschenfreundlichkeit des Traums, auf der Einfachheit und Selbstgenügsamkeit gerade seine Philosophie, auf der Tatsache, daß er überall zu finden ist und nicht in Wasser, Felsen oder Erdspalten wohnt, gerade seine Gottähnlichkeit."[74]

Er selbst, so Synesios, verdanke der Traummantik die höchsten Güter, denn

> "nichts tut sie mit dem Menschen in gleichem Maße wie Philosophieren."[75]

## 1.5 Oneiromantie und Inkubation

Bei der Erörterung der vier verschiedenen Grundauffassungen der Griechen vom Traum stand die mehr theoretisch-philosophische Frage nach dessen Herkunft und Wesen im Vordergrund. Wir wollen uns nun der gelegentlich schon angeklungenen Frage nach der Bedeutung der Träume und ihrer Stellung in der griechischen Kultur zuwenden.

Im Glauben der meisten Griechen war der Traum ein Wink der Götter, und von seiner Auslegung erhofften sie sich Auskünfte über das künftige Schicksal und Direktiven für das praktische Handeln. Da die Botschaft des Traumes jedoch oft mehrdeutig und dunkel war, suchte man sich bei einem kundigen Experten Klarheit über seinen Sinn zu verschaffen. In der archaischen Periode war die Traumdeutung den göttlich inspirierten Sehern (Manteis) vorbehalten, später in der hellenistischen Periode lag sie in der Hand geschäftstüchtiger professioneller Wahrsager, die überall auf den Jahrmärkten ihre Kunst feilboten.

Die Traumdeutung ist ein Teil der mantischen Künste, die die Deutung jedweder Art von Zeichen zum Zwecke der Zukunftsschau umfaßt. Cicero unterscheidet in seiner Schrift "Über die Weissagung" zwei Arten von Mantik, die natürliche (oder intuitive) und die künstliche (oder induktive).[76] Erstere versteht sich auf die Deutung von Orakeln, die dem Menschen in außergewöhnlichen Zuständen wie Traum und Trance, Ekstase oder Wahnsinn eingegeben werden. Die Sprüche der Pythia in Delphi, die Laute, die ein Besessener ausstößt, die Visionen Sterbender gehören hierher. Letztere liest das Schicksal aus äußeren Zeichen heraus wie etwa dem Flug der Vögel, den Sternkonstellationen oder den Eingeweiden von Opfertieren. Sie ist induktiv, insofern sie als die Urform der Erfahrungswissenschaft angesehen werden kann, künstlich aber, sobald man sich hier gewisser Rituale und materielller Hilfsmittel bedient, um die Natur zu signifikantem Verhalten zu bewegen. Es gab die Weissagung aus in den Meersand gemalten Zeichen (Geomantie), aus Bildern im Wasser (Hydromantie), aus Visionen in Spiegeln (Katoptromantie), aus den Rauchschwaden eines Opferfeuers oder aus den Verformungen verbrannter Knochen (Pyromantie) und die aus einer mit geschlossenen Augen angetippten Stelle im Homer (Bibliomantie). Aber auch die zufällige Begegnung mit einem Menschen auf der Straße oder das Niesen galten den Griechen als Omina, und alle populären Formen der Wahrsagerei wie das Befragen von Würfeln oder das Kaffeesatzlesen sind der künstlichen Mantik zuzurechnen.

Das Wissen der Götter von den Menschen, der Schutz, den sie gewähren, die Ratschläge, die sie erteilen, die permanente Offenbarung ihres Willens und ihres Wissens um das Schicksal, all dies zu erforschen ist das Ziel der Mantik. Sie ist eine "Technik der Existenz",[77] eine diesseitsorientierte Nutzanwendung der Religion. Der Zufall ist für die Mantik inexistent, oder anders ausgedrückt: Sie interpretiert den Zufall niemals als vollkommen willkürlich und irrational, sondern immer als bedeutsames Zeichen. Hinter jeder Laune der Natur kann sich ein Wink der Götter verbergen; die unscheinbarsten Abweichungen vom gewöhnlichen Lauf der Dinge sind unter Umständen schicksalsträchtige Vorboten großer Umwälzungen.

Freilich drücken die Zeichen, die natürlichen Träger übernatürlicher Bedeutungen, den Willen der Götter nur noch in abgeschwächter Form aus. Alle Versuche der Sterblichen, in den Besitz ihres übernatürlichen Wissens zu gelangen, sind naturgemäß begrenzt und gehen allzu schnell in die Irre. Wie leicht konnte man für ein Omen halten, was gar keines war, wie leicht übersah man einen Wink der Unsterblichen, wenn er sich hinter etwas ganz Alltäglichem versteckte. Nicht erst die Auslegung, sondern schon die Identifizierung der Zeichen ist mit Unsicherheit behaftet.

Und so wurden schon in der Antike vereinzelt skeptische Stimmen gegenüber der Mantik laut: Man denke an die Götterkritik des Xenophanes, den Spott eines Lukian oder an die Karikatur des Abergläubischen bei Theophrast.

Einen bemerkenswerten Einwand gegen die Mantik brachte Cicero vor. Er meinte nämlich, daß sie sich in einer Aporie verfange: Damit es möglich sei, die Zukunft vorauszuwissen, müsse diese bereits als vollendete Tatsache feststehen; der Determinismus einer unbeugsamen Vorsehung sei also die Möglichkeitsbedingung der Mantik. Dann aber sei die Mantik vollkommen nutzlos, da der Mensch seinem Schicksal sowieso nicht mehr zu entrinnen vermöchte. Wenn also die Mantik möglich sein soll, dann ist sie nutzlos, und wäre sie nützlich, dann wäre sie, weil das Zukünftige ja noch nicht feststeht und also auch nicht eingesehen werden kann, gar nicht möglich. Der Widerspruch liegt darin, daß der Mensch einerseits an ein vorherbestimmtes, vorauswissbares Fatum glaubt, andererseits aber diesem entkommen will.[78]

Dieser Widerspruch war den Griechen allerdings durchaus bewußt. Er gehört zu den handlungsauslösenden Grundkonflikten der antiken Tragödie: Gerade indem der Protagonist dem Schicksalsspruch des Orakels zu entkommen versucht, trägt er unwissentlich zu dessen Erfüllung bei.

In dieser Zuspitzung ist Ciceros Einwand sicher nicht von der Hand zu weisen. Allerdings läßt er einen psychologischen Aspekt unberücksichtigt, den Achilleus Tatios in seinem Stück "Leukippe und Kleitophon" zum Ausdruck bringt:

"Häufig geschieht es, daß Gott den Menschen nachts die Zukunft mitteilt, nicht um ihnen Leiden zu ersparen - denn den Lauf des Schicksals können sie nicht aufhalten -, sondern damit sie ihre Leiden leichter ertragen. Denn das Unerwartete, das unversehens mit geballter Wucht da ist, bringt den menschlichen Geist durch den plötzlichen Schlag völlig aus der Fassung und wirft ihn fast stets zu Boden, während das Erwartete dadurch, daß man Zeit hat, sich darauf einzustellen, dem Schicksalsschlag rechtzeitig die Spitze nimmt."[79]

Man kann hier einen Schritt weiter gehen und die Aufgabe der Mantik dahingehend plausibel machen, daß man sagt, sie habe es mit Symptomen künftig sich abzeichnender Entwicklungen zu tun, die, rechtzeitig erkannt und richtig gedeutet, vom Menschen durchaus beeinflußt werden können.

Wenden wir uns nun der Praxis der Traumdeutung (Oneiromantie) zu. Das einzig erhalten gebliebene Handbuch der Antike über die Traumdeutung stammt von Artemidor (96-180 n.Chr.), der sich "von Daldis" nannte, obwohl Ephesus seine Heimatstadt war. Nach eigenen Worten war er jahrelang herumgereist, um auf Griechenlands Jahrmärkten alles für sein Metier Wissenswerte in Erfahrung zu bringen, Träume mit ihren "Ausgängen" zu sammeln und von den Wahrsagern und ihrer Klientel zu lernen, und er behauptete, das ganze verfügbare Traumschrifttum seiner Zeit studiert zu haben. Seine "Oneirokritika" stellt die Bilanz die griechischen Traumdeutung dar und wurde zugleich zum Vorbild für die Gattung der populären Traumschlüssel, die sich dadurch auszeichnet, daß den Traumsymbolen eines oder mehrere feststehende Signifikate zugewiesen werden. Sie sind in der einen oder anderen Form noch heute auf dem Markt. Artemidors Werk wurde hundertfach übersetzt und auch in christlichen Zeiten, wenn auch häufig entstellt und unter anderem Namen, immer wieder herausgegeben.

Artemidor nimmt zunächst, vermutlich unter Rückgriff auf ältere Quellen, eine Klassifikation der Träume vor. Zu allererst ist der Unterschied zwischen dem "bloßen" Traum (enhypnion) und dem Traumgesicht (oneiros) zu beachten.[80]

Die "bloßen" Träume verdienen keine Beachtung und spiegeln lediglich die körperliche oder seelische Verfassung des Schlafenden wider. So träumt der Durstige vom Trinken, der Liebhaber von seinem Lieblingsknaben.

Das Traumgesicht (oneiros) dagegen ist stets bedeutungsvoll. Schon bei der etymologischen Herleitung des griechischen Wortes "oneiros" erweist sich Artemidor als ein Meister seines Fachs. Einmal leitet sich nämlich "oneiros" von "to on eirein" ab; Traumgesichte sind solche, die "das Sein sagen". Ferner ist das Traumgesicht auch dasjenige, was die Seele erregt (oreinei), die Aufmerksamkeit des Träumers auf die Zukunft lenkt und zum Handeln antreibt. Schließlich verbirgt sich in "oneiros" auch der Name des Bettlers Iros, welcher die Botschaften überbrachte, die man ihm anvertraute.[81]

Der philosophischen Spekulationen eher abgeneigte Artemidor findet die Frage, wie man denn nun die "bloßen" Träume von wahren Traumgesichten unterscheiden könne, keiner langen Diskussion für würdig und erklärt kurzerhand, "wir nennen alles Unerwartete gottgesandt (theopemptos)". Wahrscheinlich waren die Götter für Artemidor keine lebendige Realität mehr, auch wenn er zur Steigerung seines Prestiges erklärt, Apoll selbst habe ihn im Traum beauftragt, die Bücher der "Oneirokritika" zu verfassen. Wahrscheinlich hielt er den mantischen Traum nicht für gottgesandt, sondern für ein psychisches Produkt:

> "Das Traumgesicht ist eine Bewegung oder ein vielgestaltiges Bilden der Seele, das das bevorstehende Gute oder Böse anzeigt."[82]

Vermutlich erklärte er sich die Möglichkeit der Weissagung ähnlich wie Synesios nach der stoischen Lehre von der "sympatheia ton holon".[83]

Artemidor bediente sich der von Freud so genannten "Dechiffriermethode", bei der die Bedeutungen auf ein Symbol passen wie ein Schlüssel ins Schlüsselloch. Bei dieser Methode kommt es im Gegensatz zur Freudschen nicht auf die Einfälle und Assoziationen des Träumers, sondern auf die des professionellen Deuters an. Allerdings hielt es auch Artemidor für

> "notwendig, daß der Traumdeuter genau weiß, wer der Träumende ist, daß er über dessen Beruf, seine Herkunft, seine Vermögensverhältnisse, seinen Gesundheitszustand und über sein Alter genau unterrichtet ist."[84]

Denn ein und dasselbe Traumgesicht bedeutet, je nachdem, ob es ein Armer oder ein Reicher, ein Freier oder ein Sklave, ein Verheirateter oder ein Lediger, ein Alter oder ein Junger, ein Gesunder oder ein Kranker, ein Redner oder ein Krieger geträumt hat, etwas ganz Verschiedenes.

Der Vater der Psychoanalyse stimmte mit Artemidor darin überein,

> "daß die Deutungsarbeit nicht auf das Ganze des Traumes gerichtet wird, sondern auf jedes Stück des Trauminhalts für sich, als ob der Traum ein Konglomerat wäre, in dem jeder Brocken eine besondere Bestimmung verlangt."[85]

Weder Artemidor noch Freud nehmen also den Traum als eine fortlaufende Geschichte, sondern zerlegen ihn in seine einzelnen Elemente (analysieren ihn im eigentlichen Wortsinne) und stellen deren jeweilige Bedeutung fest. Dann hängt es, so Artemidor, von der Kombinationsgabe des Traumdeuters ab, die einzelnen Elemente wieder zu einem Ganzen zu synthetisieren, damit am Ende ein eindeutiger Orakelspruch herauskommt.

Artemidors "Oneirokritika" ist in seinen Hauptteilen ein Lexikon von motivisch gruppierten Traumsymbolen mit ihren korrespondierenden Bedeutungen, wobei eine Vielzahl von Signifikaten einer geringen Anzahl von Bedeutungen oder - was dasselbe ist - von "Traumausgängen" gegenübersteht.

Das durch die Träume Bezeichnete sind die Hoffnungen und Befürchtungen von Jedermann, die immer wiederkehrenden Wendepunkte und Krisen des Lebens: Heirat und Kinder, Glück und Pech in der Liebe und in finanziellen Angelegenheiten, Krankheit und Genesung, Tod oder Verbannung, eventuell zu bekleidende Ämter, Erfolg und Mißerfolg bei Rechtsprozessen usw. In diesem Sinne ist das Zukünftige und zu Erwartende sehr wohl absehbar.

Um so größer ist die Zahl der Zeichen, die alle auf dieses hinweisen können. Im allgemeinen gilt, daß alles, was im Traum in Übereinkunft mit Natur, Gesetz und Sitte ist, von günstiger Vorbedeutung ist.[86] Den Traumbüchern eignet durchweg ein konservativer Zug.

Die Entschlüsselung der Traumbilder geschieht nach dem Prinzip der Analogie, wie auch schon Aristoteles festgestellt hatte. "Denn die Traumdeutung ist im Grunde nichts anderes als ein Vergleichen von Ähnlichkeiten."[87]

Als Übungsbeispiel für das Auffinden von Analogien diskutiert Artemidor folgenden Traum:

"Eine Frau, die schwanger ging, träumte, sie habe einen Drachen geboren."

Folgende Ausgänge sind denkbar:

- Der Sohn wird ein Redner (Drachen haben gespaltene Zungen).
- Der Sohn wird Wahrsager (der Drache ist dem Gott der Weissagung Apoll geweiht).
- Der Sohn wird ein zügelloser Bursche (der Drache geht krumme Wege).
- Der Sohn wird Straßenräuber (denn man schlägt gefangenen Drachen den Kopf ab).
- Der Sohn wird ein flüchtiger Sklave (der Drache windet sich durch die engsten Spalten und versucht, sich den Blicken der Verfolger zu entziehen).
- Der Sohn wird gelähmt (der Drache bedient sich zum Vorwärtskommen des ganzen Körpers, genau wie ein Gelähmter).[88]

Welche dieser Bedeutungen nun die treffende ist, muß der erfahrene Traumdeuter anhand der Lebensumstände des Träumers herausfinden.

Die Traumdeutung war also eine durchaus komplizierte Materie, dies nicht zuletzt wegen der Ambivalenz der Traumsymbole.

Zum Beispiel:

> "Eselsohren zu haben ist nur für Philosophen von guter Vorbedeutung, weil der Esel nicht gleich auf den ersten besten hört. Den übrigen Menschen zeigt es Sklaverei und ein kümmerliches Leben an."[89]

Von einem Blitz getroffen werden, nimmt, was man besitzt:

> "Nun besitzt der Arme Armut, der Reiche Reichtum. Folglich wird es des Armen Armut, des Reichen Reichtum vernichten."[90]

Im allgemeinen gilt: Wer schlecht lebt, träumt angenehm, und umgekehrt. Die Ambivalenz der Traumsymbole erklärt sich für Artemidor ganz einfach daraus, daß die Dinge des Lebens selbst ambivalent sind. Artemidor glaubt, daß einfache Menschen entsprechend einfach zu deutende Träume haben, während Gebildete und in der Traumdeutung Bewanderte sehr verschlüsselt träumen.[91] Schließlich gibt er auch die Möglichkeit zu, daß einige Träume bis zum Zeitpunkt ihrer Erfüllung gänzlich uninterpretierbar (akritos) bleiben.[92]

Bei Aischylos wird die Traumdeutung als eine der wichtigsten Erfindungen des Prometheus bezeichnet.[93] Tatsächlich stand der Traum bei den Griechen in so hohem Ansehen, daß sie ihm in der Inkubation (von lat. incubare = in oder auf etwas liegen), dem Heilschlaf an einem heiligen Ort, eine institutionelle Basis schufen. Sie war aufs engste mit dem Gesundheitswesen verknüpft.[94] In archaischen Zeiten schlief man neben den Schreinen chthonischer Gottheiten, die in dem Ruf standen, Fragen über Krankheit und Gesundheit zu beantworten und Wunderheilungen zu vollbringen (die Erde, chthon, ist ein Symbol des Leibes und, wie wir sahen, Mutter der Träume).

Die Inkubation war im ganzen Mittelmeerraum verbreitet, gelangte aber erst nach der großen Seuche von 430 v.Chr. durch die Einführung des Heilgottes Asklepios zu panhellenistischer Bedeutung und wurde zu einer medizinischen und religiösen Institution. Kranke aus allen Teilen Griechenlands pilgerten zu den Asklepios-Tempeln in Pergamon, Kos (der Wirkstätte des Hippokrates) und vor allem zu dem Asklepieion in Epidauros. Prinzipiell wurde jeder aufgenommen, abgesehen von Schwangeren und Sterbenskranken, denn das Heiligtum sollte von Geburt und Tod unberührt bleiben. Nach vorbereitenden Opfern und rituellen Waschungen legte man sich auf seiner "Kline" (griech. = Bett; Klinik!) im "Abaton" schlafen; nur die von der Gottheit Gebetenen durften es betreten, was davon abhing, ob das vorbereitende Opfer des Patienten gnädig aufgenommen worden war. Wer Einlaß gefunden hatte, wartete auf den alles entscheidenden Traum, in welchem ihm Asklepios als bärtiger Mann oder Jüngling, Schlange oder Hund, eventuell in Begleitung seiner Tochter Hygieia, erscheinen, ihn berühren und gesund machen würde. Die Gottheit zeigte sich entweder "onar", im Traum, oder "hypar", in einer wachen Vision, wenn der Patient vor Erregung nicht schlafen konnte. Für einige brachte das strahlende Erscheinen der Gottheit sofortige Genesung. Anderen offenbarte der Traum Heilmittel und diätetische Vorschriften, die er in seinem künftigen Leben zu beachten hatte, während manche erfahren mußten, daß sie unheilbar krank waren. Wer geheilt von dannen ging, hinterließ nach Entrichtung einer Gebühr ein Protokoll seines Traumerlebnisses mit Danksagungen an den großen Asklepios, von denen eine Fülle erhalten gebliebener Votivtafeln heute noch Zeugnis ablegen.

Ein solcher Heilungsbericht lautet zum Beispiel folgendermaßen:

> "Pamphaes von Epidauros, fressendes Geschwür innerhalb
> des Mundes - Dieser sah, als er im innersten Gemach des
> Heiligtums schlief ein Gesicht: als er träumte, der Gott öffne
> ihm den Mund, halte die Kiefer mit einem Keil auseinander
> und räume den Mund aus, und darauf wurde er gesund."[95]

Bei den Asklepiostempeln war das griechische Gesundheitswesen konzentriert, und man errichtete in ihrer Nachbarschaft so etwas wie ersten Kliniken. Die Gründung des Asklepieion auf Kos hing auf engste mit der dort ansässigen Schule der hippokratischen Medizin zusammen. Man kann die heiligen Stätten des Asklepios weder mit modernen Universitätskliniken noch auch mit einem Wallfahrtsort wie Lourdes vergleichen. In ihnen spielten nämlich auch die Künste, Theater und Musik eine hervorragende Rolle. Man denke nur an das Theater in Epidauros, das aus der Luft betrachtet wie ein großes Ohr in die herrliche Landschaft eingebettet ist. Durch die Inkubation in den Heiligtümern des Asklepios suchten die Menschen in einem ganz umfassenden Sinne an Leib und Seele gleichermaßen zu genesen.

## 1.6 Schlußfolgerungen

Wir haben in einem kurzen ideengeschichtlichen Überblick die verschiedenen Auffassungen der Griechen über Wesen, Herkunft und Bedeutung der Träume kennengelernt und ihre Stellung in der griechischen Kultur geschildert. Hieraus ergeben sich einige grundsätzliche Schlußfolgerungen bezüglich des Verhältnisses von Traum und Realität im vorneuzeitlichen Denken.

Man hat gelegentlich behauptet, daß in den archaischen Kulturen und bei den sogenannten "primitiven" Völkern zwischen Traum und Realität kein Unterschied gemacht werde. Dies ist nur bedingt richtig. Die Griechen wußten sehr wohl, daß die Welt des Traums eine andere war als die gewöhnliche des Tages. Doch im mythischen Denken sind zwischen beiden mancherlei Übergänge möglich. Die Welt des Traums war zwar eine andere, aber darum doch keine irreale oder gar ein bloß subjektives Erzeugnis der Phantasie. Im Gegenteil: Der Traum war eine privilegierte, heilige Erfahrung des Menschen, die ihm Zugang zur eigentlichen, transzendenten Wirklichkeit eröffnete.

Kein scharfer Schnitt trennte die numinose Realität des Traums von der gewöhnlichen des Tages; zwischen beiden Welten fand ein ständiger Austausch statt. Sieht man von der Konzeption des Aristoteles ab, so hatte der Traum ein vom Wachen zwar verschiedenes, im allgemeinen aber sogar höheres Sein. Wenn wir uns an die Etymologie des Artemidor halten, konnte der Traum auf je verschiedene Weise "das Sein sagen", nämlich einen Ratschluß der Götter mitteilen (theologische Auffassung), auf die Unsterblichkeit der Seele hinweisen (anthropologische Auffassung), ein kosmisches Geschehen widerspiegeln (kosmologische Auffassung) oder auch nur den Keim einer Krankheit erkennen lassen (physiologische Auffassung).

Als Remineszenz vergangener Ereignisse des Tages war der Traum für die Griechen bedeutungslos, bedeutsam aber als Vorzeichen eines künftigen Geschehens. Seine Auslegung fällt in die Zuständigkeit der mantischen Künste, die aber auch jedes irgendwie signifikante und auffällige Vorkommnis der Wachwelt als Omen deuten. Die Wachwelt hat daher selbst traumhafte Züge. Gerade in ihrer symbolischen Qualität, in ihrer Eigenschaft bedeutsam zu sein, sind Traum und Wirklichkeit bei den Griechen nicht unterschieden. Beide sind eine fortwährende Epiphanie der Götterwelt und stecken voller Rätsel und Wunder. Ob der Schrei der Eule nun im Wachen oder im Traum vernommen wird, macht für seine Qualität als Omen gar keinen Unterschied. Der Traumdeuter muß daher, wie Artemidor betont, letztlich in allen Gebieten der Mantik zu Hause sein, da ja jedes Vorkommnis der Realität auch im Traum begegnen kann und dann im allgemeinen ganz dieselbe Bedeutung hat. Überall verfährt die Mantik nach dem für die symbolischen Weltbilder konstitutiven Prinzip der Analogie, der Ähnlichkeit. Im Vorgang des Deutens werden Traum und Wirklichkeit auf assoziativem Wege kurzgeschlossen. Der Kanon der Symbole gilt für das Sein als Ganzes.

Diese Ungeschiedenheit von Traum und Realität für das mantische Denken hat Artemidor in einem denkwürdigen Passus seiner "Oneirokritika" herausgestellt:

> "Von guter Vorbedeutung ist es, viele Mäuse daheim zu sehen; sie zeigen große Lebensfreude und Zuwachs an Hausklaven an. Nimmt man etwas Ungewöhnliches bei den Mäusen wahr, so kann man für die Auslegung die Schriften des Melampus zu Rate ziehen, und zwar sein Buch über Wunder- und Vorzeichen; *man halte sich dabei vor Augen, daß das, was im Wachzustand geschieht, sich in keiner Weise vom Traumgeschehen unterscheidet; denn beidem kommt dieselbe Voraussage zu,* eine Tatsache, die mir durch die Erfahrung bestätigt wurde."[96]

Die Beziehung der Träume zur Wirklichkeit ist aber nicht nur eine zeichenhafte, sondern auch eine ursächliche. Nicht nur wirken die Geschehnisse des Tages in den Träumen nach, sondern es wirken umgekehrt, was uns heute kaum noch geläufig ist, auch die Träume in den Tag hinein und beeinflussen das Fühlen und Handeln der Menschen. Wir erinnern uns an Agamemnon oder den großen Sokrates, die beide die göttlichen Weisungen ihrer Träume in die Tat umsetzten. Zahlreiche Inschriften aus Griechenland sind erhalten, die besagen, daß ihr Verfasser ein Weihegeschenk gestiftet oder sogar ein Tempelchen errichtet hatte "infolge eines Traums" (kata oneiron) oder "nachdem er ein Traumgesicht hatte" (kat'hypnous). Platon berichtet, daß "viele Kulte vieler Götter schon gestiftet worden sind und noch weiter gestiftet werden auf Grund von Traumbegegnungen mit übernatürlichen Wesen".[97] Aber nicht nur derart frommen, sondern auch zu kriegerischen Taten ließen sich die Griechen durch Träume anstiften, wie die typischen Feldherrenträume zeigen. Mit Recht bemerkt Walter Benjamin:

> "Das Träumen hat an der Geschichte teil. Die Traumstatistik würde jenseits der anekdotischen Landschaft in die Dürre eines Schlachtfeldes vorstoßen. Träume haben Kriege befohlen und Kriege vor Urzeiten Recht und Unrecht, ja Grenzen der Träume gesetzt."[98]

Im Zusammenhang mit der Erörterung der Inkubation haben wir gesehen, daß die Griechen sich sogar erhofften, durch bestimmte göttliche Heilträume von Krankheit und Gebrechen befreit zu werden.

Für den Zusammenhang von Traum und kultureller Realität hat Dodds in seinem klassischen Werk "Die Griechen und das Irrationale" den Begriff des "Kulturform-Traums" (culture pattern dream) geprägt.

Dodds nimmt an, daß es neben den allen Menschen gemeinsamen Angst- und Wunscherfüllungsträumen

> "Grundformen der Traumstruktur gibt, die von einer gesellschaftlich tradierten Religionsform abhängen und die verschwinden, wenn jene Religion nicht mehr ausgeübt wird. Nicht nur die Wahl dieses oder jenes Symbols, sondern das Wesen des Traums selbst scheint sich nach einem starren traditionellen Muster zu richten."[99]

Solche Träume stehen in enger Beziehung zum kollektiven Imaginären von Mythos und Religion und hängen mit Glaubensvorstellungen zusammen, die nicht nur vom Träumer selbst, sondern auch von seiner Umgebung geteilt werden.

> "Die Form der Erfahrung wird vom Glauben bestimmt und stärkt ihrerseits wieder den Glauben. Daher nimmt die Stilisierung der Erfahrung stets zu. Wie Tylor schon vor vielen Jahren gezeigt hat, 'ist es ein Circulus vitiosus: Was der Träumer glaubt, sieht er deswegen, und was er sieht, glaubt er deshalb.'"[100]

Die homerischen Traumboten oder die Epiphanien des Asklepios in der Inkubation sind Beispiele für solche Kulturform-Träume, aber auch der Topos von der im Schlaf frei werdenden Seele geht auf eine Kulturform, nämlich die des Schamanismus zurück.

Naturgemäß ist bei der Tradierung solcher Kulturform-Träume jener Mechanismus am Werk, den Freud "sekundäre Bearbeitung" nannte und dessen Wirken sich darin äußert, "daß der Traum den Anschein der Absurdität und Zusammenhanglosigkeit verliert und sich dem Vorbild eines verständlichen Erlebnisses annähert."[101] Wenn der Traum nicht vom Träumer selbst, sondern von Dritten überliefert wird - wie dies bei den Visionsberichten des Mittelalters häufig der Fall ist -, so muß man sogar von einer dritten Bearbeitung ausgehen, ein Vorgang, der übrigens auch der Legendenbildung zugrundeliegt.

Die Existenz von Kulturform-Träumen weist auf die soziale Dimension unserer nächtlichen Existenz hin und eröffnet der historischen Anthropologie die wichtige Erkenntnis, daß nicht allein die Bewertung der Träume, sondern auch die Strukturen des Traumerlebens selbst einem geschichtlichen Wandel unterliegen.

## 2. Der Traum im christlichen Mittelalter

In der Frühzeit des Christentums mußte sich die Kirche erst noch gegen die spätantiken Mysterienkulte und das überall verbreitete heidnische Orakelwesen durchsetzen. Dementsprechend begegnen wir bei den ersten christlichen Autoren und den Kirchenvätern einer mißtrauischen oder ganz ablehnenden Haltung der Traumdeutung gegenüber. Zusammen mit allen anderen Formen der Divination wird sie als dämonisches Blendwerk verworfen. Auf der anderen Seite enthält aber die Bibel selbst eine Fülle göttlicher Traumgesichte, die die Traumdeutung als gerechtfertigt erscheinen lassen. Die Kirchenlehrer sahen sich also vor die Aufgabe gestellt, in diesem Konflikt zu vermitteln und ein Traumverständnis zu entwickeln, das den veränderten religiösen Voraussetzungen des Christentums gemäß war.

### 2.1 Ist die Traumdeutung Götzendienst?

"Wer die Götzenbilder verehrt, ist wie einer, der nichtige Dinge im Traum sieht",

hören wir von Augustinus in einer Psalmenerklärung.[102] Traumillusion und Idolatrie werden einander angeglichen.

Unter Berufung auf den biblischen Psalm 95.5 ("Die Götter der Heiden sind Dämonen.") machten die Kirchenväter aus der bunten vielgestaltigen Götterwelt der Antike das Reich der dem Teufel unterstellten Dämonen. Als gefallene Engel, die es aus unerfindlichen Gründen im Lichte der reinen Wahrheit nicht mehr aushielten und sich gegen Gott kehrten, bevölkern sie nunmehr den niederen Lufthimmel. Sie besitzen einen leichten luftartigen Körper und sind zu unglaublich schneller Wahrnehmung und Bewegung fähig. Aufgrund ihrer Unsterblichkeit kennen sie die Zukunft unf vermögen allerlei unerklärliche Veränderungen in der Natur zu bewirken; so können sie z.B. mit einem Schlag Schlangen und Kröten aus Dreck hervorzaubern. Wegen ihrer Boshaftigkeit sind sie die Urheber von Krankheiten, Mißernten und Unwettern.

Die meisten Kirchenväter glaubten an ihre Existenz und Macht. So gibt es bei Origines "unsichtbare Ackerknechte und andere Führer", die "nicht nur die Erzeugnisse der Erde, sondern auch das fließende Wasser und die Luft" beaufsichtigen.[103] Offenbar haben sie die Stelle der heidnischen Pflanzengottheiten eingenommen. Besonders ausgeprägt ist der "Restpolytheismus" bei Augustinus. Die Berichte von weinenden Apollostatuen hält er keineswegs für fabelhaft, und daß Menschen mit

Dämonen geschlechtlich verkehren können, "dies zu leugnen ist unverschämt".[104] Der Fortschritt besteht darin, daß der Christ die ins Dämonische umgedeuteten antiken Gottheiten nicht mehr durch Kulte zu besänftigen braucht, sondern sie durch Exorzismen vertreiben kann.

"Wir haben ihre Anfechtung erfahren" (nam experti sumus sic adfectos), bekennt Augustinus, "wobei einige wirklich zugegen waren, andere dagegen nicht" (et cum eis locutos, qui vere aderant, et cum aliis, qui non aderant).[105]

Die Dämonen verkörpern das Unberechenbare, Launische und Gaukelhafte der Natur. Sie stehen für die Verlockungen und Täuschungen, denen der seiner Sinnlichkeit ergebene Mensch anheimfällt, und plagen ihn mit Trugbildern, Einbildungen und Träumen, bei denen er Realität und Schein beim besten Willen nicht mehr auseinanderhalten kann. Allein derjenige, der durch seine Vernunft zum lichten Reich der göttlichen Wahrheit emporblickt, entkommt ihrem Blendwerk.

In einer bekannten Passage seines "Gottesstaates" diskutiert Augustinus die von Apuleius in seinem "Goldenen Esel" erzählte Geschichte von Wirtinnen in Italien, die ihren Gästen Zauberkäse verabreichten, um sie in Esel verwandelt für sich Lasten schleppen zu lassen. Gewiß, meint Augustinus, die Dämonen vermögen nicht wirklich Menschen in Tiere zu verwandeln, doch

> "ereignet sich etwas derartiges in unserem Denken oder Träumen bei tausend verschiedenen Dingen, und wenn es auch kein Körper ist, nimmt es doch mit wunderbarer Schnelligkeit körperähnliche Formen an und wirkt auf die unterdrückten oder betäubten Sinne des Menschen in einer ganz unfaßbaren Art als 'phantasticum', das nur auf einer Gedankenvorstellung beruht, während der menschliche Leib selbst an einem anderen Platz mit verschlossenen Sinnen, lebendig zwar, aber doch in einer Bewußtlosigkeit liegt, die tiefer und betäubter sein kann als im Schlaf. So kann ein solches 'phantasticum' anderen erscheinen, und auch ein Mensch kann sich selbst so erscheinen, wie er sich im Traume selbst erscheinen kann, und kann sogar Lasten tragen dabei. Sind diese Lasten wirklich körperhaft, dann sind es die Dämonen, die sie tragen, um die Menschen zu foppen."[106]

Diese Erörterung wird komplettiert durch Beispiele von Begebenheiten, die von dem einen Menschen im Traume und von einem anderen zur gleichen Zeit im Wachzustand erlebt wurden. Die ganze Passage ist charakteristisch für die untergründigen animistischen Vorstellungen, die nicht nur im Volk, sondern auch in den Köpfen der gelehrten Geistlichkeit das ganze Mittelalter hindurch lebendig blieben. Dämonischer Spuk, ekstatische Ohnmacht, die Entrückung eines frei herumschwirrenden gespenstischen 'phantasticums', all dies verbindet sich bei Augustinus zu einem diffusen traumhaften Gemisch. Sobald die Dämonen ihre Hand im Spiel haben, ist es mit der Unterscheidung von Traum und Realität vorbei.

Da die Dämonen die Zukunft kennen, gehen auch alle Traumweissagungen auf ihre Rechnung. Augustinus und in seiner Nachfolge Thomas von Aquin polemisieren ausdrücklich gegen die willentliche Zukunftserforschung durch Träume, welche auf "stillschweigenden" oder sogar "ausgesprochenen" Wahrsageverträgen mit Dämonen beruhe.[107] Die Zukunftserforschung durch Träume, wie sie die Griechen ganz unbefangen angestellt hatten, galt in christlichen Zeiten als verpönt. Wozu auch sollte man sich um das Glück und Pech, das einem auf Erden begegnen kann, bekümmern, wo doch alles auf das künftige Schicksal der Seele im Jenseits ankommt. Gott allein weiß die Zukunft. Überdies vertrug sich der jeder Art von Weissagung eigentümliche Fatalismus, die Vorstellung, es sei ein irgendwie vorherbestimmtes Schicksal, das in Träumen vorausgeschaut werden könne, nicht mit der christlichen Lehre von der Freiheit des Willens. Wer also auf Träume seine Hoffnung setzte, hatte sich bereits auf einen stillschweigenden Pakt mit den Dämonen eingelassen; wer gar zur dörflichen Hexe ging, um sich in Schicksalsfragen Rat zu holen und einen Hinweis auf die Zukunft zu erhalten, ergab sich ausdrücklich dem Teufel. Denn er überschritt durch frevelhafte Neugierde die Grenzen dessen, was einem Christen zu wissen möglich und erlaubt war. Zukunftserforschung ist verbotenes Wissen, das allenfalls mit Hilfe der Dämonen zustande kommen kann.

Im Jahre 789 wird die Traumdeutung durch eine "Admonitio generalis", im Jahre 802-803 wird sie durch ein Kapitular verboten. Das Konzil von Paris (829) schließlich rückt Wahrsager und Traumdeuter in die Nähe der Hexerei.[108]

Wie vertrug sich nun aber diese ablehnende Haltung der Traumdeutung gegenüber mit der Tatsache, daß in der Bibel eine Fülle göttlicher Traumoffenbarungen und -weisungen berichtet werden.[109] Hatte der Prophet nicht verkündet:

> "Eure Söhne und Töchter sollen weissagen, und eure Ältesten sollen Träume haben, und eure Jünglinge sollen Gesichte sehen..." (Joel 3,1f.)

Hatte nicht Joseph in Ägypten den Traum Pharaos von den sieben fetten und den sieben mageren Jahren (1. Mose 41, 25-36) und auch die Träume von der Erhöhung des Mundschenks und der Hinrichtung des Beckers (1. Mose 40, 8f.) zutreffend gedeutet? Und enthält nicht auch das Neue Testament eine Fülle von göttlichen Traumweisungen? So wird Joseph im Traum durch einen Engel die Geburt des Gottessohnes verkündet (Matth. 1.20), und die drei Magier, die ein Stern nach Bethlehem geleitet hatte, werden im Traum angewiesen, nicht zu Herodes zurückzukehren (Matth. 2.12). Im Traume erscheint Joseph ein Engel und fordert ihn auf, nach Ägypten zu fliehen (Matth. 2.19), und später, wieder in seine Heimat zurückzukehren (Matth. 2.27). Der biblische Traumdeuter par excellence aber ist Daniel, der am Hofe Nebukadnezars alle Wahrsager durch seine Deutungen übertroffen hatte und vom König zum "obersten Wahrsagepriester, Zauberer, Chaldäer und Sterndeuter" bestellt worden war.

> "Denn einen außerordentlichen Geist, Kenntnis, einsichtsvolles Geschick, Träume zu deuten, Rätsel zu erraten und Knoten zu lösen konnte man bei Daniel finden." (Daniel 5, 11-12)

Tatsächlich sind aus dem Mittelalter eine Reihe von Traumbüchern erhalten geblieben, die sich auf Daniel als ihren Schutzpatron berufen und bemerkenswerterweise stets den Titel "Somniale Danielis" tragen[110]. Sie waren offenbar recht populär, und ihr Einfluß ist auch in der Literatur, so bei Chaucer und im "Rolandslied" nachweisbar. Sie alle gehen letztlich auf das Vorbild der Artemidorschen "Oneirokritika" zurück. So polemisiert das Decretum Gratiani bei seiner Verurteilung der Weissagung gegen die, "die Traumbücher gebrauchen, welche fälschlicherweise den Namen Daniel im Titel tragen"[111].

Aus der Bibel ging nun aber eindeutig hervor, daß göttliche Träume möglich sind, denn es hatte sie gegeben. Warum sollte Gott nicht weiterhin seinen Geist in Träumen auf seine Mägde und Knechte ausgießen?

Das Dilemma der Christen angesichts der biblischen Legitimation der Traumdeutung einerseits, ihrer verwerflichen heidnisch-antiken Herkunft andererseits, ist offenkundig.

## 2.2 Die Klassifikation der Träume

Eine mögliche Lösung des Problems bestand in der Einteilung der Träume in verschiedene Klassen.

Die gängigste Traumtypologie des Mittelalters unterschied drei Arten von Träumen. Nach Tertullian (160-ca.220) (De anima) stammen die Träume entweder von Gott oder von den Dämonen oder von der Seele selbst. Letztere sind die gewöhnlichen, profanen Träume, die von den Taggedanken herrühren und keinerlei Beachtung verdienen. Die ersteren sind übernatürlichen Ursprungs und werden von den Mächten des Lichts bzw. von den Mächten der Finsternis und der Hölle geschickt.[112]

Dieses dreiteilige Schema ist für die mittelalterliche Traumauffassung insgesamt grundlegend (wir finden es bei Augustinus, Isidor von Sevilla, Gregor dem Großen, Honorius Augustudonensis und anderen). "Woher kommen die Träume?", fragt der Schüler des "Elucidariums" ( = "Lichtbringers") bei Honorius Augustudonensis. Antwort:

> "Zuweilen von Gott, wenn Zukünftiges offenbart wird, wie Joseph durch die Sterne und Garben, weshalb er seinen Brüdern vorgezogen wurde; oder wenn Notwendiges angemahnt wird, wie dem Joseph, nach Ägypten zu fliehen. Zuweilen vom Teufel, wenn etwas Schändliches gezeigt oder die Vereitelung des Guten vorgegaukelt wird, wie in der Leidensgeschichte des Herrn vom Weibe des Pilatus zu lesen steht. Zuweilen vom Menschen selbst, wenn solches, was er mit Furcht oder Hoffnung gesehen, gehört oder gedacht hat, in seinen Träumen durch Trauriges oder Fröhliches vorgestellt wird".[113]

Der einzige Frauentraum der Bibel wurde übrigens stets als teuflisch eingestuft, obwohl doch die Frau des Pilatus für Jesus eingetreten war: "Ich habe viel gelitten im Traume seinetwegen" (Matth. 29.17). Dies erklärt sich teils aus der Misogynie der Kirche, teils daraus, daß eine Heidin offenbar nicht anders als teuflisch träumen konnte.

Wie aber soll man nun die guten und göttlichen Träume von den teuflischen zweifelsfrei unterscheiden? Das ist das eigentliche Problem.

> "Da nämlich", so Gregor der Große, "die Träume von vielen Dingen abhängig sind, muß man um so vorsichtiger sein, je weniger leicht man die Anregung kennt, von der sie kommen (...) Denn wenn die Seele in diesen Dingen nicht vorsichtig ist, wird sie vom Lügengeist in viele nichtige Dinge ver-

> strickt; sagt er doch mitunter sogar viel Wahres voraus, um die Seele in irgendeinem Trug gefangen zu nehmen."[114]

Und Isidor von Sevilla setzt, Gregor kommentierend, die nachdrückliche Warnung hinzu, man müsse sich in acht nehmen,

> "damit nicht etwa Satan, sich in einen Engel des Lichts verwandelnd, den erst besten Arglosen täuscht und durch seine Arglist betrügt."[115]

Nur "heilige Männer" erkennen laut Gregor

> "durch ein gewisses inneres Gefühl..., ob sie eine Mitteilung von einem guten Geist empfangen oder ob sie unter einer falschen Vorspiegelung zu leiden haben."[116]

Andererseits sind gerade die "heiligen Männer" den Anfechtungen und Einschmeichelungen Satans besonders ausgesetzt, man denke nur an die Versuchungen des Heiligen Antonius. Die Lebensweise des Eremiten, mönchische Askese und langes Fasten und Nachtwachen prädisponieren ja geradezu zu Halluzinationen und Träumen. So erscheint in der Vita der Marie d'Oignie Jacques de Vitrys (1170/80-1254) der Teufel der Heiligen und spricht:

> "Mein Name ist Traum. Vielen Menschen erscheine ich in den Träumen, besonders Mönchen und Frommen, wie Lucifer. Sie gehorchen mir, und unter dem Einfluß meiner Tröstungen geraten sie in Verzückung und glauben, sie kämen in den Genuß des Verkehrs mit Engeln und himmlischen Mächten."[117]

Es gehört eben zu den Listen des Teufels, daß er seine Identität nicht zu erkennen gibt und sich im Traum die Erscheinung verehrungswürdiger Personen, ja sogar eines Engels geben kann.

> "Für den Traum selbst", so Johannes von Salisbury, "gilt der allgemeine Grundsatz, daß ihm nur dann Bedeutung zugemessen werden darf, wenn er der christlichen Religion nicht widerspricht und der Seele nicht schadet."[118]

Die Ungewißheit über die Herkunft des Traumes bleibt freilich bestehen,

> "da dies von den Geistern um die Menschen her getan wird".[119]

Somit soll man sich an das manifeste Traumgeschehen halten und "nur dasjenige Bild der Dinge nicht von sich weisen, das die Unschuld unversehrt läßt. Wenn es aber den Lastern Stoff zuführt, an die Lust appelliert oder an die Habsucht, oder die Herrschbegier einführt, oder was es dergleichen zur Verderbnis der Seele gibt, so sendet es zweifellos das Fleisch oder der böse Geist..."[120]

Die Unterscheidung der guten und der bösen Träume soll also nach moralischen Gesichtspunkten vorgenommen werden. Der Traum muß vor der Zensur des christlichen Gewissens bestehen können, um wahr zu sein.

In der Imagination und in den Träumen der mittelalterlichen Menschen tobte ein ständiger Kampf zwischen den Mächten der Sünde und dem Antrieb zum Guten. Der Teufel war zwar im Prinzip durch die Erlösungstat Christi besiegt, und der von zwei gleich mächtigen Prinzipien des Guten und des Bösen ausgehende Dualismus der Katharer wurde deshalb als ketzerisch verurteilt. Doch gerade im Bereich des Imaginären herrschte de facto ein psychologischer Manichäismus, eine moralische Schwarzweißmalerei. Himmel und Hölle waren nicht nur in der Jenseitserwartung der Menschen gleichermaßen präsent, sondern auch in ihren nächtlichen Visionen.

Mit der von den Kirchenvätern vorgenommenen Dreiteilung der Träume in göttliche, teuflische und gewöhnliche war ein allgemeinverbindliches Denkmuster festgelegt, dem an sich nichts Wesentliches mehr hinzuzufügen war. Zu den wenigen im Mittelalter noch verfügbaren antiken Schriften zum Traum gehörte allerdings ein Kommentar des Neuplatonikers Macrobius (4. Jahrhundert n.Chr.) zu Ciceros "Somnium Scipionis",[121] der zwischen insgesamt fünf Traumarten differenzierte und damit den Kommentatoren Gelegenheit gab, sich eingehender mit dem Traumproblem auseinanderzusetzen.

Zu den gewöhnlichen und daher bedeutungslosen Träumen gehören einmal die normalen, aus den Taggedanken gespeisten Träume (insomnium), zweitens Phantasien zwischen Schlafen und Wachen, sowie das Alpdrücken (visum).

Zu den bedeutsamen Träumen gehört das Erscheinen "einer verehrungswürdigen Person, die etwas verkündet" (oraculum), die unmittelbare Schau des Wahren und Zukünftigen (visio), sowie der allegorische Traum (somnium), der "die Bilder der Dinge durch gewisse Umhüllungen einführt, mit welchen sich die Disziplin der Traumdeuter vornehmlich beschäftigt".[122]

Für alle drei Klassen bedeutsamer Träume lassen sich aus dem Mittelalter Beispiele in Hülle und Fülle anführen.

Zur Kategorie des "oraculums" etwa gehört der Traum von Augustins Mutter Monica, die betrübt über den unfrommen Lebenswandel ihres Sohnes im Schlaf einen strahlenden Jüngling auf einem hölzernen Richtscheit stehen sieht, der ihr verkündet, da wo sie sei, werde auch er stehen.[123] Dieser von Augustinus in seinen "Bekenntnissen" rückblickend mitgeteilte Traum hatte seine Bekehrung zum Christentum vorausbedeutet. Das ins Deuten und Etymologisieren geradezu verliebte Mittelalter wußte später, daß der Richtscheit (regula) in Augustins Traum nichts anderes sein konnte als die "Regula Fidei", und daß dessen hölzerne Beschaffenheit (lignea) auf das rettende Holz (lignum) der Arche Noahs und des Kreuzes hindeutete.

In einem typisch allegorischen Traum, den Rudolph von Fulda berichtet, offenbarte sich der frommen Lioba ihre Bestimmung. Eines Nachts sah sie im Traum, wie ihr ein Faden aus dem Mund hing, der, als sie versuchte ihn herauszuziehen, immer länger wurde, bis sie schließlich einen dicken Knäuel in der Hand hielt und darüber angstvoll erwachte. Die Deutung einer Ordensschwester, deren Weissagungen sich schon öfters bewährt hatten, ergab folgendes: Der rote Faden war die Weisheit, die aus ihrem Herzen durch ihren Mund nach außen kam. Weil er ihre Hand erfüllte, würde Lioba durch Taten ihre Worte wahrmachen. Das Knäuel war das Geheimnis des göttlichen Wortes, das sich durch ihren Mund und ihre Werke zu einem Ganzen rundete. Die Auslegung erwies sich als zutreffend, denn Lioba wurde bald darauf durch Bonifatius als Äbtissin ihres Klosters eingesetzt.[124]

Häufig wurde die Geburt bedeutender Persönlichkeiten durch solche allegorischen Träume angekündigt. So wähnte die Mutter des Hl. Bernhard im Traum, sie trüge ein bellendes Hündlein im Leibe, was sich als große Vorbedeutung erwies, denn ihr Sohn würde das Haus Gottes bewachen und wider seine Feinde bellen. Die Mutter des Hl. Dominicus aber sah im Traum ein Hündlein mit einer brennenden Fackel im Maul, was bedeutete, daß Dominicus durch die Stiftung seines Ordens ein weithin leuchtendes Licht wurde.[125]

Die zweifellos wichtigste der von Macrobius angeführten Traumkategorien ist jedoch die Vision.

## 2.3 Eine Kultur der Vision

Das glaubensintensive christliche Mittelalter brachte im Lauf der Jahrhunderte schließlich eine ausgesprochene Kultur der Visionen[126] hervor, durch die die ursprüngliche Ablehnung der heidnischen Traumorakel mehr als kompensiert werden konnte. Die Vision ist gewissermaßen der von allem Dunklen und Dämonischen geläuterte Traum, lichtdurchflutete Schau einer transzendenten Wirklichkeit,

> "wenn (die Wahrheit) sich in unmittelbarem göttlichem Licht selber ausgießt..., da sie sich dann in ihrer vollen und wahren Gestalt den Augen dazubieten scheint."[127]

Wie die Forschungen Le Goffs und Dinzelbachers ergeben haben, kannte der mittelalterliche Sprachgebrauch keinen klaren Unterschied zwischen Traum und Vision, was übrigens auch schon für den der Bibel im allgemeinen gilt. "Per visiones somniaque" oder "in noctibus per visiones", so wurden im allgemeinen Traumerzählungen eingeleitet. Die Annäherung des Traums an die Vision ist ein klarer Hinweis darauf, daß ihm im Mittelalter ein weit größerer Realitäts- und Offenbarungsgehalt zukam als in späteren aufgeklärten Epochen. Visionen, die natürlich auch im Wachzustand vorkommen können, waren eine Möglichkeit, der eigentlichen, transzendenten Realität in unmittelbarer persönlicher Schau ansichtig zu werden.

In psychologischer Hinsicht ist die Vision der schamanistischen Ekstase vergleichbar. Im Traum und in der Ohnmacht, in fiebrigen Anfällen und oft im Angesicht des Todes verliert der Visionär das Bewußtsein seiner Umgebung und wird von einem Engel emporgerissen, wobei er glaubt, daß sein Leib auf der Erde unter ihm zurückbleibt. Anders als bei Mirakeln und Wundererscheinungen wird hier nicht wie von übernatürlicher Hand etwas in der Umgebung des Menschen verändert, sondern der Mensch selbst ist es, der seiner gewöhnlichen Umgebung plötzlich entrückt wird. Die Erfahrung des Visionärs nannte man in den Visionsberichten "elevatio", Hochgehobenwerden, "alienatio", Entfremdung (der Seele vom Leib oder des Menschen von sich selbst) oder "raptus in mente", Entraffung im Geiste.

Häufig führte die Ekstase den Visionär an weit entfernte Orte. So hieß es von Bischof Ambrosius, daß er eingeschlafen sei, während er in Mailand die Messe las, und bis zu seinem Wiedererwachen am Begräbnis des Heiligen Martin in Tours teilgenommen habe.

Gregor der Große berichtet in seinen "Wunderdialogen", wie der Hl. Benedikt zwei Mönche in der Entrückung eines Traumes besuchte, um ihnen den Bauplan eines Klosters mitzuteilen, wie er es ihnen versprochen hatte.[128]

Ein ohne Zweifel authentisches Beispiel einer Traumvision ist die Kaiser Karls IV. vom 15. August 1333 aus seiner Jugendzeit.

> "Im Schlaf in der Nacht erschien uns ein Gesicht: Der Engel des Herrn stand neben uns, wo wir lagen zur linken Hand, stieß uns in die Seite und sprach: 'Stehe auf und komm mit uns!' Wir aber antworteten im Geiste: 'Herr, ich weiß nicht, wohin noch auf was für eine Art ich mit euch gehen soll!' Und *er faßte uns am Schopf und hob uns mit sich in die Luft* bis über einen großen Heerhaufen gewappneter Reiter..."[129]

Aus der Höhe muß der König nun mit ansehen, wie ein anderer Engel vom Himmel herabfährt und dem mit ihm verwandten Dauphin von Vienne das Glied abschneidet, so daß dieser zu Tode verwundet vom Pferd sinkt. Der traumentrückte König wird nun von dem ersten Engel belehrt, dies sei zur Strafe für die Sünde der Üppigkeit geschehen. Daraufhin gesellen sich noch weitere Engel und Heilige in weißen Gewändern der Szenerie hinzu, die der König jedoch nichts mehr fragen kann.

> "Und urplötzlich waren wir wieder an den Ort unseres Nachtlagers zurück, und schon brach der Morgen an."[130]

Die Gefolgschaft des Königs will dem Traumgesicht zunächst keinen Glauben schenken, doch es erfüllt sich bald darauf, als der Dauphin bei einer Belagerung durch eine Balliste tödlich verwundet wird.

Diese Traumvision ist Zukunftsschau und zugleich eine Warnung von seiten des Engels an den König, nicht der Sünde der Üppigkeit zu verfallen. Typisch aber ist die Erfahrung des Hochgehobenwerdens. Der Träumende wird von einem Engel am Schopf gepackt und durch die Lüfte an einen anderen Ort getragen, eine Vorstellung, der wir in ihrer diabolischen Form beim Lufttritt der Hexen wiederbegegnen werden. Möglicherweise ging dem König bei der Niederschrift seiner Traumvision das Erlebnis des Propheten Ezechiel durch den Kopf:

> "und er streckte etwas wie eine Hand aus und ergriff mich bei dem Haar. Da führte mich der Geist fort zwischen Himmel und Erde und brachte mich nach Jerusalem in göttlichen Gesichten." (Hesekiel 8.3)

Der Kulturform-Traum par excellence des christlichen Mittelalters war die Jenseitsvision. Der Visionär wird hier von einem Engel zunächst in das Paradies und das Himmlische Jerusalem geleitet, wo er Gott, den gekreuzigten Christus, die Jungfrau Maria und die Apostel schauen darf. Danach wird er in das rauchige, stinkende Tal der Hölle geführt, wo die mit glühenden Ketten gefesselten Sünder in feuerspeiende Brunnen geworfen werden und wo es von geschwänzten Teufeln, Dämonen, Drachen und widerlichem Gewürm wimmelt. Der Engel (meist Michael) beschützt den Jenseitspilger, als die Teufel auch ihn ergreifen wollen, und geleitet ihn schließlich zum Fegefeuer, wo die Seelen zu ihrer Läuterung zwischen Flammen und einem eisigen Fluß wechseln müssen. Als ein solches Wechselbad wird das Fegefeuer nämlich im Buch Hiob beschrieben.

Zwar war es nur wenigen Auserwählten vergönnt, in der Ekstase einen Blick ins Jenseits zu erhaschen, doch dienten ihre Erlebnisse der Vielheit der Gläubigen zum Unterricht. Zweifellos sind die mittelalterlichen Berichte von solchen Jenseitsvisionen stark stilisiert, und über ihre Authentizität ist meist schwer zu entscheiden. Damals aber galten sie alle als echt, denn der Unterschied zwischen "fact" und "fiction" war für das Mittelalter bedeutungslos. Warum aber, so fragt man sich, sollten Traumvisionen vom Jenseits nicht an der Tagesordnung gewesen sein, wo doch der Christenheit die Strafen, die in der Hölle auf sie warteten, und die Belohnungen, die das Paradies für sie bereit hielt, jeden Sonntag in der Messe aufs eindringlichste geschildert wurden und somit der individuellen Phantasie reichlich Nahrung boten?

Aus den Berichten von Jenseitsvisionen ist dann eine eigene literarische Gattung hervorgegangen, die in William Langlands "Piers Plowman" (Peter der Pflüger) und in Dantes "Divina Comedia" ihren Höhepunkt fand. In den spätmittelalterlichen Frauenklöstern entstand schließlich eine regelrechte Mode, Schauungen vom blutenden Christus am Kreuz zu sehen. Mit erotischer Inbrunst harrte manche Nonne in tagelangem Fasten und Nachtwachen darauf, daß sich in einem Gesicht der süße Christus endlich vom Kreuz zu ihr herabbeugen würde. In dem wundergläubigen Mittelalter spielten Visionen eine nicht wegzudenkende Rolle. In der Legende und im Heldenepos (z.B. im "Rolandslied") nehmen sie einen festen Platz ein, und auch auf das Handeln übten sie einen großen Einfluß aus.

Visionen mußten die Echtheit von Reliquien bestätigen und führten zum Bau von Kirchen und Klöstern. So wird auf einer Miniatur der Mönch Gunzo dargestellt, wie er im Traum St. Peter, St. Paul und den Hl. Stephan schaut, welche mit Stricken den Plan der Kirche für die Abtei von Cluny zeichnen. Dabei wird ihm die beim Bau zu berücksichtigende symbolische Zahl 153 offenbart, die neben anderen wunderbaren Kombinationen auch die Zahl der Fische beim Wunderbaren Fischfang in sich schließt.[131]

Die Einführung des Fronleichnamstages verdankt sich ebenfalls einer Vision. Eine Lütticher Nonne hatte in einem Gesicht gesehen, daß dem Mond ein Stück fehlte: Dem Kalenderjahr fehlte also ein Feiertag. Zu guter Letzt berief man sich auch in der Kreuzzugsbewegung auf den in Visionen kundgetanen Willen Gottes: "deos le volt". Mithin waren Visionen im Mittelalter als religiöse Offenbarungen sowohl Triebkräfte wie Rechtfertigungsmittel von geschichtswirksamen Handlungen.

## 2.4 Medizinisch-wissenschaftliche Traumtheorien

### 2.4.1 Hildegard von Bingen

Während die Äbtissin Hildegard von Bingen (1098-1179) zu Lebzeiten vor allem durch ihre visionäre Begabung als "prophetissae teutonica" weithin bekannt war und in hohem Ansehen stand, gilt das Interesse der gegenwärtigen Forschung besonders ihren Beiträgen zur Heilkunde und ihrem naturkundlichen Werk. In ihrem Traktat über die "Ursachen und Behandlung der Krankheiten" (causae et curae)[132] trägt Hildegard unter anderem auch durchaus originelle Ansichten zum Thema Schlaf und Traum vor, die relativ unbeeinflußt von den mittelalterlichen "Autoritäten" und vor allem der arabisch-aristotelischen Medizin der Scholastik die Vorstellungen der volkstümlichen Naturheilkunde des Mittelalters wiedergeben.

Hildegards Ansichten über Schlaf und Traum beim einzelnen Menschen sind von Analogien zum Geschehen in der großen Welt bestimmt, die bis heute nichts von ihrem poetischen Reiz verloren haben.

> "Wie Gott die Natur im Menschen vorgebildet hat, so hat er auch die Zeiten des Jahres in ihm durchgeordnet. Mit dem Sommer gab Er einen Hinweis auf den wachenden Menschen, mit dem Winter auf den Schlaf."[133]

Das Wachsein ist wie der Sommer, weil in dieser Zeit alles Leben seine Kräfte nach außen hin entfaltet und die Pflanzen Früchte tragen. Der Schlaf ist dagegen wie der Winter ein Rückzug der lebendigen Wesen in sich selbst, so wie die Pflanzen ihre Kräfte in das Innere ihrer Wurzeln zurückziehen.

Schlafen und Wachsein finden auch in dem Zunehmen und Abnehmen des Mondes ihre makrokosmische Entsprechung, denn in der zyklischen Zeitvorstellung Hildegards ist der Mond das Zeitmaß aller periodisch wiederkehrenden Naturvorgänge.

Im Wachzustand nimmt das "Mark" des Menschen, seine Lebenskraft, ab und wird verausgabt. Im Schlaf dagegen wird die Lebenskraft des Menschen wiederhergestellt, und sein "Mark" nimmt zu. Aber mehr noch: Der Schlaf ist auch für den Geist des Menschen von großer Bedeutung, denn

> "er vermehrt, während das eigentliche Leben sich verborgen hält, bei demselben Menschen Verstand und Wissen."[134]

Der Traum ist für Hildegard eine Tätigkeit der Seele, die von leiblicher Tätigkeit befreit mit eigenen Augen sieht und einen Kontrollgang durch den schlafenden Körper unternimmt. Hier kehrt also der anthropologische Topos von der Freiheit der Seele im Schlaf unter christlichem Vorzeichen wieder. Die Seele

> "läßt... ihr Wissen, mit dem sie im Körper arbeitet, gleichsam als wären es ihre Augen, in den Träumen spielen, und sieht sich um, weil sie jetzt durch die vielseitige Tätigkeit des Körpers nicht mehr behindert wird."[135]

Hildegard bestreitet allerdings, daß die Seele in Träumen außerhalb des Leibes weilen kann, so wie sie sich auch stets dagegen verwahrt hat, daß man ihre mystischen Schauungen als Ekstasen im eigentlichen Wortsinne auffaßte. Die Seele ist nämlich ein heißer pneumatischer Wind, der den Körper zusammenhält und belebt, und sie ist mit ihm aufs engste verbunden (infixa).[136] Hierin steht Hildegard in der Tradition der stoisch-galenischen Medizin. In ähnlicher Weise denkt sie sich auch in ihrer Kosmologie die als Scheibe vorgestellte Erde durch vier "Hauptwinde" zusammengehalten.

So wie der Mond das Licht der Nacht ist, so ist die Seele das Licht des Schlafenden. Und wie der Mond sein Licht nur klar ergießen kann, wenn der Nachthimmel "frei ist vom Wirbel der Wolken und Winde",[137] so kann auch die dank ihres göttlichen Ursprungs prophetisch begabte Seele ihr Licht nur klar ergießen, wenn der Mensch

> "frei ist vom Ansturm der Laster und sittlichen Widerspruchs. Wenn aber ein Unwetter von verschiedenen einander entgegengesetzten Gedanken des Wachenden Geist und Körper beherrscht, und er mit diesem Unwetter einschläft, dann ist das, was er im Schlafe sieht, fast immer falsch".[138]

Der einzige Mensch, dessen Seele im Schlaf noch nicht getrübt wurde, war Adam im Paradies, wohingegen seit dem Sündenfall die Menschen nur noch selten im Traum das wahre und Zukünftige in Reinheit schauen dürfen.[139] Der Schlaf vermehrt nämlich nicht nur das Wissen des Menschen und seine Lebenskraft, sondern auch seine sündigen Gedanken werden gewissermaßen "aufgebläht wie ein Sauerteig".[140] Zwar kann der Teufel den Menschen nicht direkt im Traum erscheinen, "weil wenn er da wäre, der Mensch das nicht aushalten könnte".[141] Die allermeisten aber quält er mit schrecklichen Alpträumen und führt ihnen hohnlachend ihre Sünden und Verfehlungen vor Augen,

> "wenn er sich wie in einem Nebelwirbel zeigt und den Menschen solange quält, bis seine Seele aus der Prophezeiung der Träume sich wieder zu sich zurückgefunden hat und schwer beunruhigt ist, weil sie nicht weiß, was für einen Schrecken sie ausgestanden hat. Derartige Schrecken befallen alle Menschen im Schlaf leicht, ausgenommen diejenigen, die sehr sicher und sehr zum Frohsinn geneigter Natur sind."[142]

Zu den schändlichsten Gesichten, die der Teufel sehen läßt, gehören bemerkenswerterweise die vom Geschlechtsverkehr mit Verstorbenen, was darauf hindeutet, wie verbreitet animistische Vorstellungen im Volksglauben der damaligen Zeit waren. Dämonologische Erklärungen weist Hildegard jedoch zurück: Beim Albdrücken sei es keineswegs so, daß den Menschen ein quälendes Gespenst auf der Brust sitzt, sondern die Überhitzung des Markes und ein Austrocknen des Blutes bewirkten eine derartige Illusion.[143]

Im Einklang mit der orthodoxen Lehrmeinung der Kirche verwirft Hildegard die Traumdeutung ebenso wie die Astrologie als eine unchristliche Form der Wahrsagerei.[144] Vielmehr spiegelt auch für sie der Traum, genau wie alles andere natürliche Geschehen auf Erden, vor allem den Kampf wider, den die Mächte des Guten und der Sünde um die Seele des Menschen führen.

### 2.4.2 Scholastik

Die Traumtheorie der Scholastik, wie sie bei Thomas und besonders deutlich bei Albertus Magnus und Arnald von Villanova hervortritt,[145] basiert im wesentlichen auf der Lehre des Aristoteles, die unter dem Einfluß der Araber an den Universitäten Europas vorherrschend wurde. Die nüchtern-wissenschaftliche Erklärung der Traumvorgänge bei Aristoteles steht aber für die Scholastiker keineswegs im Widerspruch zu der Annahme äußerer traumsendender Mächte. Es sind dies weiterhin Engel und Dämonen und - unter dem Einfluß der seit dem 13. Jahrhundert immer populärer werdenden Astrologie - in zunehmendem Maße auch die Gestirne.

In medizinisch-psychologischer Hinsicht ist der Traum zunächst nichts anderes als die Umkehrung der Erkenntnistätigkeit im Wachzustand. In diesem nehmen die Sinne die Formen oder "species sensibiles" der materiellen Außendinge auf, die dann durch die "Lebensgeister" (spiritus animales) dem Gemeinsinn, dem Ort der bewußten Wahrnehmung, übermittelt werden. Dieser hat in der vordersten der drei angenommenen Hirnhöhlen seinen Sitz (nicht mehr im Herzen wie bei Aristoteles) und eignet sich durch seine weiche Beschaffenheit besonders für den Empfang der sinnlichen Formen. Von dort gelangen sie zur Imaginatio, der mittleren der drei Hirnhöhlen, auch "Schatzkammer der Formen" geheißen, da sie durch ihre Härte zur dauerhaften Bewahrung der sinnlichen Formen vorgesehen ist. Sie ist also eine Art Gedächtnis. Aus den hier aufbewahrten Bildern abstrahiert dann der Intellekt die allgemeinen Begriffe.

Im Traum findet nun etwas Umgekehrtes statt. Da im Schlaf die Verbindung der äußeren Sinne zum Gemeinsinn unterbrochen ist, ebenso wie (meistens) auch die zwischen Imaginatio und Intellekt, kann nun ein Rücktransport der in der "Schatzkammer der Formen" aufbewahrten Bilder zum Gemeinsinn, dem Ort der bewußten Wahrnehmung durch die Spiritus, stattfinden. Dies ist der Traum. Nun transportieren die Spiritus zwar die Bilder, sie sind aber noch nicht die Ursache des Traums.

Thomas von Aquin nennt zwei Typen von Ursachen, nämlich innere und äußere, die jeweils entweder körperlich oder geistig sein können:

1. causa interior corporalis — Verdauung, Krankheit
2. causa interior animalis — Gedanken und Leidenschaften des Wachlebens
3. causa exterior spiritualis — Gott, Engel, Dämonen
4. causa exterior corporalis — Vorgänge in der Elementarwelt, Gestirne.[146]

In der letzten der vier genannten Ursachen deutet sich das Vordringen der Astrologie an, die in der Hochscholastik unter arabischem Einfluß immer mehr an Boden gewann und sich auch auf die Traumtheorie der christlichen Denker auswirkte.

Dies zeigt sich schon bei Albertus Magnus, dem Lehrer des Hl. Thomas, und dann bei Arnald von Villanova, dem Traumdeuter der aragonesischen Könige, die beide eine in ihren wesentlichen Aussagen übereinstimmende Traumlehre entwickeln. Danach stehen alle Lebewesen der sublunaren Welt unter der ständigen Einwirkung der Elemente, der Sterne und ihres göttlichen Bewegers. Diese wird "continens" genannt. Die Bewegungen der Tiere, aber auch die Phantasien und Handlungen der Menschen, werden durch das "continens" gelenkt, kurz: alles vegetative und animalische Leben. Durch seinen freien Willen kann sich der Mensch allerdings den kosmischen Einflüssen widersetzen. Die Sterne zwingen nicht, sondern machen nur geneigt. Auf diese Weise war die Astrologie mit der christlichen Lehre von der Willensfreiheit versöhnt. Überdies wird die Wirkung des "continens" durch die Disposition des Leibes und durch andere störende Einflüsse in vielfacher Weise modifiziert und abgelenkt. Aber besonders bei Nacht kommt sie zur Geltung, weil dann die Luft klarer ist, und weil im Schlaf der Wille des Menschen schweigt. Dann können sich die Einflüsse der Elementarwelt und der Gestirne bemerkbar machen. Träume von Wasser sind dann nicht selten ein Hinweis auf Regenfälle. Besonders aber die Sterne wirken auf das Traumleben:

> "Die (Traum)Bilder gehorchen in ihrer Zusammensetzung den Bildern des Himmels",[147]

heißt es bei Arnald. Dabei nehmen die Spiritus animales die himmlischen Konfigurationen auf und prägen sie der Imagination ein, von wo aus sie dem Schlafenden im Gemeinsinn als Traum zu Bewußtsein gebracht werden. Dessen Verlauf und Bedeutung werden somit von den Sternen entscheidend geprägt. In Abhängigkeit von der Stärke des himmlischen Strahls und von der Empfänglichkeit des Schlafenden für denselben ermitteln Arnald und Albertus Magnus nun eine siebenstufige Skala der Traumdivination. Sie läßt sich in dem Schema unten rekonstruieren.[148]

Albertus nennt dann noch sechs weitere Grade der Vision im Wachzustand, die ihren Gipfel in der ekstatischen Prophetie durch den reinen Intellekt haben. Aristotelische Psychologie, Astrologie und mittelalterliche Visionspsychologie sind hier miteinander verschmolzen. Bemerkenswert ist, daß in den höheren Formen der visionären Prophetie auch der Intellekt des Menschen beteiligt ist. Die Erkenntnis des Intelligiblen ist genauso wie Traum und Vision ein Zustand der Erleuchtung. Beim Erkenntnisvorgang erklimmt die Seele nach scholastischer Vorstellung die Jakobsleiter der hierarchisch angeordneten Erkenntnisvermögen (Sinne, Imagination, Intellekt), wobei sie zunehmend von

|   | Beschaffenheit des himmlischen Strahls | Art und Weise, in der das Zukünftige gesehen wird | beteiligtes Erkenntnisvermögen |
|---|---|---|---|
| 1. | schwach, verzerrt | in Form einer vagen Ahnung | virtus motivae |
| 2. | schwach, verzerrt | im Bilde des Gegenteils (z.B. Traum von einem Begräbnis bedeutet Heirat) | imaginatio |
| 3. | schwach, gerade | in gleichnishafter Form | imaginatio |
| 4. | stark, gerade | unverhüllt | imaginatio |
| 5. | " | in verhüllter Form durch eine visionäre Person | imaginatio/ intellectus |
| 6. | " | direkt durch den Spruch einer visionären Person | imaginatio/ intellectus |
| 7. | " | Prophetie | intellectus |

der Leiblichkeit des Erkennenden unabhängig wird und dabei zugleich dem Erkenntnisgegenstand alle sinnlich-materiellen Besonderheiten abstreift.

Das höchste Erkenntnisvermögen, der reine Intellekt, der aus den Bildern der Imagination die Allgemeinbegriffe abstrahiert, ist aber keineswegs immer schon in Tätigkeit begriffen. Aristoteles hatte gelehrt, daß etwas im Zustand der Möglichkeit nur durch etwas anderes, das bereits aktuell tätig ist, aktualisiert werden kann. Der menschliche Intellekt wird nun von außen durch das Licht des übermenschlichen Intellekts der ersten Himmelssphäre (des Mondes), nämlich durch den immer tätigen "intellectus agens" erleuchtet und zur Tätigkeit angeregt. Dieses Modell gilt für Traum und Vision genauso wie für die rationale Erkenntnis. In all diesen Fällen handelt es sich um einen Zustand der kontemplativen Versenkung, der Erleuchtung oder gar der Ekstase. Traumvision und Vernunft sind einander nahe.

## 2.5 Zusammenfassung

Wir können in der mittelalterlichen Einstellung zum Traum zwei Phasen unterscheiden:[149]

Bis um die Mitte des 12. Jahrhunderts begegnen wir im Christentum einer stark befangenen und eher ablehnenden Haltung, die im Vergleich zur griechischen Traumkultur eine Verarmung bedeutet. Die Kirchenväter verstoßen die antike und heidnisch-germanische Traumdeutung in die Hölle des Verbotenen und erfinden die neue Kategorie der teuflischen Träume. Daneben bleibt jedoch eine Kategorie der guten, göttlichen Traumgesichte erhalten, die die Bibel als gerechtfertigt erscheinen läßt. Typisch für die Traumklassifikationen der Kirchenlehrer ist ein Manichäismus, der die Unterscheidung der echten und der falschen Gesichte zu einer moralischen Prüfung für den Menschen macht. Engel und Dämonen ringen um seine Seele, und allein die Heiligen sind diesem Kampf gewachsen. Sie sind die privilegierten Träumer, die in ihren düsteren Klosterzellen den Anfechtungen der Dämonen siegreich widerstehen, eine der Proben auf dem Weg zu einer Heiligkeit, die durch kein Martyrium mehr erlangt werden kann.[150] Göttliche Traumanweisungen begegnen uns deshalb vor allem in der Hagiographie.

Seit dem 12. Jahrhundert aber gibt die christliche Kultur dem Druck der Träume und dem Wunderhunger der Gläubigen nach. Der Kommentar des Macrobius zu Ciceros "Somnium Scipionis" ermöglicht eine christlich modifizierte Aneignung des antiken Erbes. Unter den fünf von ihm genannten Kategorien entwickelt sich die Vision zu dem Kulturform-Traum des hohen Mittelalters. Sie bildet ein eigenes literarisches Genre heraus und nimmt in der klösterlichen Mystik einen festen Platz ein.

Bei Hildegard von Bingen und vor allem im Denken der an Aristoteles orientierten Scholastik findet der Traum auch als medizinisch-wissenschaftliches Problem eine stärkere Beachtung. Bei Albertus Magnus und Arnald von Villanova bahnt sich schließlich eine auf die Renaissance vorausweisende Synthese von Astrologie und Traumdeutung an.

### 3. Das 16. Jahrhundert

Im 16. Jahrhundert vollzieht sich der krisenhafte Epochenumbruch vom Mittelalter zur Neuzeit. Die Auflösung der mittelalterlichen Glaubenseinheit durch die Reformation, der Verlust der Jahrhunderte lang verbindlichen religiösen und sozialen Orientierungen und die damit einhergehende Verunsicherung der Menschen führen in der Renaissance zu einer mächtigen Freisetzung und Entgrenzung des Imaginären und der Träume auf allen Ebenen der Kultur.

Hexenwahn, Weltuntergangsängste, die Konjunktur der Sterndeutung und das generelle Vorherrschen einer magischen Weltsicht, die das Mittelalter zwar christlich überformt, jedoch nicht überwunden hatte - dies sind die Stichworte, durch die sich das Irrationale in der Bewußtseinslage der Epoche bezeichnen lassen. Auch die antike Traumdeutung feiert nun, wie wir sehen werden, fröhliche Urständ.

Alltägliches und Wunderbares, Natürliches und Übernatürliches, Phantasie und Wirklichkeit gehen in der Erfahrung des Renaissance-Menschen beständig in einander über. Nichts ist für ihn mehr unmöglich. Nach dem Zerfall der scholastisch-aristotelischen Rationalität fehlt es überhaupt an einem verbindlichen Paradigma der Wirklichkeitsbestimmung. Es wäre jedoch verfehlt, die Verflüssigung der Realitätsgrenzen und das Manifestwerden der Träume in dieser Epoche einseitig als Symptom der Dekadenz und der Krise interpretieren zu wollen. Die Abstoßung mittelalterlicher Traditionen und die Wiedergeburt des antiken Geistes waren im Selbstverständnis der Renaissance eine Befreiung und eine Eröffnung neuer Horizonte der Erfahrung.

Dies hat sich gerade im Umgang mit den Träumen positiv ausgewirkt. Sie gehören im 16. Jahrhundert zu den selbstverständlichen Erfahrungen. Die religiöse Zensur, die im Mittelalter den Wert der Träume an ihrem Offenbarungsgehalt und ihre Äußerung an starre literarische Topoi gebunden hatte, weicht einem ungezwungenen und neugierigen Umgang mit der Sprache des Unbewußten. Im Kontext der Autobiographie wird gerade auch die Mitteilung von Träumen zum Ausdruck des neuzeitlichen Ingeniums und des erwachenden Persönlichkeitsgefühls.

Zunächst wollen wir uns mit zwei typischen "Kulturform-Träumen" der Epoche beschäftigen.

Der Zerfall der spätmittelalterlichen Gesellschaft artikuliert sich in Ängsten vor dem "namenlos Wilden" und schließlich in kollektiven

Endzeiterwartungen, die Dürer von der alles vernichtenden Sintflut träumen lassen, Thomas Müntzer und die revolutionären Chiliasten dagegen von einer Generalreformation und einem goldenen Zeitalter am Ende der Zeiten. Die aus der Johannesapokalypse gespeisten eschatologischen Gesichte sind Kulturform-Träume, die in besonderer Weise gerade die Krise der vom Christentum geprägten Gesellschaft zum Ausdruck bringen und die mit ihrem allgemein erwarteten Niedergang in den Vordergrund des Bewußtseins drängen.[151]

Den Relikten einer bis ins 16. Jahrhundert nachweisbaren heidnisch-archaischen Volkskultur verdanken sich dagegen die ekstatischen Traumreisen der nachtfahrenden Frauen und der "Benandanti" in Friaul. Diese heidnisch-schamanistischen Kulturform-Träume wurden in der Epoche des Hexenwahns von der herrschenden christlichen Kultur in diabolische Besenritte zum Hexensabbat umgedeutet.

Der daran anschließende Abschnitt ist der Renaissance der antiken Traumdeutung gewidmet, und es sollen die Anschauungen prominenter Gelehrter der Epoche zur Darstellung kommen.

Für die Epoche des entstehenden Ich-Gefühls sind uns vermehrt auch autobiographische Zeugnisse verfügbar, die für eine Geschichte der Träume eine wichtige Quelle darstellen. Am Beispiel der Lebensgeschichten des Astrologen John Dee und des großen Traumexperten der Epoche Girolamo Cardano wollen wir eine vorneuzeitliche Erfahrungswelt voller Träume und durchsetzt mit phantastischen Wacherlebnissen vor unserem geistigen Auge lebendig werden lassen.

## 3.1 Phantasien der Krise

### 3.1.1 Das "namenlos Wilde"

> "An einem lichten Sonntage saß er einst eingezogen in Gedanken, und in der Stille seiner Seele kam ihm ein geistiges Bild entgegen. Es war gewiegt in Worten, aber ungeübt in den Werken, und aufgeblasene Üppigkeit brach aus ihm.
>
> Er hub an und sprach zu ihm: Woher kommst du?
>
> Es sprach: Ich komme aus nirgendwo!
>
> Er sprach: Sage mir, was bist du?
>
> Es sprach: Ich bin Nicht.
>
> Er sprach: Was willst du?
>
> Es antwortete und sprach: Ich will Nichts.

> Er sprach wiederum: Dies ist seltsam; sage mir, wie heißest du?
>
> Es sprach: Ich heiße das namenlos Wilde."[152]

Diese dämonische Erscheinung (das Freudsche "Es"!?) begegnet dem Mystiker in Heinrich Seuses "Büchlein der Wahrheit". Sie ist eine düstere Vorahnung der Heimsuchungen und Schreckgesichte, die die Kollektivseele des ausgehenden Mittelalters quälen werden. Seuse, ein Schüler Meister Eckeharts, warnt im weiteren Verlauf seines kleinen Dialogs mit dem "namenlos Wilden" vor den Gefahren einer entgrenzten Mystik, die alle Schranken zwischen Ich und Nicht-Ich zunichte werden läßt, die kein Bewußtsein der Sünde mehr kennt und schließlich in gottlosen Libertinismus einmündet.

Seit dem 14. Jahrhundert wird die schleichende Angst vor dem "namenlos Wilden", die die Auflösung der mittelalterlichen Glaubenseinheit begleitet, zunehmend manifest.[153] Der schwarze Tod, die sich mehrenden Ketzereien, das päpstliche Schisma haben die Christen allmählich am Gutsein der göttlichen Schöpfungsordnung verzweifeln lassen. In den Städten sind Profitgier und das Laster der Luxuria an der Tagesordnung, während sich die Verelendung der ländlichen Bevölkerung in Bauernaufständen Luft macht.

Im philosophischen Nominalismus des Spätmittelalters werden die Allgemeinbegriffe, die ehemals als Ausdruck der festgefügten göttlichen Seinshierarchie gegolten hatten, zu bloßen Namen ohne fundamentum in re degradiert und damit der willkürlichen Verfügbarkeit seitens des Menschen anheimgestellt. Man wähnt die Welt in ihr Greisenalter gekommen. Ihr Ende, wie es die biblische Apokalypse prophezeit hatte, scheint nicht mehr fern. Seit dem 14. Jahrhundert ziehen Pilgerscharen unter fortgesetzter Selbstgeißelung durch Europa und mahnen die sündige Menschheit zur Umkehr. Die religiöse Phantasie verlangt nach immer deutlicheren Zeichen und Wundern, um sich der Präsenz eines Gottes noch versichern zu können, der begonnen hat, sich aus der Welt zurückzuziehen. Immer mehr Reliquien werden gefunden, und die Wallfahrten zu diesen Wundern nehmen teilweise epidemische Ausmaße an. Doch die Droge des Wunders betäubt nur zeitweilig die Beklemmung und die tiefgreifende Verunsicherung, die sich in den Herzen der Menschen eingenistet hat.

Im Kollektivbewußtsein gewinnt der Teufel mehr und mehr die Oberhand, um die Welt ins Chaos zu stürzen und die sündige Menschheit am Ende der Tage mit Mißernten, Krankheiten und der Geißel des Krieges zu strafen.

Woran sollte man noch erkennen, was Gottes Wille war und was - in einen Engel des Lichts sich verwandelnd - Satan persönlich bewirkt hatte, der den Menschen überall mit seinen Fallen und falschen Versprechungen auflauerte? War die Kirche, die nur noch nach weltlichen Reichtümern strebte, wirklich der mystische Leib Christi, oder war sie ein weit gespanntes Teufelsnetz? War der Papst, der vergessen hatte, sich um die Einheit der Christenheit zu sorgen, vielleicht gar nicht der Stellvertreter Gottes auf Erden, sondern der Antichrist, der endzeitliche Gegner des Messias, den die "Offenbarung des Johannes" vorausgesagt hatte?

Gegen Ende des 15. Jahrhunderts häufen sich in der bildenden Kunst die Darstellungen der Höllenqualen und der "Versuchungen des Heiligen Antonius", die die Alpträume der gepeinigten Christenseele ins Bild setzen. Hieronymus Bosch zeigt in dem großen Triptychon der "Versuchungen des Hl. Antonius" (Lissabon) den von Dämonen bedrängten Eremiten, vor dessen Augen tausenderlei groteske Formen entstehen: Krüge mit Pfoten, eine in Baumrinde gehüllte Frau, deren Kopf in einen Sellerie übergeht; einen Mann, der einem Krug und einem Affen Unterricht erteilt; eine Hexe, die einer in einer Blüte hockenden Kröte ein Elixier einflößt; ein Bote, der auf einer Sandbank Schlittschuh läuft; eine nackte Jungfrau in der Höhlung eines toten Baumes, über dessen Ästen ein purpurner Stoff hängt; ein Taschenspieler, der Antonius mit seinen Zauberkünsten verwirren will; eine üppig gedeckte Tafel, die ihn verlocken soll. Der Einsiedler steht für die christliche Seele, die all diesen "Versuchungen" zu widerstehen hat, die eher Heimsuchungen hätten heißen können. Denn die sinnlichen Versuchungen, denen sich die Seele ausgesetzt sieht, treten in diesen alptraumhaften Darstellungen nur noch entstellt als dämonische Fratze in Erscheinung. Alles Natürliche und Sinnliche erscheint im Herbst des Mittelalters durch die Sünde korrumpiert.

Die Kirche verspürt schließlich den Drang, dem Wilden einen Namen zu geben: Im Garten des Herrn wuchert das Unkraut der Zauberei, und Hexen sind die Urheber allen Übels. Die Christenheit rüstet zum Abwehrkampf gegen das vom Satan entfesselte Chaos.

Im Hexenwahn wird die von Seuse vorausgeahnte Pervertierung der Mystik Realität. Jetzt sind es nicht mehr fromme Ordensschwestern, die sich in erotisch verzückten Visionen mit dem blutenden Christus am Kreuz vermählen, sondern Dienerinnen des Satans, die in ihrer unersättlichen Geilheit mit den Dämonen Unzucht treiben und auf dem Sabbat mit dem Teufel hochzeiten, nachdem sie ihm gelobt haben, die

Menschheit ins Verderben zu stürzen. Die Auflösung der mittelalterlichen Welt ist von den finstersten Wahnphantasien begleitet.

### 3.1.2 Monster und Prodigien - Die Sensationspresse des 16. Jahrhunderts

Um die Wende des 16. Jahrhunderts erblicken die verängstigten und überspannten Gemüter überall abnorme Naturereignisse und Wunderzeichen, die Gott in seinem Zorn Tag für Tag geschehen läßt, um die sündige Menschheit an das bevorstehende Weltende zu mahnen. Die Erfindung des Buchdrucks befördert das Anschwellen einer Flugblatt- und Flugschriftenliteratur, die die Nachrichten von Kometenerscheinungen, Monstergeburten und den aberwitzigsten Prodigien aller Art unter das Volk bringen.[154]

Auf dem Titelholzschnitt eines Werkes von Joseph Grünpeck aus den ersten Jahren des 16. Jahrhunderts sehen wir den Himmel mit Zeichen übersät: Aus den Wolken erscheint ein Reiterheer; Kreuze, Lanzen, Ruten und ein Würfel fallen auf die Stadt herab, vor deren Toren man eine betrübte Mutter mit Kind sieht, mehrere übereinanderstürzende Menschen, zwei Leichen über einem Felsen, einen Erhängten und einen anderen, der sich am selben Baum aufhängen will.

Ein heute kaum noch vorstellbares Sammelsurium von Schauermärchen tritt uns aus der Prodigienliteratur der Zeit entgegen, die die morbide Sensationslust der von Weltuntergangsphantasien beherrschten Epoche befriedigen. An dieser Welle des Irrationalismus hat auch die Kompilationsmanier der Humanisten ihren Anteil, die aus den antiken Schriftstellern und den kürzlich erschienenen "Neuen Zeitungen" alle verfügbaren Schreckensmeldungen zusammentragen und diese mit mahnenden Fingerzeigen und moralischen Belehrungen versehen. Der makabren Phantasie sind keine Grenzen gesetzt. Frauen gebären Blitze oder essen ihre Männer; Werkzeuge und Nägel werden in menschlichen Mägen gefunden; Kinder weinen im Mutterleib; unter den Vögeln ist der Krieg ausgebrochen. Vom Himmel regnet es Blut, Steine, Frösche, Eisen und Asche; Heuschreckenschwärme verfinstern die Sonne.

Diese Sensationspresse spiegelt die Schreckgesichte des Volkes wider. War nicht schon die Tatsache, daß sich die Zeichen gegenüber früheren Epochen ständig gehäuft hatten, an sich schon wunderbar? Die Welt ist ein trostloser Aufenthalt geworden. Der vom Teufel verführte

Das Ende der Welt ist nahe. Aus "Ein newe außlegung. Der seltsamen wunderzaichen vnd wunderpürden, so ein zeyther im reich, als vorpoten des Almächtigen Gottes" von Joseph Grünpeck. Titelholzschnitt, 1507

und seinen lüsternen Begierden verfallene Mensch befindet sich in einer haltlosen Lage. Die Folge sind Monstergeburten: an den Köpfen zusammengewachsene Säuglinge oder Tiere, Menschen ohne Kopf oder mit vier Armen und vier Beinen, Doppelhasen, Wild- und Hundemenschen, Kinder mit Hasenohren. Der Mensch ist zu einer monströsen Bestie verkommen. Überall vermischt er sich in der Phantasie mit den Tieren. Mißgeburten (gerade die erfundenen) erlangen die Berühmtheit von Feldherren oder Königen. Zu den prominentesten gehören im 16. Jahrhundert das Ravenna-Monstrum, der Papstesel und die 365 Kinder einer holländischen Gräfin.

Die Mißgeburten und Prodigien sind allemal Vorankündigungen von Naturkatastrophen und Seuchen, von Krieg und Ketzerei. Z.B.: "Darauff ist gefolget ein gantz dürrer und heißer Sommer", oder: "im selbigen jar und Monat sey zween Kurfürsten gestorben"; "Darauff ist grewliche Pestilenz gefolget zu Rom". All diese Zeichen und die durch sie bedeuteten Unglücke deuten letztlich aber alle auf eines hin: Der "Tag des Zorns", die endzeitliche Katastrophe, ist nah.

## 3.2 Kulturform-Traum I: Apokalypse

### 3.2.1 Die "grosse wesserung" 1524 - Dürers Traumgesicht

Im Jahre 1499 publiziert der Tübinger Mathematiker J. Stöffler einen Almanach mit einer alarmierenden Prophezeiung: Im Februar 1524 werden die Planeten Jupiter und Saturn eine verhängnisvolle Konjunktion im Sternbild der Fische bilden. Als Folge wird eine sintflutartige Überschwemmung über die Welt hereinbrechen.[155]

Angst und Entsetzen verbreiten sich in Europa. Die verunsicherte Christenheit glaubt die Posaunen des Jüngsten Gerichts vernommen zu haben. Was konnte die unheilvolle Ankündigung des Sterndeuters anderes bedeuten, als daß der "Tag des Zorns", das Ende der Welt unmittelbar bevorstand? Das Sprichwort geht um "Wer 1523 nicht stirbt, 1524 nicht im Wasser verdirbt und 1525 nicht wird erschlagen, der mag wohl von Wundern sagen".

Viele Menschen verlassen ihre Häuser und fliehen in die Berge, um sich vor der angekündigten Flutkatastrophe in Sicherheit zu bringen. Der in Panik geratene Bürgermeister von Toulouse läßt eine große Arche bauen, und nicht wenige sollen den Verstand verloren haben.

"Videns rem tumultuosissimo tumultu tumultantem", sind Luthers entsetzte Worte.[156] Und in seiner Adventspostille (1522) äußert er die Erwartung:

> "Darum ich darauf stehe, daß der himmlischen Scharen Bewegung sei gewißlich die zukünftige Konstellation der Planeten, darüber die Sternmeister sagen, es solle die Sintflut bedeuten, Gott gebe, daß der Jüngste Tag sei, welchen sie gewißlich bedeutet."[157]

Unter den Gelehrten löst Stöfflers Prognostikation eine der größten astrologischen Kontroversen aller Zeiten aus. Nicht weniger als 56 Autoren schreiben über das Thema, und zwischen 1517 und 1524 erscheinen insgesamt 133 Editionen ihrer Traktate. Ganze Regale der Bibliothek in Wolfenbüttel sind mit der Erwartung und Interpretation

Flugblatt, Nürnberg 1523

des Ereignisses gefüllt. Gegenschriften werden verfaßt mit dem Ziel, die Gemüter zu beruhigen, darunter die Karl V. gewidmete Schrift "De falsa diluvii prognosticatione" (1517) von Agostino Nifo. Doch der geängstigte Kaiser will es genauer wissen und beauftragt einen anderen angesehenen Gelehrten, Petrus Martyr, mit einem Gutachten über die erwartete Sintflut.

Auf dem Wormser Reichstag verkauft man Flugblätter des Alexander Setz von Marbach, Physikus des Bayerischen Herzogs, auf denen die erwartete Katastrophe dargestellt wird.

Auch in Nürnberg, wo Albrecht Dürer wohnt, versetzt die Ankündigung der Sintflut die Bevölkerung in Angst, wie aus einem Brief des Nürnberger Bürgers Christoph Kress aus dem November des Jahres 1523 hervorgeht:

"man hat hi vyll sorg uff die kwnfftig syntflwss und geweser, das kwmen soll"[158]

Diese kollektiven Phantasien von der "grossen wesserung" bilden zweifellos die Quelle für Dürers berühmtes Nachtgesicht vom 8. Juni 1525. Der für das verflossene Jahr prophezeite Weltuntergang hatte zwar nicht stattgefunden - wie in ähnlichen Fällen vorher und nachher auch -, doch in Dürers Traum, den er in Wort und Bild festgehalten hat, wird das Weltende zur Wirklichkeit.

"Im 1525 Jahr nach dem ersten Pfingsttag zwischen Mittwoch und Pfintztag in der Nacht im Schlaf hab ich dies gesehen, wie viel großer Wassern van Himmel fielen. Und das erst traf das erdrich ungefähr 4 Meil van mir mit einer sölchen Grausamkeit mit einem übergroßem Rauschen und Zersprützen und ertränket das ganz Land. In solchem erschrak ich so gar schwerlich, daß ich doran erwachet, eh dann die andern Wasser fielen. Und die Wasser die do fieln, die warn fast groß. Und der fiel etliche weit, etliche näher, und sie kamen so hoch herab, daß sie im Gedunken gleich langsam fieln. Aber do das erst wasser, das das Erdrich traf, schier herbeikam, do fiel es mit einer solchen Geschwindigkeit, Wind und Brausen, daß ich also erschrak, do ich erwacht, daß mir all mein Leichnam zittret und lang nit recht zu mit selbs kam. Aber do ich am Morgen aufstund, moldet ich hie oben, wie ichs gesehen hätt. Gott wende alle Ding zum besten".[159]

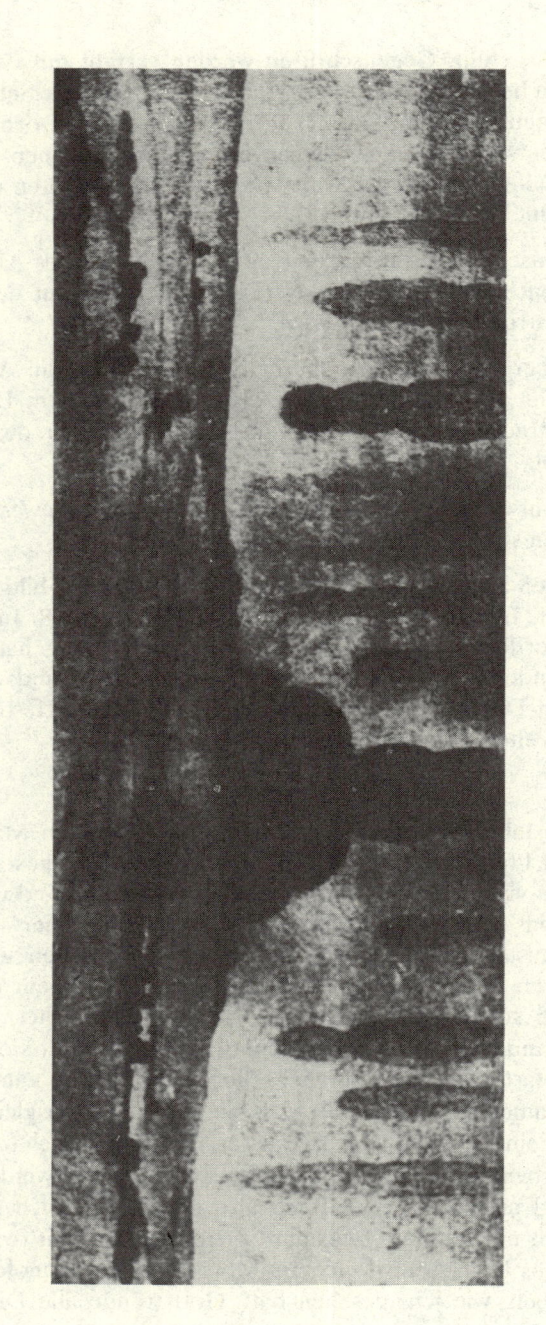

Albrecht Dürer. Das Traumgesicht, 1525. Kunsthistorisches Museum, Wien.

Noch unter der Einwirkung des Schocks stehend, völlig verstört durch diesen Alptraum von der jäh hereinbrechenden, alles verschlingenden Katastrophe, hat Dürer sein Gesicht mit Wasserfarben gemalt. Wir sehen eine flache, anscheinend friedvolle Landschaft; doch an dem beklemmend in die Nähe geholten Horizont ist eine schwarze Flut niedergegangen und beginnt sich über das Land auszubreiten, während überall aus dem Himmel Wassersäulen auf die Erde zukommen ("in Gedunken gleich langsam"), um im nächsten Moment - da erwacht Dürer - alles zu vernichten.

Sein Aquarell gilt als die erste Darstellung eines individuellen Traumerlebnisses in der bildenden Kunst. Obwohl es die kollektiven Angstphantasien der damaligen Zeit widerspiegelt, unterscheidet es sich durch seine Dramatik von den stereotypen, oft blutleeren Holzschnitten der Flugblätter, welche die astrologische Prophezeiung illustrieren.

Welche Realität dieses apokalyptische Gesicht für Dürer gehabt hat, geht aus seinem Text klar hervor, der mit den beschwörenden Worten schließt: "Gott wende alle Ding zum besten".

Dürer war ein traumgläubiger Mensch.

> "Erinnerst Du Dich", schreibt sein Freund Willibald Pirckheimer im März 1522 an Varnbühler, "wie Dürer neulich uns von seinen Träumen erzählte? Wir standen am Fenster bei mir und sahen dem kriegerischen Aufzug unten auf der Straße zu: alles erfüllt von Trompeten, Waffengeklirr und von Geschrei. Er aber erzählte uns dabei, wie er in Träumen zuweilen so Liebliches erlebe, daß wenn ihm dergleichen je in Wirklichkeit geschähe, er der glücklichste Mensch sein würde".[160]

Auch für sein künstlerisches Schaffen bedeuteten ihm Träume eine höhere, wenngleich nur allzu flüchtige Wirklichkeit:

> "Ach wie oft sich ich große Kunst im Schlofe, dergleichen mir wachend nit fürkummt. Aber so ich erwach, so verleurt mirs Gedächtnis".[161]

Dürer hatte sich schon früher in die Visionen der "Geheimen Offenbarung", die den theologischen Interpretationsrahmen der damaligen Weltuntergangsstimmung bilden, vertieft. 1498 erscheinen die 15 Holzschnitte seiner "Apokalypse", die erste geschlossene Bildfolge zu diesem Thema in der Geschichte der bildenden Kunst. Den fiebrigen, widerspruchsvollen Visionen, die Johannes von Patmos zu Zeiten

Neros hatte als Sendschreiben ausgehen lassen, verleiht der 27jährige Künstler so viel anschauliche Realität, daß sich alle späteren Darstellungen der Apokalypse im 15. Jahrhundert mehr oder weniger eng an seine Vorlage anlehnen. Dürer hat also die eschatologischen Ängste der Zeitwende vom Mittelalter zur Neuzeit nicht nur geteilt, sondern so auch zu ihrer Verbreitung beigetragen.[162]

### 3.2.2 Der neue Daniel (Thomas Müntzer)

Die apokalyptischen Visionen der "Geheimen Offenbarung" sind jedoch, wie die meisten Träume, widersprüchlich und verschieden deutbar.[163] Es werden dort nicht nur die dem Weltuntergang vorausgehenden Schreckenszeichen und Menschheitsplagen geschildert, sondern es heißt dort auch, am Ende der Zeiten werde Satan auf tausend Jahre in Ketten geschlagen, und das Neue Jerusalem werde aus dem Himmel herabkommen (Offb. 20,21), das im Traum bereits Hesekiel auf einem Berg gen Süden geschaut hatte (Hes. 40.2). Christus wird ein zweites Mal auferstehen und mit den Gerechten tausend Jahre glücklich auf Erden leben.

Der Jüngste Tag, die von allen gefürchtete Abrechnung, stand also demnach keineswegs unmittelbar bevor. Vielmehr würde sich ein uralter Menschheitstraum erfüllen. Zwischen gegenwärtiger Zeit und Ewigkeit wäre ein Goldenes Zeitalter vorgesehen, ein vorläufiges irdisches Paradies, das Tausendjährige Reich Christi. Erst danach käme der Jüngste Tag.

Der Glaube an das Millennium stammt aus vorchristlicher Zeit und gründete sich auf messianische Hoffnungen Israels, dessen Propheten Jesaja (50 und 51), Hesekiel (40-47) und Daniel (2 und 7) das Kommen eines Messias verkündeten, der ein Reich des Glücks und des Friedens auf Erden einrichten wird. An diese uralte mythisch-utopische Erwartung anknüpfend hatte in der Albigenserzeit der kalabresische Franziskanermönch Joachim von Fiore prophezeit, daß nach dem "Zeitalter des Vaters" und dem mit Christi Geburt begonnenen gegenwärtigen "Zeitalter des Sohnes" im Jahre 1260 ein mönchisches "Zeitalter des Heiligen Geistes" kommen werde, ein "Drittes Reich", in dem ständische und klerikale Hierarchie abgeschafft sein würden zugunsten einer kommunistisch-urchristlichen Gemeinschaft aller Gläubigen. Die joachitische Utopie visierte eine Art mystischer Demokratie an, in der auch der fleischliche Mensch von der Sünde gereinigt wäre. Die Erwartung paradiesischer Seligkeit wurde nun nicht aufs Jenseits vertröstet, sondern sollte sich auf Erden, in der Immanenz der Menschheitsgeschichte, wenn auch an ihrem Ende erfüllen. Telos und Endpunkt der Geschichte ist die Verwirklichung des chiliastischen Traums.

In Deutschland glaubte man vielfach, Kaiser Friedrich II. werde das Versprochene wahrmachen, und als dieser starb, hielt sich über Jahrhunderte die Sage, der Kaiser sei nicht tot, sondern halte sich nur verborgen. Eines Tages werde er zurückkehren und das versprochene "Reich" doch noch ins Werk setzen. Im vorreformatorischen 15. Jahrhundert waren es John Wyclif, zu Beginn des 16. Jahrhunderts dann wiederum die aufständischen Bauern und ihr Anführer Thomas Müntzer, die sich von chiliastischen Hoffnungen auf eine Besserung der Verhältnisse für die Notleidenden im Diesseits leiten ließen.

1524, im Jahr der erwarteten Sintflutkatastrophe, gibt Thomas Müntzer in seiner in Gegenwart Johanns von Sachsen zu Allstedt gehaltenen "Fürstenpredigt" eine situationsbezogene Auslegung des 2. Kapitels aus dem Propheten Daniel.

Dort wird geschildert, wie die Zeichendeuter des babylonischen Königs Nebukadnezar vergeblich versuchen, ein nächtliches Gesicht des Herrschers, das dieser vergessen hatte, zu erraten und zu deuten. Ihnen droht die Todesstrafe. Doch dem jüdischen Daniel, der im Exil am babylonischen Hof erzogen worden war, werden durch Jahwe der Traum des Herrschers und seine Deutung offenbart.

Im Traum hatte Nebukadnezar eine Koloßstatue aus verschiedenen Metallen gesehen, die auf tönernen Füßen stand und von einem Stein "ohne Zutun von Menschenhänden" zermalmt wurde. Der Stein aber "wurde zu einem großen Berg, so daß er die ganze Welt erfüllte" (Dan. 2.34-35). In der Deutung, die Daniel gab, enthüllte sich der göttliche Geschichtsplan: Die goldenen, silbernen, erzenen und eisernen Teile des Kolosses standen für vier aufeinander folgende Weltreiche. Sie würden allesamt mit dem gegenwärtigen fünften und letzten Reich "auf tönernen Füßen" einstürzen und durch ein unvergängliches Gottesreich abgelöst.

Ohne Umschweife aktualisiert Müntzer das Vergangene und zeigt, daß es als Zukünftiges in der Jetztzeit verborgen liegt. Die eschatologische Vision des Alten Testaments vom Einsturz der irdischen Herrschaftsverhältnisse wird sich in der Gegenwart erfüllen,

> "und das Werk geht i t z t im rechten Schwange vom Ende des funften Reichs der Welt".[164]

Wie in Dürers Sintfluttraum, so soll auch hier die endzeitliche Katastrophe lawinenartig aus der Höhe auf die sündige Menschheit herabkommen und den Koloß auf tönernen Füßen zertrümmern.

> "Denn der Stein, an Hende vom Berge gerissen, ist groß worden. Die armen Leien und Bauern sehn in viel scherfer an dann ir."[165]

ruft Müntzer den Fürsten zu.

Jetzt ist die Zeit gekommen, da sich die Visionen der Johannes-Apokalypse vom messianischen Zeitalter, von der Herabkunft des himmlischen Jerusalem erfüllen werden. Jetzt müssen die "großen Hansen", die dem Volk das Blut aussaugen, mit dem Zusammenbruch ihrer Gewaltherrschaft rechnen.

> "Wozu dienet dann die Biblien von Gesichten. Es ist war und (ich) weiß vorwar, daß der Geist Gottis itzt vilen auserwelten, frumen Menschen offenbart, (daß) eine treffliche unuberwintliche, zukünftige Reformation von großen Nöten sein, und es muß volfüret werden. Es were sich gleich ein itzlicher, wie er wil, so bleibet die Weissagung Danielis ungeschwecht, ob ir wol nimant gleuben wil".[166]

Müntzer fordert die Fürsten auf, sich auf die Seite der Armen, der auserwählten Gottesknechte zu schlagen und "die gotlosen Regenten, sunderlich Pfaffen und Mönche (zu) töten".[167] Dem Einsturz des Kolosses auf tönernen Füßen soll notfalls mit dem Schwert nachgeholfen werden. Die Bauern werden die gesichelten Engel sein, die eifrig das Unkraut im Weingarten Gottes ausrupfen werden. Allerdings hat die betrogene Christenheit noch nicht realisiert, was die Stunde geschlagen hat.

> "Drumb muß ein neuer Daniel auffstehn und euch eure Offenbarung auslegen".[168]

Müntzer deutet damit auf sich selbst. Wie zu Zeiten des babylonischen Nebukadnezar, so bedarf es neuerdings eines göttlich inspirierten Propheten und Charismatikers, durch dessen Mund sich Gottes Wille den Auserwählten, denen die hören wollen, mitteilt.

Müntzers Utopie, ähnlich der joachitischen, sah ein allgemeines Priestertum der Gläubigen vor, in der jedes geistliche Mittlertum, jede Bevormundung durch pfäffische Schriftgelehrte abgeschafft sein würde. Stattdessen würde ein jeder nur im unmittelbaren Verkehr mit Gott sein Heil finden.

Müntzer ist von der Überzeugung durchdrungen, daß Gott nicht nur "vor Zeiten" zu den Vätern, den Propheten und den urchristlichen Aposteln direkt gesprochen habe. Übernatürliche Träume, prophetische Weisungen und Eingebungen hat es nicht nur zur Zeit der beiden Testamente gegeben. Vielmehr ist es derselbe göttliche Geist, der damals zu den Propheten und heute zu den Auserwählten, den armen Laien und Bauern, gesprochen hat und sich in "nötlichen" Gesichten und Stimmen kundtut. Damals wie heute vermag der Mensch das lebendige Wort Gottes im Abgrund seiner Seele zu vernehmen. Die Offenbarung ist keinesfalls abgeschlossen, sondern setzt sich durch die Geschichte fort, sie ist perennierend; gerade jetzt werden viele von ihr ergriffen und entflammt.

Müntzers zentrale These von der unabgegoltenen, fortlaufenden Offenbarung steht in scharfem Widerspruch zur Lehre Luthers, der allein den biblischen Klartext als Autorität in Glaubensfragen gelten lassen wollte, so daß der Schriftbuchstabe mit Gottes offenbartem Wort nahezu identisch wird. Danach wurde Gottes Wort einmal in historischer Zeit verkündet und im Bibeltext festgeschrieben. Die Offenbarung ist also abgeschlossen.

Bei Müntzer verdrängt der Geistglaube den Schriftglauben Luthers. Die in Joel 2 verheißene Ausgießung des Geistes besitzt für Müntzer ungebrochene Aktualität:

> "und nach diesem will ich meinen Geist ausgießen über alles Fleisch, und eure Söhne und Töchter sollen weissagen; eure Ältesten sollen Träume haben, und eure Jünglinge sollen Gesichte sehen." (Joel 3, 1)

Bei Luthers dunklem Weg der Rechtfertigung durch den Glauben braucht nicht stehen geblieben zu werden. Gott steht den Menschen nahe; in der Nacht der Verzweiflung spricht er ihnen unmittelbar ins Herz und erhellt die Finsternis ihres Gemüts durch taghelle Visionen. Der Schriftbuchstabe ist Müntzer für sich genommen ein totes Ding und macht nur einen gedichteten, einen gestohlenen Glauben. Nur wer bereit ist, wie Christus das Kreuz auf sich zu nehmen, kann zum Heil gelangen. Der Glaube muß sich erst in den Versuchungen und Drangsalen des Lebens erproben und bewähren. Die derart im Glauben Erfahrenen und Gereiften sind erwählt. Ihnen ergießt sich der Heilige Geist unmittelbar ins Herz. Sie werden der fortgesetzten Offenbarung Gottes teilhaftig.

Müntzers Spiritualismus, seine durch Joachim von Fiore inspirierte Theologie des Heiligen Geistes, führt ihn in der "Fürstenpredigt" zu einer expliziten Apologie der rechten Gesichte und Träume. In aller Schärfe wendet sich Müntzer gegen die Schriftgelehrten,

> "die leren und sagen, das Gott seinen Lieben Freunden seine Göttliche Geheimnis nit mehr offenbare durch rechte Gesichte oder sein müntliches Wort."[169]

Dies kommt einer öffentlichen Leugnung der Offenbarung Gottes gleich. Die bestallten Schriftpfaffen und Bibelausleger haben mit all ihrer Klugheit doch nie die Wirkung des Heiligen Geistes an sich verspürt. Ihnen soll es genauso ergehen wie den Zeichendeutern Nebukadnezars in Daniel 2. "Seht hie den Text wol an", droht Müntzer:

> "Der König Nebukadnezar wollte die Klugen darumb töten, das sie den Traum nicht kuntn Auslegen. Es war vordienter Lohn. Dann sie wollten sein ganzes Reich mit irer Klugheit regiren und kunten solchs nicht, dozu sie doch gesatzt waren."[170]

Genau wie die Magier am babylonischen Hofe, so sind die heutigen Schriftgelehrten nichts als Heuchler und Schmeichler; sie reden den Herren nach dem Munde, um sich den eigenen Mund und Bauch vollzustopfen; das schon materiell abhängige Volk wird durch diese Neunmalklugen zusätzlich in geistiger Abhängigkeit und Unmündigkeit gehalten. Wer den Ranzen so voll hat wie die Klüglinge und feisten Schriftpfaffen, der vermag natürlich nicht der rechten Gesichte und der Wirkungen des Heiligen Geistes teilhaftig zu werden.

> "Dann ein tierischer Mensch vernimpt nit, was Got in die Sele redet."[171]

> "Got der Almechtige weiset die rechten Gesichte und Treume seinen geliebten Freunden am allermeisten in irem höchsten Betrübnis."[172]

Dies belegt Müntzer anhand der biblischen Traumbeispiele ausgiebig.

> "Ja, es ist ein rechter apostolischer, patriarchischer und prophetischer Geist auf die Gesichte warten und dieselbigen mit schmerzlichem Betrübnis uberkommen. Darumb ists nicht Wunder, das sie Bruder Mastschwein und Bruder Sanfteleben vorwirfet."[173]

Der Traum ist das Offenbarungsmittel der Armen und Bekümmerten. Er kommt in der Nacht der Verzweiflung und Versuchung, das Gemüt der Betrübten zu erhellen. Und dies geschieht heute noch genauso wie zu biblischen Zeiten. Müntzer will aber nicht alle Träume als göttliche

Offenbarung gelten lassen. Die durch Fasten, Nachtwachen induzierten "vorgiftigen Mönchsträume" sind keineswegs göttlich. Er will keineswegs einer abergläubischen Wahrsagerei und vorwitzigen Zukunftserforschung durch Träume das Wort reden. Vielmehr

> "muß der auserwelte Mensch Achtung haben auf das Werk der Gesichte, das es nit raußerquelle durch menschliche Anschlege, sonder einfaltig herfließe nach Gottis unvorrücklichem Willen."[174]

So hält Müntzer an der traditionellen Unterscheidung der traumsendenden Mächte (Gott, Teufel, Natur) fest, behauptet darüber hinaus aber, daß man erkennen kann, welchen Ursprungs die Träume sind:

> "Wir müssen wissen und nit allein in den Wind gleuben, was uns von Got gegeben sei oder vom Teufel oder Natur."[175]

Ein gnostisches Moment tritt hier in Müntzers Denken zutage. Träume sind Erkenntnis des göttlichen Willens, und durch welche Träume er sich offenbart, ist der Mensch zu wissen imstande.

Das Wissen um die rechten Gesichte erlangt der Mensch durch den mystischen Weg der "Entgröberung" und der Einkehr in sich selbst. Das Ich, die Welt und das Fleisch müssen abgetötet sein, damit im Abgrund der Seele die göttliche Stimme vernommen werden kann. Der Mensch soll sich von aller Kurzweil absondern und in die "Gelassenheit" versinken, in der alle natürlichen Regungen und Affekte verlöschen.

Auch der natürlichen, bloß menschlichen Verstandesklugheit muß der Mensch entraten, da

> "er mit dem Kopf durch den Himmel nit laufen kan, sonder er muß erstlich ganz und gar zum innerlichen Narren werden".[176]

> "Nu fragstu vielleicht, wie kumpt es dann ins Herz? Antwort: Es kumpt von Gott oben hernider in einer hohen Verwunderung".[177]

Müntzer zeigt sich hier von der mittelalterlichen Mystik, insbesondere von Tauler, beeinflußt. Es gilt, alle weltlichen Begierden und Laster zu kreuzigen und einzutreten in die "Lange Weile". Unter dieser Voraussetzung ist das Herz eine geeignete Wohnstatt des Heiligen Geistes, und die rechten Gesichte werden unbeeinträchtigt von teuflischen Fratzen und Lügen klar empfangen.

Vier Jahre vor seiner "Fürstenpredigt" hatte sich Müntzer im industriell fortgeschrittenen Zwickau aufgehalten und dort an der Marienkirche vor einem Kreis verarmter Tuchweber gepredigt (Nikolaus Storch und Markus Stübner sind die bekanntesten), die unter dem Namen "Zwickauer Propheten" in die Annalen der Reformationsgeschichte eingegangen sind. Das Gedankengut spätmittelalterlicher Mystiker und die revolutionäre Begeisterung der Taboriten waren hier noch gleichermaßen lebendig geblieben. Aber es war nicht eine schriftliche Überlieferung, sondern der gleiche Enthusiasmus, die gleiche Be-Geisterung, die die Zwickauer mit ihren historischen Vorbildern wie Jan Hus, John Wyclif und Joachim von Fiore verband.

Der Räume und Zeiten überbrückende Mythos von Christi Reich auf Erden ließ auch die Zwickauer von einem in den Farben des Goldenen Zeitalters ausgemalten Paradies träumen und - konkreter, aufrührerischer - von einer Kirche ohne priesterliche Hierarchie, ohne Pfründe, ohne Bevormundung durch Schriftgelehrte.

Paul Wappler hat in seiner Studie über die Zwickauer Prophetie die enthusiastisch-entflammte, schwarmgeistige Atmosphäre der Handwerkskonventikel wiederzugeben versucht:

> "Natürlich hatten auch viele von ihnen jetzt wunderbare Träume, in denen sie mit Gott oder mit Engeln vertraute Zwiesprache hielten, ja sogar im Wachen empfingen jetzt manche von ihnen Erscheinungen. Auch Frauen traten in ihren Versammlungen auf und weissagten (...). Niemand unter ihnen rühmte sich aber wunderbarerer Erlebnisse als Nikolaus Storch, der jetzt an die Spitze des Zwickauer Konventikelwesens trat. (...) Er verkündigte, daß ihm Gott selbst durch Träume seinen Willen und, was der Menschheit zum Heile sei, offenbare. ('Hic praedicabat sibi per somnia ostendi a Deo, quae vellet')."[178]

Solche Mystik konnte angesichts der herrschenden Unrechtsverhältnisse jedoch nicht bei einer kontemplativen Schau ewig-göttlicher Wahrheiten stehen bleiben, sondern schlug in revolutionäre Tat um. Die spirituelle Brüderlichkeit, die am Ende der Tage universeller Weltzustand sein sollte, existierte ja einstweilen nur als enthusiastische Konspiration einiger verarmter "Schwarmgeister".

Müntzer selbst soll einmal geträumt haben, von Ratten angefallen zu werden, wogegen er sich aber erfolgreich zur Wehr setzen konnte. Diesen Traum habe er als Zeichen gedeutet, daß es ihm befohlen sei, die Bauern gegen die gottlosen Regenten in den Kampf zu führen.[179]

Solche konspirativen, aufrührerischen Träume haben schließlich die Bauernaufstände entfacht. Im Abgrund der Seele, in der radikalen Innerlichkeit der Gesichte und Träume entzündete sich der revolutionäre Funke. Die von Luther als "Rottengeister und Mordpropheten" geschmähten Aufständischen drängte es, dem Einsturz des Kolosses auf tönernen Füßen mit dem Schwert nachzuhelfen.

Am 15. Mai 1525, dem Tag der Entscheidung, erscheint über Frankenhausen ein Regenbogen, wie ihn die Aufständischen in ihrem Banner trugen. Müntzer hält dies für ein göttliches Zeichen: Das Tor zum himmlischen Jerusalem scheint sich zu öffnen. Man stimmt Müntzers Pfingsthymnus "Komm Heiliger Geist, Herre komm!" an. Doch ein furchtbares Blutbad bereitet allen Träumen ein jähes Ende.

Aber gerade weil ihre Erfüllung ausblieb, ist die chiliastische Utopie ein in der Geschichte wiederkehrender Traum geblieben, so etwa bei den Täufern zu Münster oder bei den revolutionären Puritanern im England des 17. Jahrhunderts. In ihm äußert sich stets aufs Neue das "utopische Gewissen" (Bloch) des Christentums, das an eine mögliche Besserung der Verhältnisse auch im Diesseits erinnert. Immer wieder werden sich auch gerade die Außenseiter des Christentums, radikalprotestantische Sekten und Schwärmerbewegungen, auf die innere Stimme der Träume und auf die Erleuchtung durch den Heiligen Geist berufen.[180] Sie sehen das subjektive religiöse Erlebnis als Heilsweg an und lehnen den Objektivismus der Orthodoxie, den toten Schriftglauben und jegliches geistliche Mittlertum ab. So wird bei ihnen der Traum zu einem Mittel der Gotteserkenntnis.

## 3.3 Kulturform-Traum II: Hexenritt

### 3.3.1 Der Umbruch im Hexenglauben

Nicht im "finsteren Mittelalter", wie häufig angenommen wird, sondern im Jahrhundert der Reformation und noch darüber hinaus glaubten die meisten Europäer gleich welcher sozialer Herkunft an die Existenz von Hexen, die nachts auf Besenstielen, Mistgabeln oder Ziegenböcken durch die Luft zum Blocksberg reiten, um auf dem Hexensabbat unter dem Vorsitz des Teufels in Bocksgestalt die scheußlichsten Orgien abzuhalten. Heinrich Institoris und Jakob Sprenger, die Verfasser des berüchtigten "Hexenhammers" (1484), entwarfen damals mit scholastischer Gründlichkeit die Wahnvorstellung von einer die ganze Christenheit bedrohenden Sekte zauberischer Frauen, die ihre Seele dem Teufel verkauft und sich ihm als seine Buhlinnen verschieben hätten, um die Ernten zu verderben, das Vieh zu schlagen, Impotenz bei den Männern und Unfruchtbarkeit bei den Frauen hervorzurufen und kleine Kinder zu kochen.

Überzeugt davon, "daß wir ohne Gefährdung des eigenen Heils nicht mehr von der Inquisition werden abstehen können",[181] konzipierten sie zugleich einen detaillierten Kriminalkodex zu Aufspürung, Verfolgung und Ausrottung der Übeltäterinnen. Tausende unschuldiger Menschen, in der Mehrzahl Frauen, wurden während der nächsten zwei Jahrhunderte als Hexen denunziert, angeklagt und auf dem Scheiterhaufen verbrannt. Unter unbeschreiblichen Folterqualen hatten sie die imaginären Taten gestanden, die ihnen ihre Peiniger in den Mund legten, und darüber hinaus die Komplizinnen ihrer imaginären Taten benannt, denen sie auf dem Hexensabbat begegnet waren, mit der Folge, daß diese ihrerseits denunziert, angeklagt und bis zum Geständnis gefoltert wurden und das Hexenbrennen kein Ende nahm. Im katholischen wie im protestantischen Europa wütete die größte Massenvernichtung von Menschen vor dem Holocaust.

Die inzwischen eingehend untersuchte Genese dieses Wahns aus der Praxis der Ketzerinquisition und einer frauenfeindlichen Haltung der Kirche, aus den von den Theologen übernommenen abergläubischen Vorstellungen von den Wahrsageverträgen und dem Geschlechtsverkehr mit den Dämonen usw. braucht hier nicht noch einmal dargestellt zu werden.[182]

Fest steht jedoch, daß die Kirche des frühen Mittelalters im Vergleich zu den finsteren Vorstellungen der heranbrechenden Neuzeit einen relativ fortschrittlichen Standpunkt vertrat und den Glauben an Hexen als heidnischen Irrtum und pure Traumillusion bekämpfte. Nicht die Hexe galt ihr als strafwürdig, sondern der Glaube an ihre reale Existenz und Macht.

In dem berühmten "Canon Episcopi" (um 900 n.Chr.) des Abtes Regino von Prüm, der durch seine Aufnahme in das "Decretum Gratiani" bis ins 14. Jahrhundert hinein den rechtsverbindlichen Standpunkt der Kirche formulierte, wurden die Bischöfe angewiesen, in ihren Gemeinden die noch überall im Volk verbreiteten magischen Bräuche und die noch lebendigen Formen vorchristlichen Aberglaubens energisch zu bekämpfen und mit Buße zu belegen. Hierzu gehört insbesondere die Vorstellung von nachts durch die Lüfte schwärmenden dämonischen Frauen, die eine der wichtigsten volkstümlichen Grundlagen des Hexenwesens bildet:

"Es darf außerdem nicht verschwiegen werden, daß gewisse verbrecherische Weiber, durch die Vorspiegelungen und Einflüsterungen der Dämonen verführt, glauben und bekennen, daß sie zur Nachtzeit mit der heidnischen Göttin Diana (oder der Herodias) und einer unzählbaren Schar von Frauen auf gewissen Tieren reiten, über vieler Herren Länder heimlich und in der Stille der Nacht hinwegeilen, der Diana als ihrer Herrin gehorchen und in bestimmten Nächten zu ihrem Dienste sich aufbieten lassen..."

"Der Teufel könne nämlich die Gestalt eines Engels annehmen, und wenn er sich einer Frau bemächtige, so unterjoche er sie, indem er sie zum Abfall vom Glauben bringe. Dann nehme er die Gestalt verschiedener Personen an und treibe im Schlaf sein Spiel... Während der Geist dies erleide, bilde sich der ungläubige Sinn des Menschen ein, daß dies nicht in seiner Phantasie, sondern in Wirklichkeit geschehe. Wer aber ist nicht schon im Traum so aus sich herausgefahren, daß er vieles zu sehen geglaubt hat, was er im wachen Zustand niemals gesehen hat? Und wer sollte so borniert und töricht sein, daß er glaube, alles was in seinem Geiste geschehe, finde auch körperlicherweise statt."[183]

Auf die Bedeutung des hier angesprochenen Kultes um die nachtfahrenden Dienerinnen der Diana für die Geschichte der vorneuzeitlichen Traumvorstellungen werden wir sogleich zurückkommen. Halten wir aber zunächst fest, daß die frühmittelalterliche Kirche in ihrem Kampf gegen das volkstümliche Heidentum bereits gewisse Trennungslinien zwischen Traum und Realität gezogen hat, die nur diejenigen nicht sehen wollten, die bereit waren, sich vom Teufel betören zu lassen.

Die Position der Kirche zu dieser Zeit war also in gewisser Weise durchaus aufklärerisch. Mit Beginn der massenhaften Hexenverfolgungen in der frühen Neuzeit haben sich jedoch diese Trennungslinien bis zur Unkenntlichkeit verwischt. Um die Mitte des 15. Jahrhunderts wurde der Standpunkt des "Canon Episcopi" geradezu auf den Kopf gestellt. Es tauchte der Gedanke auf, eine völlig neue, besonders verruchte Ketzersekte von zauberischen Frauen, deren Entstehung man in die Zeit der Päpste von Avignon verlegte, bedrohe nunmehr die ganze Christenheit, und da es diese zur Zeit der Abfassung des "Canon" noch gar nicht gegeben habe, könne er daher auf sie auch keine Anwendung finden. Ketzerisch ist es nunmehr, die Existenz und Macht von Hexen zu leugnen. Keineswegs fliegen sie nur "in somnio", im Traum, zum Sabbat, sondern vom allmächtigen Teufel durch die Lüfte befördert, auch "corporaliter", leiblicherweise.[184] Wenn nun etwa die Ehemänner angeklagter Hexen behaupteten, ihre Frauen seien doch die ganze Nacht über neben ihnen im Bett gelegen, so befanden sie sich im Irrtum: Der Teufel hatte einen Scheinleib an ihre Stelle gelegt, während die Frauen tatsächlich durch den Schornstein zum Blocksberg davongeflogen waren.

Bezeugten nicht die Geständnisse unzähliger Hexen allein schon die reale Wirklichkeit ihres diabolischen Treibens? Sollte es denn möglich sein, daß so viele Menschen übereinstimmend dasselbe träumen? Zweiflern, die sich erdreisteten zu fragen, warum die Hexen dann nicht mit ihrer ganzen schädigenden Zauberkraft zu Kriegszwecken eingesetzt würden, erteilte man die Auskunft, daß dies nicht geschehen könne, weil man sonst Gefahr laufe, selbst dem Satan anheimzufallen.

Der Hexenwahn der 16. und 17. Jahrhunderts stellt gegenüber der moderaten Haltung der frühmittelalterlichen Geistlichkeit zur Hexenfrage einen Rückfall in den finstersten Aberglauben dar. Jene Hexenträume, die sich für die mittelalterliche Geistlichkeit im Lichte der christlichen Wahrheit wie ein Frühnebel auflösten, waren zu Beginn der Neuzeit eine wahnhafte Realität geworden, die unzählige Menschenleben forderte. Der Hexenwahn ist ein Ausdruck jener regressiven Tendenzen der Übergangsepoche, die die Notwendigkeit der neuzeitlichen Aufklärung überhaupt erst verständlich werden lassen. Bis ins 18. Jahrhundert hinein stritten Theologen, Juristen, Ärzte und Philosophen über das Für und Wider der Hexenjagd und über die Frage, ob ihr ganzes Treiben als Realität oder bloßes Hirngespinst aufgefaßt werden sollte, ehe die Hexenbrände verloschen und man der ganzen magischen Weltsicht den Abschied gab.

Eine massenhafte, organisierte Hexenbewegung hat es, im Unterschied zu den Ketzerbewegungen des Mittelalters, in der Tat nie gegeben, auch wenn Michelet und Murray noch im letzten Jahrhundert das Gegenteil behaupteten. Aber die Geschichte der Hexen erschöpft sich auch nicht vollkommen in der Geschichte ihrer Verfolgung. Nicht alles, was wir über sie wissen, waren abgefolterte Hirngespinste der Inquisitoren.

Im folgenden soll uns die volkstümliche Vorstellung von der Nachtfahrt beschäftigen, die für eine Archäologie der vorneuzeitlichen Traumpraktiken besonders aufschlußreich ist. Die Nachtfahrt, die dem Bild der besenreitenden Hexe zugrundeliegt, ist ursprünglich eine rituelle Ekstase ähnlich der des Schamanen.

Aus mittelalterlichen Bußbüchern, Inquisitionsakten und aus Augenzeugenberichten von in der Magie erfahrenen Renaissancegelehrten läßt sich indirekt die Existenz archaischer Lebensformen und Kulte im alten Europa rekonstruieren, in denen die Menschen durch ekstatische Traumreisen am kosmischen Drama von Fruchtbarkeit und Tod partizipierten. Diese wurden dann von den christlichen Theologen zu diabolischen Besenritten zum Hexensabbat umgedeutet.

Es muß jedoch hervorgehoben werden, daß nur ein Bruchteil der unschuldigen Opfer des Hexenwahns mit den nun zu schildernden Kulten, die im übrigen alles andere als teuflisch waren, je zu tun hatten.

### 3.3.2 Nachtfahrende und Benandanti

> "Er wechselte die Gestalt, und während der Körper wie im Schlaf und tot dalag, war er bald Vogel, bald Tier, Fisch oder Schlange, und er war in einem Augenblick in fernen Ländern, um für sich und andere Wesen dieses oder jenes zu verrichten."[185]

So heißt es in der Heimskringla-Saga von Odin, der wie ein Schamane die Fähigkeit besaß, seinen Leib zu verlassen und in ein Tier verwandelt auf Seelenreise zu gehen - ebenso wie die Walküren, seine in Schwäne verwandelten Dienerinnen.

In den Inquisitionsakten über die Bewohner des mittelalterlichen Pyrenäendorfes Montaillou stieß Le Roy Ladurie auf die Erzählung von der Eidechse im Eselsschädel:

Zwei Gläubige sind an einem Bach, und der eine von ihnen schläft ein. Der Wachgebliebene beobachtet, wie eine Eidechse den Mund des Schläfers verläßt, den Bach auf einem Steg überquert und auf der anderen Seite in einen Eselsschädel kriecht. Als er den Steg fortnimmt, so daß die Eidechse nicht mehr ans diesseitige Ufer zurückkehren kann, zuckt der Körper des Schläfers heftig, doch alle Versuche, ihn zu wecken, bleiben vergeblich. Als er schließlich den Steg wieder zurückgelegt hat, kehrt die Eidechse in den Mund des Schläfers zurück. Dieser erwacht sogleich und erzählt als Traum, daß er über den Bach gegangen und in einen Palast mit vielen Türmen und Zimmern gekommen war und große Angst hatte, nicht mehr zurückkehren zu können. Die beiden wundern sich sehr und fragen einen "guten Christen" (Montaillou war ein Dorf der häretischen Katharer) nach der Bedeutung ihres Erlebnisses, der ihnen folgende Auskunft gibt:

> "'Die Seele', sagte er, 'bleibt beim Menschen, solange er lebt, doch der Geist des Menschen geht ein und aus, wie die Eidechse aus dem Mund des Schläfers in den Eselsschädel gegangen war und in den Mund des Schläfers zurück', was angesichts ihrer eigenen Erfahrung die beiden gerne glauben wollten."[186]

Neben seiner unsterblichen Seele besitzt der Mensch also nach katharischer Vorstellung noch als Drittes einen Geist (eine Frei-Seele), die ihm von einem Traum entführt zeitweilig abhanden kommen kann. Eine solche Dreiheit von Leib, Geist und Seele spielt, wie wir noch sehen werden, in der Traumtheorie des Paracelsus eine Rolle.

Diese archaischen Vorstellungen von der im Schlaf, unter Umständen in Tiergestalt, ausschwärmenden Seele stehen in Zusammenhang mit den heidnischen Kulten der Diana, deren Fortbestehen im Mittelalter durch den "Canon Episcopi" bezeugt wird. Die in der bischöflichen Verordnung angeprangerten Frauen verehrten auch in christlichen Zeiten weiterhin die heidnische Göttin Diana, die die Römer nach Deutschland mitgebracht hatten. Diana, die der Wildnis und dem Mond verbundene Göttin der Jagd, war ursprünglich hervorgegangen aus den beiden chthonischen Gottheiten der Griechen Artemis, einer Fruchtbarkeitsgöttin, und der ihr nahestehenden Totengöttin Hekate. In Deutschland hieß sie "Frau Holle" (von "hold", wohlwollend), Percht(a) oder Herodias, in Frankreich "Dame Abonde" (frz. abondance = Überfluß).

In den mit ihr verbundenen Kulten stellte man in manchen Nächten in den Hauskellern Speisen und Getränke auf, an denen sie und ihre nachtfahrenden Dienerinnen sich erquicken sollten. Dies, so sagte man, bringe Glück, Fruchtbarkeit und Überfluß für Haus und Hof. Das Gefolge der Diana galt aber auch als das wilde Heer der Seelen, die keine Ruhe finden konnten, weil ihre Besitzer eines unzeitgemäßen oder gewaltsamen Todes gestorben waren und seither umherziehen müssen. Sie sollten nun einmal von ihrer rastlosen Jagd ausruhen. Die bereitgestellten Mähler dienten diesem Zweck, ebenso wie Betten, die extra frisch gemacht wurden.

Die Anhängerinnen der Diana waren aber keine Dämonen, sondern wirkliche Frauen aus Fleisch und Blut, die zu gegebener Stunde mit ihr durch die Lüfte zu festlichem Gelage zu fliegen wähnten. Sie werden dabei, wie der "Canon" sagt, "aus sich herausgeführt" (extra se educuntur), was darauf hindeutet, daß es sich dabei um ekstatische Traumreisen, um Exkursionen der Seele, gehandelt haben muß.

Neben den wohlwollenden und fruchtbarkeitsspendenden Dienerinnen der Diana kannte der römische Volksglaube freilich noch die dämonische "striga", die "Nachteule" und die kinderfressende "lamia". Die christlichen Theologen ließen es sich angelegen sein, die Dienerinnen der Diana mit diesen schädigenden Wesen zu identifizieren und so ihren teuflischen Charakter festzuschreiben. So erzählt die Chronik des Matthias Widman von Kemnat aus dem Jahre 1476 - man hatte bereits begonnen, die Hexen für eine reale Bedrohung der Menschheit zu halten - die Legende des Heiligen Germanus. Dieser war einst in einem Hause zu Gast, wo nach dem Nachtmahl die Tische nochmals gedeckt wurden, und zwar für "Nachtmahre", "Unholde" (das Teuflische dieser Wesen ist natürlich eine Unterstellung des Chronisten). Diese erschienen tatsächlich zu Tisch, und die herbeigeholten Wirtsleute glauben in ihnen Bewohner aus dem Dorf zu erkennen. Da beschwor Sankt German die Nachtmahre, sich als Teufel zu erkennen zu geben, und denen blieb nun nichts anderes mehr übrig. Widman schließt:

> "So wurden die Leute betrogen. Der Teufel hatte ihnen im Schlaf eingegeben, daß die verfluchten Nachtmahre, wenn sie ausfahren, essen und trinken wollen. Das ist ein Irrwahn und böser Glaube. Jedoch: der Teufel kann und vermag viel: Wer ihm nachfolgen will, der findet den Kaufmann."[187]

Der ekstatische Charakter der Nachtfahrt kommt deutlich in einem Bericht des Dominikaners Johannes Nider seines Hexenbuches "Formicarius" ( = Ameisenhaufen) aus dem Jahre 1431 zum Ausdruck: Ein Prediger begegnet einer Frau, die von sich behauptet, nachts auszufahren. Als er sie schimpft und ihr klarmachen will, dies sei bloß Einbildung, bietet sie ihm einen Beweis an. Sie läßt ihn des Nachts zu sich kommen, legt eine Backmulde auf eine Bank und setzt sich hinein. Dann reibt sie sich mit Öl ein, spricht Zauberworte und schläft dann sitzend ein.

> "Dabei wähnte sie auszufahren und hatte dabei innerlich so großes Vergnügen, daß sie mit Händen und Füßen strampelte, und zwar so heftig, daß die Backmulde von der Bank fiel. Sie geriet unter die Mulde und schlug sich ein Loch in den Kopf."[188]

Der berühmteste Augenzeugenbericht von einer solchen geträumten Nachtfahrt stammt von Gianbattista della Porta.

> "Als ich aber vber diesem Ding fleissig nachdencken hatte (denn ich war gar zweyfelhafftig darüber etwas zu schließen) ist mir eine alte Vettel in die Hand kommen welche man striges nent/ derhalben/ das sie einem Nacht Vogel/ der ein

solchen Namen hat/ und bey Nacht den Kindern in den Wigen das Blut aussauget/ gleich seyn. Diese sagt mir zu/ sie wolt mir in kurzer Zeit Antwort und Bescheidt bringen/ hieß alle aus dem Gemach gehen/ die neben mir da waren/ als Zeugen gefodert: Nach dem solches geschehen/ zog sie die Kleyder aus/ vnd rieb sich gar hart mit einer Salben/ daß wir durch die Ritze in der Thür sehen konnten: Alsdann ist sie von der Krafft der schlaffmachenden safft nidergefallen/ vnd tieff entschlaffen: Da machten wir die Thür auff/ vnd das sie es nicht empfand/ wir gingen wider hinaus an unser Ort: Nach dem nu die Salbe aufgehöret zu wircken/ und der schlaff vorüber/ fing sie an mancherley Phantaseyen zu erzelen/ sie were über Meer und Gebirge gezogen: Dieweil sie denn falsch berichtet/ widersprachen wir es/ sie sagt ja/ wir weyseten jr die blau Mähr/ sie blieb mehr auff ihrer Meinung bestendig."[189]

Della Porta interessierte sich, wie einige andere Wissenschaftler und Anhänger der natürlichen Magie (z.B. Cardano und später auch der berühmte Francis Bacon) für die Wirkstoffe der berüchtigten Hexensalbe, von der die Hexenjäger Institoris und Sprenger behaupteten, sie würde aus dem Fett vor der Taufe gekochter Kinder und aus der Asche einer mit einer Hostie gefütterten und dann verbrannten Kröte zusammengebraut. Diese Gelehrten wußten, daß es sich bei der Hexensalbe, anders als es das theologische Schauermärchen wollte, um natürliche Pflanzenextrakte mit halluzinogener Wirkung handelte. Sie stießen darauf, daß kräuterkundige Frauen schwarzes Bilsenkraut, Tollkirsche (auch Belladonna genannt), Stechapfel, Gundermann, Mutterkorn, sowie die geheimnisumwobene Alraune, die als Schlaf- und als Liebesmittel galt, und ähnliches für ihre Salben verwendeten, mit der sie ihren Körper, vornehmlich unter den Achselhöhlen, bis zum Rotwerden einrieben.

Die in den genannten Kräutern enthaltenen Alkaloide haben eine narkotische, bewußtseinserweiternde Wirkung und lassen die sich damit Einreibenden ekstatische Flugträume am eigenen Leibe erleben; derartige Halluzinogene konnten den Anhängerinnen der Diana ohne weiteres den Eindruck vermitteln, nachts durch die Lüfte zu fröhlichem Gelage zu brausen. Dies ist von Pharmakologen und Volkskundlern unseres Jahrhunderts bestätigt worden. Über die häufig anzutreffende Vorstellung der Tierverwandlung bei den Hexen meint der Bonner Pharmakologe Führer:

> "Außer den Solanazeen (Nachtschattengewächse) enthielten manche Hexensalben auch Akonit (giftiger Bestandteil des Eisenhutes, Aconitum Napellus). Gerade durch diesen Zusatz mit seinen die sensiblen Nervenenden in der Haut erregenden Alkaloiden, konnte die Autosuggestion der Tierverwandlung, des aus dem Körper emporwachsenden Haar- und Fellkleides entstehen."[190]

Die 1571 in Luca als Hexe angeklagte und später verbrannte Polissena di San Macario gab in ihrem Verhör an, daß sie von ihrer Tante zum Hexensabbat gerufen wurde:

> "Als ich gerufen wurde und sie zu mir sagte: 'Gehen wir', konnte diese Stimme nur von mir verstanden werden, und so salbte ich mich mit einer Salbe ein, die ich bei mir trug... und wurde in eine Katze verwandelt; und während ich den Körper zu Hause ließ, ging ich die Treppe hinab und ging zum Tor hinaus..."[191]

Hier begegnet uns neben der Tierverwandlung ein weiteres wichtiges Element in den Erlebnissen der Nachtfahrt. Die Reise wird nur mit der Seele durchgeführt, während der Körper unbeseelt zurückgelassen wird. Er ist wie tot, jedenfalls gegen die größten Schmerzen unempfindlich, und die Schlafende kann, wie della Porta feststellen mußte, durch nichts geweckt werden. Dieses Element begegnete uns ja bereits in der Sage von Odin und in der Geschichte von der Eidechse im Eselsschädel. Eine Leidensgefährtin der Polissena erklärte:

> "Nicht in leiblicher Person bin ich auf die Fahrt gegangen, sondern im Geist, während ich den Körper zu Hause zurückließ."[192]

In den Kulten der Diana und im volkstümlichen Hexenwesen finden wir also den uns schon aus der Antike bekannten Topos vom Traum als Erlebnis der vom Körper dissoziierten, frei umherschwärmenden Seele realisiert, wobei die Aktivität des Körpers und die der Seele zu einander in einem umgekehrten Verhältnis stehen.

Der italienische Historiker Carlo Ginzburg stieß in den Akten der Inquisition in Friaul aus den Jahren 1575-1650 auf die Existenz eines Fruchtbarkeits- und Totenkultes, deren sektenähnlich verbundene Träger sich "Benandanti", "Wohlfahrende", nannten. Sie erkannten einander an der Fruchtblase, auch "Glückshaube" oder "Hemd" genannt, die sie als Amulett um den Hals trugen.

An den vier Quatemberdonnerstagen, die mit den Wechseln von Frühling, Sommer, Herbst und Winter zusammenfallen, versetzten sich die Benandanti, ob mit Hilfe von Halluzinogenen ist ungeklärt, in einen tiefen, ohnmachtsähnlichen Schlaf. Dabei wähnten sie, sich unter einem geheimnisvollen Anführer zu versammeln und gemeinsam, auf Katzen oder Ziegenböcken reitend, zum Venusberg oder zur "Wiese Josephat" zu ziehen. Dort stießen sie auf ihre Feinde, das Heer der "streghoni", böse Hexen und Hexer, die den Kindern Krankheiten anzaubern und die Früchte des Feldes verderben, um mit ihnen zu kämpfen.

Die Benandanti verstanden sich also als eine Bewegung gegen die Hexer; sie trugen ein Banner mit einem Löwen darauf aus weißem Satin und fochten mit Fenchelzweigen, die Fruchtbarkeit symbolisieren. Die "streghoni" hatten dagegen Hirsestengel, woraus der Hexenbesen geflochten wird, und trugen ein rotes Wappen mit vier schwarzen Teufeln. Der Ausgang des Kampfes war ungewiß, aber er war von existentieller Bedeutung für die Dorfgemeinschaft, denn von ihm hing es ab, ob im kommenden Jahr Mangel herrschen wird oder Überfluß und Fruchtbarkeit der Felder. Im Anschluß daran wurde bis zur Erschöpfung gespielt und getanzt. Ähnlich wie bei den Kulten der Diana war es im Dorf üblich, für die ermatteten Kämpfer klares Wasser bereitzustellen, sonst kämen die bösen streghoni und kippten den ganzen Wein um.

Zu den Benandanti zählten sich auch Frauen, die unter einem besonderen Stern geboren waren und deshalb mit den Seelen der Toten in Verbindung standen. Dank ihrer Sehergabe konnten sie deren Bitten und Wünsche hören und sie den lebenden Angehörigen übermitteln, wofür sie einen Lohn in Form von Naturalien forderten, alldieweil es ihnen von den bösen streghoni untersagt war, zu sagen, was sie mit den Verstorbenen gesprochen hatten.

Auch war es Brauch, die Betten neu zu machen, damit die vagabundierenden Seelen der Verstorbenen darin ausruhen sollten - eine weitere Parallele zu den Kulten der Diana.

Das Besondere aber ist auch hier, daß sich die Kulte der Benandanti in einem imaginären Raum abspielten. Sie gingen zu ihren Kämpfen "invisibilmente con lo spirito et resta il corpo", "unsichtbar mit dem Geist, wobei der Körper zurückbleibt".

Der Benandante namens Gasparutto erklärte dem Inquisitor:

> "Wenn er zu diesen Spielen fahre, bleibe sein Körper im Bett und der Geist gehe, und wenn einer zum Bette gehe, in

dem sein Körper sei, um ihn zu rufen, während er gegangen sei, würde er ihm nie antworten... Er sagte, daß es vierundzwanzig Stunden dauert, bis er zurückkehrt, und wenn er etwas tun oder sagen würde, würde der Geist vom Körper getrennt bleiben, und wenn er dann begraben würde, ist jener Geist ein Vagabund und wird Malandante genannt."[193]

Der Inquisitor, bei dem diese Auskunft ungläubiges Kopfschütteln ausgelöst haben muß, fragt nun auch die Frau Gasparuttos, ob ihr denn etwas an ihrem Mann aufgefallen wäre. Diese erzählt nun, daß sie eines Nachts ihren Mann hatte wecken wollen, allein es war vergeblich:

"Obwohl ich ihn vielleicht zehnmal rief und schüttelte, konnte ich ihn niemalen nicht aufwecken, und er lag mit dem Gesicht nach oben".[194]

Daraufhin offenbart ihr Gasparutto, daß er zu den Wohlfahrenden gehöre und

"daß ihr Geist, wenn er hinausfahre einem Mäuslein gliche, und daß der Körper, wenn er, während er ohne den Geist ist, herumgedreht würde, tot bliebe, denn der Geist könnte nicht mehr zurückkehren."[195]

Wie in der Geschichte von der Eidechse im Eselsschädel ist auch hier der Mund des Schläfers das Aus- und Eingangstor der Seele. Die Vorstellung, daß diese, wenn der Körper herumgedreht wird, nicht an ihren natürlichen Sitz zurückkehren könne, taucht in den Erzählungen der Benandanti mehrfach auf und ist auch den Geständnissen mancher Hexen eigen.[196]

Die zeitweilige Dissoziation der Seele vom Leib während der geträumten Ausfahrt ist ein äußerst gefahrvolles Unterfangen. Nur allzu leicht kann sie endgültig abhanden kommen und muß dann auf ungewisse Zeit vagabundieren. Nur allzu leicht wird aus dem Schlaf, dem kleinen Bruder des Todes, der wirkliche Tod. In dieser archaischen Lebenswelt gibt es keine deutliche Grenze zwischen der Welt der Lebenden und der Toten. Die weiblichen Benandanti starben in ihrer rituellen Ohnmacht selbst den kleinen Tod, um mit den noch ganz in der Nähe weilenden Seelen der Verstorbenen auf derselben Daseinsebene in Berührung zu treten. Die Lebenden wechseln ins Reich der Toten, die Toten erholen sich in den Betten der Lebenden von ihrer rastlosen Wanderung.

Der seherische Traum ist die Brücke, die Diesseits und Jenseits verbindet. Eine Jenseitsbrücke ist auch das "Hemd", die Fruchtmembran, die die Benandanti um den Hals trugen, und die im Volksglauben als Sitz der äußeren Seele gilt.

Der imaginäre Kampf der Benandanti für die Fruchtbarkeit der Felder gegen die bösen Hexenmeister, gegen die Mächte des Chaos und der Finsternis, ist mit einem rituellen Sterben verbunden, durch das sie an der Krisis der gesamten Natur teilnehmen, an Gedeihen und Verderben der Früchte, einer Krisis, die das Leben zugleich bedroht und ermöglicht. In dem Wechsel von Winter und Sommer, in dem die Natur stirbt, bevor sie sich regeneriert und Früchte trägt, "sterben" auch die Menschen, um zu ihrer Wiederbelebung beizutragen.

Mit diesem Deutungsversuch hat man vielleicht eine Antwort auf die Frage, warum die Benandanti ihre kultischen Kämpfe und Spiele nicht offen und für alle Mitglieder der Dorfgemeinschaft sichtbar praktizieren, sondern nur im Geiste, in einem kollektiven Traum und auf einer imaginären Bühne. Ihr ohnmächtiger Schlaf ist Mimesis des Sterbens, das allem Natürlichen eigen ist, zugleich aber die Hoffnung auf neues Erwachen, neue Fruchtbarkeit im kommenden Jahr. Er ist somit selbst ein wesentlicher Bestandteil des Kultes.

Ginzburg vermutet allerdings, daß die Riten der Benandanti aus älteren Fruchtbarkeitskulten hervorgegangen sind. Er vergleicht sie mit symbolischen Schlachten zwischen Winter und Frühling, Winter und Sommer, mit Feldkulten, bei denen sich zwei Gruppen von Jünglingen, welche die guten und bösen Geister darstellen, gegenseitig auf den Rücken schlagen, um so ihre eigene Fruchtbarkeit und in Analogie auch die der Felder zu stimulieren. Diese Rituale wurden einst vor den Augen der gesamten Dorfgemeinschaft ausgeübt.

> "In einer späteren Phase werden diese Riten nicht mehr offen praktiziert worden sein, um ein unsichtbares Leben, halb in Träumen, halb in Halluzinationen, jedenfalls in der Innerlichkeit zu führen - ohne jedoch zum bloß individuellen Phantasiegebilde herabzusinken."[197]

Tatsächlich sei es, so Ginzburg,

> "für uns schwer zu begreifen, wie intersubjektiv beständig diese 'Träume', diese 'Phantastereien' waren."[198]

Ginzburg hebt hier zwei wichtige Merkmale der Benandanti-Träume hervor, nämlich einmal ihre intersubjektive Beständigkeit, zum anderen aber ihren Wirklichkeitsgehalt.

Die ekstatischen Seelenflüge der Dianafahrerinnen lassen sich, genau wie die nächtlichen Ausfahrten der Benandanti, als Kulturform-Träume bezeichnen.

Obgleich die Kulturform, der diese Seelenfahrten zugehörten, durch das Christentum als heidnisch abgelehnt und an den Rand gedrängt worden war, läßt sie sich gerade in Zeugnissen, die diese Marginalisierung intendieren, bis in die frühe Neuzeit hinein nachweisen.

Der rituelle Gebrauch von Halluzinogenen, die psychische Technik der Ekstase und rituellen Ohnmacht sind nicht nur intersubjektiv beständig, sie deuten darüber hinaus darauf hin, daß in dieser Kulturform, die man durchaus als Relikt der schamanistischen Kultur ansehen kann, Träume, Seelenreisen eine besondere soziale Funktion hatten. Diese Träume waren keine unbeabsichtigten numinosen Heimsuchungen, sie wurden vielmehr, wie in der antiken Inkubation, bewußt herbeigeführt.

In ihnen wurden diejenigen Krisen, Ängste und Wünsche durchlebt, die für die Gemeinschaft von existentieller Bedeutung waren: die Furcht vor der Hungersnot und das Bangen um eine gute Ernte, die Sehnsucht nach den Verstorbenen und die Sorge um ihr jenseitiges Schicksal.

Von daher wird auch das zweite von Ginzburg angesprochene Merkmal dieser Träume verständlich: ihr Wirklichkeitsgehalt.

Dieser war aber von vornherein ein Stein des Anstoßes. Der Canon Episcopi hält die nachtfahrenden Frauen für dumm und töricht, weil sie an die Realität ihrer Erlebnisse glauben, und behauptet, sie seien teuflischen Einflüsterungen zum Opfer gefallen. Auch für Gianbattista della Porta ist der Flug der von ihm beobachteten Hexe über Meer und Gebirge nur eine "Phantasey" und "blau Mähr", erlebt unter der Einwirkung von Drogen, wohingegen die Hexe hartnäckig auf der Wirklichkeit ihrer Reise beharrt.

Ähnliches Unverständnis begegnet uns auch bei den Inquisitoren, die die Verhöre mit den Benandanti führten, was diese immerhin vor der Folter und harter Bestrafung bewahrt haben mag.

Die 1532 in Modena als Hexe angeklagte Domenica Barbarelli sagte,

> "sie wollte durchaus auf Dianafahrt (gehen), weil viele darauf achtgaben, ob sie fahren könne; und sie lag wie tot etwa zwei Stunden da, und nachdem sie schließlich öfters von den Umstehenden gereizt worden war, sagte sie, in sich zurückkehrend, folgende Worte: 'Zu eurem Ärger bin ich dennoch dort gewesen': und sie erzählte einige Scheußlichkeiten, die

sie, wie sie sagte, bei dem erwähnten Spiel aufgeführt habe."[199]

Es ist ganz offensichtlich, daß die nachtfahrenden Hexen und die Benandanti ihre Erlebnisse aus einer ganz anderen Mentalität heraus verstehen als jene, die sie beobachten, anklagen und zum Gegenstand ihres Diskurses machen, und daß sich beide Mentalitäten unversöhnlich gegenüberstehen.

Bei den Naturvölkern hätte man der Hexe geglaubt, ebenso wie man dem in Trance geratenen Schamanen glaubt, daß er an anderen, jenseitigen Orten weilt und etwas sieht, was seine Stammesgenossen nicht sehen. Sein Körperzustand, seine Gebärden, sein Tanz, sowie seine privilegierte Stellung beglaubigen sein Erlebnis. In ihrer Mentalität gibt es noch keine Dichotomie von Traum und Realität, noch nicht jenes tertium non datur, von dem della Porta bereits durchdrungen ist, und das sich im Diskurs der Aufklärung endgültig durchsetzen wird. Hier gibt es allenfalls verschiedene Arten von Wirklichkeit, eine profane des Alltags und eine heilige Wirklichkeit, eine "Traumzeit".

Hans Peter Duerr hat bereits darauf hingewiesen, daß Sätze wie "Ich fliege" in verschiedenen Kulturzusammenhängen eine unterschiedliche Bedeutung haben, und sich dabei auf die Theorie des späten Wittgenstein gestützt, wonach die Bedeutung eines Ausdrucks nichts anderes ist als sein Gebrauch in einem bestimmten Lebenszusammenhang. Auch das, was als "wirklich", als "Tatsachenwahrheit", was als mögliche Erfahrung gilt, hängt ab vom jeweiligen kategorialen Bezugsrahmen, einer Weltsicht, einer zugrundeliegenden Theorie, innerhalb der etwas formuliert und anerkannt wird.

Eine Weltsicht, die die Dichotomie von Traum und Realität voraussetzt, kann nicht verstehen, wie die Nachtfahrten der Hexen und Benandanti ein geträumtes und *gleichzeitig* ein im vollen Sinne wirkliches Erlebnis waren.

Hören wir dagegen die Hexe aus einer Novelle von Cervantes:

> "Es gibt Leute, die glauben, wir gehen zu diesen Gastmählern nur in der Phantasie, und dann spiegle uns der Teufel die Bilder aller jener Dinge vor, die wir als wirklich erlebte Begebenheiten erzählen; andere wieder sagen das Gegenteil und behaupten, wir seien wirklich mit Leib und Seele dabei. Ich aber bin der Ansicht, daß beide Ansichten wahr sind, denn wir wissen es nie genau, ob wir so oder so hingehen; aber alles, was in unserer Phantasie geschieht, hat so sehr

den Anschein des Wesenhaften, daß wir keinen Unterschied machen können, ob wir wirklich mit Leib und Seele dabei sind oder nicht."[200]

Die Hexe hieß im Althochdeutschen "hagazussa", "Zaunreiterin". Sie ritt auf dem Grenzzaun zwischen Traum und Wirklichkeit.

### 3.4 Die Anschauungen der Renaissance-Gelehrten

#### 3.4.1 Die Wiedergeburt der antiken Traumdeutung

Das 16. Jahrhundert ist ein Jahrhundert der Prophetie. Während die einen in Schreckgesichten die Katastrophe des Weltendes herannahen sehen, träumen die revolutionären Chiliasten in Müntzers Gefolgschaft vom Tausendjährigen Reich Christi und einer besseren Zukunft für die Armen und Geknechteten am Ende der Tage. Die Atmosphäre apokalyptischer Endzeiterwartungen und die allgemeine materielle wie spirituelle Unsicherheit wecken überall das Bedürfnis, aus Zeichen, aus den Sternen oder aus Träumen die Zukunft zu erraten.

So spottet Sebastian Brant in seinem "Narrenschiff" (1494) über die immer populärer werdende Wahrsagerei:

> "Und des glych ungloub allerley
> Mit worsagen/ und vogelschrey
> Mitt caracter/ sägen/ treümerbuoch/
> Und das man by dem mondschyn suoch
> Oder der schwarzen kunst noch stell
> Nüt ist das man nit wissen well
>
> Vil practick und wissagend kunst
> Gatt yetz vast uß der drucker gunst/
> Die drucken alles das man bringt
> Was man von schanden sagt und singt".[201]

Die Bedenken, die das Mittelalter gegen die "artes incertae", die zweifelhaften Zauber- und Wahrsagekünste, gehegt hatte, werden im 16. Jahrhundert geflissentlich beiseite geschoben.

Einen bedeutenden Anteil an der Konjunktur der Schicksalsdeutung haben die humanistischen Gelehrten, die den Texten Platons mit derselben Ehrfurcht begegnen wie den gerade wiederentdeckten Schriften des geheimnisumwobenen Hermes Trismegistos oder den Büchern zur Weissagung aus hellenistischer Zeit. Aby Warburg spricht mit Recht von einer "Renaissance der heidnisch-antiken Wahrsagung" zu Luthers

Zeiten.[202] 1518 erscheint die griechische Ausgabe der Artemidorschen "Oneirokritika" zum ersten Mal im Druck und wird 1535 durch Cornarius ins Lateinische übersetzt. Es folgen weitere nationalsprachliche Übersetzungen, 1540 durch W. Ryff ins Deutsche, 1542 ins Italienische, 1546 ins Französische und 1563 ins Englische.[203]

Dank der nationalsprachlichen Übersetzungen und ihrer Verbreitung durch den Buchdruck erlangt Artemidors Traumschlüssel eine nie dagewesene Popularität. Dabei bemühen sich seine Herausgeber, wie Grenzmann am Beispiel der deutschen Übersetzung von W. Ryff gezeigt hat, um eine Anpassung dieses Klassikers der Traumdeutung an den Zeitgeschmack. Nur der griechischen Kultur verständliche Dinge wie Mysterienspiele, Ephebendienst, olympische Wettkämpfe und ähnliches werden ersatzlos gestrichen; wo Artemidor von Göttern redet, spricht Ryff vom "einigen rechten und wahren Gott". Artemidors ungeschminkte Aufzählung sexueller Positionen und Perversionen (vgl. Kapitel I,78 der "Oneirokritika") fällt der Zensur zum Opfer. Unter der Rubrik "Von der Unkeuschheit" heißt es:

> "Die weyl dieser handel zu weyt leufig/ auch nit füglich/ als sich an ihm selbst gezimet/ ohn argernuß mag beschrieben werden/ hab ich allein den Titel wollen anzeygen."[204]

Auch der gelehrte Philip Melanchthon betätigt sich als Herausgeber der "Oneirokritika" und verfaßt dazu eine Einleitung "Vom Unterschied der Träume und angehängtem Berichte, was von Träumen zu halten sey".[205] Melanchthon, der selbst an die Macht der Hexen und an astrologische Prophezeiungen glaubte, besaß, wie Luther ihm bescheinigte, auch die Gabe des Träumens, das "donum somniorum".[206]

In seiner Einleitung zu Artemidor verteidigt er die Traumdeutung gegen die Kritik des Aristoteles, der behauptet hatte, Träume könnten nicht göttlich sein, da auch einfältige Menschen und sogar Tiere Träume haben, und Gott sich eher bei Tag als bei Nacht, und nicht in Rätselbildern, sondern deutlich den Menschen mitteile.

Dem hält Melanchthon entgegen, daß Tiere zwar auch träumen, aber niemals wie manche Menschen prophetisch. Außerdem stehe es Gott frei, sich die Zeit für seine Offenbarungen auszuwählen. Schließlich hätten Pharaonen und Könige in der Bibel zwar verschlüsselte, aber sehr wohl wichtige, das Gemeinwohl betreffende Träume gesehen, die aber erst durch die Propheten gedeutet werden konnten, wie etwa Nebukadnezars Traum durch Daniel. Aristoteles' Vorbehalt gegen die Träume einfältiger Menschen erfährt nun aber bei Melanchthon eine sehr ambivalente Bewertung. Einerseits irrte Aristoteles darin,

> "daß er vermeinte, der allmächtige Gott sollte in Austeilung seiner göttlichen Gaben allein auf die Weisen und zuförderst auf die Philosophen acht gegeben haben, so doch Christus selbst das Widerspil weist und lehret: 'Ich sage dir, himmlischer Vater, Lob und Dank, daß du dieses den Klugen und Weisen verborgen, denen Kleinfügigen aber und Geringen offenbaret hast.'"[207]

Hier aber bleibt Melanchthons Rehabilitierung der Traumdeutung als eines Offenbarungsmittels der "Kleinfügigen und Geringen" auf halbem Wege stehen. Denn es sind gerade die dem Schriftgelehrten und Freund Luthers so verhaßten Anhänger Thomas Müntzers, die "Wiederteuffern und andern Schwärmern, die im verborgenen auf solche Offenbahrungen warten".[208] Solche Träume stammen in Wirklichkeit vom Teufel:

> "Darum soll ein jeder Christ solcher arbeitseligen leut... fantastische unsinnige Träume, unangesehen daß sie sich rühmen sie habens von oben herab, fliehen und verfluchen"[209]

Die Traumdeutung ist also im Jahrhundert der Reformation ein Zankapfel, um den im Kontext der sozial-religiösen Auseinandersetzungen gestritten wird. Revolutionäre Chiliasten und ihre Gegner, die Schriftgelehrten, wollen das Privileg der göttlichen Traumgesichte jeweils für sich allein in Anspruch nehmen.

Neben der populären Verbreitung des Artemidorschen Traumbuchs ist vor allem die Wiederentdeckung und Übersetzung von Synesios' Schrift "Über die Traummantik" durch den Platoniker Marsilio Ficino im Jahre 1497 von Bedeutung für die Renaissance der Traumdeutung. Synesios, der sich seinerzeit, wenn auch nach Abfassung seines "heidnischen" Traumbuchs, zum Bischof hatte weihen lassen, ist eine anerkannte christliche Autorität. Die Verfasser von Traumbüchern können sich bedenkenlos auf ihn als Gewährsmann berufen.

So trägt das bekannteste Werk der Renaissance zum Traum von Girolamo Cardano den Titel "Synesiorum Somniorum omnis generis insomniis explicantes, libri IV" (Basel, 1562), zu deutsch: "Alle Arten der Träume nach Synesios in vier Büchern erklärt". Auf dieses wichtige Werk werden wir weiter unten eingehen.

Wir erinnern uns - Synesios hatte im zweiten nachchristlichen Jahrhundert die Traumdeutung aus einer Lehre von den lebendigen Verwandtschaftsbeziehungen und allseitigen Entsprechungen im Kosmos begründet und damit zentrale dem Weltbild der Renaissance eigentümliche Motive anklingen lassen. Insbesondere seine Anregung, "den Tagebüchern die von uns sogenannten Nachtbücher hinzuzufügen als Dokumente der Lebensweise seiner selbst", stößt in einer Epoche des erwachenden Persönlichkeitsgefühls und der damit verbundenen Häufung von Selbstbiographien erstmals auf Resonanz. Dies werden wir am Beispiel der Träume von John Dee und Girolamo Cardano genauer zeigen.

Die Renaissance der heidnisch-antiken Wahrsagung findet ihren deutlichsten Ausdruck in der Konjunktur der Astrologie, die seit dem Spätmittelalter unter dem Einfluß der Araber immer mehr an Bedeutung gewonnen hatte. In allen Gesellschaftsschichten und sogar bei einigen Päpsten begegnen wir der Überzeugung, daß Mensch und Natur ständigen planetarischen Einflüssen ausgesetzt seien. Sie bestimmen Temperament und Charakter des Individuums und sogar das Schicksal ganzer Herrschaftshäuser. Wer etwas über die Zukunft erfahren, wer den günstigen Zeitpunkt für eine Grundsteinlegung, eine Hochzeit, eine kriegerische Unternehmung wissen will, vertraut auf den Astrologen, der die Konstellationen der Planeten und ihre Stellung in den verschiedenen Tierkreiszeichen für eine bestimmte Stunde zu errechnen vermag. Die Planeten gelten als beseelt und von geistigen Kräften bewegt. Häufig werden sie mit den gleichnamigen antiken Göttinnen und Göttern gleichgesetzt, und diese Verschmelzung ist es, die das Überleben der heidnischen Gottheiten bis in die Renaissance hinein erlaubt hatte. Theologie und Astrologie sind zwei gleich mächtige, teils kokurrierende, teils ineinander übergehende Systeme, die den gleichen "Himmelsraum" beanspruchen.[210] In den sieben Himmelssphären regieren zugleich die antiken Gottheiten und die Hierarchie der christlichen Engel; über die Wochentage herrschen sowohl die Planeten wie die Heiligen. Wer einen Rat sucht, wendet sich in dieser Epoche ebenso oft an den Wahrsager und Astrologen wie an den Priester.

### 3.4.2 Kosmische Witterungen

Die übermächtige Stellung der Astrologie beeinflußt in erheblichem Maße auch die Anschauungen der Epoche vom Traum. Denn, wie Heinrich Cornelius Agrippa (1486-1535) erklärt:

> "Alle divinatorischen Künste haben ihre Wurzeln und Fundamente in der Astrologie."[211]

Der Geist des schlafenden Menschen gilt als vorzügliches Empfangsorgan für himmlische Influenzen. Die allgemeinen Regeln der Traumauslegung finden sich daher in den Werken der Astrologen:

"Am bedeutungsvollsten sind die Träume, wenn der Mond an jenem Zeichen vorübergeht, welches in der Nona der Geburtswurzel oder des Laufes jenes Jahr da war, oder im neunten Zeichen vom Anfangszeichen aus."[212]

Da aber die Träume der Menschen nicht einheitlich sind, rät Agrippa, der Empfehlung des Synesios zu folgen und sich durch das Aufschreiben und Sammeln der eigenen Träume Übung im Umgang mit ihnen zu erwerben.[213]

A. Koyré hat von einer dem Weltbild der Renaissance eigentümlichen "magischen Naturalisierung des Wunderbaren" gesprochen,[214] die sich, so meine ich, auch auf dem Gebiet der Traumerklärung bemerkbar macht.

Der Aristoteliker Pietro Pomponazzi (1462-1524), Professor an der theologisch unbeeinflußten medizinischen Fakultät der Universität Padua, verfaßt 1520 ein Werk "Über die Ursachen der Naturwunder, oder über die Beschwörungen".[215] Hier möchte er zeigen, daß das mehr oder weniger zuverlässig bezeugte Auftreten von Wundererscheinungen, zauberischen Effekten, Weissagungen usw. auf ganz natürlichem Wege erklärt werden kann, ohne Rückgriff auf übernatürliche Agentien, wie Engel und Dämonen. Diese Wesen existieren für ihn nur in der Einbildung der Kirchenlehrer und des abergläubischen Volkes.

"Sine daemonibus, Aristoteles, experimenta salvare"[216] ist Pomponazzis Maxime. Selbst noch so unwahrscheinlich und wunderbar anmutende Phänomene, um deren "Rettung" es Pomponazzi hier geht, unterliegen den Naturgesetzen und müssen durch die den Pflanzen, Steinen und Metallen einwohnenden okkulten Kräfte und durch die Influenz der Sterne erklärt werden.

Alles Geschehen in der Natur unterliegt ausnahmslos der universellen astrologischen Kausalität.

"Also sind die Sterne die Mittler Gottes, um die Menschen zu lenken und ihnen die Zukunft anzukündigen durch Träume, Tiere, Erscheinungen der Luft, des Wassers und der Erde."[217]

Pomponazzi kennt die aus einer Synthese von Aristotelismus und Astrologie hervorgegangenen Traumtheorien der Scholastik, wonach wahre Träume von der Stärke der himmlischen Influenz und von der Empfangsbereitschaft der schlafenden Seele abhängen. Dem aristotelischen Schema von Potenz und Akt folgend erklärt er, es gebe Menschen, die dank einer bestimmten Sternkonstellation zur Stunde ihrer Geburt besonders zur Weissagung begabt seien und über eine prophetische "dispositio in potentia" verfügen. Diese prophetische Disposition wird, wenn die Sterne günstig stehen, durch eine sogenannte "dispositio propinqua" oder "ultima" in die Aktualität übergeführt.[218] So konnte der biblische Prophet Elisea nur unter dem Einfluß von Musik weissagen. Pomponazzi hält die Gabe der Weissagung für ein Naturgeschenk und polemisiert gegen die mittelalterlichen Anschauungen eines Thomas von Aquin, welcher neben den Sternen auch noch Engel und Dämonen als traumsendende Mächte in Betracht gezogen hatte. Die Einflüsse der Gestirne wirken auf den vernunftlosen, animalischen Teil der Seele und kommen daher im Schlaf besonders zur Geltung. Träumende Menschen haben instinktive Vorahnungen:

> "Denn sie gleichen dann den Tieren, die das Zukünftige im Voraus verspüren: Der Hahn die Veränderungen des Wetters, der Rabe Massaker, der Delphin Unwetter, und vieles ähnliche. Die Meinungen und Vorgefühle der Tiere sind keineswegs zu verachten: Man nennt sie Sterne zweiten Grades, und ihre Voraussagen sind viel gewisser als die der Sterne am Himmel, denn sie stehen den zukünftigen Wirkungen näher.. Deshalb urteilen erfahrene Seeleute und Bauern aus diesen Zeichen viel sicherer als gelehrte Astrologen."[219]

Pomponazzi geht von der Existenz einer universellen Natursprache aus, der alle menschlichen Sprachen nachgeahmt sind - ars imitatur naturam.[220] Allerdings kann nur die Erfahrung lehren, von Zeichen auf Bezeichnetes zu schließen. Auch ist der Zusammenhang von Vorzeichen und künftigen Ereignissen kein kausaler. Der Regenbogen bedeutet schöneres Wetter, ohne davon die Ursache zu sein. Vielmehr ist die Verflüchtigung der Wolken sowohl die Ursache für den Regenbogen als auch für die Wetterbesserung. Hier liegt, wie Pomponazzi bemerkt, ein zweifacher Schluß vor: von der Wirkung (Regenbogen) auf eine Ursache (Auflösung der Wolken) und von dieser wieder zurück auf eine Wirkung (schöneres Wetter).[221] Alle Zeichendeutung, auch die der Träume, gründet somit in der empirischen Erfahrung.

Wie Pomponazzi, so hält auch der große Reformator der Medizin Theophrastus Paracelsus (1493/94-1541) das Divinationsvermögen für eine natürliche Gabe, die man keineswegs mit etwas Heiligem, mit der "divinitas" verwechseln dürfe.[222] Die Divination ist "ein membrum, das verkündet verborgene zukünftige Dinge".[223] Sie gehört nicht zu den menschlichen Künsten, den "artes humanae", sondern zu den "artes aetherae", den Künsten des Himmels, weil hier die Natur

> "von sich selbst astronomische Wirkungen vollbringt, welche ohne Kunst und Fleiß zugehen, das ist: ohne ein Ersuchen des Menschen sich selbst äußern (...). So gibt das Firmament dem Menschen das, was der Mensch nicht sucht und ihm nicht im Sinn liegt, an den Tag. Dieselbige species heißt Divinieren."[224]

Die Einflüsse der Gestirne machen sich dem Menschen erst durch Ausschaltung seines zielgerichteten Denkens und Wollens bemerkbar. Sie geschehen "allein in denen, die dem Gestirn Raum geben".[225] So sind die Träume "dona", Gaben des Himmels, die besonders den kunstlosen, ungelernten und einfältigen Menschen geschenkt werden, wie es die biblischen Propheten waren.

Paracelsus nimmt an, daß der Mensch neben seinem Körper (elementischer Leib) und seiner unsterblichen Seele noch einen unsichtbaren "siderischen" Leib hat, einen "Astralleib", wie ihn heute die Anthroposophen nennen. Dieser "siderische" Leib ist das Organ der Träume, und mit ihm steht der Mikrokosmos Mensch unsichtbar mit dem Makrokosmos in Wechselbeziehung.

> "Im Schlaf, wenn der elementische Leib ruht, ist der siderische in seiner Operation; denn derselbige hat keine Ruhe noch Schlaf, allein der elementische prädominiere und überwinde, dann ruhet der siderische. Wenn aber der elementische ruht, alsdann kommen die Träume, wie das Gestirn operiert, so sind die Träume und ihre Revelation, das ist Erfüllung auch, und so begegnet es."[226]

Tag- und Traumbewußtsein faßt Paracelsus als zueinander komplementäre und einander wechselseitig ausschließende Zuständlichkeiten des Menschen auf. Erst wenn das gewöhnliche Tagesbewußtsein zum Schweigen gebracht ist, kann der Mensch mit dem Makrokosmos Fühlung aufnehmen. Das tun besonders kranke Menschen, die durch "geistige Witterungen" im Schlaf die unmerklichen Veränderungen in der sie umgebenden Elementarwelt verspüren.

> "Wo Witterungen werden, da werden auch nocturales visiones."[227]

Typische Träume, wie die, durch die Luft zu fliegen, oder die, nicht vom Fleck zu kommen, deuten manchmal auf eine "Operation" des Elementes Luft oder des Elementes Erde hin.

Zwar kennt auch Paracelsus Träume "aus Arbeit des Gemüts, und womit der Mensch den Tag über umgeht",[228] aber die eigentlich bedeutsamen Visionen kommen von außen:

> "denn nicht von dem Menschen selbst, von seiner eigenen Natur kommen die visiones, sondern von außen in ihn hinein, wie die Sonne durch ein Glas, das Feuer durch einen Ofen... wisset, daß die eigne Natur des Menschen gar keine Träume gibt; sie sind ihm alle fremd."[229]

Der uns schon aus der Antike bekannte Topos der Außenträume spielt also bei den Gelehrten der Renaissance eine erhebliche Rolle. Die Träume werden als Spiegel, als direkte Wirkung eines kosmischen Geschehens betrachtet. Mikrokosmos Mensch und Makrokosmos stehen in durchgängiger Wechselbeziehung.

Wenn nun aber die schlafende Seele auf so vielfältige Weise den Einwirkungen der äußeren Natur ausgesetzt ist, dann liegt der Gedanke nicht fern, die Entstehung bestimmter Träume direkt zu beeinflussen, sei es durch bestimmte Speisen und Tränke, sei es auf rein magischem Wege durch "Analogiezauber".

### 3.4.3 Die Traumküche della Portas

Gianbattista della Porta widmet ein Kapitel seines viel gelesenen Hauptwerkes "Magia Naturalis" der Frage, "Wie man offenbare und lustige/ item/ schwere vnd traurige Träum machen sol".[230] Della Porta befaßt sich hier mit der trauminduzierenden Wirkung bestimmter Speisen, Getränke und Kräuter. So erzeugt der Genuß von Wein Blähungen und dementsprechend Träume von Unwettern; Essig dagegen solche von Feuersbrünsten und Wetterleuchten; Bohnen machen (gemäß einem alten Tabu der Pythagoreer) verwirrte Träume; "blassmachende" Speisen und Getränke wiederum lassen monströse Nachtgespinste entstehen.

> "So wir nach dem Abendt Essen/ wenn wir schlaffen gehen wollen Hippoglossum oder Zäpflinkraut/ Melyssen und dergleichen Dinge im Mundt kewen/ so kommen vns im Schlaff mancherley Phantaseyen vor/ daß einer nichts libers haben

möcht/ als Ekker/ Gärten/ Baumbleunen/ und dünket einem in der ganzen Welt alles grün vnd schön seyn."[231]

Einige Rezepte aus della Portas Traumküche sind sehr phantastisch. Man nehme ein Pulver aus den Fersen eines Erschlagenen, gebe etwas Magnetstein hinzu und werfe das Ganze in den Ofen. Der dann entstehende Rauch läßt einen im Schlaf Ungeheuer und Gespenster sehen. Wer einem lebendigen Affen das Herz herausschneidet und dies unter sein Kopfkissen legt, wird den Traum haben, von wilden Tieren zerrissen zu werden.

Den Möglichkeiten, die mannigfaltigsten und abstrusesten Traumgesichte nach Belieben herbeizuführen, sind keine Grenzen gesetzt:

"Also auch die simplicia, wenn man sie auswendig am Leibe braucht/ füren sie mit sich desselben Dinge Phantasmata oder Bildnisse zum obersten Sinne hinwerts... Auf diese Weyse können wir träumen machen/ was wir wollen."[232]

Zu guter Letzt kommt della Porta auf die Zusammensetzung der halluzinogenen Hexensalbe zu sprechen. Sein diesbezügliches Experiment mit einer alten Hexe haben wir bereits kennengelernt.

Della Portas Ausführungen zum Traum müssen aus seiner Konzeption einer "natürlichen Magie" heraus verstanden werden. Die natürliche Magie, die man als Vorläuferin der neuzeitlichen Naturwissenschaft ansehen kann, stellt sich die Aufgabe, in der Natur verborgene Kräfte, sogenannte "okkulte Qualitäten" zur Wirkung zu bringen, wobei diese Wirkung allerdings häufig nur "per analogiam" denkbar ist. Das Herbeiführen von Träumen durch bestimmte trauminduzierende Wirkstoffe ist somit ein Anwendungsgebiet der natürlichen Magie.

### 3.4.4 Magie und Imagination

Die Gelehrten der Renaissance kennen eine ganze Reihe magischer Techniken, die wünschenswerte Träume herbeiführen, unliebsame Nachtmahre dagegen fernhalten sollen. So werden besonders die okkulten Kräfte von Edelsteinen in den Dienst der Erzeugung bzw. Abwehr von Träumen genommen. Agrippa erklärt:

"Der Ennectis verleiht weissagende Träume, wenn man ihn im Schlafe unter sich legt."[233]

Um wahrer Träume teilhaftig zu werden, muß man, so Agrippa, Enthaltsamkeit in Speis und Trank üben. Hinzu kommen die folgenden rituellen Vorkehrungen, die an die Praxis der antiken Inkubation erinnern.

> "Sein Schlafgemach soll rein und heiter, auch exorziert und geweiht sein; ferner soll er Räucherwerk anzünden, die Schläfe mit einer Salbe einreiben, Traumringe an die Finger und ein himmlisches Bild unter das Kopfkissen legen, in heiligen Gebeten die Gottheit anrufen und so zu Bette gehen, indem seine Gedanken auf das gerichtet sind, was er zu wissen wünscht, denn alsdann wird er wahre und unzweideutige Träume erhalten und ihm auch das Verständnis derselben erschlossen werden."[234]

Paracelsus gibt in seiner Schrift "Quinque philosophiae tractatus" genaue Anweisungen, wie sich Träume erzeugen lassen, die den Schlafenden in Verbindung mit den Geistern Verstorbener setzen. Der Traum tritt hier in den Dienst der Nekromantie (Totenbefragung).

Paracelsus glaubt nämlich an die Möglichkeit, an Wissen und geheime Kenntnisse von Menschen heranzukommen, die einst Meister ihres Faches waren, seien es nun Handwerker, Juristen, Astronomen, Magier oder Philosophen. Dieses Wissen ist nun keineswegs unwiederbringlich verloren, vielmehr geben die abgeschiedenen Geister dieser Menschen es in ganz bestimmten Träumen preis.

> "Denn aus diesem folgt das allerhöchste und größte Geheimnis, nämlich, daß man die verlorene Kunst, die mit und bei einem Menschen abgestorben, begraben und verfaulet ist (wie die Unwissenden sagen), wiederum bekommen und zuwege bringen können."[235]

Auf dreierlei Weise kann dieses zuwege gebracht werden. Zum ersten muß man ein solches Gesicht "von der Barmherzigkeit Gottes im Glauben erbitten".[236] Zum zweiten soll man von demjenigen Menschen, von dem man etwas zu erfahren hofft, ein Bild anfertigen, mit dessen Namen darauf und einer an ihn gerichteten Frage, und dieses Bild zur Nacht unter sein Haupt legen.

> "Zum dritten kann auch noch auf andere Weise solches zuwege gebracht werden, ohne ein Bild, und viel besser und gewisser, allein durch den Glauben und durch Imagination."[237]

So genügt es also, zu glauben, daß es möglich ist, im Traum mit den Geistern verstorbener Weiser zu kommunizieren. Gleichsam mit dem Lächeln des Auguren, jedenfalls mit überlegener, beinahe schon aufklärerischer Ironie berichtet Paracelsus nun aus der eigenen Praxis, wie er einer Versuchsperson die Geschichte von der Geisterkommunikation einredete, indem er zu ihr sprach:

> "Geh hin und leg dich schlafen und sage mir, was du begehrst im Schlafe zu sehen oder zu erfahren, die ganze Wahrheit, denn ich kann und will dir eine geheime Kunst zurichten und machen. Oder ich weiß einen mille artificem, der hat mir etwas gegeben, dasselbige ist einer solchen Kraft und Eigenschaft: wenn mans einem ans Bette leget und der Mensch darauf schläft, erscheint ihm die ganze Wahrheit von alledem, das er wachend begehrt hat..."[238]

Paracelsus überzeugt seinen Kandidaten, daß es sich um eine unbedenkliche Sache handelt und ermahnt ihn, sich genau zu merken, was der Geist im Schlaf zu ihm sprechen würde.

> "Nun derselbige Mensch glaubte meiner Rede und vermeinte, solches wahr zu sein, und daß es mein ganzer Ernst wäre, daß ich solches könnte oder von einem anderen hätte. Er legte sich schlafen und imaginierte ob meiner Rede stetig für und für, und überredete sich selbst, solches würde geschehen, wie ich ihm gesagt, so daß er in seiner Imagination solches schon wachend vor sich sähe. Und wenn er nun solches dermaßen imaginierte, daß er sogleich in solcher Imagination einschliefe, jetzt würde ihm ohne Zweifel solches, wie ich ihm gesagt hatte, geschehen, erscheinen, angezeigt und gelehrt werden. Und das soll sich niemand verwundern, oder es für unmöglich oder ein Gespenst halten, wie dann der Sophisten Brauch ist. Denn solches habe ich selbst oftmals mit etlichen Leuten versucht, und probiert und also befunden, daß sie mir solches frei bekannt haben."[239]

Paracelsus' Verhältnis zu Geisterbeschwörungen ist also durchaus distanziert und gebrochen. In Wirklichkeit sind ihm seine Versuche ein Beweis für die Macht des Glaubens und der Imagination. Paracelsus ist wahrscheinlich der erste Arzt, der die Wirkungen von Auto- und Fremdsuggestion demonstriert hat.

### 3.4.5 Die platonische Tradition

Im 16. Jahrhundert erlebt der Platonismus eine mächtige Renaissance. Der in ihm beheimatete Topos von der im Schlaf frei werdenden Seele, den wir in unserem ersten Kapitel als "anthropologische Traumauffassung" bezeichnet haben, ist daher bei platonisch beeinflußten Gelehrten häufig anzutreffen. Er verbindet sich im 16. Jahrhundert mit dem Ideal der "vita contemplativa", der Konzeption der inspirierten Melancholie und dem entstehenden Geniekult.

Der französische Arzt und Dichter François de Rabelais (1494-1553) erläutert in dem Kapitel "Wie Pantagruel Panurg rät, durch Träume zu erforschen, ob die Heirat Glück oder Unglück bringen werde" seines Romans "Gargantua und Pantagruel" (1532) die Möglichkeit der Traumdeutung in platonischer Manier folgendermaßen:

> "ein Beispiel aus dem täglichen Leben wird es dir klar machen. Wenn die Kinder, rein gewaschen, satt gefüttert und getränkt, fest eingeschlafen sind, gehen die Ammen ihrer Wege, um unterdessen ihre Freiheit zu genießen und zu tun, was ihnen beliebt; denn ihre fernere Gegenwart bei den Wiegen scheint unnötig zu sein. Nicht anders macht es unsere Seele; nachdem der Körper eingeschlafen und der Verdauungsprozeß beendet ist, hat sie bis zum Wiedererwachen nichts mehr zu tun. Sie macht sich also auf den Weg und eilt in ihre Heimat, welche der Himmel ist. Dort wird sie eines höheren Lebens teilhaftig, wie es ihr nach einem göttlichen Ursprung gebührt; im Anschauen jener unendlichen und geistigen Sphäre, deren Mittelpunkt allerwegen und deren Peripherie nirgends - das heißt nach der Lehre des Hermes Trismegistos Gottes -, vor der nichts zufällig, nichts zeitlich, nichts vergänglich, vor der alles Gegenwart ist, erkennt sie nicht allein das Vergangene in seinem kleinsten Wandel, sondern auch das Zukünftige, und indem sie es dem Körper mitteilt und durch seine Sinne und Organe auch anderen kundtut, wird sie zur Wahrsagerin und Prophetin.
>
> Allerdings überliefert sie das, was sie geschaut hat, nicht ganz genau, woran die Unvollkommenheit und Gebrechlichkeit der leiblichen Sinne sie verhindert, wie der Mond, der sein Licht von der Sonne empfängt, dieses auch nicht so rein, so hell so lebensspendend und warm zurückstrahlt, wie er es empfangen. Deshalb verlangen die prophetischen Träume einen geschickten, klugen, gewandten, erfahrenen und vernünftigen Ausleger, einen vollkommenen Oneirokriten oder Oneiropolen, wie die Griechen es nannten."[240]

Merkwürdigerweise läßt Rabelais alle Versuche Panurgs, durch die Traumdeutung, durch Würfeln, durch Bibliomantie, durch Orakel der

"Sibylle von Panzoult" oder durch die Zahlenkabbala des Zickenäs endlich zu erfahren, ob ihm die Ehe Glück bringen werde oder nicht, fehlschlagen. Zwischen der ehrfurchtsvoll zitierten platonischen Traumtheorie und der ins Lächerliche gezogenen Praxis der Divination besteht eine sicher beabsichtigte ironische Diskrepanz, die es schwierig macht, Rabelais' eigene Meinung zu identifizieren.

In einer der frühesten eigenständigen Abhandlungen zur Melancholie, dem "Treatise of Melancholy" (1586) des Arztes und späteren Seelsorgers Timothy Bright wird der Traum bestimmt als

> "eine Art Trance, Ekstase oder Trennung der Seele von der Gesellschaft des Leibes."[241]

Die Nähe dieser Definition zu archaisch-schamanistischen Seelenwanderungslehren und den Riten der "Benandanti" ist augenfällig. Für Bright ist der Traum ein Erfahrungsbeweis dafür, "daß die Seele getrennt vom Körper sinnliche Wahrnehmungen hat".[242] Die Seele ist ihm eine einfache, unteilbare Substanz, eine Art Double der Person. In der Traumekstase ist sie "zugleich Auge, Ohr, Nase, Zunge, Gespür". In Anknüpfung an Platons Anamnesislehre erklärt Bright, der Seele gelinge im Schlaf dank eines "kreatürlichen Instinktes" (instinct of creation) eine Wiedererinnerung der göttlichen Geheimnisse, die sie vor ihrer leiblichen Inkarnation im Himmel schauen durfte. Bright kritisiert die (aristotelisch geprägten) Ansichten jener Ärzte, die den Traum auf ein physiologisches Geschehen reduzieren wollen, und die behaupten, die Träume seien nichts als im Gemeinsinn aufbewahrte Nachbilder ehemaliger Wahrnehmungen, die in trügerischer Weise der Phantasie des Schlafenden Vergangenes als gegenwärtig vorgaukeln.

Die Wahrnehmungsorgane und das körperliche Gedächtnis sind für Bright Instrumente, deren sich die Seele lediglich im gewöhnlichen Wachdasein bedienen muß, während sie im Schlaf autark wird. Die Träume übertreffen durch ihre Herrlichkeit und Göttlichkeit alles, was die Seele im Wachen mit Hilfe des Leibes vollbringen kann.

> "Wie kommt es denn, daß wir im Wachen nicht auf ebensolche Weise phantasieren können. Versuchten wir es, wir würden es unmöglich finden: Weil nämlich die Seele durch das Gesetz der Notwendigkeit im Wachen mit allen Teilen des Leibes durch diese goldene Kette gebunden ist."[243]

Wer sich als Christ an die göttliche Herkunft der Seele und an ihre reine und strahlende Beschaffenheit vor dem Sündenfall erinnere, brauche sich, so Bright, nicht über eine solche Hochschätzung der

Träume zu verwundern. Bright geht es in seinem Buch unter anderem um den Nachweis, daß die Melancholie zwar den Leib des Menschen krank macht und daher mit diätetischen Mitteln kuriert werden muß, nicht aber die Seele selbst, die sich über diese Krankheit erhaben wissen soll.

Bei Bright wird der Traum also noch mit theologischen Argumenten vor einer vollständigen Vereinnahmung durch Medizin und Pathologie bewahrt, die ein wesentlicher Zug seiner neuzeitlichen Ablehnung sein wird.

Wahrhaft überschwengliche Worte für die Vorzüge des Traumlebens findet Sir Thomas Browne, der in Montpellier studierte Arzt und Essayist, den man wegen seines Eintretens für weltanschauliche Toleranz den "englischen Montaigne" genannt hat. In seiner religiös-philosophischen Bekenntnisschrift "Religio Medici" (1635) schreibt er:

> "Ich genieße das Glück eines Traumes und bin mit meinen vorgestellten Freuden ebenso zufrieden wie andere mit augenscheinlicher und echter Wirklichkeit. Unzweifelhaft nehmen wir, was uns beglückt, in unseren Träumen tiefer auf als mit wachen Sinnen: ohne diese Möglichkeit wäre ich unglücklich (...) *wir sind einiges mehr als wir selbst, wenn wir schlafen, und der leibliche Schlummer ist offenbar ein Wachhalten der Seele.* Er bindet die Sinne und befreit den Geist, und was wir wachend aufnehmen, reicht nicht an die Phantasien unseres Schlafes. Bei meiner Geburt stand meine Aszendenz im wäßrigen Zeichen des Skorpions; ich erblickte das Licht der Welt in der Sternstunde des Saturn, und mich dünkt, ich trage ein Stück dieses bleiernen Planeten in mir. Ich bin in keiner Weise zu Scherzreden begabt, noch zu geselliger Lustbarkeit und übermütiger Laune geschickt; doch im Traum kann ich ein ganzes Lustspiel komponieren, die Handlung lebhaft vor Augen sehen, alle Personen aufnehmen und mich über ihrer Vorstellung selbst aus dem Schlaf lachen. Wäre mein Gedächtnis so verläßlich, wie mein Geist in diesem Zustand fruchtbar ist, so würde ich nie anders als im Traum studieren, und die gleiche Zeit für meine Andacht wählen; allein unsere grobe Erinnerung kann die Eindrücke unseres entrückten Geistes so wenig fassen, daß ihr das Geschehene entfällt und unser wacher Verstand davon nur eine wirre gestammelte Geschichte vorgesetzt erhält."[244]

Diese Passage, die später von Joseph Addison in seinem "Spectator" begeistert aufgenommen wird,[245] verbindet den Topos der im Schlaf zu höherem Dasein erwachenden Seele mit dem Ideal des kontemplativen Lebens und mit der Konzeption der inspirierten Melancholie.

Einem in der Renaissance vielzitierten Diktum des Aristoteles zufolge sind alle bedeutenden Menschen Melancholiker. Diese Vorstellung verknüpfte man mit der in Platons Dialog "Ion" vorgetragenen Lehre von der dichterischen Inspiration als einem "göttlichen Wahnsinn", "furor" oder auch "divinus afflatus" genannt.

Browne stilisiert sich zu einem Kind des Saturn, des bleiernen Planeten der Melancholie, der als Dämon der Schwermut galt, weil er sich wegen seiner großen Erdferne für den irdischen Betrachter von allen Planeten am langsamsten zu bewegen scheint. Saturn ist aber auch der Genius der höheren Geistigkeit und der kontemplativen Versenkung. Wenn wir schlafen, sagt Browne, sind wir "einiges mehr als wir selbst". Im Traum werden wir, von der Muse geküßt, zum Dichter. Die profanen Vergnügungen des Wachdaseins und der weltzugewandten "vita activa" bereiten ihm dagegen nur Verdruß.

Claude fenestras ut luceat domus! (Schließe die Fenster, damit das Haus leuchtet!) - so lautete eine mystische Losung des Cambridger Platonikers Henry More.[246]

Auf Dürers bekanntem Stich "Melencolia I"[247] liegt zu Füßen eines traumverlorenen schattigen Engels ein schlafender Hund, der die Verschlossenheit der Sinne symbolisiert, während im Hintergrund eine Art Jakobsleiter in den Himmel führt, die den Zustand der göttlichen Inspiration andeutet. Das magische Zahlenquadrat über dem Haupt des melancholischen Engels soll die Kräfte Jupiters einfangen, die die unheilvollen, trübsinnig machenden Einflüsse Saturns mildern. Den Gedanken einer magischen Bannung planetarischer Einflüsse, die sich auf die Stimmung des Menschen auswirken, hatte der Florentiner Platoniker Marsilio Ficino in seiner Schrift "De vita triplici" einer regelrechten astrologischen Medizin zugrundegelegt, die Dürer wahrscheinlich bekannt war.

Albrecht Dürer, Melencolia I, 1514

### 3.4.6 Zusammenfassung

Der Beitrag der Renaissance-Gelehrten zu den Fragen des Traumlebens besteht, soweit wir sehen können, weniger in völlig neuartigen theoretischen Ansätzen, als vielmehr in der Aufgeschlossenheit und Unbefangenheit, mit der sie die aus der Antike überlieferten Konzeptionen mit neuem Leben erfüllen. Unbeeinträchtigt von den theologischen Vorbehalten des christlichen Mittelalters interessieren sich die Ärzte und Naturphilosophen des 16. Jahrhunderts für den Traum als einen natürlichen, aber gleichwohl außergewöhnlichen Zustand des Menschen. Ihr besonderes Augenmerk gilt der Frage, wie der schlafende Mensch mit der großen Welt, dem Makrokosmos, in Beziehung steht und in seinen Träumen den Einflüssen der Gestirne und der Elemente ausgesetzt ist. Die Träume sind nirgends bloß subjektive Phantasien, sondern instinktive Vorgefühle (Pomponazzi) oder "Witterungen" (Paracelsus) eines Geschehens in der äußeren Wirklichkeit. Sie sind eine besondere Form der Wahrnehmung des Fernen, Zukünftigen und Geheimnisvollen, die dem gewöhnlichen Tagesbewußtsein verschlossen bleibt und die daher besonders bedeutsam ist.

Großes Interesse findet auch die Herbeiführung von Träumen durch trauminduzierende Speisen und Getränke (della Porta), durch magische Hilfsmittel (Edelsteine, Traumringe, Bilder, die man unter das Kopfkissen legt) und durch Rituale, die an die antike Inkubation erinnern (Agrippa). Paracelsus entdeckt in seinen Experimenten zur Totenbefragung die Rolle von Imagination und Suggestion bei der Herbeiführung von Träumen.

Der platonische Topos einer Seele, die im Traum vom Leibe frei wird, erweist sich als äußerst dehnbar. Er ist einerseits das theoretische Pendant zu den archaischen Ekstasetechniken der Hexen und "Benandanti", die an die schamanistischen Ursprünge dieses Topos in der vorplatonischen Zeit erinnern und bezeugt das Fortbestehen der animistischen Vorstellung einer okkulten Frei-Seele auch im gelehrten Denken der Epoche (Timothy Bright). Zum anderen verbindet er sich in der Renaissance mit dem Begriff der genialen Einzelpersönlichkeit des Melancholikers, des kontemplativen Weisen und Künstlers (Thomas Browne).

### 3.5 Traum und Realität in zwei exemplarischen Biographien

Die große Beachtung, die die Gelehrten der Renaissance in ihren Werken dem Traum schenken, erschöpft sich keineswegs in einer bloß kompilatorischen Aneignung des antiken Traumschrifttums und der dort vorgebildeten Topoi, wie man angesichts des vielfach eklektischen Denkstils der Epoche vermuten könnte.

Die Versuche von della Porta und von Paracelsus zur Erzeugung von Träumen durch halluzinogene Kräuter bzw. durch Magie und Suggestion dokumentieren ein durchaus praktisches Interesse an Traumerfahrungen. Doch von keinem der im letzten Kapitel angeführten Gelehrten wissen wir etwas über ihr persönliches Traumleben.

Anders verhält es sich mit John Dee (1527-1608) und dem großen Traumdeuter der Epoche Girolamo Cardano (1501-1576), zwei charakteristischen Figuren der Renaissance, die der Anregung des Synesios folgen, ihre Träume in "Nachtbüchern" niederzuschreiben. Beide sind Experten der Astrologie und der divinatorischen Künste; doch sind uns nur von Cardano, der sich auch theoretisch mit dem Traum beschäftigte, Deutungen seiner eigenen Träume überliefert. Die autobiographischen Zeugnisse, die uns von diesen beiden Gelehrten erhalten sind, gewähren einen beispielhaften Einblick in eine Erfahrungswelt, die keine festen Grenzen zwischen Traum, Phantastik und Realität kennt.

#### 3.5.1 John Dee

##### 3.5.1.1 Der Lebensweg eines elisabethanischen Magiers[248]

John Dee, Magier und Wissenschaftler in einer Person, war eine der einflußreichsten Figuren der englischen Renaissance. Er stand als Hofastrologe im Dienst Elisabeth I., besaß die größte und kostbarste Bibliothek im England des 16. Jahrhunderts und war mit vielen bedeutenden Persönlichkeiten seiner Zeit bekannt. Auf seine astrologischen Berechnungen hin wurde der Krönungstag der Königin festgesetzt, später erhielt er den Auftrag, die Berechnungen zur Gregorianischen Kalenderreform durchzuführen.

Ausgedehnte Reisen führten ihn durch den europäischen Kontinent, wo seine Vorlesungen über die "Elemente" Euklids bald für großes Aufsehen sorgten. In Leyden verband ihn zeitweilig eine Freundschaft mit Gerard Mercator. Daneben befaßte er sich mit Geographie, Astronomie, Mechanik und den "fine arts". Großes Erstaunen löste seine

Inszenierung einer Komödie ("Pax", "Frieden") von Aristophanes aus, bei der er mit Hilfe eines neuen mechanischen Bühnentricks den Scarabaeus in einem Korb durch die Lüfte zum Palast Jupiters emporfliegen ließ und sich dadurch dem Verdacht aussetzte, mit dem Teufel im Bunde zu stehen. Wenngleich sich diese Erfindung seinen selbsterworbenen mechanischen Fertigkeiten und nicht einem Pakt mit dem Teufel verdankt, so sind doch in Dees geistiger Welt Wissenschaft und Zauberei, Astronomie und Astrologie noch vollkommen ungeschieden. Sein Denken steht in der neuplatonisch-hermetischen Tradition eines Pico della Mirandola, eines Magiers wie Trithemius von Sponheim und in der des sagenhaften Hermes Trismegistos. Dee vertiefte sich in ausgedehnte kabbalistische Spekulationen, bei denen hebräische Worte, mit Zahlen kombiniert, die geheimen Losungen himmlischer Intelligenzen preisgaben. Er trieb darüber hinaus Alchemie und praktizierte die zeremonielle Magie. Seinen Ruf als Schwarzkünstler verdankte er vor allem seinen spiritistischen Sitzungen, bei denen nach vorbereitenden Gebeten allerdings nicht böse Geister, sondern engelartige Kreaturen zitiert werden sollten (weiße Magie). Dabei bediente er sich - zur Kontaktaufnahme mit den Engeln selbst unfähig - eines Mediums, das so lange in eine Kristallkugel starrte, bis dort Engel erschienen und durch seinen Mund himmlische Geheimnisse offenbarten, die John Dee während dieser Seancen zu Protokoll gab. Sein erfolgreichstes Medium wurde Edward Talbot, alias Edward Kelly, ein berüchtigter Adept der Zauberei, der schon wegen Betrugs am Pranger gestanden und dabei beide Ohren verloren hatte. Diese Verstümmelung verbarg Kelly unter einer schwarzen Kopfhaube, die ihm ein besonders magisches Aussehen verliehen haben muß. Wahrscheinlich ist Dee nie hinter dieses Geheimnis gekommen. Der etwas verschrobene Gelehrte war von seinem zwielichtigen Zaubergefährten abhängig; er glaubte alles, was dieser sagte und bot ihm ein Vermögen, als dieser ihn zu verlassen drohte.

John Dee wurde selbst mehrfach der schädigenden Zauberei verdächtigt und saß verschiedentlich für kurze Zeit im Gefängnis. Die Königin aber hielt ihrem sternkundigen Weisen die Treue. Sie läßt sich einen Zauberspiegel zeigen, und als 1577 ein Komet am Himmel erscheint, hört sie drei Tage lang andächtig seinen Spekulationen hierüber zu. Der ganze Hof konsultierte John Dee in Fragen der Astrologie. Als eines Tages in den Lincoln Fields ein mit einem Stift durchbohrtes Wachsbild der Königin gefunden wird, ruft man ihn eilends herbei, um durch Gegenzauber das böse Omen abzuwenden. Die abergläubischen Vorstellungen des magischen Weltbildes wurden damals von der gesamten gesellschaftlichen Elite am Hofe geteilt.

Von 1581 bis 1589 bereist Dee zusammen mit Edward Kelly in Sachen der Magie - und wahrscheinlich mit einer geheimen Mission der Königin im Gepäck - die Höfe von Polen und Böhmen und erhält Audienzen bei Rudolph II. (1584) und Stephan von Polen (1585). Nach Streitigkeiten trennt sich Dee von Kelly und kehrt 1589 nach London zurück, während Kelly als Alchemist in den Diensten Rudolphs II. bleibt, bald ins Gefängnis geworfen wird, weil er kein Gold produziert, und bei einem Fluchtversuch ums Leben kommt.

Dees Stellung bei Hofe verschlechtert sich nach seiner Rückkehr zusehends, und er findet kaum noch Unterstützung. Schon kurz nach seiner Abreise war seine Bibliothek geplündert worden. 1596 verläßt er London, siedelt nach Manchester über und verbringt dort völlig verarmt die letzten Jahre seines Lebens.

### 3.5.1.2 Seine Tagebücher und Träume

Im letzten Jahrhundert fand man in der Bibliothek des Ashmolean Museums in Oxford die Tagebücher John Dees.[249] Es waren dies zunächst zu rein professionellen Zwecken angelegte Almanache, in denen Dee die Nativitäten verschiedener Personen vermerkte, die für ihn als professionellen Astrologen bedeutsam waren. Im Zeitraum von 1577-1601 füllt Dee jedoch den Seitenrand seiner Almanache auch mit persönlichen Notizen. In schwer lesbarer Schrift und unter Verwendung alchemistischer Kürzel vermerkt er unter anderem Besuche bei der Königin, Konsultationen hochstehender Persönlichkeiten, Begegnungen mit dem berühmten Mathematiker Thomas Digges, finanzielle Angelegenheiten, persönliche Streitigkeiten und Krankheitsfälle in seiner Umgebung.

Dees Almanache gelten in der Forschung als das erste Beispiel eines persönlichen Tagebuchs.[250] Der Tagebuchschreiber fungiert hier nicht nur als Zeuge und Chronist eines äußeren Geschehens, sondern berichtet auch von seiner eigenen Person. Die Entstehung der persönlichen Tagebuchschreibung im 16. Jahrhundert wird mit der Zunahme der Schriftlichkeit, der Konjunktur der Astrologie und einer zunehmenden religiösen Innerlichkeit nach der Reformation in Zusammenhang gebracht und ist allgemein ein Ausdruck des aufkeimenden neuzeitlichen Ichgefühls.

Dees Tagebücher enthalten neun Traumberichte und werden insbesondere aus diesem Grund als persönliche angesehen. Die Frage ist allerdings, ob Dee seine Träume tatsächlich als subjektive Hervorbringungen aufgefaßt hat und nicht vielmehr als von außen an ihn herantretende Boten einer schicksalhaften Wirklichkeit.

Die Träume John Dees aus seinem "Private Diary" seien hier zunächst in eigener Übersetzung wiedergegeben.

(1) "1579. September 10. Traum nackt zu sein; und meine Haut war ganz mit einer Art Stoff wie tuft mockado [im 16. u. 17. Jahrhundert gebräuchlicher Stoff mit Wollfransen] überzogen, mit blauen und roten Kreuzen; und auf meinem linken Arm las ich in Kranzform dieses Wort: sine me nihil potestis facere;

(2) und in der gleichen Nacht ein weiterer Traum von Mr. Secretary Walsingham, Mr. Candish und mir selbst."

(3) "1582. November 24. Samstag Nacht träumte mir, ich sei tot und mir würden anschließend die Eingeweide herausgenommen. Ich ging und sprach mit verschiedenen Leuten, so unter anderem auch mit dem Schatzkanzler, der in mein Haus gekommen war, um nach meinem Tode meine Bücher zu verbrennen; mir war es, als sähe er mich erbittert an."

(4) "1588. November 5. Ich träumte, daß der Zahn neben meinem Schneidezahn kaum mehr in meinem Kopf hinge, der Zahn auf der rechten Seite oben."

(5) "1589. August 2. veteri stilo, in der folgenden Nacht mein schrecklicher Traum, daß mich Mr. Kelly gewaltsam meiner Bücher berauben würde; gegen Tagesanbruch."

(6,7) "1593. März 12. und 13. In diesen zwei Nächten träumte ich viel von Mr. Kelly; und als sei er in meinem Haus in Gesellschaft seiner Frau und seines Bruders."

(8) "1597. August 6. Diese Nacht hatte ich eine Vision und Schaustellung vieler Bücher in meinem Traum, und unter den übrigen war ein großer dicker Band in breitem Quart, neu gedruckt auf der ersten Seite stand als Titel in großen Buchstaben gedruckt "Notus in Judaea Deus". Ich sah, so schien mir, viele andere neu gedruckte Bücher von sehr merkwürdigem Inhalt. Ich lieh Mr. Edward Hopwood meinen Malleus Maleficarum zur Benutzung bis zum nächsten Jahresende, ein kleines dickes, altes Buch mit zwei Schließen, gedruckt anno 1517."

(9) "1600. August 6. Ich hatte einen Traum nach Mitternacht von meiner Arbeit am philosophischen Stein mit anderen. Mein Traum war nach Mitternacht gegen Tag."

Dees Traumberichte wirken realistisch und um eine detaillierte Wiedergabe des Geträumten bemüht.

Genau vermerkt er das jeweilige Datum der Träume, vielleicht im Hinblick auf ihre astrologische Auswertung, und setzt in zwei Fällen präzisierend hinzu: "gegen Tagesanbruch" (5), "nach Mitternacht gegen Tag" (9). Hierbei handelt es sich also um Morgenträume, die nach allgemeiner Auffassung besonders bedeutungsvoll waren. Auch den eigenen Körper betreffende Details wie "auf meinem linken Arm" (1) oder "der Zahn auf der rechten Seite oben" (4) konnten für eine Entschlüsselung der Träume wichtig sein. Zwar teilt er weder in seinem Tagebuch noch an anderer Stelle Auslegungen seiner Träume mit. Doch wurde er bei Hofe nicht nur als Astrologe, sondern auch als Traumdeuter konsultiert, wie aus folgender Tagebuchnotiz hervorgeht:

> "1581. Februar 11. In Mortlake kam Harry Praise zu mir und erzählte mir von seinen sich oftmals wiederholenden Träumen, und auf ein Gebet hin in dieser Nacht wurde sein Traum bestätigt und eine bessere Instruktion gegeben."[251]

Dee hatte es hier offenbar mit einem nicht leicht zu verstehenden oder sogar abzuwendenden Wiederholungstraum zu tun. Ob die "bessere Instruktion" auf die Deutung des Traums oder auf ein von dem Ratsuchenden zu beherzigendes Verhalten zu beziehen ist, bleibt unklar.

Nun zum Inhalt von Dees Träumen. Besonders auffällig ist, daß sich Dees Traum-Ich (das übrigens in allen Träumen präsent ist) fast durchgängig bedroht, ausgeliefert und ohnmächtig fühlt angesichts einer ihm feindseligen Umgebung. So sieht er sich im ersten Traum nackt und bemerkt auf seinem linken Arm das Wort: "Ohne mich könntest du nichts machen". Bezieht sich das auf Gott (in Verbindung mit den Kreuzen auf seiner Kleid gewordenen Haut) oder auf andere Mächtige, z.B. die Königin, ohne die er nichts machen kann?

Im Traum (3), der in die Zeit seines Aufenthalts in Böhmen fällt, wähnt er sich tot. Man nimmt ihm sogar seine Eingeweide heraus, und der ihn feindselig ansehende Schatzkanzler kommt in sein Haus, um ihn seiner kostbaren Bücher, seiner geistigen "Eingeweide" zu berauben. Dees Ängste erwiesen sich als berechtigt, denn tatsächlich wurde in seiner Abwesenheit etwa zur selben Zeit seine Bibliothek geplündert.

Wiederum in einem "schrecklichen Traum" (5) beraubt ihn sein Gefährte Edward Kelly gewaltsam seiner Bücher. Der Traum fällt in einen Zeitraum, da sich die Streitigkeiten zwischen beiden häuften. Kelly hatte die Engel sagen lassen, daß sie nunmehr alles miteinander teilen sollten, selbst ihre Ehefrauen.

In Traum (4) droht Dee ein Zahn auszufallen. Dies ist ein sogenannter typischer Traum, über dessen Bedeutung man allerdings zu verschiedenen Zeiten unterschiedlicher Ansicht gewesen ist: In den alten Traumschlüsseln symbolisiert er stets den Tod eines nahen Verwandten oder Angehörigen, in den Leibreiztheorien des 19. Jahrhunderts dagegen die Tatsache, daß der Zahn beim Schläfer wirklich locker ist. Bei Freud steht der Zahn für den Penis, und die Angst vor seinem Verlust bedeutet somit die Angst vor der Kastration. Heute nimmt man an, daß Zähne eine Verteidigungswaffe des Menschen symbolisieren.[252] Demnach würde Dees Zahntraum die Angst ausdrücken, in einer ihm bedrohlichen Umgebung schutzlos und geschwächt dazustehen.

Bei der "Schaustellung" der Bücher in Traum (8) kann sich Dee genauestens an Titel und Aufmachung zweier Werke erinnern. Eines von ihnen ist eine Ausgabe des "Hexenhammers", und er sieht noch weitere "neu gedruckte" Werke "sehr merkwürdigen Inhalts", wobei es sich aller Wahrscheinlichkeit nach um die berüchtigte Hexenliteratur handelt. So erwähnt eine Tagebucheintragung desselben Zeitraums Weyers Schrift "Über die Blendwerke der Dämonen" (De praestigiis daemonum).

Unter Jakob I. hatte in England die Hexenjagd begonnen. Aus der Feder des Königs selbst stammt eine Schrift gegen das angebliche Treiben der bösen Zauberinnen. In den sich verfinsternden Zeiten konnte auch ein Gelehrter wie Dee, der verdächtig war, mit dem Teufel im Bunde zu stehen, vor Verfolgung nicht sicher sein. Wahrscheinlich wurde Dee in Manchester gedrängt, sich auf die Seite der Hexenjäger zu schlagen, und er wurde mit der Durchführung von Exorzismen beauftragt, was er jedoch ablehnte.

Dee zog sich lieber in seinen hermetischen Elfenbeinturm zurück und träumt noch als 73jähriger den Traum aller Alchemisten von der Herstellung des goldmachenden Elixiers, des sogenannten "philosophischen Steins" (Traum 9).

Die in Dees Träumen zutage tretenden Verfolgungsängste waren begründet. Wie auch aus anderen Tagebuchnotizen hervorgeht, sah sich Dee am Hofe von Neidern und Feinden umgeben und als Opfer von Intrigen. Dem allgemeinen Ringen um einen Platz an der Sonne bei der Königin dürfte er sich kaum haben entziehen können. Da er als Hofastrologe um manches persönliche Geheimnis wußte und seine Zauberkünste ebenso bewundert wie gefürchtet waren, war seine Stellung ohnehin prekär.

Selbst John Dees Tagebuch war vor den Zugriffen anderer nicht sicher. Einer seiner Gegner öffnete es, strich ganze Passagen bis zur Unkenntlichkeit durch und versah angeblich unrichtige Eintragungen Dees mit wütenden Bemerkungen.

Dee war sich dieser Gefahr bewußt. Das einzige Mal, wo er einen Traum seiner Frau aufschrieb, bediente er sich der Intimität seines Inhalts wegen griechischer Buchstaben (wenn auch der englischen Sprache):

> 1579. Dezember 9. Diese Nacht träumte meine Frau, daß jemand zu ihr kam, sie berührte und sagte: 'Mistress Dee, du bist schwanger, und dein Kind wird den Namen Zacharias tragen; sei frohen Mutes, es wird etwas Gutes aus ihm werden, so wie aus diesem hier.'"

So realistisch und authentisch Dees Traumerlebnisse wirken, so phantastisch und mit zeichenhaften Vorkommnissen und Spukerscheinungen durchsetzt nimmt sich umgekehrt seine Wirklichkeitswahrnehmung aus. Etliche Eintragungen seines Tagebuches beziehen sich auf Auffälligkeiten des Wetters, wie Blitz und Donner, Wolkenbrüche, starken Wind, andere auf Zeichen am Himmel wie Kometen. Vor allem zur Nachtzeit geschehen sonderbare, nicht geheure Dinge. Dee hört anhaltende Klopfgeräusche, ein in die Länge gezogenes gespenstisches Heulen und erblickt auf seinem Pult auf einmal eine riesengroße Spinne:

> "1581. März 8. Es war der Mittwoch, hora noctis 10,11, ein sonderbares Klopfgeräusch in meinem Zimmer, und ein Stimmlaut wiederholte sich zehnmal, dem Schrei einer Eule ähnlich, doch länger gezogen und sanfter, als wenn es in meinem Zimmer selbst gewesen wäre."

> "1581. August 3. Die ganze Nacht über sehr sonderbares Klopfen und Pochen in meinem Zimmer."

> "1595. September 2. Die Spinne, die um 10 Uhr in der Nacht plötzlich auf meinem Pult war und plötzlich wieder verschwand; eine besonders seltene wegen ihrer Größe und Länge ihrer Beine."

Bemerkenswert ist auch hier die manieristische Detailgenauigkeit in der Beschreibung dieser spukhaften Phänomene, denen Dee nicht nur mit Furcht, sondern auch mit der Neugierde des erfahrenen Okkultisten begegnet.

### 3.5.2 Girolamo Cardano

#### 3.5.2.1 Werke, Leben, Persönlichkeit eines Flügelmannes

Der Mailänder Girolamo (lat. Hieronymus) Cardano (1501-1576), die wichtigste Autorität seiner Epoche auf dem Gebiet der Traumdeutung, verkörpert den Typus des "allseitigen" Menschen der Renaissance. Von Berufs wegen Arzt, genoß Cardano durch seine erfolgreichen Kuren europäisches Ansehen. Seine enzyklopädischen Werke, die sich auf sämtliche Provinzen des Wissens erstrecken, gehörten zu den meistgelesenen Büchern seines Jahrhunderts. Sein Rang als Mathematiker ist noch heute unbestritten. In seiner Autobiographie "De vita propria"[253] tritt uns Cardano als eine der eigentümlichsten Gestalten seiner Zeit entgegen.[254]

Cardanos an die 130 hinterlassenen Schriften, die in der Ausgabe von Spohn zehn zweispaltig gedruckte Folianten füllen, zeugen von einer staunenswerten Universalität und Fruchtbarkeit seines Geistes, von einer heute kaum noch vorstellbaren Vielfalt seiner Interessen und Kenntnisse, nicht zuletzt aber auch von einer blühenden Phantasie, die ihn ständig ins Wunderbare und Abenteuerliche führt.

Cardano befaßte sich mit Logik, Dialektik, Metaphysik und Moraltheologie und wird neben Francesco Patrizzi und Bernardo Telesio als einer der drei großen italienischen Naturphilosophen der Renaissance genannt. Er trieb physikalische Experimente, war ein bewanderter Geopgraph, interessierte sich für Gedächtniskunst, schrieb Kommentare zu klassischen Werken der Heilkunde sowie eigenständige Abhandlungen auf dem Gebiet der theoretischen und praktischen Medizin. In seinen enzyklopädisch angelegten Hauptwerken "De subtilitate" (1551) und "De rerum varietate" (1557) behandelt er darüber hinaus auch Themen wie Lebenskunst, Mystik, Geschichte und Politik.[255]

> "An gelösten oder wenigstens aufgestellten medizinischen Problemen werde ich gegen 40 000 hinterlassen, an solchen kleinerer, nebensächlicherer Art 200 000, weshalb auch jenes Licht unseres Vaterlandes mich den 'Mann der Erfindungen' nannte."[256]

Cardano war eine Figur des Übergangs. Er kannte die kopernikanische Theorie und wußte, daß er in einem Jahrhundert lebte, das den ganzen Erdkreis entdeckt und wichtige Innovationen in Wissenschaft und Technik hervorgebracht hatte.

Zu seinen eigenen bleibenden wissenschaftlichen Leistungen zählt die unter dem Namen "Cardansche Formel" bekannte Auflösung der Gleichung dritten Grades. Er entdeckte ferner die verschiedenen Funktionen der positiven und negativen Wurzeln in den Gleichungen höheren Grades und gelangte durch seine theoretischen Untersuchungen verschiedener Glücksspiele noch vor Fermat und Pascal zu ersten Ansätzen einer Theorie des Zufalls und der Wahrscheinlichkeiten.

In der Mechanik machte er eine Reihe wichtiger Erfindungen, darunter die kreuzgelenkartige Kupplung zur Aufhängung von Schiffskompassen in Gleichgewichtslage, sowie die nach ihm benannte Kardanwelle, die noch heute in jedem Auto zu finden ist.

Cardano teilte den promethischen Impetus der zeuzeitlichen Naturwissenschaft.

> "Menschenhände haben dies alles gemacht, Menschengeist erfunden, was mit des Himmels Wundern wetteifern kann! Was fehlt uns noch, das wir den Himmel stürmen?"[257]

Doch sieht man von Cardanos bleibenden Beiträgen zur gerade entstehenden neuzeitlichen Wissenschaft ab, so ist sein umfangreiches Werk heute weitgehend in Vergessenheit geraten. Zu sehr ist es einer seit den Tagen der Aufklärung als überwunden geltenden magisch-okkulten Denktradition verhaftet, einer Gelehrtenwissenschaft, die sich häufig im Sammeln und Aneinanderreihen staunenswerter und wunderbarer Phänomene erschöpft.

Ausgiebig befaßte sich Cardano mit allen Arten der zeichendeutenden Künste, insbesondere mit der Stern- und Traumdeutung, weniger dagegen mit Alchemie und Magie. Sein mathematisches Talent verleitete ihn zu exzessiven astrologischen Rechnereien. Er erstellte und verglich die Nativitäten von berühmten Persönlichkeiten wie Dürer, Erasmus und Agrippa und errechnete auch das Horoskop von Jesus und Mohammed, einer der Gründe, weshalb er wenige Jahre vor seinem Tod von der päpstlichen Inquisition eingekerkert wurde.

Eine Zeitlang glaubte Cardano, die Sterne hätten ihm bestimmt, im Alter von 43 Jahren sterben zu müssen. Aber er überlebte diese Frist um 32 Jahre und versuchte danach noch mehrfach, seinen Todestag vorauszuberechnen. Julius Scaliger, einer von Cardanos zahlreichen Neidern, behauptete, er sei 1576 freiwillig in den Tod gegangen, um seine neuerlichen Berechnungen nicht Lügen zu strafen.

In einer hellsichtigen Minute schrieb Cardano:

> "Was jene Art von Astrologie betrifft, die sich mit Voraussagen abgibt, so habe ich mich mit ihr befaßt, und zwar viel

mehr, als ich hätte tun sollen, und habe ihr auch zu meinem eignen Schaden Glauben geschenkt."[258]

Darüber hinaus beschäftigte sich Cardano mit der Deutung von Handlinien (Chiromantie) und von Gesichtszügen (Physiognomik). Sein Buch "Metoscopia, 800 faciei humanae eiconibus complexa" (bekannte Ausgabe: Paris 1658) untersucht anhand von 800 Beispielen die Entsprechungen von Gesichtszügen, Planetenkonstelationen und Charakterbildung.

Auf Cardanos originelle Tätigkeit als Traumdeuter werden wir noch zurückkommen.

Von allen Werken Cardanos ist die kurz vor seinem Tod verfaßte Beschreibung seines eigenen Lebens "De vita propria" (1575) am leichtesten zugänglich und auch heute noch eine faszinierende Lektüre. In dieser, neben derjenigen Cellinis bedeutendsten Autobiographie des 16. Jahrhunderts präsentiert sich Cardano als eine äußerst widersprüchliche, exzentrische und leidenschaftliche Persönlichkeit, als ein unerbittlicher Beobachter seiner selbst und seiner Umgebung, zugleich als ein traumverlorener Erfinder und Phantast.

Dabei schildert er nicht in chronologischer Reihenfolge die Stationen seines wechselvollen, wirren und harten Lebens, sondern gibt in nach inhaltlichen Gesichtspunkten zusammengestellten Kapiteln verschiedene Ansichten seiner Existenz und seiner eigenwilligen Person.

Er handelt von seiner Herkunft und von seinem Geburtshoroskop, beschreibt, als besähe er ein nie dagewesenes anatomisches Kuriosum, die Eigentümlichkeiten seines Körperbaus, sowie die zahllosen Krankheiten, die er sich zuzog und von denen er sich immer wieder selbst kurierte, schildert bis in die kleinsten Einzelheiten seine Schlafgewohnheiten, die Zubereitung seiner Lieblingsspeisen und zählt seine Hobbies wie Angeln, Würfeln, Schachspielen auf; er erwähnt seine Vorliebe für kleine Haustiere, Edelsteine, teures Schreibgerät und schmucke Bücher und berichtet von seinem wechselvollen beruflichen Leben, seinen erfolgreichen ärztlichen Kuren und seinem Streben nach Ruhm, von seinen Lehrern, Schülern und Gönnern und seinen zahlreichen Konkurrenten und Feinden, seinen Ansichten über Schicksal und Tod, von der Schwalbe in seinem Wappen, wunderbaren Begebenheiten, von seinem Schutzgeist und sehr häufig von seinen schicksalhaften Träumen.

Mit einer schonungslosen Offenheit, die an Rousseau erinnert, legt Cardano seine charakterlichen Schwächen bloß. Zu den Dingen, "worin ich glaube gefehlt zu haben", zählt Cardano die Erziehung seiner Kinder, die Vernachlässigung seines Äußeren, seine schlechten Manieren und seine vorlaute, aufbrausende Art. Er schildert sich als unsympathischen Eigenbrötler ohne etwas Gewinnendes in seinem Wesen, als "heftig von Temperament, naiv und der Sinnlichkeit ergeben",[259] er bezichtigt sich der Falschspielerei, der Unbesonnenheit im Handeln und erwähnt auch "das schändliche, üppige Leben eines Sardanapal, das ich in den Jahren meines Rektorats an der Universität zu Padua führte".[260] "Lauter harte und schroffe Gegensätze",[261] bemerkt Cardano bei sich selbst.

Betrachten wir zunächst die wichtigsten Lebensdaten dieses eigentümlichen Universalgelehrten.

Girolamo Cardano wird am 24. September 1501 als einziger Sohn des Rechtsgelehrten Fazio Cardano in eine chaotische und grausame Zeit hineingeboren. Seine Mailänder Heimat stand unter französischer Fremdherrschaft und wurde von Seuchen und Hungersnöten heimgesucht.

"Mein Leben stand von vorneherein unter einem bösen Stern", schreibt Cardano. Die Mutter hatte versucht, das uneheliche Kind abzutreiben, doch wie ein Wunder bleibt Girolamo am Leben. Schon früh muß das kränkliche Kind für seinen Vater die härtesten Arbeiten verrichten, der ihn oft willkürlich verprügelt, ihn aber auch in die Geheimnisse der Geometrie und Gedächtniskunst einweiht. Cardano vermutete, daß sein Vater mit einem Geist in Beziehung stand, dem er dieses Wissen verdankte.

Mit 19 Jahren beginnt Cardano in Pavia gegen den Willen des Vaters das Studium der Medizin, promoviert 1526 zum Doktor und läßt sich anschließend in dem kleinen Städtchen Sacco als praktischer Arzt nieder. Es folgen die fünf glücklichsten Jahre seines Lebens, in denen erste medizinische Schriften entstehen. Ende 1531 heiratet Cardano Lucia Banderini aus Sacco.

Seine Ehe ist bald von drückender Armut überschattet. Jahrelang bemüht sich Cardano vergeblich, in das Mailänder Ärztekollegium aufgenommen zu werden. Er versinkt in Grübeleien über das Schicksal, die ihren Niederschlag in einem "Liber de fato" (1533) finden.

1534 kommt sein Sohn Gianbattista zur Welt, das erste von drei Kindern, die ihm zeitlebens nur Kummer und Sorgen bereiten sollten.

Endlich findet Cardano eine Stellung als Arzt am Mailänder Armen- und Krankenhaus und hält Vorlesungen über Mathematik, Geographie und Architektur. Er verfaßt weitere Werke über Mathematik, Astrologie und Moralphilosophie. Allmählich verbreitet sich sein Ruhm als Arzt und Mathematiker, und 1539 wird er endlich in das Mailänder Ärztekollegium aufgenommen.

Doch sein unstetes Naturell läßt ihn der Spielleidenschaft verfallen. Tagaus, tagein verbringt er seine Zeit beim Würfeln und beim Schach, vernachlässigt sein Äußeres und hat schließlich gar keine Einkünfte mehr.

1543 glaubt Cardano, daß es mit ihm zu Ende gehe, und fühlt sich darin durch seine astrologischen Kalkulationen bestätigt. Resigniert schlägt er die ihm angebotene Medizinprofessur in Pavia aus, als sein Leben eine plötzliche Wende nimmt. Sein Mailänder Haus stürzt zusammen, so daß er dem erneuerten Ruf nach Pavia nun doch notgedrungen Folge leisten muß. Dort bessert sich seine materielle Lage schlagartig.

Es folgt die produktivste Phase seines Lebens. Cardano publiziert sein mathematisches Hauptwerk "Ars magna" (1545) und die drei Bücher "De subtilitate" (1551). Das Werk, das binnen kurzem mehrere Auflagen erlebt und in etliche Nationalsprachen übersetzt wird, macht Cardano in ganz Europa bekannt. Er erhält hochdotierte Angebote von Papst Paul III. und vom dänischen König Christian III., die er jedoch ausschlägt, und findet einflußreiche Gönner, darunter den später heilig gesprochenen Bischof Carlo Borromeo.

Zugleich sieht er sich aber auch von einer wachsenden Schar von Neidern und Feinden umgeben und muß sich ständig kollegialer Eifersüchteleien erwehren. Sein aufbrausendes Wesen und seine böse Zungenfertigkeit tragen das ihre dazu bei. Etliche Male verlegt Cardano seinen Wohnsitz von Pavia nach Mailand, teils wegen drohender Kriegsgefahren, teils weil ihm die Universität sein Gehalt nicht ausbezahlen kann.

1551 bittet ihn der Erzbischof von St. Andrew John Hamilton, nach Schottland zu kommen, um sich von seinem asthmatischen Leiden kurieren zu lassen. Cardano tritt die einzige große Reise seines Lebens an, während der er die Bekanntschaft bedeutender Gelehrter macht (Conrad Geßner, Andreas Vesalius). Seine Kur wird ein Erfolg. Cardano ist auf der Höhe seines Ruhms.

Doch abermals brauen sich über Cardano düstere Wolken des Unheils zusammen. Sein ältester Sohn Gianbattista, der eben erst hoffnungsvoll zum Doktor der Medizin promoviert war, heiratet gegen den Willen des Vaters ein übel beleumundetes Mädchen, das ihn sogleich mit anderen Männern betrügt. Gianbattista vergiftet die Treulose und wird verhaftet. Nachdem Cardano vergeblich alles daran gesetzt hatte, seinen Sohn zu retten, wird er am 7. April 1560 in einem Mailänder Gefängnis wegen Gattenmordes durch das Schwert hingerichtet.

Cardano hat sich von diesem Schicksalsschlag, der ihn zeitweilig an den Rand des Selbstmordes trieb, nie mehr ganz erholt. Innerlich ist er gebrochen, seine wirtschaftliche Lage aber bessert sich dauernd. Von 1563-1570 lebt er als angesehener und wohlhabender Professor der Medizin in Bologna.

Noch einmal bricht das Schicksal wie ein Blitz aus heiterem Himmel über den alten Gelehrten herein, als er 1570 durch die Inquisition des asketisch-frommen Papstes Pius V., der mit der Gegenreformation ernst machen will, verhaftet wird. Verschiedene Häresien werden ihm zur Last gelegt, so unter anderem, daß er die vier Weltreligionen als gleichberechtigt nebeneinander gestellt hatte. Wege dieser toleranten, von Erasmus inspirierten Haltung, hat Cardano in G. E. Lessing einen späten Fürsprecher gefunden.[262]

Durch die Vermittlung mit ihm befreundeter, einflußreicher Kardinäle wird Cardano ein Jahr später wieder auf freien Fuß gesetzt. Der Papst zahlt ihm eine Pension, er darf in Rom als Arzt praktizieren, erhält aber weiterhin Vorlesungs- und Publikationsverbot.

In seinen letzten Lebensjahren widmet sich Cardano seinen Schriften, vor allem der Abfassung seiner Selbstbiographie. Er stirbt am 20. September 1576.

Als Cardano kurz vor seinem Tod auf sein Leben zurückblickt, erscheint ihm dieses als eine einzige Kette von Wirrnissen, Schicksalsschlägen und plötzlichen, unerwarteten Wendungen. Das einzig Stete war der Wechsel.

> "Im Laufe meines Lebens habe ich oft in all meinen Dingen auch bei den verstecktesten so große Veränderungen erfahren, daß ich oft glauben wollte, ein böser Geist sei da, der alles durcheinander bringt: oft war mein Geld verschwunden, dann war es plötzlich vermehrt, dann wieder wie weggeblasen."[263]

Cardano fühlte sich, so sagt er einmal, wie ein Schiff im Sturm, das bald in der tiefsten Wellenschlucht verschwindet, um im nächsten Moment wieder auf dem höchsten Kamm der Woge zu schweben.[264] Die launische Fortuna, die omnipräsente Göttin der Renaissance, beherrschte sein Dasein. Eher wurde er gelebt, als daß er sein Geschick, irgendeinem Plan folgend, selbst in die Hand genommen hätte.

Allerdings waren die Lebensumstände eines Menschen wie Cardano in einem heute kaum vorstellbaren Maße gefährlich, abenteuerlich und ausgesetzt. Sie entzogen sich der rationalen Kontrolle. Cardano sah sich von Krankheiten heimgesucht, den Kriegswirren ausgeliefert und von den "unaufhörlichen Nachstellungen" seiner Feinde und Neider bedroht. Seine berufliche Laufbahn war von der unberechenbaren Gunst seiner fürstlichen Gönner abhängig und von den unsicheren Zuständen an den Universitäten bestimmt.

Ständig wartete das Schicksal mit heimtückischen Attacken auf, denen er immer wieder auf wunderbare Weise mit knapper Not entkam. Herabfallende Dachziegel haben es auf ihn abgesehen, aber Cardano hatte gerade, um zu urinieren, die Straßenseite gewechselt. Als er mit seinem Maultier eine schwer beladene Kutsche überholen möchte, schießt es ihm durch den Kopf: "wenn der Wagen nun umfiele!" Er hält inne, und tatsächlich stürzt der Wagen im nächsten Moment um. Eine warnende innere Stimme hatte verhütet, daß er von dem Gefährt zerquetscht wurde.[265]

Mehrfach stürzt sein Haus zusammen, doch wie durch ein Wunder ist er dann immer gerade abwesend.

Das Willkürspiel der äußeren Zufälle fand in Cardanos impulsiven, sprunghaften Naturell und der Unbeständigkeit seines Charakters eine vollkommene Entsprechung.

> "Ich habe mich daran gewöhnt, meinen Gesichtszügen unmittelbar nacheinander den ganz entgegengesetzten Ausdruck zu geben... ich (gehe) bald in Lumpen, bald reich geschmückt, bin jetzt schweigsam, dann wieder gesprächig, bald heiter, bald traurig; denn jede Art des Benehmens und jeden Gefühlsausdruck geben sich sofort auch in seinem Gegenspiel wieder."[266]

Auf der einen Seite war Cardano ein scharfer Beobachter, der kalt lauernden Auges jede kleinste Veränderung in seiner Umgebung registrierte. Auf der anderen Seite aber war er ein rastloser Grübler und traumversunkener Erfinder, der von seiner Gedankenwelt oft vollkommen absorbiert wurde.

> "Diese Nachdenklichkeit ist immer so stark, daß ich nicht essen oder sonstiger Vergnügung mich hingeben, ja nicht ein-

mal Schmerzen verspüren oder schlafen kann, ohne von ihr beherrscht zu werden."[267]

Als Folge davon erwähnt Cardano seine hastige und "unregelmäßige Art zu gehen", verbunden mit einem Fuchteln der Hände, immer dann "wenn ich mich im Geist mit anderen Dingen befasse, als denen, die vor meinen Augen liegen".[268]

> "Ich habe ein kaltes Herz, aber einen heißen Kopf, bin ständig in Gedanken versunken und mit vielen unmöglichen und undurchführbaren Dingen beschäftigt. Auch ist mein Geist imstande, sich mit zwei Arbeiten zugleich zu befassen."[269]

Diese Eigenart spiegelt sich im Duktus der Cardanschen Schriften wieder. Er schrieb nieder, was ihm durch den Kopf ging, sprang von einem Gegenstand unvermittelt zum nächsten und scheute weder Wiederholungen noch Widersprüche. Seine Werke gleichen oft einem nicht endenwollenden Schwall freier Assoziationen. Sie geben den unmittelbaren Prozeß seines ingeniösen Phantasierens wieder, ohne nachträgliche Redaktion oder Zensur, und sind dadurch für den heutigen Leser ein teilweise undurchdringlicher Dschungel begonnener und wieder fallengelassener Gedankenfäden.

Cardanos Zeitgenossen scheinen sich daran nicht gestoßen zu haben, was die hohen Auflagen seiner Werke und ihre häufige Erwähnung bei anderen Autoren beweist.

Erst mit dem Triumph des Rationalismus im 17. Jahrhundert werden Cardanos Schriften als Zeugnis geistiger Disziplinlosigkeit, als Ausdruck eines wirren, pathologischen Geistes, ja als Machwerke eines Geisteskranken, Schwindlers und Scharlatans angesehen.

### 3.5.2.2 "Dinge, die wie Märchen klingen..."

Im Alter von vier Jahren zeigt sich bei dem kleinen Girolamo zum ersten Mal seine Vorliebe für den Aufenthalt in der Welt der eigenen Phantasie und der sich darin auftuenden Reichtümer. Sie bietet dem Kind eine Zuflucht für die ihm vom Vater auferlegten Arbeiten und die vielen ungerechten Strafen - und wohl auch die einzige Gelegenheit zum Spielen.

So widmet er die Zeit, die ihm vom Erwachen bis zum Aufstehen bleibt, einem "wohligen Schauspiel", das nie auf sich warten läßt. Dies war, wie Cardano nachträglich betont, für seine Gesundheit von größtem Nutzen.

"da ich immer schon früh aufwachte, widmete ich die Zeit, die mir zu der gewohnten Stunde des Aufstehens blieb, einem wohligen Schauspiel, das sich jeden Morgen einstellte und nie vergebens auf sich warten ließ. Ich sah verschiedenartige Bilder, und zwar war es etwas wie luftige Körper, die aus ganz kleinen Ringen zu bestehen schienen, wie wir sie bei einem Kettenpanzer haben, obschon ich bis dahin noch nie einen solchen Panzer gesehen hatte. Die Bilder bewegten sich von der unteren rechten Ecke des Bettes an in einem Halbkreis herauf und senkten sich langsam wieder nach links herunter, bis sie völlig verschwanden. Es waren Bilder von Burgen, Häusern, Tieren, Pferden mit Reitern, von Pflanzen, Bäumen und Musikinstrumenten, theatralischen Dingen, von verschiedenartig gestalteten Menschen, von Kleidern aller Art, von Trompetern vor allem, die auf Posaunen zu blasen schienen, obwohl ich keinerlei Laut vernahm... mitunter waren es auch ganze Haufen von vielen Dingen, die durcheinander stürzten, ohne sich freilich zu verwischen und zu vermengen, sondern nur um in aller Eile vorüberzuziehen. Diese Dinge waren alle ganz durchsichtig, nicht so sehr freilich, daß es schien, als seien sie überhaupt nicht da, aber auch nicht so körperlich dicht, daß das Auge nicht hätte durch sie hindurch sehen können; die Ringe waren dunkler, die Zwischenräume aber ganz durchsichtig. Dies Schauspiel erfreute mich nicht wenig, und ich mochte wohl mit starren Augen nach diesen Wundern schauen, so daß mich einmal meine Tante frug: 'Mein Kind, wohin siehst du denn mit so starren Augen'".[270]

Der eigensinnige Girolamo gibt der Tante keine Antwort, denn er fürchtet, "das, was mir diese Pracht vor Augen führt, könnte zornig werden und dem ganzen Fest ein Ende bereiten". Die Zauberwelt seiner Phantasie gehört ganz ihm allein. Er hütet sie wie einen Schatz, dessen Geheimnis er streng für sich behält.

Damals zeigten sich, wie Cardano glaubt, die ersten Anzeichen seiner "harpokratischen Natur" (nach dem griechischen Gott Harpokrates, der zum Zeichen des Stillschweigens den Finger auf den Mund legt), ein Ausdruck, den Cardano gerne gebraucht, um die eigenbrötlerische verträumte Seite seines Wesens zu bezeichnen. Aus dieser "harpokratischen Natur" erwächst ihm später ein besonderes Ahnungsvermögen, eine "unwiderstehliche, unbewußte Sehergabe",[271] und schließlich die Überzeugung, mit einem besonderen Genius, mit einem "Schutzgeist", im Bunde zu stehen. Ihm ist das 47. Kapitel seiner Selbstbiographie gewidmet.

Dieser Schutzgeist ist die Verkörperung all seiner genialen Naturanlagen, jener Fähigkeiten, die die gewöhnliche Gelehrsamkeit übersteigen, und die nur bei außergewöhnlichen, zu ewigem Nachruhm bestimmten Menschen angetroffen werden. Der Persönlichkeitskult der Renaissance pflegte den Gedanken, daß allen großen Weisen der Geschichte ein solcher Genius zur Seite gestanden habe, ähnlich wie dem Sokrates sein berühmtes "Daimonion". Cardano ist eitel genug, sich zur Galerie dieser großen Geister zu zählen. Er sieht sich von der Aura des Genies umgeben, von einem sogar im physischen Sinne sichtbaren Nimbus, "Splendor" geheißen, der sich zusammensetzt "aus einem durch gewollte Übung gewonnenen Glanz und einem von außen erborgten Licht".[272]

Im Kapitel über den Schutzgeist kennt Cardano drei Arten der Erkenntnis: erstens die empirische Erfahrung, zweitens die daraus abstrahierende Vernunfterkenntnis, und drittens die übervernünftige Erkenntnis des Immateriellen durch Intuition.

> "Diese ist mir durchwegs von meinem Schutzgeist verliehen worden (...). Die genannte Art intuitiver Erkenntnis (...) umfaßt völlig den fruchtbarsten Teil meines Wissens, ist größer als alle anderen Arten der Erkenntnis, denn alle diese bedürfen ihrer zum Schmuck und letzter Vollendung."[273]

> "So verdanke ich auch meine ganze Fähigkeit in der Abfassung von Büchern und meine Fähigkeit des freien Dozierens aus dem Gedächtnis meinem Schutzgeist und der Anwendung des Splendor."[274]

Cardanos Schutzgeist ist die personifizierte Quelle seiner schöpferischen Fähigkeiten, seiner Intuitionen und erfinderischen Geistesblitze, und er verleiht ihm die Bannkraft einer unverwechselbaren persönlichen Ausstrahlung beim Dozieren.

Gelegentlich schlüpft Cardano dank seiner in die Rolle eines Thaumaturgen, eines Wundertäters, so wenn er glaubt, durch seine bloße Anwesenheit bei Raufereien und Duellen jegliches Blutvergießen verhindert zu haben.[275]

Schließlich ist dieser Genius ein wirklicher Schutzengel, der Cardano immer wieder in aussichtslosen Lebenslagen rettet und bewirkt, daß er den überall auf ihn lauernden Gefahren noch in letzter Sekunde entkommt.

Ihm und seiner harpokratischen Natur glaubt Cardano eine "ahnende Voraussicht alles Kommenden"[276] zu verdanken, ein übernatürliches Divinationsvermögen, eine "Fähigkeit des Voraussehens in beruflichen und anderen Dingen".[277] Die Gabe der Prophetie, durch die sich Cardano mit dem Übernatürlichen im Bund sieht, ist ihm ein weiterer Hinweis auf die erhoffte Unsterblichkeit seines Namens.

Cardanos Divinationsvermögen und sein Spieltrieb verleiten ihn dazu, Wetten über Zeitpunkt und Ursache von Todesfällen abschließen, die er dank seines diagnostischen Talents als Mediziner offenbar auch alle gewann, weshalb er als Unglücksprophet bei manchen seiner Zeitgenossen verhaßt war. Auch seine politischen Prognosen, wie etwa die von der Einnahme Zyperns durch die Türken, erwiesen sich oft als zutreffend.[278]

Die Kunst, aus kleinsten Anzeichen und Symptomen Mutmaßungen über große Umwälzungen und bedeutsame Ereignisse in der Zukunft anzustellen, hält Cardano für äußerst wichtig, ja für überlebensnotwendig. Die Kasuistik der Verdichtung kleinster Ursachen und Zeichen zu großen Wirkungen, das ist es,

> "was allein wert ist, in Büchern aufgeschrieben zu werden, ganze Ketten großer Ereignisse, die aus kleinen Anfängen ihren Ursprung genommen haben."[279]

> "Ja oft wird durch solche Dinge und noch unbedeutendere über unser ganzes Leben entschieden."[280]

So wie es für ihn als Arzt gilt, die Anzeichen und Ursachen einer Krankheit im Frühstadium zu diagnostizieren, so gilt es in einem ganz umfassenden Sinn der großen Weberin des Schicksals beim Knüpfen ihrer Fäden zuzusehen. Es geht um die Diagnostik der Schicksalsläufe. Häufig geht es im Leben wie in einem Glücksspiel zu, aber Cardano ist einer der ersten, die versuchen, sich des Zufalls durch eine Mathematik der Wahrscheinlichkeiten zu bemächtigen.

Freilich bedarf es in der Wirrsal seines abenteuerlichen Lebens eines echten Ahnungsvermögens, das alle rein menschlichen Kalkulationen übersteigt.

Cardanos Alltagserfahrung ist durchsetzt von wunderbaren, rätselhaft-phantastischen Vorkommnissen, die womöglich von ominöser Vorbedeutung sein konnten. Auf Schritt und Tritt begegnen ihm merkwürdige Dinge, die ihn stutzig werden lassen, Zeichen, die ihn erschüttern und bisweilen gänzlich aus der Fassung bringen. Nicht immer gelingt es Cardano, sich über ihre Herkunft und über ihre Bedeutung Klarheit zu verschaffen. Manche erweisen sich im Nachhinein als schreckliche Vorzeichen, andere dagegen finden keine Erklärung; einige mochten übernatürliche Fingerzeige sein, andere bloße Zufälle oder Einbildungen. "Ich erforschte stets alles, was an einer Sache dran war",[281] erklärt Cardano. Seine ständige Sorge ist es, er könnte solche Dinge womöglich aus Unachtsamkeit übergehen. Denn sind es nicht oft die Kleinigkeiten, die über unser ganzes Leben entscheiden? In Cardanos Wirklichkeitserfahrung gibt es nichts, was unmöglich wäre.

Unter den geringfügigen Vorfällen, auf die er sich keinen Reim machen kann, erwähnt Cardano die plötzlichen Launen seiner Uhr, eine verlegte und plötzlich wieder auftauchende Streusandbüchse, ein Loch, das sich in seinem Garten auftut,[282] und die Würmchen, die sich eines Tages in seiner Trinkschale zeigten.[283] Einmal reißt ihm ein Rabe ein Stück aus seinem Gewand, aber oh Wunder: auf dieses Omen ist nie ein Unglück gefolgt.[284]

Am 16. März 1570 sitzt Cardano an seinem Schreibtisch und verfaßt ein ärztliches Gutachten für seinen Gönner, den Kardinal Morone. Da fällt ein Blatt zu Boden. Verärgert steht Cardano auf, um es aufzuheben und bückt sich nach dem Papier:

> "Da richtet sich das Blatt gleichzeitig mit mir auf, steigt herauf auf meinen Schreibtisch und bleibt dort aufrecht an dessen Querbalken kleben. Voll Verwunderung rufe ich Rudolfo Silvestre und zeige ihm die sonderbare Sache; freilich habe ich die Bewegung selbst nicht gesehen. Ich mochte an soviel Unglück gar nicht denken und konnte mir darum nicht erklären, was die Sache zu bedeuten habe. Sie wollte wohl sagen, daß mir einst, wenn meine ganze Lage sich geändert, ein sanfterer Wind wehen werde."[285]

Im Jahre 1512 gewahrt Cardano in Gegenwart von Zeugen eine "ungeheure Flamme" in Form eines Balkens am Abendhimmel, wonach am nächsten Tag über Bergamo tausend Steine vom Himmel fallen. Der Elfjährige darf einen solchen Stein in Augenschein nehmen, doch später ist Cardano skeptisch. Er weiß, daß solche Prodigien auch Schwindel sein können und häufig zu politischen Zwecken mißbraucht werden (vermutlich bezieht sich diese Erscheinung auch auf die für das Jahr 1514 in Italien prophezeite Sintflut, die den Weltuntergang einleiten würde).[286]

Doch sein phantastischer Geist sieht am Himmel selbst manches Wunderbare. Im April 1531 bemerkt er über Venedig drei strahlende Sonnen auf einmal gen Osten, und während einer längeren Zeitspanne sieht er einen Mond gegenüber seiner Stirn, sooft er die Augen zum Himmel erhebt.[287]

> "Es war in der Nacht vor dem 15. August 1572. Ein Licht brannte, und ich war noch wach; es mochte etwa um die zweite Stunde der Nacht sein. Da höre ich rechts von mir einen ungeheuren Lärm, als werde ein bretterbeladener Wagen ausgeladen. Ich sehe hin; der Lärm war an der Türe, die von meinem Schlafzimmer in ein anderes führte, wo mein Hausbursche schlief. Da sah ich - die Türe stand offen - einen Bauern hereintreten, mein Auge war rückwärts starr auf ihn gerichtet, und ungefähr gerade auf der Türschwelle stehend sagte er die Worte: 'Te sin casa'. Sprachs und verschwand. Ich sah sein Gesicht nicht und konnte in keiner Sprache finden, was sie bedeuten mochten. Später habe ich mir selbst gesagt: 'Was sollte dies?'"[288]

Diese Phantomerscheinung eines Bauern und seine seltsamen Worte hat Cardano sich zeitlebens vergeblich zu erklären versucht, obwohl er immer wieder auf dieses Erlebnis zurückkommt.

In etlichen Fällen dringen sonderbare akustische Zeichen an Cardanos Ohren. So gibt eines Tages ein Kasten merkwürdige Geräusche von sich. "War es eine Sinnestäuschung infolge meines allzu angestrengten Nachdenkens?"[289]

Als seine Mutter im Sterben liegt, tut es an die 120 Schläge und einen Stoß, "als werde ein bretterbeladener Wagen mit einem Male entleert". Es mochte sich um Vorboten ihres Todes handeln, doch Cardano argwöhnt, "es wolle sich jemand mit meiner Angst einen Scherz erlauben".[290]

Ein anderes Mal hört er aus der Richtung des leer stehenden Nebenzimmers einen starken Hammerschlag gegen die Wand. Am Abend erreicht ihn die Nachricht vom Tod eines Freundes. Doch auch hier ist Cardano mißtrauisch. Vielleicht hatte er nur geträumt, oder es war der Wind gewesen. Am Ende war der Todeszeitpunkt eine freche Erfindung seiner Bekannten, "die mich durch das Zeichen erschüttert sahen und wußten, daß ich mich aus Angst den ganzen Tag nicht aus dem Hause wagte".[291]

Im Oktober 1570, kurz nach seiner Inhaftierung durch die päpstliche Inquisition, hört Cardano wiederum einen solchen Schlag. Diesmal interpretiert er das Zeichen als "doppeltes Beben", eines, das nur von seinem Herzklopfen, und ein anderes, das von seinem Schutzgeist herrühren mochte.[292]

> "Solche Dinge haben die Eigenschaft, daß sie, solange sie vor uns stehen und auch noch kurz nachher, den ganzen Menschen an sich ziehen; sobald sie aber entschwunden sind, werden sie kleiner und ferner, bis du schließlich, wenn du sie nicht gleichsam mit einem Nagel festgenagelt hast, daran zweifeln magst, ob du sie wirklich mit eigenen Augen und Ohren erlebt hast."[293]

Dem fügt Cardano einen Satz über die Wahrheit des Affekts hinzu, den man zweimal lesen muß, um zu bemerken, daß er wirklich dasteht:

> "Übermäßige Affekte, wie sie durch Wunder solcher Art erregt werden, pflegen irige Vorstellungen zu vertreiben, nicht zu steigern."[294]

Mitunter häufen sich die Zeichen derart, daß Cardano gänzlich die Contenance verliert. Vollkommen gelähmt, von wachsender Angst gepackt, erlebt er in dem folgenden Beispiel, wie sich Wolken des Unheils ahnungsvoll zusammenbrauen, bis sich das Verhängnis im tödlichen Blitz entlädt.

> "Im Jahre 1536, als ich an der Porta Tosa in Mailand wohnte - es war, wenn ich mich nicht täusche, im Juli -, ging ich eines Tages vom Speisezimmer aus in den Hof hinaus und glaubte plötzlich, die Empfindung eines sehr starken Geruchs von soeben gelöschten Wachskerzen zu haben... Nun glaubte ich, das Zeichen bedeute einen nahen Sterbefall, und konnte deshalb nicht einschlafen. Und siehe, auf einmal zeigt sich ein noch größeres Wunder: Ich höre auf der Straße drunten grunzende Schweine, obwohl, wie ich sehe, gar keine da waren, und gleich darauf schnatternde Enten. 'Was soll das?' denke ich, 'wozu so viele Wunderzeichen? Und die Enten, warum kamen sie zu den Schweinen?' Diese grunzten die ganze Nacht hindurch ununterbrochen. Am anderen Morgen war ich *ganz erschüttert durch so viele Zeichen*, wußte nicht, was tun, und streifte vom Frühstück an vor der Stadt draußen umher. Als ich heimkomme, sehe ich meine Mutter, die mich eilen heißt, der Blitz habe unseren

Nachbarn, den früheren Vorstand des Pesthauses erschlagen."[295]

In der Erfahrungswelt der Renaissance ist der Tod eines Menschen kein isoliertes Geschehen. Die gelöschten Kerzen, das auffällige Verhalten der Tiere deuten an, daß sich die ganze Natur gegen den Nachbarn verschworen hat. Eine magische Konspiration der Dinge führt seinen Tod herbei.

Dabei gründet Cardanos Sensibilität für solche Zeichen, seine "ahnende Voraussicht alles Kommenden", in einem Gespür für den sympathetischen Zusammenhang alles Wirklichen, für die wechselseitige Mitbetroffenheit von Mensch und Kosmos.

> "Derhalben auch die Anfechtungen in der Welt, welche zu der Bewegung und der Ruhe gehören, auch zu diesen, so sie in uns machen, zu vergleichen sind",

schreibt Cardano in seinem Traumbuch.[296]

Dieses sympathetische Mit-Betroffensein geht bei Cardano so weit, daß er die Hinrichtung seines ältesten Sohnes als Stigmatisierung durch ein blutrotes Mal auf seiner Hand miterleidet.

> "Es war im Februar des darauffolgenden Jahres (sc. 1560). Ich wohnte und dozierte zu Pavia. Da betrachte ich eines Tages ganz zufällig meine Hände und sehe plötzlich in der Wurzel des rechten Zeigefingers die blutrote Figur eines Schwertes. Was weiter? Am selben Abend kommt ein laufender Bote mit einem Briefe meines Schwiegersohnes, ich solle sofort nach Mailand kommen, mein Sohn sei verhaftet.
>
> Vom folgenden Tag an begann jenes blutige Zeichen 53 Tage lang zu wachsen und immer größer zu werden, bis es schließlich am letzten Tage bis zur Fingerspitze reichte und wie flammendrotes Blut leuchtete. Ich, der nie etwas derartiges geahnt hätte, erschrak, verlor jede Selbstbeherrschung, wußte nicht mehr, was ich tun, was ich reden sollte. Um Mitternacht ward er mit dem Schwert hingerichtet; am andern Morgen in der Frühe war das blutige Mal fast ganz erloschen, und einen Tag später war es spurlos verschwunden."[297]

Cardanos Wirklichkeitswahrnehmung ist ganz und gar traumhaft, während seine Phantasieerlebnisse die halluzinatorische Präsenz einer physischen, leibhaftigen Wirklichkeit annehmen. Allerdings ist für einen

Menschen wie Cardano die Frage, ob solche Erfahrungen der Phantasie entspringen oder der äußeren Realität angehören, relativ unerheblich, da es sich ja in beiden Fällen gleichermaßen um Zeichen, ja um Vorzeichen handelt, also immer um eine besondere Art der Wirklichkeit. Man mag Cardano als abergläubischen Phantasten disqualifizieren, man kann sich aber auch fragen, ob einem Menschen wie ihm nicht vielleicht Gaben des Wahrnehmens und Fühlens, gleichsam Antennen zu Gebote standen, die uns heute verlorengegangen sind und die wir angesichts einer berechenbar gewordenen Lebenswelt auch nicht mehr in dem Maße benötigen.

Wenn Aberglauben die Abwesenheit des Verstandes einschließt, so ist Cardano in diesem Sinn keineswegs abergläubisch. Wenn es darum geht, die Rätsel und Wunder der Wirklichkeit zu erforschen, fällt bei ihm eher das Umgekehrte, eine Hypertrophie des Verstandesmäßigen ins Auge.

> "Ich schwöre, einen heiligen Eid darauf, daß mir die Fähigkeit, solche Erscheinungen zu fassen, lieber und teurer ist als die Herrschaft über die ganze Welt. ... Dinge, die wie Märchen klingen, doch die ich so sicher wahrgenommen habe."[298]

### 3.5.2.3 Die Traumdeutung

> "Darf nicht auch die Art, wie ich von Träumen heimgesucht werde, die alle so durchaus wahr gwesen sind, als höchst wunderbar bezeichnet werden? Am liebsten möchte ich gar nicht daran rühren. Wozu denn auch? Und doch waren diese Träume so sonnenklar und einleuchtend und haben über die wichtigsten Dinge in meinem Leben entschieden."[299]

Cardano übertreibt nicht. Von frühester Kindheit an hört er auf die Stimme seiner Träume. Teils sind sie ihm Schicksalsboten, teils Warnungen und Mahnungen, die seine Entschlüsse und sein Handeln beeinflussen; sie sind ihm eine wichtige Quelle schöpferischer Eingebungen bei seiner wissenschaftlichen Produktion und schließlich ein Mittel der psychologischen Selbstanalyse.

Cardanos Wachbewußtsein ist vollkommen offen und durchlässig für die Botschaften der Nacht. Er besitzt eine erstaunliche Gabe, sich an sie in allen Einzelheiten zu erinnern, arbeitet mit Akribie an ihrer Deutung und erwirbt sich so im Laufe der Jahre eine immer größere

Fertigkeit und Vertrautheit mit seinen Nachtgesichten. In seiner Autobiographie, aber auch in anderen Werken, nimmt Cardano jede Gelegenheit wahr, seinen Lesern von wundersamen Beispielen aus seiner so unermeßlich reichen Traumerfahrung zu berichten, und er tut dies mit der größten Unbefangenheit. Nicht zuletzt dieser Tatsache verdankt er seinen Ruf als Experte der Traumdeutung und seine häufige Erwähnung als Autorität auf diesem Gebiet bei anderen Autoren.

1562 erscheint in Basel sein großes Traumbuch "Synesiorum Somniorum omnis generis insomnia explicantes, libri IV" im Druck und wird bereits im folgenden Jahr ins Deutsche übersetzt. Das Werk ist Carlo Borromeo, dem Kardinal-Erzbischof von Mailand gewidmet, der sein Gönner war und ihn später vor den Vorwürfen der Inquisition in Schutz nahm.

Cardano betont in "De vita propria", er habe dieses Werk nicht für das Volk, sondern nur für Gelehrte geschrieben.[300] Offensichtlich befürchtet er, mit seinem Buch über Träume dem Aberglauben seiner Zeitgenossen Vorschub zu leisten. Der mit Cardanos Furcht vor Omen vertraute Leser seiner Selbstbiographie wird in der Vorrede seines Traumbuchs von Ansichten überrascht, die vergleichsweise wissenschaftlich und nüchtern wirken.

> "Die Bedeutungen der Träume sind *natürlich und ohne alle Notwendigkeit*, aber doch mit natürlichen Ursachen verwandt, keinem Aberglauben unterworfen, sind *auch nicht aus sonderlichem Gebot Gottes zu fürchten*."

> "Und man soll merken und wissen, daß alle solchen natürlichen Dinge zu verhüten sind, daß man ihnen zuvorkommen kann, nicht aber als gewisse verfluchen, vermeiden oder betrauern."

> "Darum habe ich mich immer gewundert, was mir betreffs meiner Lehrtätigkeit in Bonomien unverrichteter Dinge Sache begegnet ist, da ich in einem Traum gewarnt worden bin, die Bedingungen nicht zu akzeptieren, und in einem anderen wiederum, sie doch anzunehmen. Dergestalt, daß ich jederzeit der Meinung war, *es sei eine Wahrsagung, nicht daß einem vor zukünftigen Dingen gewarnt wird, sondern von gegenwärtigen allein, und aus diesen soll man von den zukünftigen eine Mutmaßung machen*... da die natürlichen Sachen mit zukünftigen Zufällen eine Erkenntnis machen, welche zur Mutmaßung gehört."[301]

Aus diesen Sätzen spricht nicht mehr der Geist des Mittelalters. Sie lassen vielmehr eine für die Renaissance typische Tendenz zur Naturalisierung des Magischen und Wunderbaren erkennen, wie wir sie ähnlich bei dem Aristoteliker Pietro Pomponazzi oder bei Theophrastus Paracelsus beobachten konnten.

Träume sind etwas ganz und gar Natürliches, und sie bekunden keineswegs ein unabwendbares Fatum. Auch schickt sie weder Gott noch der Teufel, so daß ein ganz unbefangener, von religiöser Voreingenommenheit befreiter Umgang mit ihnen möglich wird. Die für das Mittelalter so schwierige Frage, wie echte Visionen von diabolischen Einflüsterungen zu unterscheiden seien, braucht nicht mehr gestellt zu werden.

Alle Träume verdienen Beachtung, obwohl sie natürlich sind und unmittelbar nur die gegenwärtige Lage des Träumers widerspiegeln. Mittelbar aber geben sie Aufschluß über mögliche zukünftige Entwicklungen, denn sie sind "mit natürlichen Ursachen verwandt" und lassen die kleinen Anfänge von kommenden Ereignissen mit einem gewissen Grad von Wahrscheinlichkeit erkennen. Diese Erkenntnis auf der Basis von Konjekturen nennt Cardano treffend "Mutmaßung".

Cardano versäumt es nicht, gleich auf ein Beispiel aus der eigenen Lebenserfahrung hinzuweisen. Das eine Mal hatte ihn ein Traum davor gewarnt, dem Ruf der Universität von Pavia Folge zu leisten, das andere Mal dagegen zugeraten:

> "also auch obgleich der Träume Wahrsagung natürlich, dunkel und zweifelhaft ist: wenn einer sie zur rechten Zeit gebraucht, wird er keine schlechte Hilfe davon haben in menschlichen Händeln, die zu beginnen er sich anschickt."[302]

Cardanos Werk über Träume ist in vier Bücher unterteilt. Das erste enthält eine Darlegung seiner in Ansätzen durchaus originellen und eigenständigen Traumtheorie. Das zweite und dritte Buch geben ein Lexikon der Traumsymbole, das entsprechend der kosmischen Seinshierarchie angeordnet ist und weitgehend dem Vorbild der Artemidorschen "Oneirokritika" folgt. Das vierte Buch der Beispiele (De exemplis) schließlich stellt eine einzigartige Sammlung von Träumen dar. Cardano begnügt sich hier nicht, wie es in den Traumbüchern seiner Epoche sonst üblich ist, mit einer ehrfurchtsvollen Wiedergabe der aus der Antike überlieferten prodigiösen Traumgesichte, sondern schöpft aus seiner eigenen reichen Praxis. Hier finden wir etliche Träume von seinen Familienangehörigen, Bekannten und Schülern mitsamt ihren

Deutungen, sowie 55 meist ausgiebig analysierte Beispiele aus seiner eigenen nächtlichen Erlebniswelt.

Betrachten wir zunächst die Grundzüge der Cardanschen Traumtheorie.

Seine Erklärung der physiologischen Vorgänge beim Traum folgt im wesentlichen der des Aristoteles. Der Traum ist ein Zittern der Lebensgeister, das durch verschiedene Ursachen bewirkt werden kann. Die Traumursachen lasen sich, so Cardano, aus dem Inhalt und der Struktur des manifesten Traums erschließen. Trübe, verworrene und fragmentarische Traumfetzen sind das Produkt der Verdauung, welche keine anhaltende Bewegung der Lebensgeister hervorrufen kann.

Stetige und besser geordnete Träume resultieren aus der "Komplexion" des Menschen, das heißt aus seinem Temperament, das ja etwas Dauerhaftes ist. Es gibt nach der auf Hippokrates und Galen zurückgehenden Humoralpathologie vier Temperamente - Melancholiker, Choleriker, Sanguiniker und Phlegmatiker, denen vier Säfte entsprechen - schwarze und gelbe Galle, Blut und Schleim -, die bei einem Menschen vorherschen können. Die Komplexion bezeichnet das Mischungsverhältnis dieser idealtypischen Persönlichkeitsanteile. Aus der Komplexion herrührende Träume können Krankheiten anzeigen (das Zuviel oder Zuwenig eines der vier Säfte).

Schließlich gibt es sachte und kurze, aber äußerst klare Träume, welche zwar keine Affekte beim Menschen wachrufen, aber dennoch den größten Eindruck auf die Seele machen. Dies sind die eigentlich zukunftsweisenden Träume. Sie entstammen dem Einfluß der Gestirne und deren Wirkung auf die Lebensgeister.

Im Vergleich zu dieser konventionellen Aufzählung der Traumursachen verraten Cardanos Gedanken über das Traummaterial eher schon den Geist der Neuzeit:

> "Aller Träume Materie ist das Gedächtnis des Gesehenen oder Gehörten, denn allein von diesem kommen die Träume."[303]

Träume haben also das Gedächtnis zur Voraussetzung. Ihr Stoff sind die im Gehirn gespeicherten Erinnerungsbilder. Daran knüpft Cardano nun folgende Spekulation: Man müßte herausfinden, ob Kinder in ihren ersten Lebensjahren bereits träumen. Da sie nämlich noch keinerlei Erinnerungen haben, würde eine positive Antwort die Präexistenz der Seele beweisen.

Unbekannte Gegenstände im Traum bestehen immer aus unvollständigen Erinnerungsbildern oder aus solchen, die aus ihrem ursprünglichen Wahrnehmungszusammenhang herausgelöst sind. Unbekannte Personen deutet Cardano auf den Träumer selbst. Sie stehen für seine ihm unbekannten Affekte, mit denen er nicht anders umgeht als mit fremden Menschen.[304]

Aus dem Gesagten ergibt sich eine wichtige Konsequenz für die Auslegung der Träume. Sie wird nach Cardano am besten vom Träumer selbst vorgenommen.

> "Denn eben derselbige hat die Bilder und Beschreibung von den Augen abgemalt und weiß auch alle Teile der gesehenen Figur zu akkomodieren und zu ordnen, da sie sich zu allen Dingen, die er jetzt weiß... schicken."[305]

Der Mensch ist Herr seiner eigenen Träume und von der Autorität eines Priesters oder bestallten Traumdeuters unabhängig. Auch in der Traumdeutung bekundet sich so das neue Persönlichkeitsgefühl der Renaissance.

Cardano vergleicht den Träumer mit einem Künstler, der möglichst viel gesehen und gehört haben sollte, um im Schlaf eine reiche Bildersprache zur Verfügung zu haben, in der auch Ungewöhnliches ausgedrückt werden kann.

> "Als wenn einer viele Steinchen hätte, welche ungleicher Farbe und Größe wären, und so kunstreich, daß er aller Dinge Bildnis, seien es Menschen oder Tiere oder auch Pflanzen auf einer Tafel könnte darstellen...
>
> Je nachdem der Meister mehr oder weniger kunstreich, die Steine mehr oder minder geschickt gefärbt, groß oder klein, zahlreich oder wenige sind, wird er's besser oder schlechter machen."[306]

Wer nicht bei Tage den ganzen Erscheinungsreichtum der Welt offenen Auges in sich aufnimmt, der wird auch zur Nacht hinter verschlossenen Augen sich nichts ausmalen können. Nur Menschen mit einer genauen Beobachtungsgabe werden wirklich eine reiche Traumsprache entwickeln. Cardano ist beides, ein genauer Beobachter und ein phantasievoller Träumer.

Betrachten wir nun einige Beispiele aus Cardanos Traumdeutungspraxis. Sie sind teils seiner Selbstbiographie, teils der Beispielsammlung des IV. Buchs der "Synesiorum Somniorum..." entnommen.

Im Buch der Beispiele teilt Cardano mit, daß er am Finger einen Traumring trug, besetzt mit einem "Eumetris" genannten Edelstein:

> "Ich trag ihn darum, daß er fröhliche und lustige Träume gibt. Denn also kann einer länger fröhlich leben, wenn einer sich im Traum belustigt und schier den halben Teil des übrigen Lebens, welches uns hernach entzogen wird, im Schlaf mit lustigen Gesichten wiederbekommt... Denn Eumetris heißt etwas Zierliches und Sittliches und ist mir zu allem Glück auserwählt worden."[307]

Die Nachtseite des Lebens steht der des Tages bei Cardano an Bedeutung in nichts nach, und die Träume sind ihm wie stets willkommene Gäste, die immer etwas Wichtiges mitzuteilen haben.

Die ersten Träume, an die er sich zurückerinnern kann, fallen in die Zeit, da er sich als kleiner Junge morgens im Bett an dem halluzinierten Schauspiel der im Halbkreis vorbeiziehenden Menschen, Tiere und Landschaften erfreute.

> "Ich sah sehr oft im Schlaf einen Hahn, von dem ich immer fürchtete, er möchte plötzlich anfangen, mit menschlicher Stimme zu reden. Was denn auch bald der Fall war, und zwar waren es zumeist Drohworte, doch kann ich mich an gar nichts mehr erinnern, was er bei so vielen Malen gesagt hat. Dieser Hahn hatte lauter rote Federn und ebenso einen roten Kamm und rote Hautlappen am Unterschnabel. Ich glaube, daß ich diese Erscheinung mehr als hundertmal gesehen habe."[308]

Man kann vermuten, daß dieser Hahn niemand anders war, als Cardanos gestrenger Vater.

> "Ungefähr um das Jahr 1534 fing ich an, im Traum alles vorauszusehen, was in der nächsten Zeit eintreten sollte, und handelte es sich um Dinge, die noch am gleichen Tage eintraten, so hatte ich den Traum noch nach Sonnenaufgang und sah die Dinge ganz klar und deutlich."[309]

Es ist vielleicht kein Zufall, daß sich die schicksalhaften Gesichte bei Cardano im Geburtsjahr seines ältesten Sohnes einstellen, auf dessen tragisches Ende so viele Vorzeichen hindeuteten. Der Gabe der Traumweissagung, über die sich Cardano in seinem Lebensbuch weit weniger vorsichtig äußert als in seinem Traumbuch, steht ihm insgesamt 33 Jahre lang zu Gebote, ehe sie ihn 1567, neun Jahre vor seinem Tode, aus unerfindlichen Gründen verläßt. Während dieser Zeitspanne aber sieht Cardano die wichtigsten Wendepunkte und Krisen seines Lebens durch Schicksalsträume vorausbedeutet. Oft geben sie ihren wahren Sinn aber erst nach Eintreten des Ereignisses preis.

Das erste dieser zukunftsweisenden Gesichte fällt allerdings schon in das Jahr 1531 und zeigt ihm seine Heirat an. Er sieht sich an die Pforte eines paradiesischen Gartens geführt, wo er ein wunderschönes, weiß gekleidetes Mädchen erblickt, das er in den Arm nimmt und küßt. Der Pförtner erscheint und verschließt vor Cardano und seinem Mädchen trotz inständiger Bitten die Tore des Paradieses. Cardano bleibt betrübt zurück.[310] Ein merkwürdiger, ambivalenter Traum. Wie so oft liegen in Cardanos Leben Glück und Verhängnis dicht beieinander. Kurze Zeit später lernt er bei einem Hausbrand Lucia Banderini kennen, die Tochter des Kommandanten der venezianischen Söldnertruppe, "ein Mädchen, an Gesicht und Kleidung auf ein Haar dem ähnlich, das ich in jener Nacht im Traum gesehen hatte", verliebt sich in sie und heiratet wenig später.[311]

Mit der Ehe aber fühlt sich Cardano aus dem Paradies ausgeschlossen. Die fünf glücklichsten Jahre seines Lebens sind mit einem Mal zu Ende, und auf ihn wartet das irdische Jammertal größter Existenzsorgen.

> "Die Verwirklichung jenes Traums war aber mit dieser Heirat noch nicht abgeschlossen; seine volle Kraft hat er erst an meinen Kindern bewiesen. Fünfzehn Jahre hat diese Frau mit mir gelebt. Jener Traum ist die Ursache aller der Übel geworden, die in meinem ganzen ferneren Leben über mich hereinbrachen."[312]

Cardano versteht diesen Traum als "Ursache" der Tragödie seines Erstgeborenen Gianbattista, auf den er so große Hoffnung setzte und der als Arzt in seine Fußstapfen treten sollte. Wieviel Zeichen deuten nicht auf sein Unglück hin, wievele Warnträume, deren Bedeutung Cardano jedoch erst erkennt, als es zu spät ist.

Der folgende Traum ist ein "vaticinum ex eventu", das heißt eine Prophezeiung nach Eintreffen des prophezeiten Ereignisses. Cardano hadert mit seiner Unfähigkeit, die wahre Bedeutung des Traums rechtzeitig zu erkennen. Wie alle Befürworter der Weissagung rechnet er keinesfalls mit der Unzuverlässigkeit der Zeichen, sondern vor allem mit der Fehlbarkeit ihrer Interpreten.

> "Anno 1540, am 16. Februar glaubte ich im Bett zu liegen, über dem eine ganz schwarze Sonne glänzte. Sie hatte zwar

> glänzende Strahlen, die aber schwärzer als Tinte waren. Ich glaubte, es sei der 6. April, an dem tatsächlich eine Sonnenfinsternis eintreten sollte. Ich konnte Sterne erkennen, die wie nachts schimmerten, was mich sehr verwunderte.
>
> Wie ich erwachte, begriff ich, daß der Traum für mich unheilvoll sei, konnte aber seine Bedeutung nicht erkennen; denn zu solcher Vollkommenheit - im Traumdeuten - war ich noch nicht gelangt. Auch ließ dies das Schicksal nicht zu. Heute weiß ich: diese Sonnenfinsternis bedeutete den Tod meines Sohnes, der, wie er starb, schon ins Ärztekollegium aufgenommen worden war, was aber 1540 in weiter Zukunft lag. Wegen dieser Verfinsterung, d.h. wegen dieses Todesfalls, traten Sterne, d.h. gemeine Ärzte, in Erscheinung, die sonst ganz obskur geblieben wären, und die nun einen gewissen Namen erlangten. Daß ich mir einbildete, es sei der 6. April, bedeutet eine wahre Vernichtung, nicht einen gewöhnlichen Tod oder zukünftige Verbannung."[313]

Tatsächlich wird Gianbattista fast auf den Tag genau zwanzig Jahre später, nämlich am 7. April 1560 hingerichtet.

In dieser Traumdeutung begegnen wir übrigens dem für die sterngläubige Epoche typischen Gedanken einer wechselseitigen Entsprechung von kosmischem und irdischem Geschehen. Eine Sonnenfinsternis verweist auf das größte Unglück in Cardanos Leben; die widernatürlich am hellichten Tage in Erscheinung tretenden Sterne symbolisieren gemeine Ärzte, die den Platz des toten Sohnes einnehmen.

Zum Symbolimus der Sterne einige weitere Beispiele:

> "Anno 1543, den 5. März, hat mir geträumt, wie ich einen brennenden Stern vom Himmel herab in meinen Hof fallen sah, welcher geschwind erloschen ist. Solches bedeutet eines Fürsten Gunst, welche doch nicht lang währen würde."[314]

Im selben Jahr träumt Cardano von fünfzehn Sternen, die wie auf einer Schnur aufgereiht sind (griech. "kosmos" = Schmuck), doch Merkur fehlt, und Cardano gibt als Deutung:

> "Der Himmel war die Versammlung der Ärzte. Denn so große Krankheiten vorhanden sind, hat man auf die Ärzte acht, gleich wie zur Nacht auf die Sterne. Ich, welcher nicht angenommen, wurde durch Mercurii abwesend bedeutet."[315]

In dem folgenden Traumbeispiel symbolisieren die Planetensphären die sieben "artes liberales", die freien Künste. Cardano wähnt sich mit seiner Seele in der untersten Mondsphäre und wird von seinem Vater belehrt, daß das Universum voller Seelen ist, ein Gedanke, der in seiner Naturphilosophie wiederkehrt. Aus diesem Traum geht überdies hervor, daß Cardanos Schutzgeist vielleicht nichts anderes ist als eine Art Vater-Imago.

> "Es träumte mir, meine Seele befinde sich im Himmel des Mondes. Und weil sie einsam war, klagte sie. Da hörte ich die Stimme meines Vaters, der zu mir sagte: 'Ich bin dir von Gott zum Hüter gegeben. All dies ist voller Seelen, aber du siehst sie nicht, wie auch mich nicht, und darfst auch nicht zu ihnen sprechen. Du mußt in diesem Himmel sieben Jahrtausende bleiben und ebensolange in jedem anderen Himmelskreise, bis zur achten, und dann wirst du ins Reich Gottes kommen.' Dies habe ich mir so erklärt: Die Seele meines Vaters ist mein Schutzgeist - gibt es einen freundlicheren und schöneren Gedanken? Der Mondhimmel bedeutet die Grammatik, der Himmel des Merkur die Geometrie und Arithmetik, die Venus die Musik, die Weissagekunst und Poesie, die Sonne die Moralwissenschaft, der Mars die Medizin, der Saturn die Agrikultur; der achte Himmel aber bedeutet die letzte Ährenlese, und nach diesen werde ich bei meinem Herren ruhen."[316]

Neben den Sternen spielen auch Tiere in Cardanos Träumen (wie auch in seiner Alltagserfahrung) eine beachtliche Rolle. Als er einmal im Traum einem Hahn die Federn ausreißt, folgt darauf in der Wirklichkeit, daß er die Patienten eines Arztes übernehmen wird, welcher ins Zwielicht geraten war.[317] Vögel, die zu ihm kommen und plötzlich davonfliegen, stehen für die wechselhafte Gunst von Fürsten und Gönnern oder für Gewinn und Verlust von Geld.[318]

Einmal wird Cardano im Traum von Mäusen angefallen. Nachdem er die größte von ihnen erwürgt hat, lassen sie von ihm ab. Der Traum erfüllt sich durch den Tod seines ärgsten Widersachers im Ärztekollegium, wonach seiner Aufnahme nichts mehr im Wege steht.[319] 1534 verjagt Cardano zwei Wölfe im Schlaf, um noch im selben Jahr zwei Feinde zu überwinden.[320] Maulesel im Traum sind ein Symbol der Unfruchtbarkeit.[321]

> "Als ich ungefähr neunzehn oder zwanzig Jahre alt war, träumte mir eines Nachts, ich hörte einen Affen reden. Ich

sagte: 'Was für ein Wunderzeichen.' Weshalb ich ihn fragte, wie lange ich noch leben würde. Er antwortete mir geschwind und sagte: 'Quatuor annis'. Vier Jahre. Ich sagte: 'Nicht mehr?' 'Nein' spracht er. Es waren aber, wie anderswo bewiesen, 48 Jahre angezeigt, nämlich vier Jovialische Jahre, deren jedes 12 Jahre begreift. Daher werde ich 67 Jahre leben oder ein wenig darüber. Oder aus der Rechnung der Buchstaben, wenn das erste u von quatuor hintan kommt, welches man doch beim Aussprechen nicht merkt, also qatuor, bedeutet es, ich werde 77 Jahre leben."[322]

Hier sehen wir, wie Cardano Traumdeutung und Zahlenkabbala miteinander verbindet, um wieder einmal seinen Todestag vorauszuberechnen.

Cardano beschränkt sich nicht auf die Deutung der Träume, sondern läßt sich durch sie auch in seinen Handlungen leiten. Dies zeigen die beiden folgenden Träume sehr eindrücklich.

Als Cardano über der Tragödie seines Sohnes dem Irrsinn nahe ist und sich mit Selbstmordabsichten trägt, erscheint ihm ein Traumbote, der ein Abwehrmittel gegen seine Seelenschmerzen weiß. Er vernimmt eine Stimme, die zu ihm sagt:

> "Nimm den Stein, den du um den Hals trägst, in den Mund. Solange du ihn im Munde hast, wirst du deines Sohnes nicht mehr gedenken."[323]

Cardano gehorcht der Stimme seines Traums. Überzeugt von der magischen Kraft der Edelsteine nimmt er den Smaragd seiner Halskette in den Mund, besonders vor dem Schlafengehen. Von diesem Zeitpunkt an quält ihn der Gedanke an seinen Sohn weniger, außer beim Essen und beim Dozieren, wie er hinzufügt. Eine eigentümlich naive und konkretistische Sicht der psychischen Ursache-Wirkungs-Zusammenhänge, die Cardano hier aber geholfen haben mag.

Der folgende denkwürdige Warntraum bezieht sich auf Cardanos ärztliche Praxis:

> "Im Jahre 1536, da ich als Arzt im Hause Borromei verkehrte, sah ich in der Morgendämmerung eine Schlange von außerordentlicher Größe und hatte Angst, von ihr getötet zu werden."[324]

Im Traumbuch kommentiert Cardano seine Gefühle von damals näher:

> "Daraus verstand ich, daß ich mich in großer Lebensgefahr befand. Wenn ich auch noch bemerkt hätte, daß die Borromei eine Schlange im Wappen führen und überall vor und in ihrem Haus Schlangen gemalt sind, hätte ich der Gefahr entrinnen mögen. Aber die zukünftigen Dinge haben oft eine solche Ordnung, daß allein so viel vonnöten entdeckt wird, daß man dem Verhängnis und dem Willen Gottes nicht entweichen mag. Derhalben ich sehr in Angst war und überlegte, woher die Gefahr kommen könnte; ich wußte auch, daß der Unfall vorhanden war, als wenn ich gleich darinnen steckte, denn der Traum war hell und heiter."[325]

Denselben Tag ruft man Cardano in das Haus des Grafen Camillo Borromei. Das siebenjährige Kind des Grafen ist erkrankt. Es hat zunächst den Anschein, als hätte das Kind nur eine leichte Erkältung. Doch dann bemerkt Cardano, daß sein Puls bei jedem vierten Schlag aussetzt.

> "Weshalb ich etwas Böses ahnte, daß es aber den Tod gewiß bedeutete, das verstand ich nicht. Denn die Bücher Galens "De praesagiis pulsuum" (Vom Weissagen aus dem Pulsschlag) waren noch nichts ins Lateinische übersetzt, so daß ich dazumal noch nicht so weit gekommen war, daß ich solches daraus hätte verstehen mögen."[326]

Drei Tage später hat sich der Zustand des Kindes so weit verschlechtert, daß Cardano beschließt, ihm ein starkes Medikament zu verschreiben, "Diarob geheißen, vermischt mit Turbit."

> "Der Diener hatte schon das Rezept in der Hand und ging in die Apotheke (ich sage keine Lüge), da überkam mich eine große Angst, und ich sagte zu mir selber: 'Wer weiß, wenn das Zeichen im Puls den Tod bedeutet, so wird man hernach sagen, er wäre an der Arznei gestorben.' (...) Diese Arznei, welche den Kranken so heilsam und mir so ehrlich gewesen wäre, hätte mich ganz und gar ins Verderben gestürzt. Aber ich dachte an meinen Traum und sagte: 'Zweifellos werde ich in große Lebensgefahr geraten, wer weiß, ob nicht der Knabe stirbt, wenn er die Arznei nimmt. Es ist auch keine andere Ursache für einen Unfall vorhanden als diese. Davor muß ich mich als in acht nehmen.' Solche Dinge kamen mir alle in den Sinn, und ich rief eilends den Knecht wieder zurück, sagte kurz etwas, nahm das Rezept wieder und ver-

bargs. Schreibe danach ein anderes und mache eine Arznei aus Smaragden, Hyazinten, Perlen und dergleichen. Auf den Abend gibt mans ihm."[327]

Unter dem Einfluß seines Warntraumes, der bösen Vorahnung einer äußersten Gefahr, entschließt sich Cardano, entgegen seiner eigentlichen ärztlichen Überzeugung, dem schwer kranken Kind statt einer wirklichen Arznei eines jener aus obskuren Ingredienzien zusammengebrauten Mittelchen zu verabreichen, wie sie in der Medizin der Zeit üblich waren. Das ist seine Rettung. Die anderen Ärzte, die Graf Borromei inzwischen hinzugezogen hat, loben nämlich ausdrücklich Cardanos Behandlung. Kurz darauf stirbt das Kind des Grafen, der Cardano von da an mit schweren Vorwürfen verfolgt, ohne ihm jedoch konkretes Verschulden nachweisen zu können. "So war es, als hätte mich die schlimmste afrikanische Schlange angezischt".[328]

Der Sinn des Warntraums ist nunmehr sonnenklar. Jene Schlange ist niemand anders als Graf Borromei, dessen Haus doch über und über mit Schlangen bemalt ist und der eine Viper im Wappen führt. Dieses Emblem ist plötzlich zu bedrohlichem Leben erwacht. Nomen est omen.

Und noch ein anderes Zeichen gibt erst im Nachhinein seinen Sinn preis, nämlich das Aussetzen des Pulsschlags. Die tödliche Bedeutung dieses Zeichens erkennt Cardano erst, nachdem er Galens Bücher "Vom *Weissagen* aus dem Pulsschlag" gelesen hat. Divination und medizinische Diagnostik stehen hier ganz auf derselben Stufe.

> "Ich kann nicht glauben", resümiert Cardano, "daß dieser Traum, ebenso wie das andere, was ich vorher erzählte, bloßer Zufall gewesen sei, sondern, wie deutlich zu sehen ist, eine Mahnung, die Gott einer frommen, von vielem Unglück heimgesuchten Seele, die er nicht verlassen will, zukommen läßt. Was ich aber an der allgemeinen Ächtung verlor, das gewann ich wieder herein durch Studien, für die ich nun Zeit hatte, so daß ich schließlich die ganze Sache nicht zu bereuen brauchte. Bin ich ja doch erst durch diesen Stachel zu ernster Arbeit angefeuert worden!"[329]

Cardano glaubt, daß der Traum schließlich seinem Leben eine günstige Wende gegeben hat, schrieb er doch in den folgenden Jahren an seinen bedeutenden und erfolgreichen mathematischen Werken.

Es ist erstaunlich zu sehen, wie Cardano sich immer wieder durch Träume zum Schreiben seiner Bücher anspornen läßt. Im Schlaf empfängt er entscheidende Impulse zu seinen Werken.

> "Wie ich dazu kam, Bücher zu schreiben... Ich tat es, weil ich ein-, zwei-, drei- und viermal und noch öfter im Traum dazu ermuntert wurde."[330]

Man könnte den Eindruck gewinnen, Cardano knüpfe hier nur an einen antiken Topos an, dem zufolge berühmte Werke aufgrund von göttlichen Traumeingebungen ihrer Autoren verfaßt wurden. Doch angesichts der Häufigkeit solcher kreativer Träume bei Cardano zerstreuen sich die Zweifel an der Authentizität seiner nächtlichen Inspirationen.

> "Im Jahre 1557 träumte mir, ich höre eine sehr liebliche Harmonie und wohltuende Zusammenstimmung. Der Gedanke daran erquickte und stärkte mich sehr. Als ich erwachte, habe ich rasch diesen Anfang zu einem Buch gefunden: Warum nämlich etliche an Fieber und Erkältung sterben müssen, andere aber nicht. Den Grund hierfür herauszufinden hatte ich mich 25 Jahre lang bemüht. Da ich's nun gefunden hatte, begann ich morgens in der Frühe das schöne Buch "Ars parua Medendi" genannt zu schreiben. Also wurde durch die Harmonie die göttliche Weisheit bedeutet."[331]

In der Neujahrsnacht 1543 sieht sich Cardano im Traum zusammen mit dem Mathematiker Ludovico Ferraro alte Grabsteine aus Marmor betrachten, "monumenta". Sie bedeuten Cardano Bücher, die an die alten Weisheiten mahnen (monere), "daß mir aber solches am ersten Januar geträumt, hat angezeigt, ich werde sie in diesem Jahr anfangen zu schreiben".[332] So flogen Cardano im Traum die wichtigsten Einfälle zu seinen Büchern zu, im Schlaf gelingt ihm die Lösung einer medizinischen Frage, um die er sich wachend jahrelang vergeblich bemüht hatte.

Einmal sieht er im Traum mehrere Paläste, was bedeutet, daß er ebensoviele Bücher schreiben wird. Ein weiteres Element dieses Traumes ist die Stadt Neapel, wodurch angezeigt wird, daß er viele neue Erfindungen machen wird, denn Neapel setzt sich zusammen aus "nea" = neu, und "polus" = viel.[333]

Ein anderes Mal nimmt sich Cardano im Traum eine neue Frau: Die Frau aber steht ihm für Strebsamkeit und Fleiß, und zwar für den

Fleiß, den er auf seine Studien verwenden würde.[334] Solche Träume setzten bei Cardano Energien frei und stachelten ihn zur Arbeit an, wenn ihm nachts ein Licht aufgegangen war.

> "Auf eine Nacht träumte mir, ich sähe schöne Kristalle am Gestad einmes fließenden Wassers. Ich war fröhlich und las sie auf. Am Morgen kommt einer zu mir und bringt mir sehr schöne Bücher zu kaufen um ein solch gering Geld, daß mich bedäucht, sie wären mir geschenkt. Also habe ich sie gekauft, als wenn ich sie gefunden hätte."[335]

Aus diesen Zeilen spricht das Genialische in Cardano. Er findet und erfindet im Traum. Dank seiner Intuition, seines Schutzgeistes, seiner "harpokratischen Natur" oder dank seiner lebhaften Phantasie hatte er ständig solche Eingebungen.

> "Ich fühle nämlich, daß in mir etwas ist, von dem ich nicht weiß, was es ist; und ich fühle, daß ich selbst dieses Etwas bin... Und weil es aus meinen Kräften herauswächst, ist es größer als diese."[336]

In einem besonders dramatischen, seine berufliche Laufbahn betreffenden Traum begegnet Cardano dem leibhaftigen Tod. Es ist der mittlere von insgesamt drei Träumen, die er am 19. Januar 1544 gegen Morgen erlebt.

> "Irgendetwas hinter meinem Kopfkissen hatte mich geweckt. Ich bildete mir ein wach zu sein... Wie ich nun den Kopf erhob, zeigte sich mir, daß Licht durchs Fenster drang. Das mahnte mich aufzustehen und meinen Beruf auszuüben. Ein Schrecken, der von dem Ding hinter meinem Kopfkissen ausging, trieb mich zu größerer Eile. Nun untersuchte ich das andere Fenster, um herauszufinden, ob das Licht von dorther eindringe. Da sah ich die Haustüre offen und ich eilte zur Tür mit einem Stocke in der Hand. Aber Staunen und Schrecken ergriff mich: *in der Haustüre stand der Tod!* Sogleich dachte ich: das ist ein tödliches Vorzeichen, falls ich den Tod nicht *mit dem Stock vertreibe* und mich bemühe, ihn zu schlagen. Er flieht, ich folge - er flieht in ein anderes Haus und versteckt sich im Abort. Daraus schloß ich, das bedeute für mich keine Gefahr..."

Cardano gibt folgende Deutung:

> "Ich komme zum zweiten: Ich suchte aufzustehen und wollte mich meinem Beruf zuwenden: der Tod steht in der Türe

> und ich *verscheuche ihn mit den von mir geschaffenen Büchern 'De subtilitate' und 'De rerum varietate': Es war nämlich der Tod meines Namens.* Von diesem Namen nun zeigt der Schicksalstraum, daß *meine Werke ewige Denkmäler* sein werden.
>
> Was im zweiten Traum mich hinter dem Kopf erschreckte, das war *mein Wunsch, Bücher zu schreiben.* Das riß mich *aus dem Schlaf, d.h. aus dem bürgerlichen Leben,* auf daß ich mich erhebe und den Tod vertreibe, der vor der Türe stand."[337]

Man hätte erwarten können, daß Cardano den Kampf mit dem Tod gerade auf seinen Arztberuf beziehen würde. Tatsächlich aber geht es ihm darum, dem Tod seines Namens zu besiegen und zwar durch seine Werke, von denen er sich ewigen Nachruhm erhofft. Dies ist für die Mentalität des Renaissance-Menschen sehr charakteristisch. Wie Burckhard schon gezeigt hat, bekundet sich in dem "modernen Ruhm" der Renaissance das Geltungsstreben der aus der mittelalterlichen Glaubensbefangenheit heraustretenden Einzelpersönlichkeit. Cardano ist hier nur ein Beispiel von vielen.

Betrachten wir abschließend zwei Traumdeutungen Cardanos, in denen das Moment der psychologischen Analyse im Vordergrund steht, und die dadurch unserem heutigen, von den Theorien C. G. Jungs und Freuds beeinflußten Traumverstehen näherkommen.

Sehen wir zunächst, wie Cardano den Traum eines Freundes deutet:

> "Einer meiner Freunde, der wirklich wenig wußte, sollte ein Examen ablegen. Er war darum gänzlich verstört und zitternd. Am Vortage der Prüfung träumte er, er gehe mit Freunden und Hunden durch Felder auf die Jagd. Plötzlich kamen Räuber, die alle seine Genossen, bis auf einen gefangen nahmen. Dieser eine schien ein Freund der Räuber zu sein. Der Träumer selbst hatte sich im Getreidefeld versteckt, so fanden ihn die Räuber nicht. Aber er fürchtete, seine eigenen Hunde könnten ihn verraten.
>
> Voller Angst kam er am anderen Morgen zu mir. Ich sagte ihm: sei guten Mutes! Die Räuber, das sind die Gefahren, Fehler zu machen. Die Hunde, die dich verraten können, das ist eben das Examen. Der Freund der Räuber, das bin ich selber. Denn ich fürchte mich nicht vor Fehlern. Die

> Getreidehalme, in denen du dich versteckt hat, das ist das, was du in deinem Gedächtnis besitzest.
>
> Nach dieser Erklärung ging der Freund ganz erstaunt fort."[338]

Cardanos Deutung ist beeindruckend. Ohne Mühe übersetzt er die Elemente des Traumes in die tatsächliche Lage des panischen Examenskandidaten. Er nimmt an dessen Situation Anteil und klopft ihm gleichsam aufmunternd auf die Schulter, als wollte er sagen: Nicht die Fehler sind das Schlimme, sondern die Angst, welche zu begehen. Machs wie ich. "Denn ich fürchte mich nicht vor Fehlern."

> "Den 11. Oktober, im selben Jahr (1539), als ich in das Kollegium der Ärzte aufgenommen worden war, träumte mir, ich wäre unter meinen Gesellen, und wir warten auf das Brettspiel, um darin zu kurzweilen. derweilen erschien ein Regenbogen und als derselbe verschwunden war, wurde ein anderer gesehen, welcher mit seinem höchsten Teil und der Spitze den Giebel des Hauses berührte und mit den Enden bis auf die Erde reichte. Um diesen nun auch den Anderen zu zeigen, hätte ich ihn gerne angerührt, ich durfte aber nicht. Als ich mich dann umdrehte und mich schließlich traute, ihn anzurühren, bemerkte ich, daß er auch verschwunden war.
>
> Meine Gesellen, das waren die Ärzte, mit denen ich mir vorgenommen hatte, die Kunst auszuüben. Der Regenbogen bedeutet die Lehrtätigkeit (wie anderswo gesagt), die mir angeboten worden war, und die ich ausgeschlagen hatte. Der andere Regenbogen, welcher mit seiner Spitze das Haus berührte, bedeutet ein weiteres Angebot, das ich angenommen hatte. Daß ich ihn aber aus dem Haus ergreifen wollte und nicht durfte, zeigt an, daß ich furchtsam an die Sache herangehen würde, was ich auch getan habe. Daß ich mich umdrehte, bedeutet, ich würde sicherer sein, wenn ich der ärztlichen Praxis obläge. Er ist aber auch verschwunden, das heißt, die hohe Schule ist an ihren früheren Ort verlegt worden. Es war eben, als wenn man spräche: Wenn du profitieren willst und lesen, so mußt du deine Heimat und die ärztliche Praxis verlassen."[339]

Dieser Traum fällt in eine Lebensphase Cardanos, in der er in Mailand als Arzt praktizierte, aber trotz seiner hart erkämpften Aufnahme ins Ärztekollegium seine beruflichen Angelegenheiten hintan stellte, um sich zusehends seiner Leidenschaft fürs Schach- und Würfelspiel hinzugeben. Der erste verschwundene Regenbogen bezieht sich offenbar auf den Ruf nach Pavia, den er 1536, drei Jahre zuvor ausgeschlagen hatte. Durch die Deutung dieses Traumes gelingt es Cardano, sich einen inneren Konflikt zu verdeutlichen und zu Bewußtsein zu bringen, der seine berufliche Existenz betrifft. Auf der einen Seite möchte er sich als Gelehrter unsterblichen Ruhm erwerben und seinen Namen verewigen. Dazu müßte er die Gelegenheiten zur Lehrtätigkeit (die Regenbögen) jedoch entschlossen ergreifen und auch einen Ortswechsel in Kauf nehmen. Die Bewegungshemmung im Traum - er möchte den Regenbogen ergreifen, darf aber nicht, sondern muß sich zur Sicherheit erst umdrehen, woraufhin der Regenbogen schon verschwunden ist - deutet Cardano zutreffend als einen inneren Zwiespalt seiner Person: Zieht er doch im Grunde genommen die bequeme, bodenständige Sicherheit einer bescheidenen Tätigkeit als praktischer Arzt vor, die ihm auch noch Zeit zum Schachspielen läßt. Cardano erkennt, daß er ärztliche Praxis in der Heimat (symbolisiert durch das Haus) und erfolgreiche Lehrtätigkeit nicht miteinander vereinbaren kann (es gelingt ihm im Traum nicht, aus dem Haus heraus, den Regenbogen über dessen Giebel zu ergreifen), und daß er weniger furchtsam und unentschlossen sich bietende Chancen nutzen muß, ehe sie sich verflüchtigen. In dieser Traumdeutung spielt das prophetische Moment keine Rolle. Vielmehr steht der Versuch einer charakterlichen Selbstanalyse ganz im Vordergrund.

Cardanos Traumbuch "Synesiorum somniorum..." stellt durch die Fülle der darin mitgeteilten und gedeuteten persönlichen Traumerlebnisse eine einzigartige Quelle dar. Zusammen mit seiner eigenen Lebensbeschreibung versetzen sie den Historiker der Träume in die selten glückliche Lage, einmal Traumtheorie, Deutungspraxis und Lebensgeschichte einer vorneuzeitlichen Persönlichkeit im Zusammenhang betrachten zu können.

Cardano ist die letzte große Autorität des Abendlandes auf dem Gebiet einer mantischen Traumdeutung. Zugleich sprengt er aber auch deren Grenzen. An Cardanos Beispiel zeigt sich ganz klar, daß die Kenntnis früherer Jahrhunderte vom Traum sich keineswegs, wie gelegentlich behauptet wird, in der Konsultation der immer gleichen starren Traumschlüssel vom Typ der artemidorschen "Oneirokritika" und in einer schablonenhaften Klassifizierung der Träume entsprechend ihrer Herkunft und Zuverlässigkeit erschöpfte.

Gewiß, Cardano interpretierte manche seiner Träume als Omina; er sah die wichtigsten Wendepunkte in seinem Leben durch Träume vorherbestimmt und deutete die ihm eigene ingeniöse Sehergabe als Zeichen seines Nachruhms. Aber er wußte auch um die Zweifelhaftigkeit allen Wahrsagens. Die Vorbedeutungen der Träume sind natürlich, alle Vorhersagen aus ihnen bloße Mutmaßungen. So gibt es bei Cardano nicht nur die Schicksalsträume im eigentlichen Sinn, sondern auch solche, denen er Hinweise auf seine gegenwärtige Lage entnahm, Mahn- und Warnträume, deren Fingerzeige er in seinem wachen Leben befolgte; es gibt die kreativen Träume wie auch die "psycho-analytischen". Cardano hält alle seine Träume für mitteilenswert und bedeutsam, und er kennt über die Weissagung hinaus eine Fülle von Nutzanwendungen der Traumbeobachtung für das wirkliche Leben.

Schließlich schätzte und sammelte er seine Träume auch um ihrer selbst willen, gewissermaßen wie kostbare Kleinode. Sie gehörten in seinen Augen zu den Kleinigkeiten, den "Subtilitäten", die ihm immer viel bedeuteten und von denen er gesagt hatte, daß sie allein es verdienten, in Büchern mitgeteilt zu werden. Es ist sehr bezeichnend, daß Cardano seinem Traumbuch einen Anhang "Von den geringsten Sachen" beifügt, wo er in der für ihn typischen Weise Kochrezepte, Betrachtungen über Edelsteine, mathematische Spielereien und andere Kuriositäten in kunterbunter Folge aneinanderreiht. So kommt in Cardanos Traumdeutung die ganze Originalität und Eigenwilligkeit seiner Persönlichkeit zum Tragen, der Individualismus der Renaissance, der allenfalls in Cardanos Gewährsmann Synesios ein Vorbild hatte.

Wie schon Fierz in seiner verdienstvollen Studie über Cardano feststellte,[340] sind dessen Träume zwar phantasievoll, aber nicht eigentlich phantastisch - trotz ihrer teilweise sehr renaissancehaften Symbolik (Sterne usw.). Sie sind jedenfalls nicht geeignet, jenes ins Pathologische verzerrte Bild Cardanos, das die Epoche des Rationalismus von ihm gezeichnet hat, zu bestätigen. Im Gegenteil: Cardanos Offenheit für die Sprache des Unbewußten könnte uns heute als ein Zeichen von psychischer Ganzheit und Gesundheit erscheinen.

Phantastisch und für den Menschen der modernen Industriegesellschaften äußerst fremdartig mutet dagegen Cardanos Wirklichkeitserfahrung an, die überall mit phantastischen Gesichtserscheinungen, Halluzinationen und Wunderzeichen durchsetzt ist. Im Vergleich zu ihnen wirken Cardanos Träume geradezu realistisch und "normal". Aber diese merkwürdig umgekehrte Situation - Realismus der Träume, Phantastik der Wacherfahrung - war auch schon bei John Dee zu beobachten.

Um allerdings die Hellhörigkeit und ahndungsvolle Sensibilität für Zeichen bei Cardano, Dee und vielen ihrer Zeitgenossen angemessen beurteilen zu können, muß man sich die reale Bedrohtheit und Ausgesetztheit der damaligen Existenzbedingungen vor Augen führen. Denn letztlich sind die Zeichen und Wunder, von denen sich die Menschen dieser Epoche ständig umgeben sahen, nur imaginäre Verdoppelungen der Einbrüche, Unwägbarkeiten und Gefährdungen des realen Lebens. Dieses war selbst alles andere als rational und weit mehr als unser heutiges von Kontingenzerfahrungen bestimmt. Nicht zufällig waren die Omina in der Mehrzahl von böser Vorbedeutung. Hierin spiegelt sich das existentielle Unsicherheitsgefühl der Epoche wider, zu dem sich ein religiöses, spirituelles Unsicherheitsgefühl hinzugesellte. Beides hat zur Konjunktur der "heidnisch-antiken Wahrsagung" im 16. Jahrhundert beigetragen.

Die Phantastik von Cardanos Wirklichkeitserfahrung ist aber nicht nur der Reflex unberechenbarer Lebensumstände. Das wäre eine zu einseitige, "realistische" Erklärung. Sie ist nicht minder der Ausdruck einer Persönlichkeitsstruktur, die noch nicht durch den von Norbert Elias beschriebenen "Prozeß der Zivilisation" modelliert ist. Sie zeugt von einer uns fremd gewordenen Organisation des Seelischen selbst. Cardanos ständige Phantasieversunkenheit, seine Halluzinationen, sein assoziativer, Brüche und Widersprüche nicht scheuender Schreibstil, seine von Augenblickslaunen diktierten Übersprunghandlungen - all dies legt die Vermutung nahe, daß Cardanos Wacherleben den sogenannten Primärvorgängen, die Freud als das Eigentümliche des kindlichen Denkens und des Traumerlebens ansah, noch recht nahe kam.

## II. Teil

### 1. Prolegomena zur neuzeitlichen Trennung von Traum und Realität - ihre Motive und Verlaufslinien

> "Die Wachen haben eine einzige und gemeinsame Welt (henai kai koinon kosmon); im Schlaf wendet sich jeder seiner eigenen (idion) zu."[341]

In diesem Diktum Heraklits hat sich bereits in frühester Zeit das Verdikt abendländischer Rationalität gegenüber dem Traum erstmals ausgesprochen. Schon in den Anfängen der griechischen Philosophie trifft ihn die Anklage der Vereinzelung. Die philosophische Vernunft, so scheint es, begegnet seit jeher allem Einzelnen und Besonderen, das ihr ethisch gesehen zugleich als das Schlechte gilt, mit Verachtung. Sie privilegiert das Allgemeine, die allen gemeinsame Wirklichkeit (koinon kosmon), vor der die Eigenwelt (idion) des Traums nicht bestehen kann.

Nun war der Traum zwar nicht im Denken der Vernunftphilosophie, wohl aber, wie im I. Teil der Untersuchung gezeigt wurde, in der Mantik und im religiösen Denken bis zur beginnenden Neuzeit beheimatet und allgemein anerkannt. Hier galt der Rückzug des schlafenden Menschen aus der gemeinsamen Welt des Tages zugleich als Übertrittsmöglichkeit in eine andere, heilige Welt, die von der profanen des Wachseins her unzugänglich war. Gerade die radikale Vereinzelung des Schlafenden bedeutete hier die Möglichkeit einer Einswerdung mit dem Ganzen - und zwar, wie wir sahen, auf verschiedene Weise: als Begegnung mit dem Göttlichen (theologische Auffassung), als Befreiung der Seele von den Fesseln des Leibes (anthropologische Auffassung) oder als Fühlung mit dem Makrokosmos (kosmologische Auffassung).

Diese übervernünftige Beziehung des Traums zur Wahrheit jenseits des Diskurses wurde auch von Philosophen wie Sokrates und Platon und von den großen Denkern des Mittelalters ausdrücklich respektiert.

Dank seiner übernatürlichen Beglaubigung stand dem Traum das Tor zur gemeinsamen Welt der Wachen offen. Er erweiterte den Ausblick auf das Künftige des Tages und konnte sogar Einfluß auf die menschlichen Entschlüsse und Handlungen gewinnen. "Träume haben über die wichtigsten Dinge in meinem Leben entschieden", hörten wir Cardano sagen. Der Traum hatte eine Funktion für die Welt des Wachseins. Ja, er war seiner Struktur nach von dieser gar nicht verschieden. "Man halte sich dabei vor Augen, daß das, was im Wachsein begegnet, sich in keiner Weise vom Traumgeschehen unterscheidet, denn beidem kommt dieselbe Voraussage zu". Artemidor macht keinen Unterschied zwischen dem "idios kosmos" des Traums und dem "koinos kosmos" der Wachen. Der Traum kann für ihn "das Sein sagen", denn er spricht dieselbe Symbolsprache wie bei Tage die Natur, wo sich das Numinose ständig durch auffällige Vorkommnisse und Wunderzeichen kundtut. In der Erfahrungswelt eines Cardano resultierte aus dieser strukturellen Ungeschiedenheit tatsächlich ein weitgehendes Ineinanderlaufen von geträumtem und wirklichem Leben.

Allerdings hatte sich der Traum selbst für das mantische und religiöse Denken in gewisser Weise vor dem Allgemeinen und der Welt der Wachen zu rechtfertigen. Innerhalb des Traumfeldes gab es Schnitte wie den zwischen den "bloßen" Träumen und den Traumgesichten. Es gab ethische Anforderungen an das wahrhafte Träumen: Die Seele sollte gereinigt sein, und der Traum durfte niemals bloß an die profanen Begierden des Menschen appellieren. Sein Wert hing mitunter auch von der sozialen Stellung des Träumers ab.

So erhob Platon die Forderung, daß die übervernünftige Botschaft des Traums von Verständigen in die Sprache der Vernunft zu verdolmetschen sei. Artemidor hielt es für von guter Vorbedeutung, wenn sich der Traum mit Sitte und Gesetz im Einklang befand. Doch die Unterscheidung von Traum und Traumgesicht handhabte er (wohl auch im Interesse seines Geschäftes) wenig restriktiv. "Wir nennen alles Unerwartete gottgesandt"; es genügt, daß der Traum einen starken Eindruck hinterlassen hat, damit er deutungswürdig ist.

Erst im Christentum verschärft sich die Zensur, die der Traum passieren muß, um Beachtung zu finden. Er muß sich zur Traumvision läutern. Sein Besonderes muß - auch um den Preis einer starken sekundären Bearbeitung - mit dem Allgemeinen der christlichen Offenbarungwahrheit zur Deckung gebracht werden. Seine Auslegung geschieht nicht im Hinblick auf diesseitiges Glück, sondern auf jenseitiges Seelenheil.

Diese Bemesung und Beurteilung des Traums nach den ethischen Vorgaben der Wachwelt hat Elisabeth Lenk in ihrem Buch "Die unbewußte Gesellschaft"[342] zum Thema gemacht.

Die Geschichte des Traums im Abendland, so lautet ihre These, war von Anfang an die Geschichte seiner Usurpation durch die gesellschaftliche Moral. Von Artemidor bis hin zur Psychoanalyse Sigmund Freuds - immer habe sich die Gesellschaft zur Sachverwalterin des

Traumsinns ermächtigt, die anarchische subjektive Traumform dabei aber zerschlagen und das mimetische Ausdrucksbedürfnis des Menschen unterdrückt. Dieses sei zwar seit der Moderne in Kunst und Poesie zu sich selbst gekommen, der Traum aber warte noch immer vergeblich auf seinen Freispruch.

Der Nachweis eines Herrschaftsmoments in der Geschichte der abendländischen Traumdeutung ist begründet. Er verleitet Lenk aber dazu, diese Geschichte im Hinblick auf ihre These allzu sehr einzuebnen und so auch jene entscheidende Zäsur zu übersehen, die ich im folgenden als "neuzeitliche Trennung von Traum und Realität" herausarbeiten werde.

Gerade in der Renaissance spielte die schöpferische Trauminspiration, die Lenk durch die Geschichte hinweg verdrängt sieht, eine beachtliche Rolle (z.B. bei Dürer, Browne und Cardano). Und so konnte Cardano, der große "Mantis" der Renaissance, den Traum von religiöser Bevormundung freisprechen, seine Auslegung dem Individuum zurückgeben und den Träumer mit einem Künstler vergleichen.

Man kann wohl sagen, das radikal Subjektive des Traums sei im mantischen und religiösen Denken der früheren Jahrhunderte verdeckt worden und habe nicht zur Geltung kommen dürfen. Aber der Traum war hier eben auch nie eine bloß eigene, subjektive Welt. Seine Beziehbarkeit auf den "koinos kosmos" kollektiver Mythen und Wertvorstellungen war Bedingung seiner Akzeptanz. Mehr noch: Der Mensch begriff den Traum vielfach gar nicht als sein eigenes Erzeugnis. Sein schlafender Geist war nur der Ort der Träume, ihre Empfangsstelle, aber nicht ihr Urheber.

Erst die Renaissance entwickelt die Idee einer autonomen künstlerischen Subjektivität. Es ist daher problematisch, wenn Lenk diese auf die davorliegenden Jahrhunderte zurückprojiziert und die gesamte abendländische Traumgeschichte als Geschichte der Verdrängung eben dieser Subjektivität liest.

Im 16. Jahrhundert bahnt sich die Entdeckung der Subjektivität des Traums an - bei Cardano etwa und in der Theorie der genialischen Trauminspiration. Doch die Befreiung des Traums von der kirchlichen Zensur verbleibt weitgehend innerhalb der mantischen Tradition; ja, sie bedeutete genau noch einmal deren Wiederbelebung.

Erst im 17. Jahrhundert wird die neuzeitliche Aufklärung mit dem heraklitischen Diktum wirklich ernst machen und den Traum als die bloß subjektive Eigenwelt von der gemeinsamen Welt des Wachseins abspalten. Ihr geht es nicht mehr um eine gesellschaftliche Aneignung des Traums, sondern um dessen Ausgrenzung in die Irrealität. Es geht nicht mehr um Selektionen innerhalb des Traumfeldes, sondern um die Verwerfung aller Träume. Ihr Sinn wird nicht mehr nach ethischen Vorgaben zensiert, sondern von der Aufklärung rundweg geleugnet, die Mantik als Aberglauben disqualifiziert. Die Neuzeit entdeckt in der Tat die radikale Subjektivität des Traums, doch nur um sie endgültig zum Schweigen zu bringen und durch einen radikalen Schnitt von der objektiven Wirklichkeit des Wachseins abzutrennen. Der neuzeitliche Vernunftmensch schlägt die Tür zur Nacht hinter sich zu. Der Tag, der ihn wiederhat, ist nicht mehr ein lebendiger Kosmos voller Symbolbezüge, sondern eine entzauberte Welt naturgesetzlich verbundener Tatsachen, die nüchterne Welt des kapitalistischen Betriebs.

Seit Descartes gilt die Welt des Wachseins als die allein wirkliche. Und sie ist es genau deshalb, weil sie die allein rationale ist und im Gegensatz zum Traum einen vernünftigen Zusammenhang erkennen läßt. Die Welt des Traums aber wird, weil sie irrational ist, in die Irrealität verdrängt. Descartes bringt die neuzeitliche Trennung von Traum und Realität auf den Begriff. Die Aufklärung wird sie im 17. und 18. Jahrhundert schließlich auf allen Ebenen der Kultur - wenn auch in einem mühsamen Prozeß - durchsetzen.

Die folgenden Ausführungen sind eine Exposition meiner These. Die wesentlichen Motive, die die neuzeitliche Trennung von Traum und Realität herbeiführten, werden genannt, die Verlaufslinien dieser Trennung umrissen.

### 1.1 Das metaphysische Motiv

Im 17. Jahrhundert verliert der Traum seine Heimat in der Mantik, die dem aufklärerischen Prozeß der Entmythologisierung zum Opfer fällt. Dafür begegnet der Traum nun überall in den Diskursen der neuzeitlichen Vernunftmetaphysik und schreibt sich nachhaltig in deren Geschichte ein. Doch mehr als je zuvor in der abendländischen Geistesgeschichte wird der Traum jetzt für die *Philosophie* zum Problem. Wie ist dies möglich? Die philosophische Vernunft, wir sagten es, war doch noch nie aufs Träumen aus. Ihr geht es um die Bestimmung des wahrhaft Wirklichen.

Nun wird der Traum auch nicht durch seine phänomenale Besonderheit und Eigentümlichkeit für die philosophische Wirklichkeitsfrage zum Problem, sondern umgekehrt durch seine gelegentlich verblüffende Gemeinsamkeit mit der Welt des Wachseins. Schon bei Heraklit war hier eine Irritation zu spüren, die leicht übersehen werden kann: Auch der Traum ist eine Welt, ein "kosmos". Und diese Welt ist der, die sich der wachen Wahrnehmung darbietet, mitunter erstaunlich ähnlich. Vom Träumenden wird sie gar für diese selbst gehalten. Diese Nähe des Traums zur wachen Wahrnehmung ist geeignet, den alltäglichen Realismus zu erschüttern und darauf aufmerksam zu machen, daß die Wirklichkeit des Wachseins keineswegs so selbstverständlich gegeben ist, wie man meinen könnte.

Aus solchen Erwägungen heraus wurden schon in der Antike skeptische Einwände gegen den Realismus der Wahrnehmung erhoben. Sie begegnen zum ersten Mal in einem grundlegenden Text der Erkenntnistheorie, nämlich dem platonischen Dialog "Theaitetos". Allerdings geht aus dem nun zu zitierenden Passus hervor, daß skeptische Traumargumente schon zur Zeit von Sokrates und Platon durchaus geläufig waren.

Sokrates erwähnt das Problem, Wachsein und Traum zu unterscheiden, als eine von mehreren Schwierigkeiten für die These des Theaitetos, Erkenntnis sei Wahrnehmung:

"Sokrates: Merkst du nicht auch diesen Einwurf dagegen, besonders was Wachen und Schlafen betrifft?

Theaitetos: Welchen doch.

Sokrates: Den du, meine ich schon oft gehört haben wirst, wenn man nämlich die Frage aufwirft, was für ein Kennzeichen jemand wohl angeben könnte, wenn einer fragte, jetzt gleich gegenwärtig, ob wir nicht schlafen und alles, was wir vorstellen, nur träumen, oder ob wir wachen und wachend uns unterreden?

Theaitetos: Und wahrlich, Sokrates, es ist sehr schwierig durch was für ein Kennzeichen man es beweisen soll. Denn es folgt ganz genau auf beiden Seiten dasselbe. Denn was wir jetzt gesprochen haben, das können wir ebensogut im Traume zu sprechen glauben; und wenn wir im Traume Träumerisches zu sprechen meinen, so ist ganz wunderbar, wie ähnlich dies jenem ist.

Sokrates: Du siehst also, daß das Bestreiten nicht schwer ist, wenn sogar darüber gestritten werden kann, ob Schlaf ist oder Wachen. Und da die Zeit des Schlafens der des Wachens ziemlich gleich ist und die Seele in jedem von diesen

> Zuständen behauptet, daß die ihr jedesmal gegenwärtigen Vorstellungen auf alle Weise wahr sind: so behaupten wir, und zwar die gleiche Zeit hindurch, einmal, daß das eine, dann wieder ebenso, daß das andere seiend ist, und beharren jedesmal gleich fest auf unserer Meinung."[343]

Sokrates folgert also die Schwierigkeit, Wachsein und Traum zu unterscheiden, aus der Ähnlichkeit der in beiden Zuständen begegnenden Vorstellungen, aus dem jedesmaligen Fürwahrhalten des Begegnenden und daraus, daß die Zeit des Schlafens und des Wachseins ungefähr gleich lang ist. Die Ununterscheidbarkeit von Wachsein und Traum deutet im Zusammenhang der Argumentation auf die Relativität und Standpunktbezogenheit der Wahrnehmung hin.

Doch nirgends in diesem Dialog, noch sonst im Platonischen Werk wird das skeptische Problem, Wachsein und Traum zu unterscheiden, durch die Angabe irgendwelcher Kennzeichen behoben. Erst Descartes wird dies versuchen, und dies zeigt an, daß die Trennung von Traum und Realität eine neuzeitliche ist. Für Platon bedeutet nämlich die Ununterscheidbarkeit von Wachsein und Traum einen Mangel der ontologischen Sphäre des Sinnlichen insgesamt. Nur von den wahrhaft seienden Ideen kann es wirkliches Wissen geben. Von dem bloß nachgeahmten, abbildhaften Sein der Sinnendinge ist dagegen allemal nur ein perspektivisches Wahrnehmen und standpunktbezogenes Dafürhalten möglich. So kommt es für Platon auf eine Trennung von Wachsein und Traum gar nicht an. Im Gegenteil: Platon hält die Nähe des Traums zur Wahrnehmung fest, um diese im Aufstieg zur Idee zur Gänze unter sich zu lassen. Nicht zwischen Wachsein und Traum, sondern zwischen der Sphäre der Sinnlichkeit (der der Traum angehört) und dem Intelligiblen liegt in Platons Zwei-Welten-Lehre der Schnitt im Sein. Platon läßt Traum und Wachsein in der Wahrnehmung zusammenfallen, weil diese selbst kein wirkliches Wissen ist.

Warum aber wird nun beginnend mit Descartes das Problem der Unterscheidung von Wachsein und Traum für die philosophische Erkenntnistheorie zu einer mächtigen Herausforderung, die dringend eine Lösung erheischt? Was nötigt jetzt zu einem Schnitt zwischen den bloß vermeintlichen Wahrnehmungen des Traums und den wirklichen des Wachseins, also zu einem Schnitt innerhalb des Sinnlichen selbst?

Eine Antwort auf diese Frage ergibt sich zunächst aus der idealistischen Ausgangslage der neuzeitlichen Bewußtseinsphilosophie. Diese hält nämlich allein Vorstellungen für unbezweifelbare Wirklichkeit, und darum wird ihr der Traum zur ernsten Bedrohung.

Platon fand das wahrhaft Wirkliche noch am Fixsternhimmel der ewigen Ideen vor; das Mittelalter begriff Erkenntnis noch als Angleichung des Verstandes an eine an sich seiende, hierarchisch gegliederte Schöpfungsordnung, die in Gott, dem vollkommensten Sein aufgehoben war. Immer war das Reale hier etwas vom Menschen unabhängig Gegebenes, eine an sich seiende Substanz. Es zu erkennen hieß, sich in gegebenen Ordnungen zu orientieren. Diese Ordnung des Realen war aber schon im Nominalismus und vollends dann in der religiösen Krise des 16. Jahrhunderts zusammengebrochen.

Descartes' Philosophie beginnt mit dem Zweifel und hält als dessen Resultat nur noch das Ich und die Sphäre seiner Ideen fest. Diese sind hier nur noch Gegebenheiten des Bewußtseins und nicht mehr an sich seiende platonische Wesenheiten. Das Ich ist im Augenblick seiner stolzen Selbstvergewisserung von allem abgeschnitten. Es hat in der Tat nur seine eigene Welt; es gleicht einem Träumenden. Descartes beruft sich in dieser Situation auf Gott, um die Wirklichkeit der Außenwelt wieder in ihr Recht zu setzen; er kehrt so noch einmal zur traditionellen Substanzontologie zurück. Diese Wirklichkeit ist nun die rational verfaßte Welt der Wachen. Sie wird durch das Kriterium der Kohärenz von den Täuschungen der Träume unterschieden. Genau hier - in der 6. Meditation - kommt es also erstmals zur Angabe des schon von Sokrates vermißten Kriteriums.

In der an Descartes anschließenden Metaphysik - dies werden meine Ausführungen zum Problem der Außenwelterkenntnis zeigen - greift der von Descartes heraufbeschworene Traumzweifel jedoch auch auf jene rationalen Kriterien über, die das empirisch Reale gegen den Traum sichern sollen. Ist die rationale Organisation unseres Wachdaseins am Ende selbst nur Fiktion, ein Traum höheren Grades vielleicht?

Die Debatten der neuzeitlichen Philosophie über die Existenz der Außenwelt haben zum Ergebnis, daß Realität überhaupt nicht mehr in ihrer Substantialität erkennbar ist. Sie muß stattdessen als harmonischer Zusammenhang von Phänomenen oder als Funktion eines regelhaften, kohärenten Bewußtseins bestimmt werden. Cassirer nannte dies den neuzeitlichen "Übergang von der Substanz zur Funktion".[344] Zu diesem Erkenntnisverzicht mußte sich die neuzeitliche Metaphysik jedoch erst mühsam durchringen.

Nachdem der Mensch der Neuzeit aus der Gotteskindschaft herausgetreten ist, hat sich ihm jene substantielle Realität verflüchtigt, an der alle Träume ihre Grenze finden könnten. Im selben Moment, wo sich der Mensch als Urheber seiner eigenen Träume entdeckt, wird auch die Bestimmung des Wirklichen zu seiner eigenen Leistung. Die Grenze zwischen dem "idios kosmos" des Traums und dem "koinos kosmos" der Wachwelt ist entgegen allem Anschein nirgends gegeben. Sie ist das Produkt einer Demarkation durch die wache Vernunft. Allerdings machte gerade dieser methodische Verzicht auf eine Wesenserkenntnis der Realität deren Beherrschbarkeit erst möglich. "Wir schreiben der Natur a priori die Gesetze vor", erklärt Kant.[345]

## 1.2 Das methodologische Motiv

Die neuzeitliche Aufklärung war ihrem Selbstverständnis nach ein großes Erwachen aus mittelalterlichen Träumen. Im natürlichen Licht der Vernunft zeigte sich, daß die Menschen der zurückliegenden Jahrhunderte überall in undurchschaubaren Einbildungen und Projektionen befangen gewesen waren, die sie umstandslos und naiv für Realitäten genommen hatten. Hierzu gehörte beispielsweise der Glaube, daß die Erde der Mittelpunkt des Kosmos sei.

Die Naturphilosophie der Renaissance hatte zwar eine Fülle neuer Beobachtungen zusammengetragen und den Horizont des Wissens um wichtige Entdeckungen erweitert. Aber ihr fehlte eine Methode, das angesammelte Einzelwissen theoretisch zu ordnen. Vor allem aber gebrach es ihr an Kriterien, um überhaupt wirkliche Erfahrungen von bloß vermeintlichen zu unterscheiden.

Die Unterscheidung von Wachen und Traum bedeutet aber, wie Leibniz in Anknüpfung an Descartes klarmacht, nichts weniger als eine "Methode, reale Phänomene von imaginären zu unterscheiden". Sie liefert empirische Wahrheitskriterien; sie definiert Standards zur Sicherung von Tatsachen im Unterschied zu Träumen, aber auch zu Fiktionen, Chimären, Halluzinationen und vermeintlichen Wundern. Sie impliziert also eine umfassende Trennung von "fact" und "fiction". Diese Methode befestigt im Empirischen selbst jene Grenze, die zu ziehen Platon weder für möglich noch für nötig gehalten hatte. Hier macht sich nun mit Nachdruck die Durchsetzung der neuzeitlichen Naturwissenschaft geltend, die ihre Überlegenheit gegenüber der Weltsicht der Alten durch ihre ständige Umsetzung in technischen Fortschritt zu beweisen versprach.

Die Naturwissenschaft der Neuzeit entreißt der Theologie die Definitionsmacht des Realen. Sie bestimmt die Natur als lückenlosen mechanischen Kausalzusammenhang, der durch keine übernatürlichen Eingriffe mehr durchbrochen werden kann. Anders als Platon sieht sie das Intelligible als Naturgesetzlichkeit im Empirischen selbst streng und universell verwirklicht. Und eben darum kann jetzt die Welt des Wachseins von der der Träume durch das Kennzeichen der Kohärenz unterschieden werden.

Ein radikaler Umbruch im Weltbild war hierfür die Voraussetzung. Der mittelalterlichen Kosmologie war die Idee eines strengen und universellen Naturdeterminismus noch vollkommen fremd gewesen. Sie unterschied zwischen der von höheren Intelligenzen bewohnten translunaren Sphäre mit ihren vollkommenen Kreisbewegungen und der sublunaren irdischen Sphäre, wo nur gezwungene geradlinige Bewegungen möglich sind und wo Entstehen und Vergehen herrschen. Diese kosmische Hierarchie wird nun mit der Gleichschaltung von himmlischer und irdischer Physik im mechanistischen Weltbild hinfällig. Das ganze Universum unterliegt derselben mechanischen Kausalität.

Jene zwar Gott untergebenen, aber doch mit Eigenwillen begabten höheren Mächte, die ehemals in die niedere Welt hineinwirkten und der Natur ein sinnverwirrendes, gaukelhaftes Aussehen verliehen hatten - es gibt sie gar nicht. Gott hat die Natur in ein Korsett von Gesetzen gebannt, die ab initio und dann auf alle Ewigkeit Gültigkeit besitzen. Die Natur macht keine Sprünge. Ungewöhnliche, aus dem Zusammenhang der Erfahrung herausfallende Ereignisse sind, wenn sie überhaupt real sein sollen, bloße Zufälle. Das Kontingente muß im Prinzip, wenn auch nicht immer praktisch, als Überlagerung von Kausalketten erklärbar sein. Echte Abweichungen von den Naturgesetzen sind ganz und gar unmöglich.

Wären nämlich singuläre ungewöhnliche Ereignisse schon für sich real, dann müßten auch Träume, Halluzinationen und Wunder als Realität zugelassen werden. Ein Ereignis wird jedoch erst durch seine Einordnung in den gewohnten Gang der Dinge, durch seine intersubjektive Bestätigung und durch seine wissenschaftliche Erklärbarkeit als real ausgewiesen.

Damit wird der Mantik, die ja gerade das Singuläre und Abweichende, das, was "praeter" oder gar "contra naturam" geschieht, als prodigiöses Zeichen auslegte, definitiv der Boden entzogen. Prognosen über die Zukunft geschehen nicht mehr auf der Basis unzuverlässiger Weissagungen, sondern beruhen auf der Unverbrüchlichkeit der Naturgesetze.

Die Dinge weisen überhaupt nicht mehr durch ihre symbolische Bedeutsamkeit über sich hinaus; sie sind nur noch, was sie sind.

War für den Menschen der Renaissance der Kosmos noch ein Gefüge von Sinnbezügen, ein dichtgespanntes Netz von Verwandtschaften und Korrespondenzen, wobei zwischen den Dingen und den Zeichen so gut wie zwischen den Dingen untereinander und den Zeichen untereinander ein ständiger Verweisungszusammenhang bestand, so ist für das neuzeitliche Weltbild ein solches Denken in Ähnlichkeiten und Analogien nurmehr ein Gespinst subjektiver Assoziationen, ein Gemächte der Einbildungskraft, bar jeder Beziehung zu den physikalischen Tatsachen.

Wo schließlich Intersubjektivität das Kriterium des Realen ist, da können personengebundene Erfahrungen, Vorahnungen, etwa telepathische Schwingungen, Anmutungen und Gesichtserscheinungen nur noch vor-, aber nicht mehr ausgewiesen werden. Das Wissen des Sehers, des Magiers und des Weisen verliert jeden Kredit. Der Blick auf die Natur wird in der Neuzeit radikal entzaubert. Das Wirkliche verliert seine qualitativen gefühlshaften Momente. Den Dingen Strebungen, den Tieren eine Seele, der Natur irgendwelche Zwecke zusprechen, hieße für das mechanistische Denken, in den Anthropomorphismus des Mittelalters zurückzufallen. Der Himmel lacht nicht mehr bei Sonnenschein, er zürnt auch nicht mehr bei einem Gewitter. Solche Redeweisen gehören fortan dem Mythos und der Poesie an.

So bedeutet die nach Kriterien streng durchgeführte Trennung von Traum und Realität eine Methode der Entzauberung der Welt. Sie läßt die Realität berechenbar und beherrschbar erscheinen, aber um den Preis ihrer Entleerung und Verödung.

### 1.3 Das psychodynamische Motiv

Die Trennung von Traum und Realität, von Sein und Schein, ist nur vom Wachbewußtsein her möglich.

In der reinen unmittelbaren Präsenz des Traums nämlich gehen Ich und Welt magisch ineinander über. Doch auch das wache Bewußtsein ist vom träumenden nicht schon von selbst verschieden, sondern erst dann, wenn es vom Ich zu jener Kohärenz und Ordnung gerufen wird, die seine Beziehung zum Wirklichen gewährleistet. Wachsein ist eben nicht ein bloß physischer Zustand, sondern bedeutet gerade für das neuzeitliche Denken eine bestimmte Verfaßtheit des Bewußtseins.

Die Fähigkeit, Traum und Wirklichkeit zu unterscheiden, bildet sich laut Freud in der kindlichen Entwicklung erst mit der Ablösung der "primären", traumhaften Seelenvorgänge des Kindes durch die "Sekundärvorgänge" heraus - das sind jene triebgehemmten logischen Denkvorgänge, die klassischerweise das wache Ich auszeichnen. Diese Ablösung ist mit der Einführung einer "Realitätsprüfung" verbunden. Diese unterbindet die den Primärprozessen des Kindes und dem Traum eigene halluzinatorische Wunschbefriedigung zugunsten einer zielstrebigen Umweltbewältigung.

Doch auch beim Erwachsenen ist die Fähigkeit zur Realitätsprüfung offenbar keine anthropologische Konstante, sondern ein historisches Produkt. Sie war phylogenetisch gesehen das Ergebnis einer weitreichenden Umstrukturierung und Neuorganisation des Psychischen, die in der frühen Neuzeit einsetzte, und die Norbert Elias als "Prozeß der Zivilisation" beschrieben hat. Am Beispiel sich wandelnder Manierenvorschriften zeigte Elias, wie sich ausgehend von den Oberschichten der Renaissance allmählich ein Menschentyp herausbildete, der es lernte, seine eigenen affektiven Wallungen und seine spontanen Begierden vernünftigen Selbstzwängen zu unterwerfen.

Die Psychogenese des zivilisierten Menschen hing nach Elias unmittelbar mit der Soziogenese des modernen Zentralstaates zusammen. Dieser riß das Gewaltmonopol an sich und pazifizierte weite Teile der Gesellschaft. Den kriegerischen Auseinandersetzungen von Lokalherren, den draufgängerischen Händeln, die ehemals das Straßenbild beherrschten, wurde allmählich ein Ende gesetzt. Man ging nicht mehr einfach aufeinander los. Die Krieger wurden entmachtet, durften aber dafür am Hofleben teilnehmen. Die bei Hofe geltenden Manierenvorschriften und Verkehrsformen wurden nach und nach auch für das Bürgertum vorbildlich. Die Peinlichkeits- und Schamschwelle gegenüber allem Kreatürlichen stieg. Allmählich entstand so das nach innen wie nach außen hin abgeschottete identische Ich, der von Elias als "homo clausus" bezeichnete Mensch der Neuzeit.

Die psychische Organisation des neuzeitlichen Vernunftsubjekts zeichnet sich durch eine zunehmende Ausdifferenzierung von Bewußtem und Unbewußtem aus und durch die Verschärfung der inneren Zensur, jener Kontrollinstanz, die laut Freud die unbewußten Tendenzen und Triebe vom Bewußtwerden zurückhalten soll.

> "Im Laufe dieses Prozesses wird, um es schlagwortartig zu sagen, das Bewußtsein weniger tiebdurchlässig und die Triebe weniger bewußtseinsdurchlässig."[346]

Insbesondere entwickelte der zivilisierte Mensch die Fähigkeit zur "Langsicht", die in einer zunehmend unübersichtlichen und abstrakt verflochtenene Wirklichkeit überlebensnotwendig wurde. Berechnendes ebenso wie berechenbares Verhalten waren die Voraussetzung für den Erfolg im kapitalistischen Wettbewerb, für die Rationalisierung von Bürokratie und Verwaltung und schließlich auch, wie Elias betont, für die Durchsetzung des naturwissenschaftlichen Weltbildes.

Die psychische Organisation des ichstabilen Vernunftsubjekts unterscheidet sich deutlich von der ursprünglich lockeren Fügung des vorneuzeitlichen Menschen mit seinen unberechenbaren Affektausbrüchen und Übersprunghandlungen, mit seinem Schwanken zwischen Sünde und Reue, Rührung und Grausamkeit und seiner nur durch äußere Zwänge eingeschränkten Begierlichkeit. Ein Mensch wie Cardano wäre in der bürgerlichen Welt der Neuzeit nicht mehr angepaßt.

Ich vermute nun, daß die neuzeitliche Trennung von Traum und Realität ein Aspekt des von Elias beschriebenen Zivilisationsprozesses ist.

In meinem Kapitel "Wachsein als Selbstüberwachung" zeige ich zunächst, daß Calderons Drama "Das Leben ist ein Traum" sich als das Drama dieses Prozesses interpretieren läßt. Sodann werden wir sehen, daß in der neuzeitlichen Erkenntnispsychologie und Anthropologie Wachsein tatsächlich wesentlich an die Fähigkeit zur Selbstüberwachung geknüpft wird. Das Wachsein muß durch ständige Ausgrenzung der Träume und der im Hintergrund des Bewußtseins vorbeiziehenden chaotischen Bilderflut aufrechterhalten werden und bestätigt so indirekt deren permanente bedrohliche Präsenz. Von einem frühen Vernunftkritiker des 17. Jahrhunderts, Thomas Tryon, werden wir hören, daß bürgerliche Normalität nur eine Fassade, ja letztlich eine Lüge ist.

So zeigt sich in psychodynamischer Perspektive überhaupt erst, wie berechtigt jener metaphysische Standpunkt ist, der das Wirkliche nicht für schlicht gegeben hält, sondern es aus einer Konstitutionsleistung des Subjekts hervorgehen sieht. Nur um den Preis einer Verdrängungsleistung ist es möglich, sich seiner wachen Vernunft zu versichern.

Die Einfügung des neuzeitlichen Menschen in die "einzige und gemeinsame Welt der Wachen" hat aber die ständige Verleugnung des Wunsches und des Traumes und somit eines Teils seiner inneren Natur zur Voraussetzung.

## 1.4 Das Motiv der Aberglaubenkritik

In den Kapiteln zur "Vertreibung der Gespenster" und zur Traumkritik im 17. und 18. Jahrhundert soll der aufklärerische Prozeß der Entzauberung und Entmythologisierung in einer gewissen Breite und Tiefe erkennbar werden. Anhand einiger exemplarisch vorgestellter Texte der populären Aufklärung, die als Quellen von der Forschung bisher noch kaum genutzt wurden, möchte einen lebendigen Eindruck davon vermitteln, welche Anstrengung die neuzeitliche Trennung von Traum und Realität tatsächlich bedeutet hat.

Jenes Andere, gegen das sich das Subjekt zu stabilisieren hatte, das war inhaltlich zunächst das Dämonische, dann aber die anarchische Produktion einer träumenden Einbildungskraft, die im Innern des Menschen als säkularisierter Teufel weiterhin seine Vernünftigkeit bedrohte. Aufklärung stand im Dienste der Abwehr einer allgegenwärtigen Furcht vor dem Unheimlichen, den Gespenstern und den "Schrecken der Nacht". Sie war alles andere als ein leicht errungener Sieg der Vernunft über den Aberglauben, sondern ein mühsamer Prozeß.

Aufklärung vollzog sich im Zeichen einer "Gleichzeitigkeit des Ungleichzeitigen", und zwar mentalitätsgeschichtlich im Sinne eines Nebeneinanders von aufgeklärten und "rückständigen", magisch-animistischen Einstellungen, die in den Kontroversen über die Existenz von Hexen und Geistern aufeinanderprallen. Selbst Gebildete beharren im Namen eines übernatürlichen Lichts noch lange auf der Wirklichkeit jener durch Aufklärung selbst verdunkelten und ortlos gemachten Erfahrungen des Gespenstischen (vgl. den Abschnitt "Gegner und Verteidiger des Geisterglaubens"), ehe die Geister schließlich doch in die menschliche Brust zurückgescheucht werden.

Die Träume selbst aber bestehen als das "Ungleichzeitige" der wachen aufgeklärten Vernunft, als ungebändigte und nicht kolonisierte Natur, als eine Art mythopoetisches Refugium in jedem bürgerlichen Subjekt fort. Im Traum begegnet sich der Mensch als Tier, er gewahrt seine uneingestandenen Ängste, Unsicherheits- und Schuldgefühle. Da der Traum sich der Herrschaft des Wachbewußtseins entzieht, wird er verdrängt, seine Deutung dem Aberglauben überantwortet. In den mechanistischen Leibreiztheorien der Neuzeit wird seine Herkunft auf das Somatische projiziert.

Gegenüber dem traditionellen, mantischen Traumverstehen findet dabei eine doppelte Umkehrung statt, eine vertikale einmal (von oben nach unten): Die Träume gelten nicht mehr als Einfallstor höherer Mächte, sondern als die Erscheinung des Leibes in der Seele, als Folge eines überfüllten Magens. Von den vier zu Anfang genannten antiken Traumauffassungen bleibt also nur noch die physiologische übrig.

Die andere Umkehrung ist eine horizontale, zeitliche: Die Träume verlieren ihre prospektive Funktion als Vorboten der Zukunft; sie erweitern nicht mehr wie einst den Ausblick auf den Tag, um auf die Entscheidungen und Handlungen des Menschen Einfluß zu nehmen. Sie sind jetzt nur noch als Zerfallsprodukte vergangener Tageseindrücke denkbar. Doch diese ausschließliche Beziehung des Traumes auf die Vergangenheit läßt bereits die Verdrängung erahnen. So entdeckt sich der Mensch im Zeitalter der Vernunft als alleinigen Urheber seiner Träume, nur um sie als das Andere seiner selbst radikal von sich abzuspalten und aus seiner Selbstinterpretation auszuschließen.

## 2. Descartes

### 2.1 Die Träume des jungen Descartes

Es ist paradox genug - Descartes' Philosophie, die sich von allem Nächtlichen abkehrt, wurde durch drei Träume auf den Weg gebracht. Doch der Descartes der Novembernacht 1919 ist noch kein Cartesianer. Er vertraut noch auf übervernünftige Eigebungen und die Bedeutsamkeit der Natur. Seine drei Träume geben ihm jedoch nicht nur die Gewißheit seiner philosophischen Vokation, sie lassen auch ein existentielles Unsicherheitsgefühl erkennen. Seine Philosophie entwickelt sich in Abwehr dieses Gefühls und kehrt sich so schließlich auch gegen die Träume als einer Quelle dieser Unsicherheit.

#### 2.1.1 "Welchen Lebensweg werde ich gehen?" - Die Nacht vom 10./11. November 1619

> "In den Mußestunden des Winters fügte er die Rätsel der Natur mit den Gesetzen der Mathematik zusammen, wagemutig hoffend, die Geheimnisse beider mit demselben Schlüssel eröffnen zu können"[347]

Diese Inschrift erinnert noch heute den Besucher von Descartes' Grab in Sainte-Geneviève-du-Mont an jenes schicksalhafte Ereignis des 10. November 1619, als der damals Dreiundzwanzigjährige eine entscheidende Entdeckung auf dem Weg zu einer mathematischen Naturphilosophie machte und noch in derselben Nacht durch drei Wahrträume seiner Berufung zum Wissenschafter und Philosophen inne wurde.

Fünf Jahre zuvor hatte Descartes seine Ausbildung an dem angesehenen Jesuitenkolleg von La Fleche abgeschlossen und sich danach erst einmal auf Reisen begeben, um die Sitten und Gebräuche der verschiedenen Länder kennenzulernen. Bei Ausbruch des Dreißigjährigen Krieges im Jahre 1618 war er in den Dienst des Prinzen von Nassau getreten und hatte eine Zeitlang erwogen, die Offizierslaufbahn einzuschlagen.

Noch deutet wenig darauf hin, daß aus dem gut situierten weltoffenen Edelmann, dessen Vater dem niederen Amtsadel angehörte, dereinst ein bedeutender Wissenschaftler und Philosoph werden würde, ein Mann, der sein Leben der Erforschung der Wahrheit widmen sollte.

Allerdings kommt es 1618 während eines Aufenthalts in den Niederlanden zu einer wichtigen Begegnung mit dem Privatgelehrten Isaak Beekmann, dem Descartes den ersten Anstoß zur Idee einer mathematischen Physik verdankt. Wenig später möchte er ihn in einem Brief als "Förderer und ersten Urheber" seiner Studien in die Arme schließen.[348] Beekmanns Anregungen wirkten weiter, und Descartes begann, sich intensiv mit mathematischen und physikalischen Problemen auseinanderzusetzen.

Descartes hatte sich 1619 den Truppen Maximilians von Bayern angeschlossen, doch als das Heer mit Beginn der schlechten Jahreszeit das Winterquartier bezieht, sondert er sich von der Welt ab, bezieht ein kleines Zimmer in Neuburg an der Donau und widmet sich voll Hingabe seinen Studien. Folgen wir dem Bericht von Descartes' zeitgenössischem Biographen Adrien Baillet, so verbrachte der Dreiundzwanzigjährige den Spätherbst des Jahres 1619 in mönchischer Askese und Zurückgezogenheit.[349] Er mied den Wein und den Umgang mit Menschen, verließ nicht einmal für einen Spaziergang seine Stube, sondern vertiefte sich bis zum Rande der Erschöpfung in seine wissenschaftlichen Probleme.

Schließlich ging der Zustand des eher schwächlichen und tuberkuloseanfälligen Denkers in eine Art fiebrige Begeisterung über. Das Feuer des Enthusiasmus war in Descartes entfacht, und am 10. November gelang ihm plötzlich eine wichtige Entdeckung. In einer vermutlich kurze Zeit später entstandenen Frühschrift "Olympica" hält Descartes gleich zu Anfang das Datum dieses wichtigen Ereignisses fest und beschreibt das Gefühl der Begeisterung, das ihn dabei beseelte:

"Am 10. November 1619, als ich ganz erfüllt von Enthusiasmus war und die Grundlagen einer wunderbaren Wissenschaft entdeckt hatte."

("X. Novembris 1619, cum plenus forem enthusiasmo, & mirabilis scientia fundamenta reperirem.")[350]

Dies ist die einzige wörtlich überlieferte Notiz des Philosophen, die auf die Erlebnisse in jener Winternacht Bezug nimmt.

Wir wissen nicht, welche Entdeckung im einzelnen Descartes an diesem Tage gelungen war. Vielleicht handelte es sich um die Lösung eines mathematischen Problems im Zusammenhang der von ihm begründeten analytischen Geometrie. Möglicherweise war jene herrliche Wissenschaft, deren Fundamente er entdeckt zu haben glaubte, die berühmte Universalmathematik (Mathesis Universalis), deren Methode in den "Regulae ad directionem ingenii" von 1637 dargelegt ist. Vielleicht erfüllte ihn der Gedanke, daß sich alle Naturvorgänge als Verhältnisse geometrischer Größen mathematisch beschreiben lassen, mit solcher Begeisterung, wenngleich die Ausarbeitung dieses Programms noch Jahre in Anspruch nehmen sollte. Wie dem auch sei, ein fiebriger Rausch, die Freude über seine völlig neuartige Entdeckung waren an jenem denkwürdigen Tag nicht von ihm gewichen. Als er sich des Nachts zu Bett legte, überkamen ihn beim Schlaf die drei folgenden Träume, die seinen künftigen Lebensweg bestimmen sollten.

Wir zitieren den Bericht seines Biographen Baillet, der die leider verloren gegangenen Notizen des Philosophen noch vorliegen hatte.

"In dieser Nacht hatte er drei aufeinanderfolgende Träume, von denen er glaubte, daß sie nur von einer höheren Macht eingegeben sein konnten. Nachdem er eingeschlafen war, glaubte er irgendwelche Phantome zu sehen und fühlte sich durch diese Erscheinung erschreckt. Er glaubte durch Straßen zu gehen und war über die Erscheinung so entsetzt, daß er sich auf die linke Seite niederwerfen mußte, um an den Ort gelangen zu können, wohin er zu gehen beabsichtigte. Denn an der rechten Seite fühlte er eine große Schwäche und konnte sich nicht aufrecht halten. Beschämt, auf diese Weise gehen zu müssen, machte er eine Anstrengung, um sich aufzurichten, doch da fühlte er einen heftigen Wind. Wie ein Wirbelsturm packte ihn der Wind, so daß er sich drei- oder viermal auf seinem linken Fuß im Kreise herumdrehte. Das war es eigentlich noch nicht, was ihn erschreckte. So schwierig war es, vorwärts zu kommen, daß er bei jedem Schritte glaubte hinzufallen. Endlich bemerkte er auf seinem Wege ein Seminar, das offen stand, und er trat ein, um dort Zuflucht zu finden und Hilfe gegen seine Bedrängnis. Er versuchte, die Kirche des Seminars zu erreichen, und sein erster Gedanke war, ein Gebet zu verrichten, aber er bemerkte, daß er an einem Bekannten, ohne zu grüßen, vorbeigegangen war, und wollte wieder umkehren, um sich gegen ihn höflich zu zeigen. Doch er wurde von dem Wind, der in der Richtung, wo sich die Kirche befand, wehte, mit Gewalt zurückgehalten. Im selben Augenblick sah er inmitten des Schulhofes wiederum einen anderen Mann, dieser rief Descartes höflich und zuvorkommend beim Namen und sagte ihm, daß, wenn er Herrn N. aufsuchen wolle, er ihm etwas mitzugeben hätte. Descartes glaubte, daß es eine Melone war, die man aus irgendeinem fremden Lande gebracht hatte. Doch wie groß war sein Erstaunen, als er sah, daß Leute, die sich mit diesem Manne um ihn versammelt hatten, um miteinander zu plaudern, aufrecht und fest auf ihren Füßen stehen konnten, mußte doch er an demselben Ort immer gekrümmt und schwankend gehen, obgleich der Wind, der ihn schon mehreremal umzuwerfen drohte, sehr nachgelassen hatte.

Er erwachte mit dieser Vorstellung und fühlte im selben Augenblick einen wirklichen Schmerz und befürchtete, dies könnte das Werk böser Geister sein, die ihn verführen wollten. Sogleich drehte er sich auf die rechte Seite, denn auf der linken Seite liegend war er eingeschlafen und hatte jenen Traum gehabt. Er betete zu Gott und flehte, er solle ihn vor den bösen Wirkungen seines Traumes schützen und ihn vor allem Unglück, das ihm als Strafe für seine Sünden drohen könnte, bewahren. Er sah ein, daß seine Sünden schwer genug waren, um den Blitz des Himmels auf sein Haupt zu ziehen, obgleich er bis jetzt in den Augen der Menschen ein makelloses Leben geführt hatte. Und nachdem er zwei Stunden lang über das Gute und das Böse dieser Welt mancherlei Gedanken gehabt hatte, schlief er wieder ein.

Alsbald hatte er einen neuen Traum. Er glaubte, ein heftiges, starkes Geräusch zu hören. Er hielt das Geräusch für einen Donnerschlag. Darüber erschrak er und erwachte im selben Augenblick.

Als er die Augen öffnete, bemerkte er im Zimmer viele Feuerfunken. Schon öfters war ihm dies zu andern Zeiten widerfahren, und es war für ihn nichts Außergewöhnliches, mitten in der Nacht zu erwachen und Sehkraft genug im Auge zu haben, um die nächsten Gegenstände wahrzunehmen. Aber jetzt endlich wollte er auf Erklärungen zurückgreifen, die er der Philosophie entnahm, und indem er abwechselnd die Augen öffnete und schloß und die Dinge, die sich ihm darboten, auf ihre Beschaffenheit beobachtete, zog er für seine Erkenntnis günstige Schlüsse. So schwand sein Schrecken, und ganz beruhigt schlief er wieder ein.

Bald darauf hatte er einen dritten Traum, der nicht so schrecklich war wie die beiden andern.

Im letzten Traum fand er auf seinem Tisch ein Buch, ohne zu wissen, wer es dort hingelegt hatte. Er schlug es auf, und als er sah, daß es ein Lexikon war, war er darüber entzückt; denn er hoffte, daß es ihm sehr nützlich sein konnte. Im selben Augenblick fand sich ein anderes Buch unter seiner Hand, und auch dies war ihm unbekannt, und er wußte nicht, woher er es hatte. Er sah, daß es eine Sammlung von Gedichten verschiedener Autoren war, betitelt "Corpus Poetarum" usw. [Am Rande: Eingeteilt in 5 Bücher, gedruckt in Lyon und Genf usw.] Er war neugierig, einiges in diesem Buche zu lesen, und beim Öffnen des Buches fiel sein Blick auf den Vers "Quod vitae sectabor iter?" usw. Im selben Augenblick bemerkte er einen Mann, den er nicht kannte und der ihm ein Gedicht überreichte, das mit "Est et Non" anfing, und ihm dieses als ein ausgezeichnetes Stück rühmte. Descartes sagte ihm, daß er das Gedicht kenne, es sei eine der Idyllen des Ausonius, und diese Idylle sei in der großen Gedichtsammlung enthalten [...], die auf seinem Tische liege. Er wollte sie selbst dem Manne zeigen und fing an, in dem Buche zu blättern, dessen Ordnung und Einteilung er genau zu kennen sich rühmte. Während er die Stelle suchte, fragte ihn der Mann, woher er das Buch habe, und Descartes antwortete ihm, daß er ihm nicht sagen könne, auf welche Weise er es bekommen hätte; aber einen Augenblick vorher hatte er noch ein anderes Buch in der Hand gehabt, das soeben verschwunden sei, ohne daß er wüßte, wer es ihm gebracht, noch wer es ihm genommen habe. Er hatte noch nicht zu Ende gesprochen, da sah er am andern Ende des Tisches das Buch wieder zum Vorschein kommen. Aber er stellte fest, daß dieses Lexikon nicht ganz so war, wie er es vorhin gesehen hatte. Inzwischen fand er die Gedichte des Ausonius in der Dichteranthologie, die er durchblätterte, doch das Gedicht, das mit "Est et Non" anfängt, konnte er nicht finden und sagte zu jenem Manne, daß er ein noch viel schöneres Gedicht als dieses von demselben Dichter kenne, welches mit "Quod vitae sectabor iter?" anfange. Der Mann bat ihn, ihm dieses Gedicht zu zeigen, und Descartes machte sich daran, es zu suchen, da fand er in dem Buche verschiedene kleine Porträts in Kupfer gestochen. Daraufhin sagte er, daß dieses Buch sehr schön wäre, doch es sei nicht derselbe Druck, den er kenne. Er war noch bei dieser Beschäftigung, als die Bücher und der Mann verschwanden und in seiner Vorstellung erloschen, ohne daß er darüber erwachte. Bemerkenswert muß es erscheinen, daß, während er noch im Zweifel war, ob das, was er soeben gesehen hatte, Traum oder Vision wäre, er nicht nur im Schlaf entschied, daß es ein Traum war, sondern noch ehe der Schlaf ihn verließ, die Auslegung des Traumes machte. [...]"[351]

Descartes hielt diese drei Träume für Wahrträume. Er war sich sicher, daß sie ihm "von oben" (d'enhaut), von einem göttlichen Geist eingegeben worden waren, "und der menschliche Geist hatte daran gar keinen Anteil". Die drei Träume waren sogar ihrerseits noch einmal Gegenstand einer übernatürlichen prophetischen Intuition, denn der Geist, der ihn seit Tagen mit solchem Enthusiasmus erfüllte, hatte sie ihm vor dem Schlafenlegen vorausbedeutet.[352]

Natürlich haben die Träume eine Fülle sehr unterschiedlicher Deutungsversuche herausgefordert, denen es an Scharfsinn nicht mangelt, die sich aber häufig in weitgehenden, unbeweisbaren Spekulationen ergehen.[353] Demgegenüber hat sich Sigmund Freud, der Vater der modernen Traumdeutung, als er von dem Descartes-Forscher Maxime Leroy um einen Kommentar zu den Träumen gebeten wurde, eine für ihn ungewöhnliche Zurückhaltung auferlegt.[354] Sie zeugt von einem Respekt, den er sonst nur Genies wie Goethe entgegenbrachte.

Freud verweist darauf, daß die Psychoanalyse nur mit geringer Aussicht auf Erfolg zur Deutung von Träumen historischer Persönlichkeiten beitragen könne, da der Träumer nicht mehr, wie es die psychoanalytische Traumdeutungstechnik verlangt, in freier Assoziation Einfälle zu seinen Träumen beisteuern kann.

Im übrigen handle es sich bei Descartes' Träumen um solche, die in engster Verbindung mit den bewußten Gedanken des Wachlebens stünden "und die sich nur für gewisse Anteile eine Verstärkung aus den tieferen Schichten des Seelenlebens holen".[355] Sie waren demnach in der Tat "Träume von oben", allerdings "von oben im psychologischen Sinn der Oberfläche des Bewußtseins, nicht im mystischen Sinn von überirdischen Einflüssen".[356] Freud betont damit, daß die Präokkupationen des Vortages, Descartes' wissenschaftliche Gedanken also, einen maßgeblichen Anteil an der Bildung seiner Träume hatten. Der Inhalt solcher Träume sei "gewöhnlich ein abstrakter, poetischer oder symbolischer" und könne besser als von uns vom Träumer selbst verstanden und interpretiert werden.

> "Unser Philosoph gibt uns seine eigene Deutung, die wir, allen Regeln der Traumdeutung folgend, akzeptieren müssen; ich setze hinzu, daß wir keinen Weg haben, der darüber hinaus führt."[357]

Machen wir uns Freuds Selbstbeschränkung zu eigen, und halten wir uns an die Deutung, die der junge Descartes selbst seinen Träumen gab. Es fällt auf, daß er ihnen einen ausgesprochen moralischen Sinn unterlegt, was jedoch nicht verwundern muß, da er sie aus einer religiösen Haltung heraus als gottgesandte Botschaft interpretierte. Überdies scheint die Deutung der beiden ersten Träume von der des dritten Traums beeinflußt zu sein.

Die ersten beiden Traumepisoden deutete Descartes als göttliche Mahnung und Warnung wegen seines bisher offenbar sündigen Lebens, und sie waren daher von Schmerz und Schrecken begleitet. Der Sturmwind, der ihn auf den Füßen umherwirbelte und am Gehen hinderte, war in seinen Augen ein böser Geist (mauvais génie), genau wie jener, der unter der gleichen Bezeichnung in den "Meditationen" wiederkehrt, um den Erkenntnissuchenden systematisch in die Irre zu führen. Dieser böse Geist trieb ihn mit Gewalt auf die Kirche seines Kollegs zu, an einen heiligen Ort also, den er aber freiwillig hätte aufsuchen sollen, weshalb Gott nicht erlaubte, daß er dorthin gelangte.[358]

Das Gefühl der Gehbehinderung ist nach Freud eine typische Traumdarstellung eines inneren Konflikts; der Wind (animus = Hauch) ein traditionelles Symbol für einen Geist. Dieser hatte im Traum in dem Moment Macht über Descartes, als er auf der rechten Seite Schmerzen empfand und auf der linken Seite - ein Symbol des Bösen, wie Freud anmerkt - schlief. Die Melone, die ihm der Unbekannte überreichen wollte, stand für die "Reize der Einsamkeit, aber ausgedrückt in rein menschlichen Verlockungen",[359] also möglicherweise für sexuelle Phantasien, die den einsamen Denker bedrängt haben mochten.

Nach dem Erwachen aus diesem ersten peinigenden Traum dreht sich Descartes sofort auf die rechte Seite und spricht Gebete, um die böse Wirkung dieses Traums von sich abzuwenden. Descartes empfand ihn also wirklich als eine numinose Heimsuchung, und er fürchtete sich vor ihren bedrohlichen Folgen. Als er nach zwei Stunden wieder einschläft, wird er im Traum von einem Donnerschlag erschüttert. Dieser stand in seinen Augen für die Gewissensbisse (syndérèse), die ihn wegen seines sündigen Lebens plagten.

Doch bereits an dieser Stelle kündigt sich die Peripetie dieses nächtlichen Dramas an, die Läuterung Descartes' von seinen existentiellen Zweifeln und Gewissensbissen und das Gewahrwerden seiner Berufung zum Philosophen. Der Schlag, den er vernommen hatte, war nämlich, wie Descartes glaubte, nichts anderes als der Geist der Wahrheit, der wie ein Blitz auf ihn herabgefahren war, um von ihm Besitz zu ergreifen und sein Zimmer mit sprühenden Funken zu erfüllen. Er symbolisierte den Enthusiasmus (= Gotterfülltheit), gewissermaßen einen "Geistesblitz" im wörtlichen Sinn, der ihm am Vortag des Traums zur Entdeckung jener "wunderbaren Wissenschaft" verholfen hatte.

Während die beiden ersten Träume Descartes seine bisherigen Verfehlungen vor Augen führten, bezog sich der dritte Traum "nur auf das, was ihm fortan in seinem Leben begegnen sollte".[360] Er war frei von den Peinigungen und Schrecken der beiden ersten, und man kann vermuten, daß er in der längsten der Traumschlafphasen gegen Morgen geträumt wurde. Descartes sieht sich von Symbolen des Wissens umgeben.

Das "Dictionnaire" interpretierte er als die Versammlung der Wissenschaften und die "Corpus Poetarum" betitelte Gedichtsammlung als die "Vereinigung von Philosophie und Weisheit".

> "Denn er glaubte, daß man sich nicht darüber wundern sollte, wenn man bei Dichtern und selbst bei solchen, die nur törichte Kurzweil treiben, viel ernstere, vernünftigere und besser ausgedrückte Gedanken findet als in den Schriften der Philosophen. Die Göttlichkeit des Enthusiasmus und die Kraft der Imagination brächten diese Wunder hervor. Sie lassen das Samenkorn der Weisheit, das sich im Geist eines jeden Menschen findet wie Feuerfunken in Kieselsteinen, viel leichter und üppiger sprießen, als es die Vernunft der Philosophen vermag."[361]

Aus diesen Sätzen des jungen Philosophen (Baillet bezieht sich hier auf eine fast gleichlautende Notiz aus den "Olympica") spricht noch gar nicht der Geist seiner späteren cartesianischen Schriften, sondern der Impetus der Renaissancephilosophie. Sie erinnern an den erfinderischen "Splendor" eines Cardano und an die platonische Theorie der genialischen Trauminspiration. Descartes glaubte seine Entdeckung einer Offenbarung ähnlich der, die den Dichtern zuteil wird, zu verdanken. Nicht die Vernunftgründe der Philosophen, sondern, so war Descartes damals überzeugt, die Kraft der Imagination hatte ihm den Geistesblitz zu seiner Entdeckung eingegeben.

Genau diese irrationalen Momente im Kontext wissenschaftlicher Entdeckungen werden durch Descartes' spätere Wissenschaft systematisch vergessen: Dort triumphiert der pure Intellekt über die trügerische Imagination und die Konfusion der Träume, und die rationale Erkenntnis über die irrationalen Eingebungen der Dichter. Das Übervernünftige wird zu einer Unvernunft, die es zu bändigen oder auszugrenzen gilt.

Mit der Frage "Welchen Lebensweg werde ich gehen?" (Quod vitae sectabor iter?) erreicht der dritte Traum seinen Höhepunkt. Es sind dies die Anfangszeilen eines Gedichtes von Ausonius über die Ungewißheit, welche Art des Lebens man wählen solle. Descartes deutete sie als guten Rat eines Weisen oder Moraltheologen. Das Gefühl des Schwankens, das der erste Traum durch das Umhertaumeln Descartes' bildlich dargestellt hatte, wird jetzt im dritten Traum zu einer einzigen Frage komprimiert. Die drei Träume weisen also eine Entwicklung vom konkret-Bildlichen zum reflexiv-Abstrakten auf. Die Frage "Welchen Lebensweg werde ich gehen?" ist gewissermaßen bereits die Deutung des gesamten ersten Traums. Und in Verbindung mit der am Vortage gemachten Entdeckung jener herrlichen Wissenschaften und dem Gefühl des Enthusiasmus enthielt der dritte Traum auch die Antwort auf diese Frage.

"Er war so kühn, sich davon zu überzeugen, daß der Geist der Wahrheit ihm in diesem Traum die Schätze aller Wissenschaften eröffnet habe".[362]

Das Verstück "est et non", das "Ja und Nein" der Pythagoreer, bezog Descartes auf die Wahrheit und Falschheit darin.

In jener krisenhaften Traumnacht war also aus einem seiner Bestimmung nach gänzlich ungewissen jungen "honnête homme" ein Wissenschaftler und Philosoph aus Berufung geworden, dessen Leben fortan der Wahrheitssuche und Weisheitsliebe gewidmet sein sollte.

Die Frage nach der Bedeutung der kleinen Kupferstichportraits beantwortete sich übrigens am folgenden Tag von selbst, denn Descartes erhielt Besuch von einem italienischen Maler.

Die Erlebnisse der Winternacht des Jahres 1619 hinterließen auf Descartes einen so überwältigenden Eindruck, daß er noch am selben Morgen gelobte, der Jungfrau Maria zu Ehren eine Wallfahrt nach Loretto zu unternehmen. Dieses Gelübde hat Descartes einige Jahre später erfüllt.

### 2.1.2 Descartes und die Rosenkreuzer

In der Descartesforschung ist verschiedentlich darauf hingewiesen worden, daß die Träume des Philosophen und die Anschauungen seiner Frühzeit eine Beziehung zu den Schriften der Rosenkreuzer erkennen lassen, und es ist vor diesem Hintergrund sogar gelegentlich die Echtheit der Träume bezweifelt worden.

1614 war aus der Feder Johann Valentin Andreäs das Manifest der Rosenkreuzerbewegung, die "Fama Fraternitatis, Oder Brüderschaft des Hochlöblichen Ordens des R.C. An die Häupter, Stände und Gelehrten Europae" erschienen. Dieses Manifest kündet von der Offenbarung einer geheimen Brüderschaft durch den sagenhaften Ordensgründer Christian Rosenkreuz (1388-1484), der vor anderthalb Jahrhunderten auf einer Reise ins Morgenland in die geheimen Wissenschaften initiiert worden war, und läßt "an die Häupter, Stände und Gelehrten Europas" die Aufforderung zu einer Generalreformation der Wissenschaften, ja zu einer umfassenden Erneuerung der christlichen Menschheit ergehen.

Diese Bruderschaft war zunächst nichts als eine Fiktion Andreäs; erst 1622 wurde im Haag die Gesellschaft der Rosenkreuzer ins Leben gerufen. Doch die Nachricht von ihrer Existenz fand bei den Gelehrten und insbesondere den Geheimwissenschaftlern, Alchemisten und Paracelsisten unter ihnen ein ungeheures Echo. Da ihre Mitglieder sich verborgen hielten, wuchs die Neugierde ins Unermeßliche, das Geheimnis dieser Brüderschaft endlich zu lüften.

Descartes wurde 1619 während seines Aufenthaltes in Ulm durch den Mathematiker Faulhaber auf die rosenkreuzerischen Schriften aufmerksam, und er versuchte längere Zeit vergeblich, mit einem der Rosenkreuzer in Kontakt zu treten. Baillet schreibt, die Nachricht von der Bewegung der Rosenkreuzer habe Descartes zu einem Zeitpunkt erreicht, als dieser sich in der größten Verwirrung hinsichtlich des in der Erforschung der Wahrheit einzuschlagenden Weges befunden habe.[363] Die sich hier eröffnende Perspektive mag ihn daher besonders fasziniert haben. So stimmte er mit den Rosenkreuzern in der Ablehnung der scholastisch-aristotelischen Wissenschaft und ihrem Programm der Neubegründung einer Universalwissenschaft überein. Im Titel einer allerdings nie geschriebenen Frühschrift nimmt Descartes ausdrücklich auf die Rosenkreuzer Bezug.[364]

P. Arnold hat den Verdacht geäußert, die von Baillet mitgeteilten Träume Descartes' seien von der "Chymischen Hochzeit" Andreäs (1616) und anderen Schriften der Rosenkreuzer so weitgehend beeinflußt worden, daß von authentischen Traumerlebnissen überhaupt nicht die Rede sein könne.[365] Seine Ansicht stützt sich auf gewisse Übereinstimmungen zwischen Motiven und Bildelementen in der "Chymischen

Hochzeit" und den ersten beiden Traumepisoden, sowie zwischen einer weiteren Rosenkreuzerschrift und Descartes' drittem Traum.

So wird in Andreäs alchemischem Märchen der Adept gleich eingangs in seiner Meditation von einem grausamen Wind erfaßt. An einer späteren Stelle droht wiederum ein heftiger Wind, den Helden zu Fall zu bringen, als er einen bestimmten Weg einschlagen will, so wie ja auch Descartes in seinem ersten Traum von einem Wind umhergetrieben und am Fortkommen gehindert wird.

Eine Parallele zu dem Donnerschlag und dem Funkenregen in Descartes' zweitem Traum ist eine Szene, in der die Adepten unter Musik und großem Getöse in einen von tausend Lichtlein erfüllten Saal von Brautführerin Alchemia geleitet werden.

In einer anderen "Raptus Philosophicus" betitelten Rosenkreuzerschrift stellt sich der Initiand anfangs die Frage: "Welcher dieser Wege ist der richtige?", was an Descartes' Traumfrage "Welchen Lebensweg werde ich gehen?" erinnert. Nachdem er einen mühevollen Weg der Irrungen, Abenteuer und Gefahren hinter sich hat, empfängt der Initiand aus den Händen einer wunderschönen Frau, die ihm in einer von einer Hirschkuh geleiteten Karosse auf seinem Weg entgegenkommt, ein Buch, das die ganze himmlische und irdische Weisheit einschließlich aller menschlichen Künste in sich versammelt. Später erfährt der Initiand von seinem Führer, einem schönen, weißen Jüngling, jene Frau sei niemand anders gewesen als "die Natur, welche in dieser Zeit von den Gelehrten und Philosophen noch kaum erkannt ist, und der niemand begegnen wird, es sei denn er folge mir nach, und ich zeige ihm den Weg".

Auch Descartes hatte im dritten der Träume in Form des "Dictionnaire" und des "Corpus Poetarum" den unbekannten Schlüssel der Weisheit in Händen und wurde so in geheime Quellen des Wissens eingeweiht, die ihm bis dahin verborgen geblieben waren.

Ob Descartes' Träume nun tatsächlich einen Niederschlag, eine unbewußte Verarbeitung der Lektüre rosenkreuzerischer Schriften darstellen, läßt sich anhand der aufgewiesenen Parallelen allerdings nicht beweisen, und es fehlt an weiteren biographischen Belegen, die diese Annahme stützen würden.

Bedeutsamer ist aber, daß wir bei dem jungen Descartes eine den Rosenkreuzern verwandte Geisteshaltung antreffen. Seine Entdeckung einer "wunderbaren Wissenschaft" und die sich daran anschließenden Offenbarungsträume sind das mystische Erlebnis der Initiation in ein verborgenes Wissen, die dem Wahrheitssuchenden nach einem langen, mühsamen Weg des Zweifelns, der Versuchungen und Prüfungen schließlich zuteil wurde. In der alchemistisch-hermetischen Tradition, in der die Rosenkreuzer standen, ist der Weg der Erkenntnis immer auch ein Prozeß der moralischen Läuterung auf seiten des Erkennenden; nur so kann in der Alchemie die Läuterung des Stoffes zu Gold gelingen. Nur wer reinen Herzens ist, dem werden endlich die in der Natur verborgenen Geheimnisse, die er zu wissen begehrt, offenbart.

Descartes hatte die Entdeckung seiner "scientia mirabilis" an jenem 10. November 1619 zugleich auch als einen Prozeß der inneren moralischen Läuterung erlebt. So waren seine Offenbarungsträume als mystisches Initiationserlebnis, wenn nicht von den Schriften der Rosenkreuzer direkt inspiriert, so doch deren Geisteshaltung durchaus kongenial. Sie zeigen uns den jungen Descartes als Menschen der Renaissance und noch keineswegs als Cartesianer.

### 2.1.3 Die Bedeutsamkeit der Natur: Ein Irrtum der Kindheit

Descartes' heute fast vergessene Aufsätze seiner Frühzeit sind in der Tat noch weitgehend von dem symbolischen Weltbild der Renaissance geprägt.[366]

Wir haben schon gesehen, daß er die dichterische Inspiration, die irrationalen Geistesblitze der menschlichen Imagination damals höher schätzte als die Vernunftgründe der Philosophie und daß er wohl auch deshalb seine Traumerlebnisse für höhere Eingebungen zu halten bereit war. Descartes anerkannte damals aber nicht nur auf seiten des Erkenntnissubjekts die Bedeutsamkeit von Phantasie und Traum, sondern ebenso sehr die symbolisch-bedeutsamen Eigenschaften möglicher Erkenntnisgegenstände.

Seine Forschungen kreisten damals um die Frage, wie sich Mathematik und äußere Natur durch einen Symbolismus einander annähern lassen. So sollten in der Mathematik alle Bewegungen durch Linien und Figuren repräsentiert werden. Gleichzeitig befaßte er sich mit geometrischer Algebra, deren Gleichungen durch Konstruktionen mit Lineal und Zirkel gelöst werden sollten.

Schließlich erwog Descartes auch die Darstellung intelligibler Gegenstände durch Symbole, und zwar nicht durch Linien und Figuren, sondern durch sinnliche Gegenstände:

> "So wie sich die Imagination gewisser Figuren bedient, um die Körper zu begreifen, so bedient sich der Intellekt gewisser sinnlicher Körper, um die geistigen Dinge darzustellen, wie der Wind, das Licht..."[367]

> "Die sinnlichen Dinge können uns helfen, die des Olymps zu begreifen: der Wind bedeutet den Geist [*man erinnere sich, daß dies in Descartes' erstem Traum ebenso war!*]; die Bewegung mit der Zeit, das Leben; das Licht, die Erkenntnis; die Wärme, die Liebe; die instantane Aktivität, die Schöpfung..."[368]

Aber nicht nur intelligible Gegenstände sollten sich durch sinnliche symbolisch darstellen lassen, sondern ebenso die Dinge der Natur:

> "Alle Erkenntnis, die der Mensch von den natürlichen Dingen haben kann, beruht auf der Ähnlichkeit mit denen, die unter die Sinne fallen; und so halten wir den für den wahreren Philosophen, der mit größerem Erfolg, die Dinge, die er sucht, denjenigen ähnlich macht, die durch die Sinne bekannt sind..."[369]

Die Erkenntnis der Natur geht offenbar auf etwas in ihr Verborgenes, das nicht durch die Sinne wahrgenommen wird, sondern per analogiam durch sinnliche Symbole, die dem Gesuchten ähnlich sind, dargestellt wird.

> "Una est in rebus activa vis, amor, charitas, harmonia".[370]

In den Dingen ist *eine* aktive Kraft, die sich als Liebe, Güte, Harmonie manifestiert; sie selbst ist nicht sinnlich wahrnehmbar, sondern wird durch sinnliche Dinge bedeutet. Kurz: Für den jungen Descartes ist die Natur noch das Substrat spiritueller Bedeutungen, sie ist symbolische Erscheinung. Im Weltbild der Renaissance sind Symbole keineswegs willkürliche, konventionelle Zeichen, die der Mensch im Gebrauch hat, um die Dinge zu benennen. Die Natur spricht vielmehr selbst eine Sprache, deren Sinn es zu verstehen, zu enträtseln gilt. Die wahrnehmbare Welt ist die Manifestation einer übersinnlichen Bedeutung; dadurch wird sie Symbol; umgekehrt tritt das Intelligible in sinnlichen Gefäßen in Erscheinung. Zwischen dem sinnfälligen Symbol und dem symbolisierten Gedanken besteht eine magische Beziehung der Partizipation. Beide Bereiche durchdringen einander, ohne ineinander restlos aufzugehen. Die Welt läßt einen Sinn, ein Geheimnis erahnen, das sich doch nie zur Gänze rational erfassen läßt.

Descartes' spätere Physik, die in seinen "Prinzipien der Philosophie" (II. Teil) dargelegt wird, ist, wie Gouhier bemerkt hat, durch eine "Verweigerung des Symbolismus" gekennzeichnet. Von einer aktiven Kraft, die in der sinnfälligen Erscheinung der Natur zutage tritt, kann dort keine Rede mehr sein. Der Begriff der Kraft ist in der cartesischen Physik überhaupt getilgt, ebenso wie die Entelechien und "verborgenen Qualitäten" der scholastisch-aristotelischen Naturphilosophie.

Die Dinge bedeuten nichts mehr, sie sind nur noch, was sie sind. Alles Geschehen in der Natur reduziert sich auf Lokalbewegungen, das heißt auf den Transport eines Körpers aus der Umgebung angrenzender in Ruhe befindlicher Körper in die Nachbarschaft anderer Körper, wobei Gott der Natur in principio eine gewisse Bewegungsmenge mitgeteilt hat. Entkleidet man die Körper ihrer sinnlichen Qualitäten, die ihnen als "sekundäre" ja nicht selbst anhaften, sondern durch unsere Wahrnehmungsorgane hervorgebracht werden, so sind sie nichts mehr anderes als in die res extensa eingezeichnete Figuren. Die Dinge sind keine Symbole mehr, sondern allenfalls noch Signale, mechanische Stimuli, die auf unsere Wahrnehmungsorgane treffen. Zwischen dem subjektiven Wahrnehmungseindruck, z.B. dem Klang einer Musik oder dem Sehen einer Farbe, und dem Wahrgenommenen, den Schwingungen der Luft bzw. den rotierenden Lichtkorpuskeln, die in einem bestimmten Winkel auf das Auge treffen, besteht keinerlei Ähnlichkeit mehr. Die symbolischen Bande zwischen Mensch und Natur sind zerbrochen.

Erst recht lassen sich intelligible Dinge wie Geist oder Liebe nicht mehr durch sinnliche Symbole (Wind, Wärme) richtig erfassen, da hier in trügerischer Weise Attribute des Denkens mit solchen der Körperlichkeit verwechselt werden. Die Verschmelzung von sinnlicher Erscheinung und geistiger Bedeutung, die für das symbolische Denken der Renaissance konstitutiv ist, erscheint in Descartes dualistischer Ontologie als fundamentaler Irrtum, betrifft er doch die Realdistinktion von geistiger und ausgedehnter Substanz und damit ein Kernstück der cartesischen Metaphysik.

Descartes glaubte, diese Verwechslung von Attributen der res cogitans mit solchen der res extensa beruhe letztlich auf den Vorurteilen der Kindheit, die er als Hauptquelle unserer Irrtümer ansah, da sie im menschlichen Denken besonders tief eingewurzelt seien.[371] Die Kindheit ist in seinen Augen ein Zustand der Hilflosigkeit und leiblichen Bedürftigkeit, in der der Mensch keinen einzigen Gedanken fassen kann, der nicht mit körperlichen Vorstellungen vermischt ist. Die an den Universitäten gelehrte Naturphilosophie seiner Zeit betrachtete er als eine irrige Form des Denkens, in der die Anschauungen der Kindheit gewissermaßen zum System geronnen und verfestigt sind. Hier wurde das, was nur durch den reinen Intellekt gedacht werden kann, in Bildern der körperlichen Imagination vorgestellt - man dachte sich die Seele als einen Hauch, den Geist als Wind. Umgekehrt wurde Psychisches in die Körperwelt hineinprojiziert, wenn etwa gesagt wurde, ein fallender Stein "strebe" nach seinem natürlichen Ort, so als könne ein lebloser Gegenstand einen Willen haben.

An einer wichtigen Stelle der 6. Antworten auf die gegen seine "Meditationen" vorgebrachten Einwände räumt Descartes ein, selbst früher solchen Irrtümern erlegen zu sein.[372] Das naive Denken, das alles für unbezweifelbar hält, woran es noch nie gezweifelt hat, wird in der vulgären Philosophie gewissermaßen rationalisiert. Der scholastische Aristotelismus besteht für Descartes im wesentlichen aus solchen in Begriffe übersetzten Pseudo-Evidenzen der Kindheit.

Descartes' Maxime, "den Geist von den Sinnen wegzuführen" (abducere mentem a sensibus)[373] ist gegen die "Kindermetaphysik" der scholastischen Naturphilosophie und des symbolischen Weltbildes gerichtet, das die materiellen Gegenstände durch eine spirituelle Bedeutung verdoppelt und umgekehrt die Intelligibilien durch symbolische Bilder glaubt erkennen zu können, die die körperliche Imagination hervorgebracht hat.

Man muß Descartes' Diskreditierung der Kindheit als einer Art epistemologischer Erbsünde vor Augen haben, um die Unvereinbarkeit seiner frühen renaissancehaften Denkansätze mit seiner späteren Physik und Metaphysik angemessen beurteilen zu können. Descartes, der selbst ein kränkliches Kind gewesen war, glaubte sich durch den mühsamen Erwerb des autonomen Vernunftgebrauchs von den gebieterischen Forderungen seiner körperlichen Bedürfnisse und von der Bevormundung durch seine Erzieher befreit zu haben.

Es ist klar, daß im Zuge dieser Diskreditierung des symbolischen Denkens auch das einstmals so hoch geschätzte Vermögen der Imagination in Descartes' reifer Philosophie eine Abwertung erfährt. Diese ist nun nicht mehr das erfinderische Ingenium, die Kraft der sprühenden Einfälle und Geistesblitze, sondern nur noch reproduktives bildliches Vorstellungsvermögen. Die ihm unvermeidlich inhärenten irrationalen, affektiven Komponenten gilt es nunmehr unter die Kontrolle der einen Vernunft zu bringen. Bereits der Titel der 1637 verfaßten, erst posthum veröffentlichten Schrift spricht von "Regeln zur Lenkung des Ingeniums", wenngleich hier der Imagination noch eine für das mathematische Denken unverzichtbare Rolle eingeräumt wird. In den "Meditationen" schließlich erklärt Descartes:

> "Zudem bemerke ich, daß diese in mir vorhandene Einbildungskraft, insofern sie sich von der Verstandeskraft unterscheidet, zum Wesen meiner selbst, d.h. meines Geistes, nicht erforderlich ist. Denn wenn sie mir auch fehlte, so würde ich doch zweifellos ebenderselbe bleiben, der ich jetzt bin."[374]

Zwar sind Einbildungen, Träume, Gefühle usw. Modi der Cogitatio, die ja alle Formen des Vorstellens und Empfindens umfaßt, aber eben nur untergeordnete. Das Wesen des Menschen besteht im reinen Intellekt (entendement pur), während die untergeordneten Vermögen der Imagination und der Sinneswahrnehmung stets etwas Körperliches vorstellen und daher auf den Menschen als Leib-Seele-Union hinweisen, die aber im metaphysischen Verstande für die cartesianische Wesensbestimmung des Menschen gerade nicht zentral ist. Der ontologische Leib-Seele-Dualismus zieht einen "epistemologischen Dualismus" nach sich, nämlich zwischen der reinen selbstgenügsamen Vernunft einerseits und den "unreinen", mit Körperlichem vermischten unteren Erkenntnisvermögen der Imagination und der Sinnlichkeit andererseits.

Mit Descartes beginnt die Aufklärung, das Vermögen der Imagination als "Herrin des Irrtums und des Falschen" (Pascal) zu fürchten und aus der Erkenntnis auszugrenzen.

### 2.1.4 Reminiszenzen der Träume im "Discours" und in den "Meditationen"

Achtzehn Jahre nach jener denkwürdigen Traumnacht tritt Descartes zum ersten Mal mit einem metaphysischen Entwurf, dem "Discours de la Méthode" (1637), an die Öffentlichkeit. Diese Programmschrift des neuzeutlichen Rationalismus, die für ein breiteres Publikum in französischer Sprache abgefaßt war, enthält zugleich ein stilisiertes Selbstportrait des Philosophen, einen Abriß seiner intellektuellen Biographie.

Descartes präsentiert sich seinen Lesern als ein Beispiel dafür, wie der Geist Schritt für Schritt zur Entdeckung der philosophischen Wahrheit geleitet wurde. Es ist ihm darum zu tun, seine Philosophie nicht als ein abgeschlossenes System "more geometrico" darzustellen, sondern als eine Reihenfolge von Entdeckungen, die ihn schließlich zu der von ihm erstrebten Erkenntnisgewißheit hinaufführten. Ausführlich verweilt Descartes bei der Erinnerung an jenen in aller Abgeschiedenheit zugebrachten Winter des Jahres 1619. Auch jetzt noch, achtzehn Jahre später, wird deutlich, daß damals etwas für den Philosophen Entscheidendes, ein Wendepunkt in seiner geistigen Entwicklung eingetreten war. Doch Descartes verschweigt, daß drei aufeinanderfolgende Wahrträume ihn in jener Novembernacht aus der Krise der Unentschiedenheit über seinen künftig einzuschlagenden Lebensweg hinausgeführt und zum Wissenschaftler und Philosophen berufen hatten. Nichts ist mehr zu spüren von dem fiebrigen Enthusiasmus und der Begeisterung, die ihn damals für seine neu entdeckte "scientia mirabilis" ergriffen hatte.

Etwas ganz anderes hält Descartes stattdessen im Rückblick für das eigentlich bedeutsame Ereignis in seiner intellektuellen Biographie. Es war dies nämlich

> "der Entschluß, sich aller Meinungen zu entledigen, die man ehemals unter seine Überzeugungen aufgenommen hat",

um sie

> "nachher durch andere, bessere zu ersetzen oder auch durch dieselben, wenn ich sie an der Vernunft gemessen haben würde."[375]

Descartes verlegt also den Ursprung seines grundlegenden Gedankens, daß alle Philosophie mit dem Zweifel anzufangen habe, in die Zeit jenes Winters zurück.

Jene Etappen vom (existentiellen) Zweifel zur Gewißheit (über seinen Lebensweg), die Descartes in seinen drei Träumen durchlebt hatte, mußte er in seinem Philosophieren noch einmal durchlaufen, wenn auch diesmal ganz bewußt und am Leitfaden der Methode. Damals, so Descartes, habe er den Entschluß gefaßt, die Irrtümer seiner Kindheit zu entwurzeln und das baufällige Haus seines auf den Schulen erworbenen Wissens niederzureißen, um auf sicherem Fundament ein neues Gebäude der Wissenschaften zu errichten.

Ein radikaler Neubeginn in der Tat. Aber Descartes stellt ihn seinen Lesern als einen ausschließlich bewußten Entschluß dar und läßt nichts mehr davon ahnen, daß dieser sich dem zündenden Funken einer irrationalen Traumoffenbarung verdankt hatte. Der Verfasser der "Discours" spricht bereits als Aufklärer, und er wendet sich an ein Publikum, dem er glaubt, Traumerzählungen nicht mehr zumuten zu können. Offenbar befürchtete Descartes, sich mit derlei wirren, mystischen Dingen den Spott seiner Leser einzuhandeln. Sein Selbstportrait unterscheidet sich denn auch grundlegend von dem eines Cardano, der überall vollkommen offen und ungeschützt von seinen übernatürlichen Träumen erzählt und sich mit ihnen vor seinen Lesern geradezu gebrüstet hatte, um sein persönliches Ingenium herauszustellen.

L. Gäbe hat in seiner genetisch ausgerichteten Descartes-Interpretation Indizien für eine insbesondere gegen seine frühen naturphilosophischen Ansätze gerichtete Selbstkritik des Philosophen in den Jahren 1619-1637 zusammengetragen.[376]

Es darf als sicher gelten, daß sich Descartes von seinen noch in das Weltbild der Renaissance zurückweisenden Ansichten der "Olympica" nach und nach distanziert hat. Von seinem früher gehegten Glauben an die Überlegenheit der dichterischen Imagination über die Vernunftgründe der Philosophen ist Descartes zum Zeitpunkt der Veröffentlichung des "Discours" längst abgerückt. Seinem Wahlspruch "larvatus prodeo" (im Verborgenen schreite ich voran) folgend hält Descartes hier die irrationalen Antriebe seines Philosophierens so gut wie möglich hinter einer Maske versteckt. Die rationale Zensur schließt die Träume aus der öffentlichen Mitteilung aus.

Und dennoch - wie sich bei aufmerksamer Lektüre zeigt, kehrt das Verdrängte im Text des "Discours" in Gestalt unwillkürlicher Remineszenzen wieder, die die Präsenz eines Traums noch erahnen lassen.

> "Ich entschloß mich aber, wie ein Mensch, der sich allein und in der Dunkelheit bewegt, so langsam und in allem so umsichtig zu sein, daß ich, sollte ich auch nicht so weit kommen, mich doch wenigstens davor hütete zu fallen."[377]

Unwillkürlich, unwissentlich vielleicht auch, fließt Descartes die Erinnerung an jene Traumszene in die Feder, wo es ihm "so schwierig war, vorwärts zu kommen, daß er bei jedem Schritt glaubte zu fallen, und wo er sich vor den im Hof seines Kollegs versammelten Personen schämte, weil er "an demselben Ort immer gekrümmt und schwankend gehen mußte".[378]

Was Descartes damals im Traum widerfuhr, wollte er im Prozeß des Philosophierens nicht noch einmal durchleben. Er ist auf der Hut. Seine rationale Methode steht im Dienst der Abwehr eines Unsicherheitsgefühls.

> "Ich hatte immer ein großes Verlangen, Wahres und Falsches zu unterscheiden, um in meinen Handlungen klar zu sehen und in diesem Leben sicherer zu gehen."[379]

Ein "großes Verlangen" nach Halt im Leben, ein irrationales Sicherheitsbedürfnis, das in Descartes' kränklicher Konstitution und dem frühen Verlust seiner Mutter seine Wurzeln haben mochte, liegt seinem rationalistischen Programm zugrunde. Allein in der Sphäre des vernünftigen Denkens fühlt er sich Herr seiner selbst. Und er erhofft sich durch die theoretische Vernunfterkenntnis des Wahren und Falschen in der Wissenschaft, die ihm im Traum durch den Vers "Est et Non" verheißen worden war, zu einer rational gesicherten Lebenspraxis zu finden.

Ständig begegnen wir im "Discours" der Metaphorik des Weges, die auf die Traumfrage "Welchen Lebensweg werde ich gehen?" zurück verweist. So bezeichnet Descartes das Leben des Philosophen als einen gefahrvollen Weg, den zu gehen sich keineswegs jedermann berufen fühlen dürfe. Denn diejenigen, die sich einmal die Freiheit genommen haben, von ihren vertrauten Denkgewohnheiten abzuweichen, droht die Gefahr, daß sie sich nicht "auf dem Pfade halten können, den man einschlagen muß, um geradewegs zum Ziel zu kommen, und für ihr Leben verirrt bleiben."[380]

Sie gleichen jenen im Walde Verirrten, die sich bald links, bald rechts wenden, statt entschlossen auf einer geraden Linie - und sei es auch die längste - voranzuschreiten, um eines Tages wenigstens mit Sicherheit ins Freie zu gelangen. Ist nicht der Wald ein Symbol des Unbewußten? Hatte sich nicht Descartes damals 1619, im Traum von schweren Zweifeln und Gewissensbissen gepeinigt, auf seiner Bettstatt von der linken auf die rechte Seite hin und her geworfen? Um gegen die Abgründe des Unbewußten und des Zweifels gefeit zu sein, geht Descartes in seinem Leben wie in seiner Philosophie den Weg der Methode. Der Ausdruck "Methode" leitet sich vom griechischen "meta" ( = nach) und von "hodos" ( = Weg) ab. Eine Methode ist also ein Weg, dem man nachgeht und von dem Descartes hoffte, er werde ihn sicher zum Ziel der philosophischen Gewißheit bringen.

Die Träume des Jahres 1619 bleiben schließlich bis in Descartes' entwickelte Metaphysik hinein wirksam und nehmen einige ihrer zentralen Motive vorweg. Die Dramaturgie der "Meditationen über die Grundlagen der Philosophie" (1641), in denen der radikale methodische Zweifel durch die Gewißheit der Existenz des Ichs und der Existenz des wahrhaftigen Gottes abgelöst wird, wiederholt nämlich diejenigen der drei Träume, in denen auf den schwankenden, zweifelnden Descartes der Geist der Wahrheit niedergefahren war, um ihn in die Geheimnisse des Wissens einzuweihen. Beide Male ist der Umschlag vom Zweifel zur Gewißheit von zentraler Bedeutung. Jener böse Geist, der

Descartes in seinem Traum versuchte, kehrt unter derselben Bezeichnung als "mavais génie" in den "Meditationen" wieder, um den Erkenntnissuchenden systematisch zu täuschen. Hier wie dort wird dieser böse Geist schließlich durch eine übernatürliche Instanz überwunden, die dem Suchenden jene Gewißheit und jenen Halt gibt, den er in sich selbst nicht finden kann. Damals war es der Geist der Wahrheit, den Descartes auf sich herabsteigen sah, jetzt in den "Meditationen" ist es der wahrhaftige Gott, der garantiert, daß wir nicht von einem Lügengeist in die Irre geführt werden, wenn wir etwas klar und deutlich zu erkennen meinen.

Die Träume aber, denen die cartesische Philosophie ihre ersten Impulse verdankt, werden in ihr selbst schließlich als gefährliche Täuschungsquelle diskreditiert. Traum ist keine Erkenntnis, Erkenntnis ist kein Traum. Doch indem Descartes das Drama der Träume des Jahres 1619 in den "Meditationen" noch einmal in rationalisierter Gestalt lebendig werden läßt, verhilft er ihnen unwillkürlich zu ihrer Erfüllung. Aller bewußt vollzogenen Abkehr des Philosophen von seinen frühen Träumen zum Trotz besteht also zwischen ihnen und seiner rationalistischen Metaphysik eine unbewußte Kontinuität der Motive.

## 2.2 Das Traumproblem in der cartesianischen Metaphysik

Wie damals in Neuburg an der Donau, so finden wir Descartes auch jetzt bei seinen "Meditationen über die Grundlagen der Philosophie" (1641) in der Abgeschiedenheit seines "poêle", seiner Studierstube (irgendwo in Holland diesmal); er sitzt am wärmenden Kaminfeuer im Winterrock, vor sich Papier und Feder, über ein schmelzendes Wachsstück meditierend, wobei ihm die Dinge der Außenwelt sehr fremd vorkommen. Die an seinem Fenster Vorübergehenden erscheinen ihm eher als gespenstische Automaten denn als Menschen.

In der Geborgenheit seiner überheizten Stube und fern vom geschäftigen Treiben der Welt begibt sich Descartes auf die Suche nach dem archimedischen Punkt der Erkenntnis, der schließlich als erstes unbezweifelbar gewisses Prinzip übrig bleiben soll, indem methodisch alles, woran es nur den geringsten Grund zu zweifeln gibt, für ganz falsch gehalten wird.

In der ersten, "Woran man zweifeln kann" überschriebenen Meditation rekapituliert Descartes zunächst einmal die schon in der Antike vertrauten Einwände gegen die Zuverlässigkeit der sinnlichen Wahrnehmung. Diese täuscht uns nämlich des öfteren "mit Bezug auf kleine und entfernte Gegenstände",[381] oder wenn ein Stab im Wasser gebrochen erscheint, also über die Beschaffenheit der Dinge. Als Fundament einer absolut sicheren Erkenntnis kommt die Sinneswahrnehmung demnach nicht in Betracht, wenngleich sie doch im allgemeinen von Dingen in unmittelbarer Nähe und insbesondere von unserem eigenen Körper zuverlässiges Zeugnis ablegt; es sei denn man wäre wahnsinnig, eine Möglichkeit, die Descartes für seine eigene Person ohne weitere Begründung von sich weist.

Der Zweifel, ob die Dinge in Wirklichkeit so beschaffen sind, wie sie in der Wahrnehmung erscheinen, bildet die erste Phase des methodischen Zweifels. In einem zweiten Schritt wird bezweifelt, ob die Dinge, die wir wahrzunehmen glauben, überhaupt gegenwärtig vorhanden sind. Genau dies ist nämlich nicht der Fall, wenn wir träumen.

### 2.2.1 Die verblüffende Annäherung von Wachen und Traum (1. Meditation)

Die Erfahrung des fließenden Ineinander-Übergehens von Wachen und Traum war Descartes zweifellos sehr geläufig.

Schon während der Traumnacht des Jahres 1619 hatte er, als in seinem Zimmer der Funkenregen zu sehen war, anhand von "Erklärungen, die er der Philosophie entnahm, und indem er abwechselnd die Augen öffnete und schloß" prüfen wollen, ob es sich um eine wirkliche Erscheinung handelte oder nicht.

Baillet hielt es überdies für sehr bemerkenswert, daß Descartes im Hinübergleiten vom Traum in den Wachzustand gegen Morgen

> "während er noch im Zweifel war, ob das, was er soeben gesehen hatte, Traum oder Vision wäre, er nicht nur im Schlaf entschied, daß es ein Traum war, sondern noch ehe ihn der Schlaf verließ, die Auslegung des Traumes machte."[382]

Descartes muß ein großer Schläfer gewesen sein. Während seiner Studienzeit in La Fleche erlaubten ihm die Patres wegen seiner anfälligen Gesundheit, länger im Bett zu bleiben als seine Mitschüler, die ihm den Spitznamen "chambriste" gaben, was man näherungsweise mit "Stubenhocker" übersetzen könnte.

Am 15.4.1631 schrieb Descartes an den Dichter Gay de Balzac:

> "Ich schlafe hier jede Nacht zehn Stunden, ohne daß mich jemals irgendeine Sorge weckt; nachdem der Schlummer

> meinen Geist lange durch Buchsbaumgehölz, Gärten und verzauberte Plätze spazieren geführt hat, wobei ich alle in den Fabeln erdachten Vergnügen empfinde, vermenge ich unvermerkt meine Träumereien vom Tage mit denen der Nacht."[383]

Im Brief an den Dichter nimmt sich die Verwechslung von Wachen und Traum wie ein harmloses Spiel aus. In den barocken Bühnenstücken der Zeit war dieses Spiel mit der Illusion, wie wir am Beispiel von Calderons Drama "Das Leben ein Traum" (1635) noch sehen werden, ein beliebter Kunstgriff.

Als Descartes später unter dem Titel "Recherche de la vérité" (Erforschung der Wahrheit) für Christine von Schweden eine populäre Darstellung seiner Metaphysik schreibt, führt er sein Traumargument mit den Worten ein:

> "Haben Sie nie in den Komödien diese Worte des Erstaunens gehört: Wache ich, oder träume ich?"[384]

Im Kontext der Erfahrungsmetaphysik wird nun aus dem Spiel mit der Illusion Ernst. Durch den Hinweis auf das Faktum lebhafter Träume gerät nämlich die für sicher geglaubte Wachwelt selbst ins Wanken.

Das Traumargument, das die zweite Phase des methodischen Zweifels bildet, hat folgenden Wortlaut:

> "Wie oft doch kommt es vor, daß ich mir all diese gewöhnlichen Umstände während der Nachtruhe einbilde, etwa, daß ich hier bin, daß ich mit meinem Winterrock bekleidet am Kamin sitze, während ich doch entkleidet in meinem Bett liege. Jetzt aber schaue ich doch sicher mit wachen Augen auf dieses Papier, dies Haupt, das ich hin und her bewege, schläft doch nicht, mit Vorbedacht und Bewußtsein strecke ich meine Hand aus und fühle sie. So deutlich geschieht mir dies doch nicht im Schlaf. – Als wenn ich mich nicht entsänne, daß ich sonst auch schon im Traume durch ähnliche Gedankengänge genarrt worden bin! Denke ich einmal aufmerksam hierüber nach, so sehe ich ganz klar, daß Wachsein und Träumen niemals durch sichere Kennzeichen unterschieden werden können; so daß ich ganz betroffen bin und diese Betroffenheit mich beinahe in der Meinung bestärkt, ich träumte."[385]

Descartes bemerkt also, daß die gleichen Wahrnehmungen, die er im Wachzustand macht, wie daß er jetzt im Winterrock am Kaminfeuer sitzt, ihm auch schon im Traume vorgekommen sind, und folgert, daß Wachen und Träumen niemals durch sichere Kennzeichen unterschieden werden können.

Was aber genau besagt das? Soll es heißen, daß Traum und Wachsein schlechthin merkmalsgleich seien? Doch wohl kaum. So fordert schon der alltägliche Sprachgebrauch, daß "Wachen" und "Träumen" Ausdrücke für irgendwie verschiedene, wenn auch nicht unbedingt gegensätzliche Zustände sind. Die Semantik der beiden Ausdrücke fordert a priori einen Merkmalskontrast.

Tatsächlich werden bei Descartes Wachgedanken und Traum von vornherein im Sinne des Gegensatzes von wahrer und falscher Vorstellung einander gegenübergestellt, etwa so wie man ein echtes Gemälde einer Fälschung gegenüberstellt.

Die Definition von Wahrheit qua Korrespondenz wird vorausgesetzt: Im Wachzustand "entsprechen" unseren Wahrnehmungen aktuell vorhandene außenweltliche Gegenstände. Sie sind daher "wahr" (oder real). Nicht so im Traum, denn da präsentieren sich Bilder dem Bewußtsein, aber sie repräsentieren nichts; ihnen entspricht kein außenweltlicher Gegenstand.

Die Frage lautet also nicht: Was ist der Unterschied zwischen einem echten Gemälde und einer Fälschung? Das Problem besteht vielmehr darin, zu wissen, anhand welcher Merkmale man die Fälschung vom Original unterscheiden soll, vor allem, wenn diese eine sehr gelungene Fälschung ist. Gesucht wird ein Kriterium, durch das ich die echte Wahrnehmung des Wachzustandes von den täuschenden Eindrücken des Traums unterscheiden kann. Gesucht wird ein empirisches Wahrheitskriterium (nicht eine Wahrheitsdefinition), das heißt gewisse Merkmale oder Standards, die in Zweifelsfällen eine Entscheidung darüber erzwingen, ob gegebene Inhalte des Bewußtseins als Kandidaten der Realität infrage kommen oder im negativen Fall als wertloser Ausschuß ins trügerische Reich des Scheins und des Traums abgewiesen werden müssen.

Die Träume erweisen sich aber bisweilen als ausgesprochen gekonnte Fälschungen der Realität. Anders als bei Erinnerungsbildern, die man sich im Wachzustand willkürlich ins Gedächtnis rufen kann, treten die Träume der Nacht durch ihre halluzinatorische Leuchtkraft mit dem Anschein wirklicher Wahrnehmungen auf; anders als bei Tagträumen, die sich immer von einem - wenn auch noch so vage wahrgenommenen - Realitätshintergrund abspielen, weiß der Schlafende (im allgemeinen) nicht, daß er träumt, sondern hält die Bilderwelt, die sich ihm präsentiert, für die wirkliche Welt.

Sie bietet sich ihm mit all den sinnlichen Qualitäten des Gesichts, des Gehörs, des Geruchs, Geschmacks und des Fühlens dar wie die Wachwelt. Vor allem ist sie von demselben Realitätsglauben begleitet. Die Illusion der Nachtträume ist eine vollkommene.

Durch die skeptische Kraft des Traumarguments gerät die für sicher geglaubte Wachwelt, die wir mit offenen Augen wahrzunehmen glauben, selbst ins Wanken, da

> "uns die gleichen Vorstellungen, die wir im Wachen haben, auch im Traume kommen können, ohne daß in diesem Fall eine davon wahr wäre."[386]

Könnte nicht Descartes jetzt, wo er im Winterrock am Kamin sitzt und mit Vorbedacht seine Hand ausstreckt, dennoch in einem tiefen Traum gefangen sein? War nicht genau dies seine Erfahrung, daß sich seine ihm vertraute Umgebung plötzlich verflüchtigt hatte, und er sich erwachend in seinem Bett wiederfand? Könnte er nicht im nächsten Moment oder zu einem beliebigen künftigen Zeitpunkt (dem des Todes, wie Leibniz sagen wird) abermals eine Erfahrung wie die des Erwachens aus einem Traum machen, in der die jetzt für substantiell gehaltene Realität plötzlich entschwindet und sich in ihrem Untergang als Hirngespinst und eitler Schein entpuppt?

Die Schlußfolgerung lautet: Ich kann zu keinem Zeitpunkt mit absoluter Sicherheit ausschließen, daß ich jetzt träume.

### 2.2.2 Zur Problematik des Traumarguments[387]

Die Formulierung des cartesischen Traumarguments erweist sich bei näherem Zusehen als durchaus problematisch und beruht überdies auf umstrittenen Voraussetzungen. Eine dieser Voraussetzungen ist die Annahme, daß wir im Traum nicht nur bildliche Vorstellungen haben können, die in ihrer Wahrnehmungsqualität denen des Wachzustandes gleichkommen, sondern auch zu urteilen imstande sind, genau wie im Wachen.

> "... wenn es sich im Schlafe träfe, daß man eine sehr deutliche Idee hätte, z.B. wenn ein Geometer einen neuen Beweis fände, so würde sein Schlaf nicht hindern, daß er wahr ist."[388]

Descartes' Annahme, ein Träumender könne tatsächlich urteilen, ist aber von Philosophen unterschiedlichster Provenienz wie Malcolm oder Sartre, aber auch von Freud bestritten worden.[389]

Haben diese Denker recht, und können wir im Traum keine Urteile fällen, dann insbesondere nicht die (falschen) Urteile "ich bin wach" oder "ich träume nicht". Wer immer also das Urteil denkt "ich bin wach", der weiß damit, daß er wach ist.

In dieser Richtung argumentiert Kenny in seinem Descartes-Buch:

> "The judgement 'I am awake' cannot be mistaken. The question 'Am I awake?'... is pointless... to the extent that if a man is in a position to ask the question, he is also in a position to answer it."[390]

Mir scheint dieser Einwand Kennys nicht stichhaltig zu sein. Selbst wenn man einmal zugesteht, daß wir im Schlaf nicht urteilen können, so können wir im Schlaf doch zumindest scheinbar urteilen. Freud zufolge sind Urteile im Traum nur scheinbar Anzeichen einer aktuellen Verstandestätigkeit, in Wirklichkeit aber Erinnerungsreste von früheren Urteilen des Wachzustandes. In diesem Punkt bleibt der Skeptiker gegen Kenny siegreich. Denn woher weiß ich, ob ich jetzt tatsächlich urteile "ich bin wach" oder ob ich nur scheinbar und im Traume urteile, daß ich wach bin. Um zu wissen, daß ich jetzt urteile, müßte ich urteilen, daß ich urteile. Aber wie, wenn ich nur scheinbar urteilte, daß ich urteile... usw.

Es ergibt sich ein infiniter Regreß. Selbst wenn man also gegen Descartes meint, daß ein Träumender nicht urteilen kann, so ist dies kein überzeugender Einwand gegen die skeptische Pointe seines Traumarguments.

Wir müssen noch auf eine weitere Schwierigkeit des Traumarguments eingehen. So scheint nicht ganz klar zu sein, ob das Argument besagen soll, daß wir möglicherweise immer träumen, wie Descartes sich an einer Stelle der "Recherche de la vérité" ausdrückt.[391]

Nun beruht aber Descartes' Behauptung in der ersten Meditation, daß er sich im Traum einbildete, im Winterrock am Kamin zu sitzen, "während ich doch entkleidet im Bett liege", auf der offenbar wirklichen Erfahrung des Erwachens und der nicht minder wirklichen Erfahrung, jetzt entkleidet im Bett zu liegen. Mithin können wohl einige, aber nicht alle Erfahrungen des Lebens bloß geträumte sein.

Was Descartes vielmehr sagen will, ist, daß wir von keiner einzelnen Erfahrung mit Sicherheit ausschließen können, daß sie eine geträumte ist. Die Situation ist vergleichbar der eines Pilzsammlers, der zwar weiß, daß es sowohl giftige als auch eßbare Pilze gibt, aber beide nicht von einander unterscheiden kann, und daher lieber davon absieht, auch nur einen einzigen zu essen, denn er könnte sich daran vergiften.[392]

Aber damit ist die Schwierigkeit noch nicht behoben. Denn Descartes behauptet ja, daß er durch den Traum, am Kamin zu sitzen, getäuscht wurde, während er doch in Wirklichkeit in seinem Bett lag. Wenn aber Wachsein und Traum niemals durch sichere Kennzeichen unterschieden werden können, dann kann Descartes gar nicht wissen, daß er jetzt wirklich erwacht ist und in seinem Bett liegt, und er kann ebensowenig wissen, daß er nur geträumt hat, am Kamin zu sitzen.

Offenbar setzt Descartes in den Prämissen seines Arguments implizit ein wenn auch nicht näher bestimmtes Unterscheidungskriterium von Wachsein und Traum voraus, dessen Vorhandensein in der Konklusion jedoch gerade verneint wird! Ist Descartes' Traumargument also inkonsistent? Hat sich der Skeptiker am Ende selbst besiegt?

Zwei alternative Rekonstruktionen des Traumarguments bieten sich an, die diese Inkonsistenz vermeiden. Zum einen könnte die Traumskepsis auch so zum Ausdruck gebracht werden, daß nicht auf die Erfahrung täuschender Träume bzw. die Erfahrung eines wirklichen Erwachtseins (oder des Erwachens zur Wirklichkeit) rekurriert wird. Man könnte von der bloßen Begrifflichkeit des Traums als einer trügerischen Erfahrung ausgehen, die sich qualitativ in nichts von der des Wachens zu unterscheiden braucht, so daß es denkmöglich ist, daß meine jetzige Erfahrung genauso ist, wie sie ist, und ich könnte dennoch träumen.

Nun ist aber fraglich, ob eine Rekonstruktion, die die Erfahrung der Täuschung durch deren abstrakte Denkmöglichkeit substituiert, Descartes' Intention gerecht wird.

Die *Erfahrung* des Philosophen war es doch, daß im Erwachen die Situation, am Kamin zu sitzen, sich in Nichts auflöste und relativ zu der jetzigen des Im-Bett-Liegens unwirklich wurde. Descartes' Befürchtung ist es doch, daß diese jetzige Situation, die er für eine des Wachens hält, relativ zu einem späteren Zustand abermals unwirklich werden könnte. Wohlbemerkt: Nur relativ zu der im Erwachen entschwindenden Welt ist die gegenwärtige die wirkliche. Aber es muß mit ihrem künftigen Irrealwerden auf dieser Stufe des Zweifels gerechnet werden.

Wenn diese Deutung schlüssig ist, dann brauchen wir Descartes die oben bemerkte Inkonsistenz keineswegs zu unterstellen, die sich ergibt, wenn mit dem Irrealwerden der Traumsituation im Augenblick des Erwachens auch schon die absolute Realität der Wachwelt gesetzt wird.

Solange Descartes noch über kein sicheres Kennzeichen zur Unterscheidung von Wachen und Traum und kein Realitätskriterium verfügt, solange ist der Begriff der Realität selbst nur relativ und nur auf die dem Subjekt jeweils gegenwärtige Welt, sei es die des Wachens, sei es die des Traums, beziehbar.[393] Auf dieser Stufe des Zweifels muß stets mit einer retrospektiven Korrektur von empirischen Existenzaussagen gerechnet werden.

Meines Erachtens ist Descartes eher der Vorwurf zu machen, er habe von der Korrespondenzdefinition der Wahrheit ausgehend die (absolute) Falschheit der Träume und die (absolute) Wirklichkeit der Wacherlebnisse bereits präjudiziert.

Ein größeres Gewicht als bei Descartes selbst erhält in dieser zweiten Rekonstruktion des Traumarguments folgende Passage des "Discours":

> "Denn woher weiß ich, daß vielmehr die Vorstellungen der Träume falsch sind und nicht die anderen, wo sie doch häufig nicht weniger lebhaft und ausdrucksvoll sind?"[394]

Auf der Stufe des methodischen Zweifels gibt es nur den bunten Fluß der Erscheinungen, die, solange sie dem Bewußtsein präsent sind, auch real erlebt werden, ganz gleich, ob wir nun wachen oder träumen.

Es gibt darüber hinaus die Erfahrung der Metamorphose der Welten und des Übergangs von einem Bewußtseinszustand in einen anderen im Erwachen. Da erscheint mir die Welt, in die mich mein Traum eben noch entführte, plötzlich unwirklich. Aber warum? Eben nicht deshalb, weil ich jetzt sicher weiß, daß ich wach bin und mich der wahren Welt gegenübersehe. Vielleicht hat im vermeintlichen Erwachen nur ein neuer Traum begonnen. Sie erscheint mir unwirklich, weil sie nicht von Dauer war, weil sie in sich wie durch ein Erdbeben zusammengebrochen ist.

Mir scheint, im Begriff der Realität liegt immer schon eine Intuition von Dauerhaftigkeit beschlossen, von einer Substantialität. Aber ist diese absolut? Nein, sie ist nur relativ. In der ersten Meditation wird der Gedanke einer absoluten Realität bezweifelt. Es wird für möglich gehalten, daß die Wachwelt genau wie noch eben die meines Traumes sich plötzlich verflüchtigen könnte.

### 2.2.3 Betrügerischer Geist und "Weltvernichtung"

Indem Descartes von der allumfassenden Möglichkeit der Täuschung zur Möglichkeit der allumfassenden Täuschung schreitet, wird der Gipfel des Zweifels erreicht. Wurde durch das Traumargument gezeigt, daß wir gelegentlich träumen, wenn wir glauben wahrzunehmen, so erwägt Descartes jetzt die Hypothese, daß *alle* unsere Wahrnehmungen Träume sind oder dem Traum darin gleichen, daß kein bewußtseinsunabhängiger äußerer Gegenstand vorhanden ist, der den subjektiven Vorstellungen entspricht. Plötzlich erscheint es unsicher,

> "daß es in der Tat eine Welt gibt, daß die Menschen Körper haben und dergleichen, woran niemals jemand mit gesundem Menschenverstand gezweifelt hat."[395]

Diese skeptische Hypothese wird in die höchst dramatische Finktion gekleidet,

> "irgendein böser Geist, der zugleich allmächtig und verschlagen ist, habe all seinen Fleiß daran gewandt, mich zu täuschen; ich will glauben, Himmel, Luft, Erde, Farben, Gestalten, Töne und alle Außendinge seien nichts als das täuschende Spiel von Träumen, durch die er meiner Leichtgläubigkeit Fallen stellt; mich selbst will ich so ansehen, als hätte ich keine Hände, keine Augen, kein Fleisch, kein Blut..."[396]

Die skeptische Suspendierung der Außenwelt führt - das ist das methodische Ziel des Zweifels - zu einer sukzessiven Einengung des Betrachtungshorizonts auf das Subjekt und die Sphäre des Bewußtseins. In dieser Perspektive erscheint das Leben jetzt als trügerischer Traum, die Welt als bloße Vorstellung und Gaukelspiel des Teufels. Das Ich wird zum Zentrum einer imaginären Welt, um das seine Ideen, die schemenhaften Bilder, ohne Bezug zur äußeren Wirklichkeit rotieren. Aus diesem Traum gibt es kein morgendliches Erwachen, kein retrospektives Erkennen des Irrtums; der Zweifel, der ihn erdenkt, ist total und, wie Descartes sagt, "metaphysisch". Selbst einfachste mathematische Sätze wie $2 + 2 = 4$ könnten eine Vorspiegelung des betrügerischen Geistes sein, des Affen Gottes. Was im Licht der natürlichen Vernunft als taghelle Wahrheit erscheint, ist äußerste Verblendung. Gewißheit und Wahrheit sind entzweit.

In einem intellektuellen Gewaltakt entledigt sich das Subjekt seiner Sinnlichkeit; in fiktiver Ekstase läßt das Ich auch seinen eigenen als inexistent gesetzten Leib hinter sich, "diese Gliedermaschine, die man auch an einem Leichnam wahrnimmt, und die ich als Körper bezeichnete".[397]

In solcher Phantasie übt Descartes Rache an seiner leiblichen Natur, der er sich so lange als Kind ausgeliefert fühlte, um sich nach der späteren Restitution der Körperwelt als deren Herrscher und Bemächtiger zu inthronisieren. Descartes distanziert sich von der ungeliebten Leiblichkeit und Körperlichkeit, indem er sie schlicht zum Traumgebilde, zum uneigentlichem Sein erklärt.

Ganz in diesem Geiste hat später Hobbes die Maxime formuliert:

> "In der Philosophie der Natur werden wir am besten mit der Privation beginnen, das heißt mit der Idee einer allgemeinen Weltvernichtung. Gesetzt also, alle Dinge wären vernichtet, so könnte man fragen, was einem Menschen (der allein von dieser Weltvernichtung ausgenommen sein soll) noch als Gegenstand philosophischer Betrachtung und wissenschaftlicher Erkenntnis übrig bliebe, oder was er zum Aufbau der Wissenschaft zu benennen noch Anlaß hätte."[398]

Es sind dies allein die subjektiven Ideen, und es kommt hier nicht darauf an, daß Hobbes im Gegensatz zu Descartes darunter materielle Hirneindrücke ("Phantasmata") oder aber bloße Namen versteht. Allemal wird davon ausgegangen, daß allein Ideen unmittelbare Objekte des Bewußtseins sind, wohingegen im methodischen Zweifel erst einmal fraglich bleibt, inwieweit diese Ideen einen bewußtseinsunabhängigen Gegenstand repräsentieren.

Der methodische Zweifel erzwingt die Rückwendung auf das Subjekt und bereitet die Entdeckung des ersten Prinzips vor. Erweist sich die Beziehung der Ideen auf subjektunabhängige Gegenstände als insgesamt fragwürdig, so doch gerade nicht die Tatsache, daß diese Ideen dem Subjekt präsent sind.

> "wenn ich auch unterstellte, ich träumte und alles, was ich sah oder mir bildlich vorstellte, wäre falsch, so konnte ich doch nicht leugnen, daß die Vorstellungen davon wirklich in meinem Bewußtsein vorhanden waren."[399]

Daß es mir scheint, daß ich etwas sehe, rieche, fühle, begehre, urteile usw. (das fällt alles unter den Begriff der cogitatio), mag ich auch träumen, ist unbezweifelbar. Denn der Zweifel an diesem Bewußtseinsakt ist selbst ein Bewußtseinsakt und daher selbstzerstörerisch.

Das "cogito ergo sum" ist nun jener archimedische Punkt, jene erste Existenzgewißheit, die von der Frage, ob ich jetzt träume oder gar ständig von einem betrügerischen Geist in die Irre geführt werde, gänzlich unabhängig ist.

### 2.2.4 Restitution der Welt und Unterscheidung von Wachen und Traum (6. Meditation)

> "Nun weiß ich bereits gewiß, daß ich bin, und zugleich, daß möglicherweise alle diese Bilder und ganz allgemein alles, was sich auf die Natur des Körpers bezieht, nichts sind als Träume."[400]

Schon Windelband hat festgestellt, daß seit Descartes durch das Übergewicht der inneren Erfahrung in der neuzeitlichen Erkenntnistheorie und die Hinwendung zum Subjekt die Vergewisserung einer Realität jenseits des Subjekts äußerst problematisch wird.[401] Das Ich, das sich im Vollzug des Cogito mit Stolz seiner eigenen denkenden Existenz vergewissert, ist ja zunächst von allem anderen abgeschnitten. Seine insulare Stellung hat man daher "solipsistisch" genannt: "Ich allein" (solus ipse) enthalte das erkennbare Seiende dieser Theorie zufolge in meinem Bewußtsein, und alle anderen Iche sowie die ganze Außenwelt sind nur meine Vorstellungen.

Die Erkenntnis der Körperwelt ist zu einem Problem der Transzendenz geworden. Und so ist die Brücke, die über den entstandenen Hiat zwischen Ich und äußerer Realität hinüberführen soll, bei Descartes eine religiöse: Gott, für dessen Existenz in der 3. und 5. Meditation ein aposteriorischer und ein apriorischer Beweis angeführt werden, kann selbst kein Traumgebilde sein, keine Idee meiner Einbildungskraft "a me ipso facta", da das unendliche Sein nicht von mir als endlichem Sein erdichtet werden kann, sondern umgekehrt als Idee von diesem selbst herrühren muß. Die Realität einer Idee in meinem Geiste (raelitas objectiva) muß, so Descartes, von einer mindestens ebenso realen äußeren Ursache herrühren (realitas formalis). Ferner kann einem unendlich vollkommenen Sein die "Perfektion" der Existenz nicht fehlen, so wie auch Gott kein Betrüger sein kann, was eine Unvollkommenheit anzeigen würde.

Der in Wirklichkeit wahrhaftige Gott garantiert nun, daß die evidenten Urteile des Verstandes, die klaren und distinkten Sätze der Mathematik auch objektiv wahr sind. Er garantiert darüber hinaus, wie Descartes in der 6. Meditation darlegt, daß die körperliche Welt der res extensa tatsächlich existiert und kein bloßes Traumgebilde ist; er verbürgt, daß "unser starker Hang", an eine bewußtseinsunabhängige Außenwelt zu glauben, berechtigt ist und bringt so durch seinen Machtspruch den Skeptiker zum Schweigen.

Es kann also nicht sein, daß unser empirisches Wissen von den Dingen bloße Einbildung, unsere rationalen Einsichten bloße Träume sind, oder daß wir gar zur Erkenntnis der Wirklichkeit überhaupt nicht imstande wären.

Allerdings ist die Restitution der Welt nur eine partielle. Wenn das vorphilosophische Bewußtsein an den Dingen selbst Farben, Töne, Gerüche, Geschmack, Schwere, Härte etc., also die von Locke so genannten sekundären Qualitäten wahrzunehmen glaubt, wenn es der Natur Zwecke, den Tieren eine Seele zuspricht, so projiziert es auf die allein durch Ausdehnung, Figur, Bewegung bestimmte Außenwelt, was nur im Bewußtsein des Subjekts Realität hat. In diesem Sinne sind wir also tatsächlich in einem fortwährenden Traum befangen, der vor Descartes' mechanistischer Naturerklärung zu nichts zerrinnt.

Wie Addison in seinen "Letters on Imagination" in Bezug auf die Lockesche Unterscheidung von primären und sekundären Qualitäten feststellte, ist die bunte Erscheinungsmannigfaltigkeit zwar keine Realität mehr in der Naturwissenschaft, wohl aber in der Ästhetik. Obzwar bloß ein Erzeugnis der Einbildungskraft, ist die Schönheit der sinnlichen Erscheinungen von Gott eingerichtet, damit wir in ihr sein Schöpfungswerk bewundern sollen. Gleichzeitig mit der Durchsetzung des mechanistischen Weltbildes wurde die philosophische Disziplin der Ästhetik ins Leben gerufen und sollte, wie bei Addison deutlich wird, die Entzauberung und Ernüchterung der rationalistischen Weltsicht auffangen und kompensieren.[402]

Die Körperwelt existiert also, wenngleich ihr nur das Attribut der Ausgedehntheit wesentlich selber zukommt, und sie ist die Ursache unserer Wahrnehmungen von ihr. Dank der "veracitas Dei" steht jetzt ein für allemal fest, daß das Leben kein Traum ist und daß nicht alle unsere Eindrücke ohne Korrespondenzbezug auf einen äußeren Gegenstand sind. Aber welche sind es wirklich? Welche sind nur Träume, Halluzinationen, Hirngespinste? Welches ist das in der ersten Meditation gesuchte Unterscheidungskriterium von Wachen und Traum?

Die Antwort auf diese Frage bildet den Beschluß der Meditationen, wo Descartes "alle übertriebenen Zweifel dieser Tage" als lächerlich verwirft, "vor allem den allgemeinsten bezüglich des Traums, den ich nicht vom Wachen unterscheiden konnte; jetzt nämlich merke ich, daß zwischen beiden der sehr große Unterschied ist, daß meine Träume sich niemals mit allen übrigen Erlebnissen durch das Gedächtnis so verbinden, wie das, was mir im Wachen begegnet. Denn in der Tat, wenn mir im Wachen plötzlich jemand erschiene und gleich darauf wieder verschwände, wie das in Träumen geschieht, und zwar so, daß ich weder sähe, woher er gekommen noch wohin er gegangen, so würde ich dies nicht zu Unrecht eher für eine bloße Vorspiegelung oder für ein in meinem Gehirn erzeugtes Trugbild halten, als urteilen, daß es ein wirklicher Mensch ist. Begegnet mir aber etwas, wovon ich deutlich bemerke, woher, wo und wann es kommt, so bin ich ganz gewiß, daß es mir nicht im Traum, sondern im Wachen begegnet ist. Auch brauche ich an dessen Wahrheit nicht im Geringsten zu zweifeln, wenn mir, nachdem ich alle Sinne, das Gedächtnis und den Verstand zur Prüfung versammelt habe, von keinem unter ihnen irgend etwas gemeldet wird, das dem übrigen widerstritte. Denn daraus, daß Gott kein Betrüger ist, folgt jedenfalls, daß ich mich in solchen Fällen nicht täusche."[403]

## 2.2.5 Die Bedeutung des Kohärenzkriteriums

Descartes' Philosophie, die in Wahrträumen ihren Anfang genommen hatte, schließt mit einem Lehrsatz, der den Träumen alle Wahrheit abspricht.

Als erster Denker der abendländischen Geistesgeschichte reflektiert Descartes auf eine fundamentale strukturelle Differenz zwischen Wach- und Traumleben, die es erlauben soll, den Traum nach zwingenden Kriterien aus der Wirklichkeit auszugrenzen. Traum und Realität sollen durch einen abgrundtiefen Hiat getrennt werden.

Die Wirklichkeit des Wachseins ist für Descartes ein rational einsichtiger Zusammenhang, Sie ist in sich beständig, regelhaft und kohärent. Allerdings ist der Zusammenhang des Wirklichen nur mittelbar gegeben, nämlich durch Vorstellungen, aber eben deren immanenter Zusammenhang ist das Kriterium des Wirklichen. Demgegenüber mangelt es den Träumen der Nacht an jeder Ordnung und Beständigkeit.

Schon der einzelne Traum ist ein lückenhaftes und flüchtiges Gebilde. Vergleicht man ferner die Träume mehrerer Nächte miteinander, so ergibt sich, anders als bei den Eindrücken des Tages, zwischen ihnen überhaupt keine Verbindung. Wir fangen nicht da wieder an zu träumen, wo wir die letzte Nacht aufgehört haben. Doch bei jedem morgendlichen Erwachen kehren wir in dieselbe gewohnte und bekannte Umgebung zurück.

Träume aber sind schlechthin willkürliche und kontingente Vorkommnisse, irrationale Produkte der subjektiven Phantasie. Träume sind Schäume.

Nun erhellt aber die Realität von Wahrnehmungen nicht schon unmittelbar aus ihrer sinnlichen Qualität oder Intensität. Dies war im methodischen Zweifel gezeigt worden. Denn im Traum sind mitunter "unsere bildlichen Vorstellungen dann ebenso lebhaft, oder lebhafter und ausdrucksvoller". Erst im Lichte der Vernunft, erst wenn der Maßstab der Rationalität und Kohärenz zugrunde gelegt wird, zeigt sich: unsere bildlichen Vorstellungen sind "während des Schlafs niemals so einleuchtend und so vollständig wie im Wachen."[404]

Das cartesische Wirklichkeitskriterium zielt aber nicht nur auf die Ausgrenzung der Nachtträume, deren bedrohliche Täuschungsmöglichkeit zu seiner Formulierung ursprünglich genötigt hatte.

Denn auch am hellichten Tage geschehen mitunter merkwürdige Dinge, "wie wenn mir *im Wachen* plötzlich jemand erschiene und gleich darauf wieder verschwände". Aber Gespenster, übernatürliche Wirkungen, Wunder darf es in einer als lückenloser Zusammenhang definierten Realität nicht mehr geben. Das cartesische Kohärenzkriterium impliziert die Reinigung der Wacherfahrung selbst von allen phantastischen und traumhaften Zügen. Nicht nur die Träume sind brüchig, auch das Umgekehrte soll gelten: Brüche im Zusammenhang der Erfahrung deuten darauf hin, daß der Mensch träumt.

Keinesfalls darf sich der von der plötzlichen Erscheinung eines Mannes überraschte, womöglich erschreckte Mensch von einem solchen Zufall derart überwältigen und in den Bann ziehen lassen, daß er sie vorschnell für Wirklichkeit nimmt. Das tun nur Kinder, leichtgläubige Menschen, solche, die in der Tat träumen.

Stattdessen ist es geboten, bei einer im Bewußtsein auftauchenden ungewöhnlichen Erscheinung erst einmal an ihrer Realität zu zweifeln und "Urteilszurückhaltung" zu üben. Erst nachdem man "alle Sinne, das Gedächtnis und den Verstand", also die Gesamtheit der Erkenntnisvermögen zur Prüfung versammelt hat, "und von keinem unter ihnen irgendetwas gemeldet wurde, was dem übrigen widerstritte", das heißt, wenn die Prüfung ergeben hat, daß die Erscheinung mit bekannten Phänomenen in Einklang steht und in ihrem Hergang rational nachvollzogen werden kann, dann darf man sie real nennen. Andernfalls liegt der Verdacht nahe, daß der Mensch einem im Gehirn erdichteten Trugbild aufgesessen ist.

Nun ließe sich das plötzlich Erscheinen und Verschwinden eines Menschen auch als ein wirkliches Erlebnis auf der Straße denken. Unter Descartes' Zeitgenossen hätte sicher noch mancher dies als ein Zeichen oder als ein Omen gedeutet. Für das neuzeitliche Wirklichkeitsverständnis, das im Gegensatz zu dem der Renaissance das Gewöhnliche zur Norm erhebt, sind unerwartete Wendungen des Lebens nichts als pure Zufälle, denen nur abergläubische Menschen irgendeine verborgene Bedeutung andichten. Das singuläre Ereignis ist für sich genommen nichts. Es interessiert nur als Spezialfall einer allgemeinen Regel. Das neuzeitliche Wirklichkeitsverständnis lenkt den Blick weg von der einzelnen auffälligen Erscheinung, von Absonderlichkeiten, Naturwundern und Prodigien, von denen sich der Renaissance-Empirismus hatte bannen lassen. Die Wirklichkeit ist nicht ein Aggregat von kuriosen Einzelheiten, sondern ein System normaler naturgesetzlicher Abläufe.

Für Descartes ist die Welt nicht rätselhafter als eine Maschine. Gott hat sie nach den einfachsten Fundamentalgesetzen geschaffen. Das Universum, die Erde mit den Lebewesen auf ihr, das Geschehen im Innern des menschlichen Körpers, alles unterliegt den gleichen mechanischen Wirkungen. Zieht man die sekundären Sinnesqualitäten wie Geruch, Farbe, Ton usw. ab, die ja nur die Beschaffenheit der Sinnesorgane wiedergeben, so bleibt von der körperlichen Welt nur noch Ausdehnung, Figur, Größe, Bewegung übrig. Das ist alles.

Den Tieren eine Seele zusprechen, den Einzeldingen eine symbolische Bedeutung, eine Zweckhaftigkeit, eine "okkulte Qualität", hieße in den Anthropomorphismus der scholastischen Naturphilosophie zurückzufallen. Es hieße nur wiederum die Gemächte der Imagination und des Traums mit der Realität zu vermischen.

Mit Descartes wird das Wachbewußtsein des Menschen reflexiv. Es soll dazu angehalten werden, vor der überall lauernden Gefahr der Träume fortwährend auf der Hut zu sein. Angesichts der Tatsache, daß das menschliche Bewußtsein nicht nur reine Vernunft ist, sondern zugleich eine nie versiegende Quelle von Hirngespinsten, Projektionen und

Trugbildern, wird seit Descartes in der Erkenntnispsychologie die Errichtung einer zensierenden, schiedsrichtenden Instanz für unverzichtbar gehalten. Wach ist der Mensch nicht einfach dadurch, daß er nicht schläft, sondern dadurch, daß er die aus dem Inneren andrängenden Phantasien überwacht, die seine Wahrnehmung trüben könnten.

Um erkennen zu können, daß die Wirklichkeit im Unterschied zum Traum einen kohärenten Zusammenhang darstellt, muß das Bewußtsein erst einmal selbst zur Ordnung gerufen werden. Nur ein kohärentes Bewußtsein vermag die an sich kohärente Außenwelt adäquat zu repräsentieren.

Mit Descartes erscheint demnach zum ersten Mal die von Freud so genannte "Realitätsprüfung" - neben der Zensur "eine der großen Institutionen des Ichs" - im philosophischen Diskurs.[405] Die Realitätsprüfung dient der Zurückweisung intensiver Vorstellungen zugunsten logischer Denkverbindungen. Sie verhindert die Überwältigung des Bewußtseins durch die innere Bilderwelt und ermöglicht dadurch die aktive Bewältigung durch zweckrationales, affektkontrolliertes Handeln.

Nur noch im Traum kehrt der Erwachsene zu der halluzinatorischen Wunscherfüllung des Kindheitsstadiums zurück. Im wirklichen Leben aber erweist sich die halluzinatorische Wiederbelebung von Befriedigungserlebnissen als nutzlos. So schwer es auch fallen mag, das der Realität angepaßte funktionstüchtige Ich muß die spontanen Wunschregungen zunächst einmal unterdrücken, es muß die motorische Abfuhr von Unlustgefühlen unterbinden, um auf verzögertem Wege und unter Aufbietung rationaler Mittel schließlich doch den gebieterischen Ansprüchen des Trieblebens genüge zu tun.

## 2.3 Der Traum als "passion de l'âme"

Je heller im Licht der natürlichen Vernunft die rationale Ordnung der Wachwelt erstrahlt, desto dunkler wird die Nacht der Träume. Sie erscheinen seit Descartes im Diskurs der aufklärerischen Philosophie als das schlechthin Andere der Vernunft. Sie sind dem Rationalisten ein ständiges Ärgernis. Allnächtlich kommt der Mensch aufs Neue in die Lage, sich im Traum über die Wirklichkeit der nächstliegenden Dinge zu täuschen, und diese Täuschung ist, solange man schläft, durch nichts zu beheben. Mit jedem Einschlafen verliert das neuzeitliche Vernunftich sich selbst und zugleich jenes epistemologische Instrumentarium, durch das es sich der wahren Wirklichkeit zweifelsfrei versichern will. Dann ist das animal rationale vor allem animal, und es umfängt ihn stets aufs Neue ein kleiner familiärer Wahn. Aber die Faktizität der Träume ist unaufhebbar.

> "Denn der größte Philosoph der Welt kann es nicht verhindern, schlechte Träume zu haben, wenn sein Temperament ihn dazu veranlagt",

schreibt Descartes in einem Brief an Elisabeth vom 1.9.1645.[406]

Mögen die Träume auch in epistemologischer Hinsicht der Inbegriff des trügerischen Scheins sein, Descartes erkennt, daß sie als "passion de l'âme", als "Leidenschaft der Seele", eine Wirklichkeit darstellen, die durch kein erkenntnistheoretisches Wirklichkeitskriterium zunichte gemacht werden kann. Die Leidenschaften der Seele, so sieht es Descartes in seiner Affektenlehre, werden nämlich immer in der Seele selbst empfunden. Sie werden gar nicht auf äußere Objekte bezogen wie die Vorstellungen. Ihnen fehlt gewissermaßen der propositionale Gehalt, der die Vorbedingung dafür ist, überhaupt von Falschheit und Täuschung zu sprechen. Mag der Mensch im Traum das Paradies oder die Hölle durchwandern, so chimärisch diese Orte sein mögen, die dabei empfundenen Freuden und Ängste sind immer wirklich:

> "Im Schlaf und manchmal im Wachzustand bildet man sich oftmals gewisse Dinge so heftig ein, daß man meint, sie vor sich zu sehen oder in seinem Körper zu verspüren, obwohl sie dort überhaupt nicht sind; doch sei es, daß man schläft oder träumt, man könnte keine Traurigkeit empfinden oder sich von irgend einer anderen Leidenschaft bewegt fühlen, ohne daß es sehr wahr wäre, daß die Seele diese Leidenschaft in sich hat."[407]

Der einzige Weg, seiner melancholischen Träume nun doch irgendwie Herr zu werden, besteht darin, im Wachen alle trüben Gedanken weitestmöglich aus dem Bewußtsein zu verdrängen. Denn sie könnten im Traum wieder zum Vorschein kommen. Der von des Geistes Blässe sprichwörtlich angekränkelte Descartes weiß dies gegenüber seiner königlichen Briefpartnerin Elisabeth aus eigener Erfahrung zu berichten:

> "So kann ich sagen, daß meine Träume mir niemals etwas Ärgerliches vorstellen, und daß man ohne Zweifel in großem Vorteil ist, wenn man sich seit langem daran gewöhnt hat, keine traurigen Gedanken zu haben."[408]

Elisabeth, die Tochter des unglücklichen "Winterkönigs", dessen Niederlage in der Schlacht am weißen Berg (1620) Descartes als Augenzeuge miterlebt hatte, wird in ihrem holländischen Exil von Schwermut bedrückt. Sie sucht bei Descartes die Tröstungen der Philosophie. Descartes empfiehlt ihr unter anderem, die Schatten der Trauer durch anhaltendes Starren auf grüne Wiesen und Wälder zu zerstreuen. Der Trost der Philosophie besteht darin, von allem Philosophieren, von allzu angestrengter geistiger Tätigkeit möglichst abzusehen.

In den "Meditationen" hatte Descartes für einen Moment den Gedanken in Erwägung gezogen, "ein mir noch nicht genügend bekanntes Seelenvermögen" (facultas nondum mihi satis cognita)[409] könnte der Traumproduktion und den menschlichen Triebregungen, die sich dem vernünftigen Willen widersetzen, zu Grunde liegen. Descartes hatte damit an die Hypothese eines psychischen Unbewußten gerührt. Doch sobald im Fortgang der Argumentation die Existenz der Körperwelt bewiesen wird, beeilt sich Descartes einer solchen Hypothese die Anerkennung zu versagen. Träume und Einbildungen haben rein körperliche "maschinale" Ursachen. Als "passions" der Seele sind sie das Resultat einer mechanischen "action" von seiten des Körpers. Sie sind nichts als die willkürliche Reaktivierung dieser oder jener Gedächtnisspuren durch die aus dem Leibinneren zum Gehirn aufsteigenden Lebensgeister (spiritus animales). Sie bedeuten gar nichts mehr. Es genügt, sie im Rahmen der mechanistischen Physiologie rational zu erklären.

In seinem medizinischen Traktat "Über den Menschen" (Traité de l'homme) beschäftigt ihn die Frage nach der halluzinatorischen Leuchtkraft der Träume. Wie kommt es, daß sie die Erlebnisse des Wachens an Intensität nicht selten übertreffen?

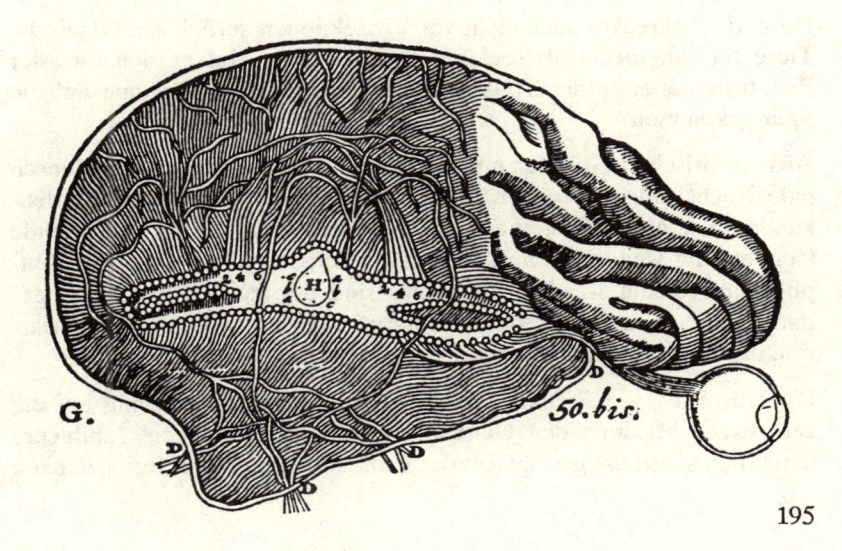

> "Der Grund dafür ist, daß ein und dieselbe Kraft die kleinen Röhren 2,4,6, und die Poren, wie a,b,c, die dazu dienen, diese Bilder zu formen, weiter öffnen kann, wenn die Teile des Gehirns, die sie umgeben, schlaff und entspannt sind, so, wie man es an dieser 50. Darstellung sehen kann, als wenn sie ganz gespannt sind..."[410]

Das Gehirn hat also im Schlaf einige wache, ja überwache Teile, die besonders von den Spiritus animales erfüllt werden, weil der Rest des Gehirns schlaff ist. Auf diese Weise erklärt sich auch die Tatsache, daß der Traum geringfügige äußere Sinnesreize, die auf den Schlafenden einwirken, zu großen Erlebnissen ausgestaltet.

> "So träumen wir manchmal im Schlafe, wenn wir durch eine Mücke gestochen werden, man gäbe uns einen Degenstich, oder wenn wir nicht vollständig zugedeckt sind, bilden wir uns ein, wir seien ganz nackt, und wenn wir ein wenig zu stark zugedeckt sind, glauben wir von einem Gebirge erdrückt zu werden."[411]

Jene heftigen Winde, die Descartes einst im Traume herumwirbelten, brauchen nicht mehr als böser Geist gedeutet zu werden. Sie sind vielmehr der Hauch der rein körperlichen Lebensgeister, welche das mit seinen Falten einem Segel vergleichbare Gehirn[412] an gewissen Stellen vornehmlich aufbläht. Dort also entstehen die Schrecken der Träume.

"Zur Zeit seziere ich die Köpfe von Tieren, um die Phantasie und das Gedächtnis zu erklären", schreibt Descartes an Mersenne in einem Brief vom Nov./Dez. 1632.[413]

Descartes schreckte auch nicht vor Vivisektionen zurück, sind doch die Tiere für ihn nichts als seelenlose Automaten. Hat er den Sitz der Phantasie dabei entdeckt? Ist er dem Geheimnis der Träume auf die Spur gekommen?

Aus apriorischen Gründen muß Descartes annehmen, daß der Mensch jede Nacht ununterbrochen träumt. Denn der Mensch ist eine denkende Substanz, und die auch das Träumen, Imaginieren umfassende Cogitatio im weiteren Sinn kann von dieser Substanz zu keinem Zeitpunkt abgetrennt werden. Allerdings sind die meisten der Traumgedanken so schwach, daß sie im Gehirn keinerlei Engramme hinterlassen, die vom Menschen im Wachzustand erinnert werden könnten.

Hyperaspistes, ein Freund Gassendis, hatte unter Anspielung auf die cartesische Maxime "den Geist von den Sinnen ablenken" (abducere mentem a sensibus) gefragt, ob der Geist nicht im Schlaf freier denken könne, da doch dann die Sinne verschlossen seien. Descartes entgegnet:

> "Es ist nicht verwunderlich, daß der Geist im Schlaf keine Beweise findet, die eines Archimedes würdig sind; er bleibt in der Tat auch im Schlaf mit dem Körper vereinigt und ist in keiner Weise freier als im Wachen."[414]

Der platonische Mythos von der Freiheit der Seele im Schlaf gilt nichts mehr. Frei ist der Mensch nur durch die reine Vernunft (intellectio, entendement pur). Sie ist der zum metaphysischen Wesen des Menschen hochstilisierte Modus der Cogitatio. In der reinen Vernunft allein realisiert sich ekstatisch die "reale Verschiedenheit" der denkenden von der ausgedehnten Substanz.

Die Imagination der Träume (ebenso wie das niedere Seelenvermögen der Sinnlichkeit) erinnert den Menschen dagegen an jene mißliche Leib-Seele-Union. Sie stellt Körperliches vor und wird durch körperliche Ursachen in Tätigkeit versetzt. Sie ist daher nur ein untergeordneter Modus der Cogitatio. "Denn wenn sie mir auch fehlte, so würde ich doch zweifellos ebenderselbe bleiben, der ich jetzt bin".[415] Die Imagination wird vom sterblichen Menschen als kontingentes Faktum angetroffen. Doch von seinem eigentlichen Wesen wird sie durch einen scharfen Schnitt abgespalten. Als "töricht" bezeichnet Descartes die Vorstellung, Träume könnten zur Selbsterkenntnis des Menschen beitragen.

> "Ich erkenne also, daß nichts von dem, was ich mit Hilfe der Einbildungskraft erfassen kann, zu der Kenntnis gehört, die ich von mir habe, daß ich vielmehr meinen Geist sehr sorgfältig davon abwenden muß, wenn ich seine Natur recht deutlich begreifen will."[416]

Mit Descartes bricht über die Träume endgültig die Nacht herein.

## 3. Das Problem der Außenwelterkenntnis

### 3.1 Die Schatten der Skepsis

Descartes' Unterscheidung von Wachen und Traum nach dem Kriterium der Kohärenz wurde zum Gemeingut neuzeitlicher Erkenntnispsychologie und Anthropologie. Wo immer es galt, die Projektionen der überkommenen mythischen Weltsicht zu entlarven, wo immer die Aufklärung gegen Schwärmerei, Aberglauben und Gespensterfurcht zu Felde zog, beschwor sie die allfällige Gefahr einer Verwechslung von Wachen und Traum, die es nach dem cartesischen Kriterium eigentlich nicht mehr geben sollte.

Indes, der metaphysische Status der Unterscheidung von Wachen und Traum blieb strittig: So einleuchtend die Entgegensetzung einer kohärenten, ihrer selbst mächtigen Ratio des Wachzustandes und einer abgrundtief verworrenen träumenden Einbildungskraft auch sein mochte, das Kriterium der Kohärenz leistete genau das nicht, was es zu leisten vorgab. Es war nicht geeignet, die skeptische Kraft der von Descartes in der ersten Meditation heraufbeschworenen Zweifel ein für allemal zu brechen. Dieser Befund war um so beängstigender, als damit das Dasein einer bewußtseinsunabhängigen Wirklichkeit selbst auf dem Spiel stand.

So werden schon in den ersten Reaktionen auf die "Meditationen" Bedenken laut. Eine einfache Überlegung genügt offenbar, um die von Descartes als zwingend hingestellte Unterscheidung von Wachen und Traum nach dem Kriterium der Kohärenz zu Fall zu bringen.

Denn auch im Traum kommt uns ja gelegentlich die Frage, ob unsere Erlebnisse Wirklichkeit sind, irgendetwas bestärkt uns dann in unserem Glauben, wach zu sein, doch in Wahrheit träumen wir weiter.

Genau diese Erwägung findet sich in den Hobbesschen Einwänden gegen die 6. Meditation:

> "Hier fragt es sich, ob ein Träumender, der zweifelt, ob er träumt, nicht auch träumen könnte, daß sein Traum mit den Ideen vergangener Ereignisse in einer langen Reihe zusammenhängt. Kann er es, so kann das, was dem Träumenden Handlungen seines früheren Lebens zu sein scheinen, als wahr angesehen werden, genau wie wenn er wachte."[417]

Dieser Einwand ist in der Tat sehr triftig. Es scheint nämlich, als setze die (erfolgreiche) Durchführung einer Realitätsprüfung bereits voraus, daß der Mensch wach und seiner sämtlichen Erkenntnisvermögen mächtig ist. Die 6. Meditation ist in der Tat ganz aus der Perspektive des Wachseins geschrieben.

In der ersten Meditation aber hatte Descartes vorgegeben, nicht zu wissen, ob er wache oder träume; ja, er hatte sich in der Phase des hyperbolischen Zweifels sogar ganz auf die Seite des Traums gestellt. Alle Vorstellungen des vermeintlichen Wachseins, auch rationale Urteile und womöglich Urteilszurückhaltung konnten danach im Prinzip auch im Traume vorkommen. Dieser Perspektivenwechsel (von der 1. zur 6. Meditation) stellt einen argumentativ nicht mehr zu vermittelnden Bruch im Gefüge der Meditationen dar. Aus der Perspektive der ersten Meditation kann man wohl fragen, warum ein Träumender eigentlich nicht zu der (irrigen) Überzeugung gelangen können soll, nach dem Merkmal der Kohärenz sei das von ihm Erlebte die reine Wirklichkeit selbst. Es ist nämlich nicht einzusehen, wie man zwischen einer wahrhaftigen und einer geträumten Verknüpfung gegenwärtiger Bewußtseinsinhalte mit dem Ganzen des Lebens soll unterscheiden können.

Dieser Einwand läßt sich ohne weiteres verallgemeinern: Von *jedem* Kriterium, das mir gewährleisten soll, daß ich jetzt wache, könnte ich auch träumen, es sei erfüllt. Ich bräuchte ein weiteres Kriterium, um zwischen einer wahrhaften und einer geträumten Erfüllung meines ersten Kriteriums zu unterscheiden, und es entstünde, wie leicht zu sehen ist, ein unendlicher Kriterienregreß. Durch eine einfache Iteration des Traumzweifels konnte das rationale Kriterium, das Descartes zu dessen definitiver Überwindung aufgeboten hatte, selbst der Skepsis ausgesetzt werden.

In seiner Entgegnung auf Hobbes räumt Descartes ein, daß ein Träumender sich unweigerlich täusche. "Ist er aber erwacht, so wird er seinen Irrtum mühelos erkennen".[418] Gott ist nämlich kein Betrüger. Diese Antwort ist natürlich unbefriedigend. Anstatt durch einen Kohärenztest beweisen zu können, daß man wach ist, muß man dies vielmehr bereits voraussetzen. Nur in der Retrospektive des Erwachens ist der Wahn der Träume als Schein zu durchschauen, nicht aber in der Präsenz der Täuschung.

Descartes' Standpunkt läuft also im Ergebnis gar nicht auf eine definitive Widerlegung der von ihm heraufbeschworenen Traumskepsis hinaus, sondern auf eine Vindizierung der wachen Vernunft durch die Wahrheitsgarantie Gottes.

Der Jesuit Bourdin hatte sich in den 7. Einwänden gegen die "Meditationen" ganz perplex gezeigt angesichts der Frage, ob Denken einen weiteren Begriffsumfang habe als Träumen. War Descartes' Methode am Ende vielleicht eine, um richtig zu träumen?

Descartes antwortet wiederum ausweichend: Die Frage, ob er dieses oder jenes nun im Wachen oder im Traume gedacht habe, sei ein bloßes Gedankenspiel.[419]

Der ansonsten etwas konfuse Jesuit hatte aber eine Vorahnung von den Schwierigkeiten, die auf die nachcartesianische Metaphysik zukommen sollten. Die Philosophen ringen mit der sonderbar anmutenden Frage, ob es überhaupt eine körperliche Außenwelt gibt, und wenn ja, wie sich dies beweisen lasse.

## 3.2 Vom "problematischen" zum "dogmatischen Idealismus"

Durch den Hinweis auf das Faktum lebhafter Träume läßt sich gegen das gewöhnliche Bewußtsein plausibel machen, daß die Welt vielleicht überhaupt nur eine Vorstellung ist, die wohl in meinem Bewußtsein existiert, aber nirgends sonst. Denn genau wie im Wachzustand, so glauben wir auch im Traum, einer Welt außer uns gegenüberzustehen, ohne daß wir uns dieses Irrtums bewußt würden. Der Traum ist das Vehikel zum Idealismus. Er stellt so etwas wie einen Erfahrungsbeweis für den Primat der inneren Erfahrung gegenüber der äußeren dar.

Voll Stolz entdeckte Descartes, daß der Geist leichter zu erkennen sei als der Körper. Mochte dieser auch bloß eine Chimäre, eine Vorspiegelung des arglistigen Betrügergeistes sein, die Existenz des denkenden Ichs blieb als rettender Fels im Meer des Zweifels zurück.

Doch plötzlich kehrt sich der Traum gegen den Idealismus selbst. Wie sollte die im Traum exemplarisch angetroffene Isolation des Bewußtseins überhaupt noch auf die in transzendente Ferne gerückte Außenwelt hin überschreitbar sein? Das Ich sieht sich im Gehäuse seiner Vorstellungswelt eingeschlossen und vermag sich aus eigener Kraft nicht mehr daraus zu befreien.

Descartes' Appell an die göttliche Garantie dafür, daß es eine Außenwelt gibt und daß die Erkenntnis von ihr kein Traum ist, erschien den Philosophen in seiner Nachfolge als eine ziemlich gewaltsame und dogmatische Lösung dieses Problems. Sie kontrastiert in der Tat deutlich mit Descartes' sonstiger methodischer Einstellung.

"Vielleicht gibt es überhaupt kein Ideatum", erklärt Malebranche, "ich sehe nur die Idee, nicht das Ideatum. Von diesem weiß ich nur durch eine Art Offenbarung, wenn es dies gibt".[420] Der Schluß von der Ordnung der Ideen auf das bewußtseinsunabhängige Dasein der in diesen Ideen gedachten Dinge erscheint ihm nicht gerechtfertigt. Die vermeintlich körperhafte Außenwelt ist für ihn in Wahrheit eine "visio in Dei".

Nur durch das "Herz", so Pascal, durch das Organ der intuitiven, übervernünftigen Erkenntnis, unterscheiden wir Wachen und Traum. Aber kein Vernunftgrund kann diese Unterscheidung in eine Gewißheit verwandeln.[421]

Die metaphysische Entwicklung schritt vom, wie Kant es nannte, "problematischen Idealismus" Descartes', der das Dasein der Außenwelt für beweisbedürftig hielt, zum "dogmatischen Idealismus" Berkeleys fort, der dieses überhaupt leugnete.

Berkeley erklärte schon den Gedanken eines denkunabhängigen Körperdinges für widersinnig. "Esse est percipi", Sein ist Wahrgenommen-Werden. Was wir für materielle Außendinge zu halten gewohnt sind, sind in Berkeleys Spiritualismus Gedanken, die uns von Gott eingeflößt werden, und deren geordnete Reihenfolge ist es, was wir Naturgesetze nennen.

Hatten schon Descartes und Locke die sogenannten "sekundären Qualitäten" wie Geruch, Farbe, Ton, Geschmack für etwas bloß Subjektives gehalten, so ist für Leibniz selbst noch die cartesianische "res extensa" keine echte Wirklichkeit mehr, sondern eine bloße Vorstellung.[422] Selbst der Raum, dieses "labyrinthische Kontinuum", kann wegen seiner unendlichen Teilbarkeit keine wahre Substantialität besitzen, sondern muß auf die Rechnung des Subjekts gesetzt werden.

Das eigentliche Sein ist für Leibniz rein spiritueller Natur. Es wird aus einer aktuellen Unendlichkeit gegeneinander isolierter substantieller Kraftzentren gebildet, die Leibniz Monaden nennt. Die Monade aber hat keine Fenster, wie sein berühmter Ausspruch lautet.[423] Niemals ist etwas von außen in sie hineingekommen. Kein Strahl des Lichts, keine Schwingung des Tons konnte jemals den Panzer, der sie umgibt, durchbrechen. Das Leben dieser monadischen Geistwesen besteht in Wahrheit darin, daß sie von einem nie erlahmenden Drang getrieben, Vorstellungen aus dem dunklen Grund ihres Innern hervorspinnen und bald verworren, bald in großer Helligkeit einen großen Welttraum träumen.

Einzig die von Gott, der "Monas monadum", verfügte "prästabilierte Harmonie" sorgt für das organisierte Zusammenspiel dieser Kapselwesen. Unser vermeintlicher Wachzustand ist letztlich nur ein Traum zweiten Grades, der gegenüber unseren Nachtträumen zwar ein weit größeres Maß an Ordnung und Helligkeit erkennen läßt, aber keine bewußtseinsunabhängige Realität wiedergibt. Ganz bewußt nannte Leibniz die Sätze der Geometrie oder der Physik gelegentlich auch "wohlgeordnete Träume".[424]

Mit dem Traum war man in den Idealismus hineingekommen, doch der Idealismus kommt aus dem Träumen nicht mehr heraus. Seine Angst ist es, nicht mehr zur realen Welt erwachen zu können. Die Wirklichkeit droht sich in eine Phantasmagorie zu verwandeln. Noch das Nicht-Ich ist durch das Ich gesetzt, wie Fichte sagen wird. Die Unterscheidung von Wachbewußtsein und Nachttraum war offenbar nicht zwingend durchzuführen. Wie aber war sie dann zu denken?

Diese Frage hat Leibniz in einer kleinen, dem Umkreis der "Monadologie" angehörigen Schrift "De methodo distinguendi phaenomena realia ab imaginariis" (Über die Methode, reale Phänomene von imaginären zu unterscheiden)[425] zu beantworten versucht, in der er direkt auf die Argumentation der 6. Meditation Bezug nimmt.

### 3.3 "Über die Methode, reale Phänomene von imaginären zu unterscheiden" (Leibniz)

Zunächst macht Leibniz deutlich, daß die stringent durchgeführte Unterscheidung von Wachsein und Traum auf eine Methode zur Feststellung von Tatsachenwahrheiten (vérités de faits) hinausläuft. Für den Bereich der Vernunftwahrheiten (vérités de raisons) dagegen ist sie irrelevant, denn diese sind analytisch. In ihnen werden lediglich Wesenszusammenhänge aufgedeckt, wobei es auf deren Bezug zur empirischen Realität gar nicht ankommt. Deshalb sind mathematische Gleichungen wahr, unabhängig davon, ob sie wachend oder träumend gedacht werden. Tatsachenwahrheiten aber behaupten das Bestehen von Sachverhalten in der Wirklichkeit bzw. die Existenz von etwas.

In Übereinstimmung mit Descartes erkennt Leibniz die Existenz des denkenden Ichs und der ihm unmittelbar präsenten Vorstellungswelt als Tatsachenwahrheiten an.

> "Es ist von gleicher Gewißheit, daß in meinem Geiste das Bild eines goldenen Berges oder eines Kentauren existiert, wenn ich hiervon träume, wie daß ich, der Träumende, existiere; beides ist nämlich in dem einen enthalten, daß mir ein Kentaur erscheint."[426]

Nun existieren Kentauren und goldene Berge zwar ganz gewiß in einem träumenden Bewußtsein oder in einem animierten, vielleicht in der mythischen Phantasie eines Dichters. Was kennzeichnet nun aber die Realität von Phänomenen im Unterschied zu Träumen oder mythischen Phantasiegebilden?

Betrachtet man ein Phänomen für sich, so wird seine Wirklichkeit durch die "*distinkte Perzeption*" festgestellt. Ein distinkt wahrgenommenes Phänomen ist erstens "*lebhaft*", das heißt seine sinnlichen Qualitäten sind intensiv, nicht aber blaß und verschwommen wie in Phantasiegebilden. Es ist zweitens "*vielfältig*" und präsentiert sich in einer Mannigfaltigkeit sinnlicher Qualitäten wie Ton, Geruch, Geschmack und Tastbarkeit. Diese können wir nach und nach beobachten, ohne daß uns das Phänomen unter der Hand entschwindet, wie das bei Träumen der Fall ist, die sich nicht festhalten lassen.

> "... diese lange Kette von Beobachtungen (wird) zumeist methodisch gewonnen und *mit Auswahl* angestellt."[427]

Ganz offensichtlich hat Leibniz die Situation des naturwissenschaftlichen Experiments vor Augen, wo die Beobachtung naturgemäß selektiv verfahren muß. Ein distinkt perzipiertes Phänomen ist schließlich, drittens, "*in sich harmonisch*", das heißt seine Bestandteile lassen sich wechselseitig auseinander oder aber in ihrer Gesamtheit aus einer hinreichend einfachen Hypothese erklären.

> "Im andern Fall wird uns die Erscheinung verdächtig vorkommen, denn sähen wir etwa, wie bei Ariost, Menschen auf geflügelten Rossen durch die Luft eilen, so würden uns, denke ich, doch Zweifel kommen, ob wir träumen oder wachen."[428]

Das Merkmal der Harmonie eines Phänomens erhellt aber weniger aus ihm selbst als vielmehr aus seinem *Zusammenhang mit anderen Phänomenen*. Ein reales Phänomen steht mit dem "gewohnten Gang der Dinge in Einklang", das heißt es präsentiert sich in derselben Lage, derselben Ordnung und führt zu demselben Ergebnis wie andere ähnliche Phänomene zuvor. Es läßt sich mit den vorhergehenden zusammen aus einem gemeinsamen Grund, einer wissenschaftlichen Hypothese oder einem Naturgesetz erklären und berechtigt überdies zu Prognosen.

> "Das überzeugendste Zeichen für die Realität der Phänomene aber, das für sich schon ausreicht, besteht in der Mög-

> lichkeit, zukünftige Phänomene aus den vergangenen mit Erfolg vorherzusagen"[429]

> "So unterscheiden wir sicher nur durch diese Übereinstimmung der Phänomene den Traum vom Wachen und sagen den Aufgang der Sonne für den morgigen Tag voraus, weil unsere Erwartung so oft erfüllt worden ist."[430]

Die Realität ist also der Bereich regelmäßig auftretender Phänomene. Sie bildet die Grundlage unserer induktiv gewonnenen Überzeugungen, aufgrund derer wir zu Prognosen über die Zukunft berechtigt sind.

Über Descartes, dessen Metaphysik ja ganz egozentrisch ist, hinausgehend hält Leibniz schließlich die *Intersubjektivität* der Wahrnehmung für ein besonders wichtiges Realitätskriterium.

> "Das stärkste Kriterium ist aber unter allen Umständen die Übereinstimmung mit dem ganzen Verlauf des Lebens, vorzüglich dann, wenn die Mehrzahl der Subjekte bestätigt, daß die Erscheinung auch mit ihren Phänomenen in Einklang steht."[431]

Zuletzt aber ist die Wissenschaft die schiedsrichtende Instanz, die in Zweifelsfällen darüber entscheidet, ob eine Erscheinung real ist oder nicht. Sie liefert den "zureichenden Grund" für das Auftreten von Phänomenen und für deren kausalen Hergang. Den exakten Wissenschaften - und das ist für das neuzeitliche Realitätsverständnis außerordentlich bezeichnend - fällt letztlich die Definitionsmacht des Realen zu.

In den "Neuen Abhandlungen über den menschlichen Verstand" heißt es:

> "Der Zusammenhang der Erscheinungen aber, der die Tatsachenwahrheiten im Hinblick auf die sinnlichen Dinge außer uns verbürgt, wird seinerseits mittels der Vernunftwahrheiten bewährt, wie die Erscheinungen der Optik durch die Geometrie ihre Aufklärung erhalten."[432]

Fassen wir noch einmal zusammen: Die distinkte Perzeption der Phänomene, ihr Zusammenhang mit anderen, ihr regelmäßiges Auftreten, ihre Intersubjektivität und schließlich ihre Erklärbarkeit im Rahmen einer wissenschaftlichen Theorie bestimmen den Rahmen dessen, was empirisch als real gelten kann. Phänomene, die diesen Kriterien nicht genügen, sind dagegen bloß imaginär.

Bis hierhin ist Leibniz Descartes gefolgt und hat dessen Trennung von Traum und Wirklichkeit in all ihren Konsequenzen zu Ende gedacht.

Doch nun erweist er sich als sein Kritiker. Die bisher für die Realität der Phänomene ausgegebenen Kriterien sind "selbst in ihrer Gesamtheit nicht strenge beweisend".[433] Sie besitzen nur Wahrscheinlichkeitscharakter oder eine sogenannte "moralische Gewißheit". Die von Descartes geforderte "metaphysische Gewißheit" lassen sie indes vermissen.

> "Es gibt daher kein Argument, durch das sich mit absoluter Sicherheit beweisen ließe, daß Körper existieren. [...] Denn wie stünde die Sache, wenn unsere Natur zur Erkenntnis realer Phänomene gar nicht fähig wäre."[434]

Das Transzendenzproblem der Außenwelt bleibt also in aller Schärfe bestehen. Die bei Descartes mit der Unterscheidung von Wachsein und Traum verbundenen metaphysischen Geltungsansprüche sind illusorisch.

> "Wie ferner, wenn dies ganze kurze Leben nur eine Art Traum wäre, und wir erst im Augenblick des Sterbens daraus erwachten, wie dies die Platoniker anzunehmen scheinen? Da wir nämlich für die Ewigkeit bestimmt sind, und dieses ganze Leben, wenn es auch viele Tausende von Jahren währte, mit der Ewigkeit verglichen nur einem Punkt gleichkäme: wie wenig besagt es da, wenn bei einer so dauernden Herrschaft der Wahrheit ein so flüchtiger Lebenstraum eingeschoben ist, der im Verhältnis zur Ewigkeit weit kürzer ist, als ein Traum im Verhältnis zum wachen Leben."[435]

Leibniz hält es nun aber für völlig absurd, Gott aus diesem Grund einen Betrüger zu nennen. Alle Realitätserkenntnis ist eben nur die eines endlichen Subjekts. Es mag wohl sein, daß der harmonische Zusammenhang, der die empirische Realität von Tatsachen im Unterschied zu Kentauren, goldenen Bergen oder geflügelten Rossen verbürgt, nur ein Traum höherer Ordnung ist, der metaphysisch gesprochen vielleicht nicht mit der Wahrheit, wie sie im Verstande Gottes vorliegt, übereinstimmt.

Der cartesische Traumzweifel läßt sich durch kein rationales Argument zwingend widerlegen, er läßt sich bestenfalls entschärfen. Denn schließlich bleiben alle metaphysischen Spekulationen, ob die sogenannte Realität vielleicht nur Traum ist, für die praktische Orientierung in unserem Dasein völlig folgenlos. Gott hat uns mit den angeführten Kriterien etwas an die Hand gegeben, das der Erkenntnis des Realen vollkommen gleichwertig ist. Eine ähnliche Strategie der "Entschärfung" der Skepsis, wie Strawson es nennt,[436] läßt sich auch bei anderen Vertretern des neuzeitlichen Idealismus beobachten.

Berkeley, der sich dem Vorwurf gegenübersah, die Welt in eine Chimäre aufgelöst zu haben, hatte seine liebe Not damit, seine Lehre als mit dem Common Sense vereinbar darzustellen. In seinem philosophischen Tagebuch notierte er:

> "Sagt ihr, unter solchen Umständen ist alles nur Vorstellung, so antworte ich, alles (ist) ebenso wirklich wie je. Ein Ding 'Vorstellung' zu nennen, macht es, wie ich hoffe, nicht weniger wirklich."[437]

In Berkeleys "Drei Dialogen zwischen Hylas und Philonous" einigen sich Hylas (> griech. = Stoff), der Vertreter der stofflichen Wirklichkeit der Außenwelt, und Philonous (> griech. = Freund des Geistes), der Fürsprecher von Berkeleys spiritualistischer Lehre über die metaphysischen Gegensätze hinweg auf einen pragmatischen Kompromiß. Die Frage nach der Unterscheidung von Wachen und Traum ist nur ein empirisch-psychologisches Problem, das von der metaphysischen Frage, ob es überhaupt ein Sein außerhalb des Bewußtseins gibt, unabhängig ist.

In der Ausgrenzung der Nachtträume sind sich Hylas und Philonous ganz einig,

> "sind sie doch dadurch, daß sie nicht einheitlich mit den vorhergehenden und folgenden Ereignissen des Lebens verbunden sind, vom Wirklichen leicht zu unterscheiden. Kurz, jedes Verfahren, durch das du nach deiner Anschauungsweise Dinge von Chimären unterscheidest, wird ersichtlich auch auf die meine anwendbar sein."[438]

Die cartesische Trennung von Traum und Realität nach dem Kriterium der Kohärenz wurde so zum allgemein akzeptierten Lehrstück neuzeitlicher Metaphysik, auch wenn sein metaphysischer Status kontrovers beurteilt wurde. Wo eine rationale Widerlegung des Traumzweifels aussichtslos erschien, da appellierte man an den Common Sense. Waren die skeptischen Spitzfindigkeiten der Philosophen nicht lächerlich? Das ist die Perspektive Lockes. Wie offenkundig ist doch der Unterschied zwischen dem Traum, im Feuer zu sein, und dem wirklichen Verbranntwerden. Wer da noch Zweifel habe, ob er träume oder wach sei, brauche nur stets ein Feuer in seiner Nähe zu haben.[439]

## 3.4 Kants "Widerlegung des Idealismus"

Kant schließlich wollte sich mit einer solch oberflächlichen Behandlung des Wirklichkeitsproblems nicht zufrieden geben. Er empfand es als einen

> "Skandal der Philosophie und allgemeinen Menschenvernunft, das Dasein der Dinge außer uns... bloß auf Glauben hin annehmen zu sollen, und wenn es jemand einfällt, es zu bezweifeln, ihm keinen genugtuenden Beweis entgegenstellen zu können."[440]

In der "Kritik der reinen Vernunft" widmet er ein Kapitel der "Widerlegung des Idealismus". Er war überzeugt, einen Beweis gefunden zu haben, der zeigt, "daß wir von äußeren Dingen auch Erfahrung und nicht bloß Einbildung haben".[441]

Kant geht in diesem Beweis von der Prämisse aus, daß der Mensch von seinem eigenen Dasein ein in der Zeit bestimmtes empirisches Bewußtsein hat.

Wenn dies aber der Fall ist, dann muß es auch äußere Gegenstände im Raum geben. Zeitbestimmung setzt nämlich etwas Beharrliches voraus, das jedoch, da innerhalb des Bewußtseins bloß ein unbestimmter Wechsel von Vorstellungen anzutreffen ist, in der äußeren räumlichen Wirklichkeit existieren muß. Schon das Bewußtsein, zuerst dieses und danach jenes zu denken, hat also zur Bedingung, daß es außerhalb meiner selbst so etwas gibt wie Uhren, also etwa die "Sonnenbewegung in Ansehung der Gegenstände der Erde", die dann der Zeitbestimmung des inneren Sinns zum Korrelat dienen.[442]

Kant hat damit die Gleichursprünglichkeit des empirischen, zeitlich bestimmten Bewußtseins und der äußeren Dinge im Raum dargetan. Sein Beweis ist freilich nur hypothetisch. Er hat die zeitliche Bestimmtheit des empirischen Bewußtseins zur Prämisse und geht damit über den Gehalt des cartesischen "cogito" hinaus. Dieses ist nämlich, wie Kant selbst sagt, "eine bloße intellektuelle Vorstellung der Selbsttätigkeit eines denkenden Subjekts".[443] Gerade ein träumendes Bewußtsein, so könnte man gegen Kant einwenden, braucht sich des Nacheinanders seiner Vorstellungen nicht bewußt zu sein (Freud zufolge setzt das primärprozeßhafte Denken des Traums die logischen Relationen und auch die zeitliche Ordnung des rationalen Wachbewußtseins außer Kraft). Streng genommen hat Kant also den "problematischen Idealismus" Descartes' nicht widerlegt.

Aber Kants Philosophie war auch nicht als Widerlegung jeglichen Idealismus konzipiert, sondern als "transzendentaler Idealismus". So ist die räumliche Außenwelt, die als Voraussetzung jeder inneren zeitlich geordneten Erfahrung aufgewiesen wurde, zwar eine "empirische Realität". Aber diese ist insgesamt auch nur Erscheinung. Raum und Zeit sind apriorische Anschauungsformen und keine Eigenschaften der Dinge an sich. Sie sind daher auch von "transzendentaler Idealität". Zwar muß jenseits der Sphäre des Subjekts ein Etwas angenommen werden, das diesem erscheint, ein Grund dafür, daß uns in der Erfahrung auch etwas gegeben wird. Doch dieses Etwas ist das dem Menschen unerkennbare und völlig unbestimmte "Ding an sich = X", der transzendente Grund der Affektion unseres Bewußtseins.

Kant versteht es nun, aus der Not eine Tugend zu machen. Wenn das Wirkliche auch insgesamt bloß Erscheinung ist, so ist es darum doch nicht nur Schein oder gar bloßer Traum. Im Gegenteil: Gerade weil die Wirklichkeit nicht an sich, sondern nur in den apriorischen Anschauungsformen Raum und Zeit gegeben ist und durch die Kategorien des Verstandes zu Einheit der Erfahrung synthetisiert wird, ist objektive Erkenntnis von ihr möglich.

Daß sich die Erkenntnis nicht um die Dinge, sondern diese sich umgekehrt um das Subjekt der Erkenntnis drehen, hat Kant als seine kopernikanische Wende in der Erkenntnistheorie bezeichnet. Wir erkennen in der Realität genau so viel an Ordnung, als wir nach Maßgabe unserer Erkenntnisvermögen selbst in sie hineinlegen.

Wir werden später noch sehen, wie Kant diese Eingrenzung des Wirklichen auf den Bereich objektiv erkennbarer Erscheinungen zur Ausgrenzung des jenseits dieser Grenzen Liegenden verwendet, um dann auch alles Spekulieren über eine erscheinungstrenszendente Realität zu "Hirngespinsten einer verkehrtgrübelnden Vernunft" zu erklären, und es aus dem Bereich des vernünftigen Diskurses auszuweisen. Genau dieses Anliegen verfolgte Kant in seiner Auseinandersetzung mit dem Geisterseher Swedenborg.

## 4. Wachsein als Selbstüberwachung

### 4.1 Das Leben ein Traum (Pascal, Calderon)

Die philosophische Bestimmung des Wirklichen als eines beständigen, rationalen Zusammenhangs ließ sich, wie wir bei Leibniz sehen konnten, vor allem von dem Vorbild der exakten Naturwissenschaften leiten. Ihre Erfolge nährten den Glauben an die lückenlose Durchdringung und vollkommene Beherrschbarkeit der Welt. In der Natur walteten Harmonie, Maß und Ordnung. Sie ließ sich durch die Vernunft "more geometrico" beschreiben und funktionierte wie ein Uhrwerk. Jedes einzelne Vorkommnis in ihr fügte sich dem gleichförmigen Lauf der Dinge und unterlag einer rationalen Gesetzmäßigkeit.

Doch der Blick auf die Sphäre des menschlichen Lebens lehrte etwas ganz anderes. Es gibt nichts Verworreneres als die Vorstellungen, die dem Menschen innerhalb einer einzigen Stunde durch den Kopf gehen, nichts Schwankenderes als ihre Ansichten, nichts Unbeständigeres als ihre Handlungen.

"Das Leben ist nur ein um ein Weniges weniger unbeständiger Traum", schreibt Pascal, Descartes' großer Antipode.[444] Man braucht nur an die Erfahrung des Reisens zu denken, wo die Eindrücke ständig wechseln.

Was ist der Mensch? Ein Nichts, ein Atom im Vergleich zu der schaurigen Unendlichkeit der Weltenräume, die ihn umgeben. Zeitlebens läßt er sich von Leidenschaften beherrschen und jagt eitlen Zielen nach. In seinen Ansichten ist er schwankend wie ein "denkendes Schilfrohr". Nicht eine Stunde hält er es mit sich allein in seinem Zimmer aus, denn dann käme ihm sein ganzes Elend zu Bewußtsein. Rastlos sucht er die Zerstreuungen, um nicht an den Tod denken zu müssen.

"Wir sind aus dem Stoff, aus dem die Träume sind, und unser kleines Leben umhüllt ein großer Schlaf". Shakespeares Worte hallen durch das ganze 17. Jahrhundert wider. So ist die Kultur des Barock geprägt von der Spannung zwischen einem an Harmonie und Maß ausgerichteten Rationalismus auf der einen Seite und dem Bewußtsein der Flüchtigkeit und Scheinhaftigkeit des menschlichen Daseins auf der anderen. In der Dichtung des Barock ist die "vanitas mundi", die Eitelkeit der Welt, ein zentrales Motiv. Die Erfahrungen des Dreißigjährigen Krieges, die etwa in den Gedichten von Gryphius gespiegelt sind, belehrten die Menschen über die Hinfälligkeit des Lebens und die Vergänglichkeit der irdischen Güter. Wer eben noch reich war, hat plötzlich alles verloren. Was gestern gebaut wurde, liegt heute in Schutt und Asche. Die seit der Gegenreformation wiedererstarkte katholische Kirche predigte den Gläubigen, daß einzig und allein das Leben nach dem Tod Wert und Bestand habe. Wer vermochte in den Launen des Glücks, in den Widrigkeiten, die ein Schicksal beherrschen, irgendeine Regel, irgendein Gesetz zu erkennen? Und wie unvernünftig und zugleich mächtig waren doch die Leidenschaften der Menschen?

Eines jedenfalls schien festzustehen: Der Lauf des menschlichen Lebens war keineswegs an sich schon durch Beständigkeit und Kohärenz charakterisiert und vom Traum so radikal unterschieden, wie Descartes gemeint hatte. Nur in einem Ausschnitt der Wirklichkeit, nämlich in der Sphäre der mathematisierbaren und technisch beherrschbaren äußeren Natur, war das rationalistische Ideal von Ordnung und Regelhaftigkeit auch tatsächlich verwirklicht. In der Sphäre der menschlichen Lebenswelt aber mußten Vernünftigkeit und Kohärenz erst einmal der Kontingenz des Schicksals und der Macht der Leidenschaften abgerungen werden.

Genau dies ist die Lektion in Calderons metaphysischem Bühnenstück "Das Leben ist ein Traum" (1635).[445]

Sigismund, der Thronfolger des polnischen Königs, muß seine Jugend in einem Felsgefängnis unter wilden Tieren verbringen. Es war nämlich geweissagt worden, er werde sich, einmal zur Herrschaft gelangt, als ein grausamer Tyrann erweisen. In der Wildnis seines Gefängnisses, bewacht von Clotald, dem Wächter des Königs, beklagt Sigismund sein Schicksal. Er fühlt sich als Mensch unter Tieren und als Tier unter Menschen. Er weiß von keiner anderen Sünde als der, daß er geboren wurde.

Der alternde König will seinem Sohn aber die Chance geben, die Prophezeiung Lügen zu strafen. Sigismund soll, durch einen Schlaftrunk betäubt, an den Hof gebracht und für einen Tag als Herrscher eingesetzt werden. Widerlegt er durch sein Betragen die Prophezeiung der Sterndeuter, dann wird man ihm das Königtum übergeben. Gebärdet er sich aber als Despot, so soll er in sein Gefängnis zurückgebracht werden und sich mit dem Glauben trösten, er habe alles nur geträumt. So geschieht es.

Sigismund erwacht inmitten der höfischen Pracht und traut seinen Augen kaum. Träumt er nur? Alsbald erweist er sich aber als ebenso schreckenerregend, jähzornig und unzivilisiert, wie ihn die Weissagung hingestellt hatte. Er will sich an seinem Bewacher Clotald rächen (Dieser warnt: Gib acht, du träumst nur!); er wirft einen Höfling, der ihm widersprechen will, durch das Fenster die Burg hinunter. Ohne Hemmungen möchte er sich der Fleischeslust mit den Frauen hingeben und nähert sich Rosaura, der Nichte des Königs, die er liebt, seit sie ihm einst in seinem Felsgefängnis begegnet war, in ungebührlicher Weise.

Als er schließlich auch auf seinen Vater losgehen will, wird ihm abermals ein Schlaftrunk verabreicht, und man bringt ihn in das Gefängnis zurück. Wieder erwachend findet er sich in seine gewohnte trostlose Lage zurückversetzt. Sein tristes Dasein, so glaubt er jetzt, war nur für einen Moment durch einen kurzen schönen Traum unterbrochen worden (Auch reale Erlebnisse müssen nach dem Kriterium der Kohärenz, wenn sie aus dem Zusammenhang des Lebens herausfallen, als geträumte, unwirkliche erscheinen; genau dies war ja gerade die Absicht der väterlichen Intrige gewesen). Doch dieser "Traum" erscheint Sigismund im Nachhinein zugleich als ein so echtes und eindringliches Glückserlebnis, daß ihm nur der Schluß übrig bleibt, alles Glück und alle Freude auf Erden müßten ebenso flüchtig und vergänglich sein. Das Leben selbst ist nur ein Traum:

"Wir leben
In so fremden Lebensträumen,
Wo das Leben Traum nur heißt.
Was mir selbst geschah beweist,
Daß man uns dem Schlaf entreißt.
König sei er, träumt der König
Und, befangen in dem Wahn,
Herrscht er stolz und ordnet an.

Was ist Leben? Irrwahn bloß!
Was ist Leben? Eitler Schaum,
Trugbild, ein Schatten kaum,
Und das größte Glück ist klein;
Denn ein Traum ist alles Sein,
Und die Träume selbst sind Traum."[445a]

In Sigismund findet nun eine innere Läuterung, ein Sinneswandel statt. Er beschließt, sollte er noch einmal "träumen", in seinem weiteren Leben seine Begierden zu zügeln, sein Ungestüm im Zaum zu halten und das Ewige zu bedenken. Er will fortan überhaupt auf alles irdische Glück verzichten, damit ihm künftig ähnliche Enttäuschungen erspart bleiben.

Sigismunds Reifung vom Tier zum selbstdisziplinierten Vernunftsubjekt wird vom Schicksal belohnt. Das Volk, das ihn als Herrscher auf dem Thron sehen will, befreit ihn aus seinem Gefängnis. Von nun an benimmt er sich wahrhaft königlich. Er verzichtet auf Rache an seinem

Vater, der ihn in der Gefangenschaft hatte aufwachsen lassen; er verzichtet auch - mit einem Seufzer der Resignation - auf seine geliebte Rosaura, um ihre Ehre wiederherzustellen. Denn all solche Wünsche sind nur "Träume", und das Leben selbst ist nur ein Traum, aber ein Traum, in dem man tugendhaft handeln soll.

Nirgends in diesem Drama wird tatsächlich geträumt. Der Traum steht vielmehr für alles Flüchtige, Ephemere und Vorübergehende des sinnlichen Daseins, er ist barockes Sinnbild der "vanitas", der Eitelkeit und Scheinhaftigkeit der Welt.

Calderons Schauspiel läßt sich als das Drama des von Norbert Elias beschriebenen "Prozesses der Zivilisation" interpretieren. Sigismund, das neuzeitliche Menschenkind, durchläuft die Entwicklung vom Lust-Ich zum selbstdisziplinierten Subjekt, das die Ansprüche des Trieblebens zurückzustellen lernt zugunsten "langsichtigen", das Ewige in Rechnung stellenden Verhaltens. Eingangs des Dramas ist Sigismund noch halb Tier, halb Mensch, ein ungestümer Draufgänger, gewalttätig und ohne sexuelle Schranken. Nur die Gefängnismauern und sein Bewacher Clotald halten ihn zurück, äußere oder Fremdzwänge also.

Seine ihm im Nachhinein als Traum erscheinende Prüfung ermöglicht ihm für einen Augenblick die Entfesselung seiner Triebe. Obwohl nicht in Wirklichkeit träumend, beträgt sich Sigismund doch gemäß den Kennzeichen, die Freud für den Nachttraum als charakteristisch ansah. Es findet eine Lockerung der Zensur statt, wenn auch die Stimme des Über-Ichs nicht ganz schweigt: Sigismund wird immer wieder durch seinen Bewacher Clotald, der freilich keine physische Macht mehr über ihn hat, gewarnt: du träumst nur. In Sigismunds Traumprobe findet eine Befriedigung unterdrückter libidinöser Regungen statt, insbesondere des ödipalen Wunsches, den Vater zu töten. Doch bevor es dazu kommen kann, erwacht Sigismund.

Seine Läuterung, sein Erwachen vom Tier zum vernünftigen Menschsein, geht psychodynamisch gesehen mit der Einrichtung der von Freud so genannten "Realitätsprüfung" einher, jener "großen Institution des Ichs", die die unmittelbare motorische Abfuhr von Affekten und die halluzinatorische Wunschbefriedigung unterbindet.

An die Stelle des Fremdzwangs (das Gefängnis, der Bewacher Clotald, die Autorität des Vaters) tritt Selbstzwang. Das Lustprinzip muß durch das Realitätsprinzip abgelöst werden. Auf dem Wege seiner Reifung zum mündigen Vernunftsubjekt lernt Sigismund, daß allem Lusterleben, allem sinnlichen Genuß die Enttäuschung des Entzugs folgt. Diese frustrierende Einsicht wird bei Calderon "desengago" genannt, "Desillusionierung" oder "Ernüchterung". Die ganze Sphäre der Sinnlichkeit und der Affekte wird bei Calderon zum Traum degradiert. Alles Glück muß vergehen.

Die Konsequenz aus dieser Einsicht darf jedoch nicht ein haltlos dem Augenblick ergebenes, hedonistisches Leben sein, eines, das gemäß der Maxime "Carpe diem", "Ergreife den Tag", die Erfüllung im Hier und Jetzt sucht. Sigismund verwirft diese Möglichkeit zugunsten eines Stoizismus, der alle Leidenschaften dem Diktat der Vernunft unterwirft.

Im Vorgriff auf die einzig wahre und beständige Realität des jenseitigen Lebens gibt Sigismund den Wunschträumen des diesseitigen den Abschied. Die zum Traum herabgesetzte Unmittelbarkeit des Lebens wird durch die Vernunftperspektive "sub specie aeternitatis" überstiegen.

Sigismund, der Protagonist neuzeitlicher Subjektivität: An ihm erweist sich dramatisch, daß die Ordnung, Kontinuität und Berechenbarkeit, die neuzeitlichen Kennzeichen des Wirklichen, nicht einfach vorgefunden werden, sondern psychodynamisch aus einem Konflikt zwischen Vernunft und Leidenschaft, von Es und Über-Ich hervorgehen. Das Wirkliche muß als Sieg über das dem Chaos des Augenblicks verfallene Dasein immer neu errungen und sichergestellt werden. Erst die schmerzvolle Erfahrung des "desengago" befähigt Sigismund schließlich zur Realitätsprüfung und Selbstdisziplinierung immer dann, wenn er wieder einmal "träumen" sollte.

So steht die Reifung Sigismunds vom naturwüchsigen Grobian zum selbstbeherrschten Stoiker für die Herausbildung des nüchternen, ebenso berechnenden wie berechenbaren Menschentyps der Neuzeit; sie steht für den Gegensatz zwischen einem Typus wie Cardano und einem Typus wie Descartes, deren so gegensätzliche Biographien wir kennengelernt haben.

## 4.2 Die Attentate der Phantasie

Freuds Einsicht, daß dem Traum das "Nein" und die logische Kategorie des Widerspruchs fehle, war keineswegs grundlegend neu. Sie wurde bereits in der Psychologie der Aufklärung reflektiert und auch dort schon mit der Annahme verbunden, daß umgekehrt dem Wachbewußtsein, sofern es vernünftig ist, die Verneinung wesentlich zukomme.

So schreibt Hobbes in seinem "Leviathan" (1651) an der Stelle, wo er die cartesische Unterscheidung von Wachen und Traum aufgreift, folgendes:

> "weil ich wachend oft die Widersinnigkeit (absurdity) der Träume bemerkte, aber nie von Widersinnigkeit meiner Gedanken beim Wachen träume, so bin ich sehr zufrieden, daß ich im Wachen weiß, daß ich nicht träume, obwohl ich mich im Traum für wach halte."[446]

In Hobbes' Schrift "Vom Körper" heißt es:

> "Wenn wir träumen, wundern wir uns schließlich weder über merkwürdige Orte und Erscheinungen uns fremder Dinge, weil Erstaunen voraussetzt, daß uns Dinge neu und ungewöhnlich erscheinen, was aber wiederum Vergleich mit früheren Erscheinungen einschließt; im Traum jedoch erscheint uns alles gegenwärtig."[447]

Hobbes weist damit auf eine fundamentale Asymmetrie zwischen Wach- und Traumbewußtsein hin. Allein das Wachbewußtsein weiß um die Differenz von Sein und Schein; es konstituiert sich geradezu durch das reflexive Wissen um die Widersinnigkeit der Träume. Das Traumbewußtsein dagegen ist reine Unmittelbarkeit, reine Präsenz, ein Hingegebensein an das Erlebte. Ihm fehlt das Wissen um die Differenz von Sein und Schein.

Hobbes deutet damit auch an, daß Descartes dem Traumbewußtsein ein zu hohes Maß an Urteilsvermögen eingeräumt hatte, so daß sich dessen Kohärenzkriterium am Ende in Aporien verstricken mußte. In Wirklichkeit kann ein Träumender faktisch gar keine Realitätsprüfung anstellen, welche ein Vergleichen von Eindrücken im Hinblick auf ihre logische Stimmigkeit einschlösse.[448] Daher bemerkt der Träumende (wie Hobbes jedenfalls glaubt) auch niemals die Absurdität seiner Erlebnisse.

Das Wachbewußtsein aber konstituiert sich durch die Kritik des Traums. Denn auch bei Tage sind laut Hobbes die Gedanken nicht schon von selbst ordentlich und zusammenhängend. Sie sind es nur dann, wenn der Mensch an Ziele denkt und planvoll erwägt, wie diese zu erreichen sind. Kohärenz wird erst durch die *Zweckorientierung* des Bewußtseins erzeugt:

> "Weil... jede Ordnung und jeder Zusammenhang aus fortwährendem Hinblick auf das Ziel, d.h. aus einer planmäßigen Überlegung stammt, so wird, da im Schlafe an keinen

Zweck gedacht wird, die Folge der Phantasmen durch kein Ziel mehr bestimmt, sondern so sein, wie es sich gerade trifft, etwa, wie sich Objekte unsern Augen darbieten, wenn wir gleichgültig vor uns schauen und die Dinge nur sehen, nicht weil wir sie sehen wollen, sondern weil wir unsere Augen gerade offen haben; dann erscheint uns alles ohne jedwede Ordnung."[449]

Leibniz bestimmt seinerseits das Wachbewußtsein wesentlich als eine Aufmerksamkeitsleistung. Aber das Wachsein ist immer nur partiell und hat - nach einer Art Drehtür-Prinzip - zur notwendigen Bedingung, daß anderes unserer wachen Aufmerksamkeit entgeht:

"wir sind fortwährend von Gegenständen umgeben, die auf unsere Augen oder Ohren einwirken und die somit auch unsere Seele beeinflussen; wir geben jedoch, weil unsere Aufmerksamkeit von anderen Gegenständen in Anspruch genommen ist, auf sie nicht früher acht, als bis der Gegenstand durch eine Steigerung seiner Wirksamkeit oder durch irgend eine andere Ursache stark genug wird, die Aufmerksamkeit auf sich zu ziehen. In diesem Falle verhalten wir uns dem bestimmten Gegenstand gegenüber wie schlafend (comme un sommeil particulier à l'égard de cet objet-là): und dieser Schlaf wird ein allgemeiner, wenn unsere Aufmerksamkeit für alle Gegenstände in ihrer Gesamtheit aufhört. Es ist ja auch ein Mittel, sich einzuschläfern, daß man die Aufmerksamkeit verteilt, um sie zu schwächen."[450]

Wach sind wir demnach nur in bezug auf solche Gegenstände unseres Wahrnehmungsfeldes, die von unserem Aufmerksamkeitsstrahl erleuchtet werden, während wir uns in bezug auf all das im Hof und außerhalb des Wahrnehmungsstrahls Befindliche wie schlafend verhalten. Die fokussierende und vom Bewußtsein begleitete Wahrnehmung, die Leibniz Apperzeption nennt, hat zur Bedingung, daß anderes aus dem Bewußtsein ausgeblendet wird. Hier besteht - modern gesprochen - ein notwendiger Zusammenhang von Bewußtheit und Verdrängung. Je angespannter wir unsere Wahrnehmungen auf einen Punkt konzentrieren, desto mehr zerstreut sich der Rest der Wahrnehmungen. Wir gleichen darin Archimedes, der in seine mathematischen Betrachtungen versenkt, den Lärm des Schlachtgetümmels bei der Einnahme von Syrakus überhörte.

Aber auch von den Dingen, die unserer fokussierenden Aufmerksamkeit entgehen, machen wir unmerkliche, unbewußte Wahrnehmungen, die Leibniz "petites perceptions" nennt. Wir perzipieren dann wohl, was in unserer Umgebung geschieht, aber undeutlich wie im Traum; die Eindrücke gehen unbemerkt an uns vorüber, ohne die Schwelle des Bewußtseins zu überschreiten. Das Wachbewußtsein ist also immer nur ausschnitthaft und stets selektiv; die fokussierende Aufmerksamkeit auf bestimmte Eindrücke hat den Preis, daß andere ins Unbewußte abgedrängt werden.

Was aber geschieht, wenn umgekehrt die bewußte Aufmerksamkeit nachläßt und sich zerstreut? Dann, so Leibniz, nähern wir uns dem Schlaf- und Traumzustand an. Tatsächlich aber drängen bei Nachlassen der Bewußtseinskontrolle aus dem Unbewußten die bedrohlichen Phantasien und Träume in den Vordergrund des Bewußtseins. Diese Erfahrung hat Spinoza in einem Brief an den ihm befreundeten Hamburger Kaufmann Peter Balling vom 20. Juli 1664 in eindrücklicher Weise geschildert:

> "Als ich eines Morgens, da es schon zu tagen begann, aus schwerem Traume erwachte, blieben mir die Bilder, die ich im Traume gesehen hatte, so lebhaft vor Augen, als wären es wirkliche Dinge, und namentlich war es das Bild eines schwarzen, aussätzigen Brasilianers, den ich noch nie gesehen hatte. Dieses Bild verschwand zum größten Teil, wenn ich, um mich durch etwas anderes abzulenken, meine Augen auf ein Buch oder sonst etwas richtete. Wenn ich aber dann wieder die Augen von einem solchen Gegenstand abwandte und sie ohne Aufmerksamkeit auf irgend etwas anderes richtete, dann erschien mir dasselbe Bild desselben Negers wieder mit der gleichen Lebhaftigkeit und so wiederholt, bis es mir aus dem Gesichte verschwand."[451]

Wer war jener schwarze, aussätzige Brasilianer in Spinozas Traum, dessen Schemen ihm am Morgen lange so deutlich vor Augen stehen, "als wären es wirkliche Dinge"? War es jener archetypische "Schatten" (Jung), der die "schwarzen, aussätzigen" Anteile des Seelenlebens symbolisiert, die hier aus der Latenz mit aller Macht an die Oberfläche des Bewußtseins drängen?

Wir sind auf Vermutungen angewiesen. L. Feuer[452] zufolge war die Schreckgestalt in Spinozas Traum wahrscheinlich der pechschwarze furchteinflößende Henrique Diaz, der Anführer der aufständischen brasilianischen Sklaven, die im Jahre 1646 die jüdischen Kaufleute aus Brasilien vertrieben hatten. Er verkörperte, so Feuer, gewissermaßen den auf allen Juden lastenden ewigen Fluch. Diesen Henrique Diaz kannte Spinoza offenbar aus den Schilderungen genau jenes Rabbi, der ihn selbst bei seiner Exkommunikation aus der Amsterdamer Synagoge 1656 auf alle Ewigkeiten verflucht hatte. Indes, Spinoza versagt sich eine Deutung seines Traums. Aber die Eindrücke seines Traumerlebnisses bedrängen ihn. Nur mühsam gelingt es ihm, das Schreckbild zu unterdrücken, indem er die Aufmerksamkeit "auf ein Buch oder sonst etwas richtet". Und hartnäckig kehrt das Bild aus dem Unbewußten zurück, sobald er die Augen schweifen läßt.

Der gleiche Vorgang hatte sich auch bei Spinozas Freund Balling zugetragen. Dieser hatte ihm die traurige Nachricht vom Tod seines Kindes mitgeteilt, dem ein Vorzeichen vorausgegangen war: Balling hatte ein Schluchzen gehört. Realität oder Traum? Spinoza schreibt, daß dieses Zeichen gerade deshalb, weil es unter dem Einfluß der wachen Aufmerksamkeit schwächer wurde,

> "kein wirkliches Schluchzen gewesen ist, sondern nur in Ihrer Vorstellung. Sie sagten ja selbst, Sie hätten, wenn sie sich erhoben und aufmerkten, es nicht mehr so deutlich gehört als vorher und nachher, wenn sie wieder in Schlaf versunken waren."[453]

Traumerfahrungen sind für Spinoza eine Bestätigung seines Freiheitsbegriffs. Die Freiheit aber ist für ihn eine Illusion. Sie besteht für den Menschen allein darin, sich die Zwänge, denen er in Wahrheit unterliegt, bewußt zu machen. In einem Brief an Schuller, wo dieser Freiheitsbegriff zur Diskussion steht, schreibt er:

> "Ich berufe mich aber auf sein eigenes Bewußtsein, da er zweifellos die Erfahrung gemacht hat, daß er im Schlafe nicht die Macht hat zu denken, er wolle schreiben, oder nicht, und daß, wenn er träumt, er wolle schreiben, so hat er nicht die Macht zu träumen, er wolle nicht schreiben."[454]

Es dürfte nun deutlich geworden sein, wie sich im Denken der Neuzeit die Dynamik von wachendem und träumendem Bewußtsein darstellt. Wachsein bedeutet wachsam sein angesichts der drohenden Bilder aus dem Inneren, es bedeutet ihre Abweisung durch Hinlenkung der Aufmerksamkeit auf die Außenwelt, es setzt zweckrationales Denken und Handeln voraus. Träumen bedeutet dagegen, von den andrängenden Bildern aus dem Innern überwältigt zu werden und ihnen ausgeliefert zu sein.

Treffend heißt es in Formeys Artikel "Traum" (Songe) der Enzyklopädie von Diderot und d'Alembert, auf den ich später ausführlicher zurückkommen werde:

> "Die Imagination des Wachzustandes ist eine überwachte Republik (république policée), wo der Magistrat die Ordnung wieder herstellt; die Imagination der Träume ist dieselbe Republik im Zustand der Anarchie, obwohl die Leidenschaften häufig Attentate auf die Autorität des Gesetzgebers verüben, auch dann, wenn seine Gesetze in Geltung sind."[455]

Im Wachzustand muß also eine Art innere Polizei den Ausbruch der Anarchie im Bewußtsein verhüten.

Hobbes hatte das menschliche Innenleben mit seinem pessimistischen Blick als eine Büchse der Pandora angesehen, der sofort alle Übel entspringen, wenn sie nicht mit aller Macht unter Verschluß gehalten wird. So wie ohne staatliche Zwangsmaßnahmen sofort das Chaos des Naturzustandes, der Krieg aller gegen alle, herrschen würde, so würde ohne rationale Selbstkontrolle im Innern des bürgerlichen Subjekts die Tiernatur entfesselt. Rationalität ist letztlich nur eine Fassade:

> "Denn ich nehme an, daß die nüchternsten Leute auf einsamen Speziergängen es nicht gerne wollten, daß die Eitelkeit und Ausgefallenheit ihrer Gedanken zu dieser Zeit öffentlich gesehen werden könnten. Dies ist das Eingeständnis, daß ungelenkte Leidenschaften zum größten Teil reiner Wahnsinn sind."[456]

> "So sind gewöhnlich die Gedanken von Menschen beschaffen, die nicht nur ohne Gesellschaft sind, sondern auch nichts zu tun haben. Aber selbst dann sind ihre Gedanken so geschäftig wie zu anderen Zeiten, aber ohne Harmonie, wie der Klang, den jemand auf einer ungestimmten Laute hervorbringen würde, oder einer, der nicht spielen kann auf einer gestimmten".[457]

"Das empirische Bewußtsein ist an sich zerstreut", schrieb Kant,[458] und es ist keineswegs schon an sich vom Traumbewußtsein unterschieden:

> "Die Seele eines jeden Menschen ist, selbst im gesundesten Zustande geschäftig, allerlei Bilder von Dingen, die nicht gegenwärtig sind, zu malen... Man hat gar nicht Ursache zu glauben: daß in dem Zustande des Wachens unser Geist hierbei andere Gesetze befolgt als im Schlafe, es ist vielmehr

> zu vermuten, daß nur die lebhaften sinnlichen Eindrücke in dem ersten Falle die zärteren Bilder der Chimären verdunkeln und unkenntlich machen, anstatt daß diese im Schlafe ihre ganze Stärke haben, in welchem allen äußerlichen Eindrücken der Zugang zu der Seele verschlossen ist."[459]

Ohne es gewahr zu werden, träumt also auch der gesunde und wache Mensch beständig. Die Einbildungskraft produziert eine fortlaufende Bilderflut vor dem Hintergrund des Bewußtseins, die wir wegen der nach außen gerichteten Wahrnehmungsaktivität nicht zur Kenntnis nehmen.

Was aber geschieht, wenn diese Bilderwelt sich in den Vordergrund drängt und die höheren Seelenvermögen überwältigt? Was im Schlafzustand Traum ist, das ist im Wachen der Wahnsinn. Der Wahnsinn ist, wie Foucault gesagt hat, im Zeitalter der Vernunft ein Traum, zu dem der Irrtum hinzutritt.[460]

Ich möchte nun einen fast unbekannten Außenseiter zu Wort kommen lassen, der im 17. Jahrhundert den Mut hatte, seine Stimme gegen den "mainstream" des aufgeklärten Diskurses zu erheben: Thomas Tryon (1634-1703). Im Jahre 1662 veröffentlichte er eine "Abhandlung über die Träume..."[461] und fügte ihr einen Anhang über den Wahnsinn bei, in welchem er die Vernünftigkeit des bürgerlichen Subjekts als falschen Schein enttarnt, um im Traum und in der Sprache des Irrsinns das Eigentliche des Menschen wiederzuentdecken.[462]

### 4.3 Die Wahrheit des Wahnsinns (Thomas Tryon)

> "Die Menschen sind so notwendig verrückt, daß es eine andere Art der Verrücktheit wäre, nicht verrückt zu sein."
> (Pascal)

Thomas Tryon war ein Einzelgänger, ein Autodidakt, der aus einfachsten Verhältnissen stammte. Er verbrachte seine Jugend als Schafhirte und lernte in der Einsamkeit seiner Tage und Nächte auf die Stimme seiner Träume achten.

Wie er in seinen Memoiren berichtet, offenbarte ihm Gott in seinen Träumen das "Königreich der Liebe" und das "Königreich der Finsternis" und war von diesem mystischen Erlebnis so überwältigt, daß er beschloß, ein selbstgenügsames und gottesfürchtiges Leben zu führen. Nachdem er von einem Dorfbewohner das Lesen und Schreiben erlernt und die Faszination der Bücherwelt entdeckt hatte, siedelte er im Alter von dreiundzwanzig Jahren nach London über, erlernte dort das Handwerk des Hutmachers, heiratete und brachte es zu einem gewissen Wohlstand. Durch eine Begegnung mit den Wiedertäufern erfuhr Tryon eine Vertiefung seiner mystischen Religiosität, wurde Vegetarier und hatte vor allem mit seinen Schriften zur Diätetik Erfolg, die unter anderem von Benjamin Franklin mit Begeisterung gelesen wurden. Im Alter von 48 Jahren verspürte der Autodidakt zum ersten Mal den Drang, Bücher zu schreiben, und veröffentlichte dann insgesamt 16 Werke zu Themen wie Kindererziehung, Politik, Diätetik, Mystik und Astrologie.

Tryons "Treatise of Dreams" folgt im wesentlichen dem Schema traditioneller Traumbücher, wobei Tryon jedoch im Einklang mit täuferischem Gedankengut auf die Selbstgenügsamkeit der Lebensführung als Vorbedingung für das Empfangen göttlicher Traumgesichte Wert legt.

Der diesem Werk beigegebene "Diskurs über Ursachen, Natur und Heilung von Phrenesie, Wahnsinn oder Verworrenheit" ist nun aber ein einzigartiges Dokument. Tryon bestimmt den Wahnsinn als "sehenden oder wachen Traum",[463]

> "und wann immer dies einem Menschen widerfährt, dann ist seine Seele entblößt, und all seine Phantasien und Einbildungen werden für ihn genauso substantiell, wie es die materiellen Dinge für Menschen sind, die voll bei Sinnen sind und sich der Vernunft unterwerfen."[464]

Der Wahnsinn ist also ein Für-Wahr-Halten der inneren Phantasiewelt zulasten der äußeren Wahrnehmungen und eine Entblößung der von der Vernunft nicht mehr kontrollierten Seele. Bis hierhin befindet sich Tryon noch mit dem Rationalismus seiner Zeit im Einklang. Doch im Wahnsinn tritt nur nach außen, was in jedem Menschen fortwährend im Verborgenen geschieht. Die schöpferische Phantasietätigkeit, die hier gegen Vernunftkontrolle und Wahrnehmungsaktivität zum Durchbruch kommt, erfährt nun aber bei Tryon eine antirationalistische Aufwertung.

> "Die Seele mit all ihren Vermögen ist ein vollständiges Bild ihres Schöpfers, der nicht schlummert und schläft, sondern dessen wunderbare Zeugungs- und Schöpfungskraft immer tätig ist. Denn noch nie hat ein Mensch auch nur eine Viertelstunde seines Lebens aufgehört zu imaginieren, nicht einen einzigen Augenblick, nein noch nicht einmal, wenn der Körper und die Sinne eingeschlafen sind... Denn die Imagi-

> nation und das Begehren haben ein höchst verborgenes Original."[465]

Nicht der reine Intellekt, sondern der phantasierende begehrliche Teil der Seele ist für Tryon gottebenbildlich. Das Unbewußte ist die eigentliche schöpferische Triebkraft. Die Vernunft dagegen ist nicht produktiv, sondern übt lediglich Kontrolle über die unbändige Phantasieproduktion im Menschen. Ihr obliegt die Aufgabe der "Realitätsprüfung" und der Zensur. Sie bestimmt, was als gestische und sprachliche Mitteilung an die Öffentlichkeit dringen darf und was als untauglich unterdrückt und niedergehalten werden muß.

> "Denn was für wilde, inkohärente, absurde und lächerliche Dinge würden wir von den seriösesten Leuten hören, würden sie fortwährend sprechen und die verschiedenen Einbildungen in Worte formen, die fortwährend von diesem magischen und treibenden Rad erzeugt werden,... welches niemals still steht oder aufhört zu arbeiten und zu erzeugen."[466]

Ein denkwürdiges Echo auf die oben zitierte Bemerkung von Hobbes aus dem "Leviathan".

Das französische Wort für "träumen" (rêver) bedeutete ursprünglich soviel wie "irrereden".[467] Genau darin liegt auch für Tryon das Wesentliche des Wahnsinns. Er ist Sprache, das "Gemurmel" (Foucault) jenseits des offiziellen Diskurses, ein ungebremster Wortschwall. Im Wahnsinn werden wie bei Kindern alle Einfälle und Phantasien unmittelbar in ein Brabbeln und Plappern umgemünzt.

> "sie können nicht länger ihre Gedanken, Einbildungen und Ideen dem Richter präsentieren, sondern diese werden in Worte geformt, so schnell, wie sie erzeugt werden, denn hier ist kein Raum mehr für die Kontrolle des Urteils, das prüfen (censure) könnte, was geeignet ist, in Worte gemünzt zu werden und was nicht. Aus diesem Grunde sagen Wahnsinnige und unschuldige Kinder alles heraus, was in ihrer Phantasie entsteht."[468]

Tryon geht es nun im Gegensatz zum Rationalismus seines Zeitalters hier gerade nicht darum, die Vernunft gegen derartige Übergriffe des Irrsinns zu sichern und die überschäumenden Einbildungen, die sich beim Wahnsinnigen Luft machen, zu unterdrücken oder zu verbergen. Ihm ist die selbstkontrollierte Vernunft nur falscher Schein, eine bürgerliche Fassade. Dahinter verbirgt sich das eigentliche Sein des Menschen, das jedoch nur im Traum, im Wahnsinn und in der Sprache der Kinder unverstellt zutage tritt.

> "Daher ist es vielleicht nicht immer ein so beklagenswerter Zustand, des Verstandes und der sogenannten Vernunft beraubt zu sein, wie manche annehmen, besonders bei wahnsinnigen Unschuldigen. Das heißt, wenn die Eigenschaft der Freundlichkeit in der Seele vorherrscht. Denn wenn Menschen so ihrer rationalen Vermögen enthoben sind, erscheinen sie nackt; sie haben keinen Schleier und kein Feigenblatt mehr, um sich zu verstecken und verbleiben nicht länger hinter einer Maske oder einer Fassade (disguise), sondern erscheinen ganz genau so, wie sie sind, was äußerst selten ist bei solchen, die bei Sinnen und bei Verstand sind."[469]

Der wahre Charakter eines Menschen offenbart sich erst im Wahnsinn. Scheinbare Ehrenmänner verlieren die Fassung und erweisen sich als die Schurken, die sie in Wahrheit schon immer waren. Stille, zurückhaltende Menschen zeigen sich plötzlich in kindlicher Unschuld und Güte. In solchem freundlichen und unschuldigen Wahnsinn ist nach Tryon viel mehr Christlichkeit anzutreffen als bei den meisten sogenannten Normalen und Gesunden. Diese verdienen für ihre Heuchelei und Falschheit und für das Böse, das sie täglich anrichten, viel eher wahnsinnig genannt zu werden. Für Tryon ist der Wahnsinnige und der träumende Mensch in einen Zustand kindlicher Unschuld, Unverderbtheit und Gottesnähe versetzt. Er ist dadurch dem normalen Menschen, der seine Phantasien und Träume unter Kontrolle hat, moralisch überlegen. Tryon vermutet in der Mania und im Traum eine höhere Weisheit, ein Göttliches, das den Gewöhnlichen verschlossen ist, und steht damit der Antike viel näher als dem neuzeitlichen Denken. Die Vernunft ist das Uneigentliche, sie erzeugt die Differenz von Sein und Schein im Menschen und ein gespaltenes Bewußtsein. Allein in der kindlichen Unmittelbarkeit des Traums und des Irrsinns ist der Mensch mit sich selbst identisch und erscheint als das, was er auch in Wahrheit ist. Tryon nimmt eine Umkehrung der aufklärerischen Werte vor: Die Vernunft ist hier nur Epiphänomen, schlechter Schein, Traum und Irrsinn dagegen sind das Wahre. Diese Umkehrung der Werte gipfelt in dem Ausruf:

> "Was ist die Welt anderes als ein einziges Bedlam [Londons Irrenhaus, d.Übers.], wo die, die mehr verrückt sind, die weniger Verrückten einsperren."[470]

Tryon fordert die Schließung der Narrenhäuser, wo die Kranken wie in einem Zoo begafft und nach Belieben von Schaulustigen gequält werden. Damals übliche Behandlungsmethoden wie Aderlaß, Betäubungsmittel und Schläge, die den Zweck haben, den Stolz der Kranken zu brechen, hält er für verfehlt und fordert, den Patienten ein gesundes Quartier und gute Nahrung zu geben. Vor allem sollte man nur wirklichen Freunden den Umgang mit ihnen erlauben.

Mit seiner humanitären offenen Einstellung gegenüber dem Wahnsinn ist Tryon im Zeitalter der Vernunft, wen wundert es, ein Prediger in der Wüste gelieben.

**5. Die Vertreibung der Gespenster**

Nur mühsam bricht sich das Licht der natürlichen Vernunft durch die Nebelschwaden des Aberglaubens. Die Schreckbilder jenes kollektiven Alptraums, in dem es von Hexen und Gespenstern spukte, wollten dem Tag der Aufklärung nicht so rasch weichen.

Zwar beruhen in den Augen der gebildeten, aufgeklärten Elite die Voraussetzungen des magisch-animistischen Weltbildes insgesamt auf Einbildung; in den Städten mokierte man sich bereits zu Anfang des 17. Jahrhunderts über die Leichtgläubigkeit des einfältigen Pöbels in den Fragen der Hexerei und der Magie. Doch die Mehrheit der ländlichen, weitgehend schriftunkundigen Bevölkerung glaubte weiterhin an den bösen Blick, Zauberei, an Vorbedeutungen und an das Treiben der Dämonen. Keineswegs vermochte das neuzeitliche Weltbild, das die Realität als lückenlosen Zusammenhang natürlicher Ursachen und Wirkungen versteht, die in den Zeiten des Hexenwahns zum integralen Bestandteil des Christentums aufgerückte Dämonenlehre mit einem Schlag zu verdrängen, hatte diese doch selbst unter den Gebildeten noch viele Anhänger.

Der Wandel der Mentalitäten vollzieht sich, wie die Historiker sagen, nicht substitutiv, sondern additiv. Traditionell magische und aufgeklärte Bewußtseinshaltungen bestanden für lange Zeit auf verschiedenen sozialen Ebenen nebeneinander fort. Die aufklärerische Entzauberung der Welt war von einer "Gleichzeitigkeit des Ungleichzeitigen" begleitet. Sie stieß, wie wir im folgenden noch sehen werden, sogar auf teilweise erhebliche Widerstände, insbesondere von seiten der Geistlichkeit.

Die neuzeitliche Trennung von Traum und Realität war in der Tat zu einem nicht geringen Teil durch den überall verbreiteten Geisterglauben motiviert. Hier fanden die aufklärerischen Projektionstheorien ihr eigentliches Anwendungsfeld. Waren die numinosen Mächte, die Geister und Engel für viele noch immer real im Raum existierende Wesen, die den Menschen Träume senden konnten, so zeigte sich nunmehr, daß diese überhaupt nur in Träumen ihren Ursprung hatten, die die Menschen dann fälschlicherweise für äußere Realität hielten. Die neuzeitliche Trennung von Traum und Realität wurde notwendig, weil im Gespensterglauben beides ständig verwechselt wurde. Überall schlichen sich hier Träume vom Menschen unbemerkt in ihr Leben ein und wurden mit abergläubischer Furcht als Erscheinungen wirklicher Gespenster angesehen.

## 5.1 Gespensterwissenschaft (Le Loyer)

"Wenn mir im Wachen plötzlich jemand erschiene und gleich darauf wieder verschwände, wie das in Träumen geschieht, und zwar so, daß ich weder sähe, woher er gekommen noch wohin er gegangen..." - Descartes ist sich sicher, daß eine solche Erscheinung nur ein Trugbild sein kann, weil sie der Kohärenz des Wirklichen widerspricht.

Doch sein Zeitgenosse Le Loyer (1550-1634), Verfasser der bekanntesten französischen Dämonologie[471] des 17. Jahrhunderts, schickt sich an, "eine Wissenschaft von den Gespenstern (zu) errichten,... ganz wie von den natürlichen und mathematischen Gegenständen",[472] und definiert:

> "Gespenst ist die Imagination einer körperlosen Substanz, die den Menschen wider die natürliche Ordnung erscheint und ihnen Angst einjagt (...)
>
> Die wahre und wirkliche Definition des Gespenstes ist die Imagination, durch die man Kenntnis von der definierten Sache erlangt."[473]

Imagination und Sinneswahrnehmung sind jedoch bei Le Loyer ganz im Gegensatz zu Descartes noch nicht getrennt. Denn die Geister zeigen sich den Menschen sinnlich, indem sie einen Phantomleib annehmen, "so wie auch Gottes Sohn Fleisch geworden ist, damit wir zu ihm aufblicken."[474] Bei dem Versuch, trügerische Einbildungen von echten Wahrnehmungen, bloße Phantombilder von wirklichen Gespenstern abzuheben, gerät Le Loyer in eine heillose begriffliche Verwirrung:

> "Und wie das Sehen der beweglichste aller Sinne ist und alle anderen übertrifft, so erhält die Imagination von diesem Sinn bald den Namen eines Gespenstes, bald den eines Phantoms, manchmal den einer Vision, und schließlich noch den der Phantasie, welches vom Gesichtssinn abgeleitete Arten sind und vom Licht, ohne das man nichts sehen kann".[475]

In diesem Licht nun zeigen sich die böswilligen Geister mit ihren flüchtigen Luftkörpern, die unfaßlicher Metamorphosen fähig sind - das macht die Wissenschaft von ihnen so kompliziert - und setzen alles daran, die Menschen zu erschrecken und ihnen Schaden zuzufügen.

> "Kann man etwas so Nichtiges wie den Leib, mit dem sich ein Gespenst bekleidet, zur Grundlage einer sicheren Wissenschaft machen? Ich meine, man kann es."[476]

In einem über tausend Seiten umfassenden Quartband tritt Le Loyer, der als Jurist das Amt eines Conseiller du Roi bekleidete, den Beweis dafür an, kompiliert mit unübertrefflicher Belesenheit alte und neue Berichte vermeintlicher und echter Gespenstererscheinungen, und findet dafür den Beifall der Doktoren der Sorbonne, die sein Oeuvre loben als dienlich "zur Unterweisung der guten Katholiken gegen die verderblichen und irrigen Meinungen alter und moderner Atheisten, Naturalisten, Libertins, Hexer und Häretiker".[477]

Die Reinigung der Realität von den Gespenstern stand also noch aus.

### 5.2 Die Vision des Brutus (Hobbes) und die "Hexenmeister der Einbildung" (Malebranche)

Als Thomas Hobbes sich des cartesianischen Kriteriums zur Unterscheidung von Wachen und Traum bemächtigt, hat er speziell deren Verwechslung im Dämonenglauben seiner Zeitgenossen vor Augen. Hier ist für ihn der eigentliche Anwendungsbereich dieses neuen Wirklichkeitskriteriums gegeben:

> "Hier ist zu bemerken, daß gewisse Träume, besonders solche, die Halbeingeschlafene und Menschen haben, die mit dem Wesen der Träume nicht vertraut und zugleich abergläubisch sind, früher und auch jetzt nicht zu den Träumen gerechnet werden. Manche halten die Erscheinungen und Stimmen, die sie im Traume zu sehen und zu hören glauben, nicht für Phantasmen, sondern für Objekte, die außerhalb des Träumenden existieren. Denn in einigen nicht nur schlafenden, sondern auch wachenden Menschen, besonders solchen, die sich eines Verbrechens bewußt sind, hat die Furcht selbst nachts und an heiligen Orten, ein wenig auch unterstützt durch Geschichten von derartigen Erscheinungen, schreckliche Phantasmen im Geiste erregt, die für wahrhafte Dinge gehalten werden und denen man den Namen 'Geister' oder 'unkörperliche Substanzen' gab."[478]

Furcht, das Bewußtsein ein Verbrechen begangen zu haben, und ferner, "wenn die Menschen durch irgendeinen Umstand nicht sicher sind, daß sie geschlafen haben",[479] all diese Umstände lassen die Träume als gespenstische Realität erscheinen. Im "Leviathan" befaßt sich Hobbes mit der berühmten von Plutarch überlieferten Vision des Cäsarmörders Markus Brutus. Am Vorabend der Schlacht von Philippi, deren Ausgang ihn zum Selbstmord bewegte, soll vor Brutus, der schlaflos in seinem Zelt lag, der schreckliche Anblick eines riesigen Mannes erschienen sein, der von Brutus befragt, wer er sei, antwortete: 'Ich bin dein böser Dämon, oh Brutus. Bei Philippi sehen wir uns wieder!' Wonach die Erscheinung verschwand.

Die kritische Prüfung der Überlieferung ergibt nach Hobbes, daß die Begebenheit, "die von den Historikern gewöhnlich als eine Vision dargestellt wird",[480] in Wahrheit bloß ein Traum war, wie aus den Umständen hervorgeht: Brutus saß in schwere Gedanken versunken in seinem Zelt und merkte nicht, daß er einschlief. Daß er von etwas Furchtbarem träumte, hing, so Hobbes, auch damit zusammen, daß er in der Kälte schlief. Und so fiel Brutus der Illusion eines Angsttraumes zum Opfer, den er für Realität hielt. Gegen die Realität des Gespenstes sprach, daß es nur von ihm selbst allein in seinem Zelt, sonst aber von keinem Zeugen gesehen worden war.

> "Und da er nicht wußte, daß er schlief, hatte er keinen Grund, sie für einen Traum oder für irgend etwas anderes als eine Vision zu halten. Und das ist kein seltener Vorfall. Denn selbst völlig wache Leute unterliegen den gleichen Einbildungen..."[481]

> "Aus dieser Unkenntnis, wie Träume und andere starke Vorstellungen (Dreams and other strong Fancies) von Visionen und Empfindungen (vision and sense) zu unterscheiden sind, ist der größte Teil der Religion der Heiden in der Vergangenheit entstanden, die Satyrn, Faune, Nymphen und dergleichen verehrten, und ebenso heute die Meinung, die primitive Leute von Feen, Geistern, Kobolden und der Macht der Hexen haben."[482]

Der Keim für die Ausbildung dieser natürlichen heidnischen Religion liegt nach Hobbes in der Verehrung dessen, was man fürchtet, in der Unkenntnis natürlicher Ursachen, "die die Menschheit... stets begleitet, als wäre sie im Dunkeln";[483] sie ist darin begründet, daß zufällige Dinge für Vorzeichen gehalten werden, und sie wurzelt im Geisterglauben. Die Alten hätten sich ihre Seele vorgestellt "aus derselben Substanz, wie das, was einem Schlafenden im Traum oder einem Wachenden im Spiegel erscheint",[484] und in Analogie dazu die Vorstellungen von Geistern und Engeln ausgebildet. Diese sind nichts anderes als substantiierte Traumerscheinungen. Insbesondere kannten die Alten die Natur des Sehens nicht, wie z.B. daß durch das Drücken auf den Augapfel ein Bild als außerhalb des Kopfes erscheint, noch auch die Natur der Einbildung,

> "als wären die Toten, von denen sie träumen, nicht Bewohner ihres eigenen Gehirns, sondern der Luft des Himmels oder der Hölle, nicht Trugbilder, sondern Geister!"[485]

Auf einer gigantischen Projektion beruht also letztlich das, was Hobbes im vierten und letzten Buch seines "Leviathan" als "Königreich der Finsternis" (kingdom of darkness) titulierte und dort einer beißenden Analyse unterzog.

Etwa zur gleichen Zeit zeigte der Cartesianer Nicole de Malebranche in dem Kapitel "Von den Hexenmeistern der Einbildung" seines Hauptwerkes "Erforschung der Wahrheit" (1674), daß der Glaube der Hexen, nachts zum Blocksberg zu fliegen, eine pure Traumillusion ist, die sich nicht der Einwirkung halluzinogener Drogen verdankt, sondern "der ansteckenden Mitteilung einer starken Einbildungskraft"[486] bei den kursierenden Gerüchten von ihrem diabolischen Treiben.

Nicht die Salbe, sondern die Erzählung von derlei Dingen ist das eigentliche Narkotikum. Malebranche stellt sich die Entstehung der Fabel vom Hexenflug wie folgt vor: Ein einfältiger Schäfer erzählt in angetrunkenem Zustand abends beim Feuer seiner Frau und seinen Kindern immer wieder die Geschichte von der Hexenzusammenkunft, der er selbst beigewohnt zu haben glaubt:

> "aus Neugierde wollen sie auch dieser Zeremonie beiwohnen. Sie salben sich, legen sich ins Bett, diese Vorbereitungen erhitzen sie noch mehr, die durch die Erzählung des Schäfers bereits gemachten Eindrücke im Gehirn öffnen sich dergestalt, daß sie die ganze Feierlichkeit im Schlafe so neu zu sehen glauben, wie er es ihnen erzählt hatte. Sie stehen des Morgens auf, fragen und erzählen sich untereinander, was sie gesehen. So bestärkt einer den anderen, und wer die stärkste Einbildungskraft hat, ermangelt nicht, in wenigen Nächten das ganze Bild der Hexenzusammenkunft zu entwerfen. Nun sind die Hexen da, die der Hirte entstehen ließ, und werden sich gewiß vermehren, wenn die Furcht dergleichen Erzählungen nicht unterdrückt."[487]

Kein Wunder, daß in gewissen Ländern "Phantasten und Träumer"[488] als Hexen und Zauberer verbrannt werden, wenn derlei Fabeln sich so leicht der Phantasie einprägen. "Man höre auf, sie zu bestrafen, man behandle sie als Narren".[489] Mit dieser Forderung vollzieht Malebranche den aufklärerischen Übergang von der Dämonologie zur Medizin und Pathologie. Herrscht nicht in den Köpfen dieser Einfältigen eine "außerordentliche Verwüstung"[490] ihrer melancholischen Einbil-

"Hier siht mann Sonnenklar, daß Hexen in der Welt,
Da eines Träumers Kopff wohl tausend in sich hält."

Titelkupfer zu John Websters "Untersuchung der vermeintlichen und sogenannten Hexereien", Halle 1716.

dungskraft? Mit dem indignierten Erstaunen des Aufklärers über die Wirkungen der Leichtgläubigkeit unter den Menschen bemerkt Malebranche:

> "Ja, es hat viele ehrliche Zauberer gegeben, welche heiligst versicherten, daß sie zur Hexenversammlung gehen würden, welche so überzeugt davon waren, daß, wenn man sie aus dem Schlaf erweckte und sie überzeugte, daß sie nicht aus dem Bette gekommen wären, sie es schlechterdings nicht glauben wollten."[491]

> "Überdem ist es bei manchen Leuten nichts Ungewöhnliches, des Nachts so lebhaft zu träumen, daß sie sich beim Aufwachen alles aufs genaueste wieder erinnern, obgleich der Gegenstand nicht so fürchterlich war. Ebenso macht es gar keine Schwierigkeit, daß manche Menschen sich überreden, einer solchen Versammlung beigewohnt zu haben, weil dazu nichts erfordert wird, als die Aufbewahrung der während dem Schlaf entstandenen Eindrücke im Gehirn."[492]

### 5.3 "Die bezauberte Welt" (Balthasar Bekker)

Balthasar Bekker, ein reformierter Pastor aus Amsterdam, wagte es mit seinem 1693 erschienenen Standardwerk der Aberglaubenkritik "Die bezauberte Welt"[493] als erster, das Hauptfundament der Dämonenlehre, nämlich den Teufelsglauben direkt anzugreifen. Er stellt fest,

> "daß die gantze Welt, in einem tieffen Vorurtheil/ was dieses Stuck anlanget/ mehr denn jemahls sonsten in der Welt ersäuffet lieget"[494]

und unternimmt es zu zeigen,

> "daß des Teuffels Reich nichts als ein Gedichte ist/ und daß er so große Macht und Regierung als man ihm gemeiniglich zuschreibet/ nicht habe."[495]

Unter Berufung auf Descartes' Leib-Seele-Dualismus gilt ihm der Teufel, sofern es ihn überhaupt gibt, als ein reiner Geist, der deshalb keinerlei körperliche Einwirkung auf das natürliche Geschehen in der Welt hat. Als der in der Hölle gefesselte Fürst der Finsternis

> "hat (er) auch diese Freyheit nicht/ daß er durch die Welt spöcket/ und den Menschen außerhalb des Schlaaffs/ oder im Traume erscheinet."[496]

Die These von der Unkörperlichkeit des Teufels und seiner dämonischen Helfershelfer will Bekker sowohl durch die Vernunft als auch aus der Schrift erweisen, wobei er für deren allegorische Auslegung eintritt, wie sie zuerst Spinoza propagiert hatte. Wenn "angelus" nicht unbedingt "Engel", sondern auch "Bote, Abgesandter" heißen kann, "diabolos" nicht nur "Teufel", sondern auch "Lästerer", wenn die Begriffe "pneuma" und "spiritus" "nicht solchen zweyerlei Geist/ sondern auch ein Gebläse bedeuten",[497] so gibt es keinen Grund, die Dämonologie aus der Bibel zu rechtfertigen.

Die im unbemerkten Übergang von Schlaf und Wachzustand entstehenden Illusionen von Geistererscheinungen behandelt Bekker im vierten Buch seines Werks, in dem er die angeblichen Erfahrungsbeweise und Zeugnisse übernatürlicher Erscheinungen einzeln durchgeht und allesamt als Lug und Trug entlarvt.

> "Belangend das Gesicht: Das kan durch Schlaffen verwirret seyn/ daß wenn der Mensch gleich jetzt erwachet ist/ er wohl etwas deutlich zu sehen vermeynet/ das nach den vergangenen übrigen Dünsten von dem Schlaff/ ganz nichts zu seyn befunden wird von dem welchem es erst gleichet."[498]

Solange die Nebel der Träume und die Dünste des Schlafs nach den Blick trüben und die Ohren verstopfen, werden mancherlei Erscheinungen gesehen, aus denen die Berichte von Gespenstern entstanden sind. Wieviele Menschen sahen nicht im Halbschlaf allerlei Spukgestalten, welche sich endlich in nichts auflösten, nachdem sie sich nur den Sand aus den Augen gerieben hatten und vollkommen wach waren.

So hatte ein Mann eines Morgens zwei gegeneinandergelehnte Menschen in seiner unmittelbaren Nähe gesehen, gleich als wäre es taghell, und hatte sich erschrocken unter seiner Bettdecke verkrochen. Als er dann aber wieder hervorguckte, mußte er bemerken, daß die beiden Gestalten keine Gespenster waren, sondern nichts als der Vorhang und die Treppe, und daß es überdies noch gar nicht Tag geworden war. Ein anderer hatte in der Dämmerung des Halbschlafs seinen Bettvorhang ganz deutlich für einen Mann gehalten, der ihm die Hand zum Gruß ausstreckte, und diese Gestalt gefragt, wer er sei und was er wolle.

> "Nach dem der Dampff tieff oder untieff in seinem gehirn schwebte/ so schien dieser Mann näher zu ihm zu kommen/ oder weiter abzutreten... Nachdem aber zugleich die Geister durch die Übung durchgebrochen und heller geworden/ da sahe er was es war."[499]

Weiterhin gibt es den "Irrthum dse Gehörs/ so gleicher massen durch den Schlaff verursacht wird" (ebenda), wofür Bekker aus der eigenen Erfahrung ein Beispiel gibt, das er als "fertige Antwort" parat hat für Leute, die von Glockenläuten und unheimlichem Sargklopfen erschreckt werden. So habe er selbst in der Nacht und beim morgendlichen Erwachen die Kirchenglocken um ein Vielfaches öfter schlagen gehört, als dies in Wirklichkeit der Fall sein konnte. Dank der Lektüre der cartesischen Physiologie habe er aber eine Erklärung für diese Erscheinung finden können. Die Vervielfachung der Glockenklänge beruhe nämlich auf einem Echoeffekt in den noch durch den Schlaf verstopften Gehirngängen, wobei die Einbildungskraft den einmal empfangenen Klang noch eine Weile reproduzierte, obwohl er in der aktuellen Wahrnehmung nicht mehr vorhanden war. Da er im übrigen durch seinen Beruf als Pfarrer häufiger die Kirchenglocken läuten höre als andere, sei es nicht ungewöhnlich, daß er auch häufiger davon träume, richten sich doch die Träume in ihrem Inhalt nach dem, was der Mensch gewöhnlich bei Tage tut.

Beeindruckt von der Erfindung des Mikroskops durch seinen Landsmann Antonius von Leuvenhoeck postuliert Bekker,

> "daß dasjenige/ was man umb der Subtilligkeit willen vermeynet ein Werck der Geister zu sein/ durch die vorgedachten allersubtilsten und unzertheilichen Corperlein verursacht wird."[500]

In gleicher Weise solle die atomistische Philosophie die überkommenen Lehren von den okkulten Qualitäten und von der Sympathie und Antipathie aus dem Weg räumen.[501] An die Stelle des magischen Denkens soll das Vertrauen in den regelmäßigen Verlauf der natürlichen Dinge treten:

> "Warumb nicht lieber/ ja nur allein tieffer in die Erkäntniß der Natur getretten/ leibliche Dinge mit leiblichen zusammen fügen? Denn so ist mir darin etwas begegnet/ das ausser voriger Erfahrung ist/ und dennoch von gleicher Arth; Was Grund habe ich davon andere Ursache zu dencken/ als ich in allen andern erfahren habe?"[502]

Vor allem aber geht es um die Forderung einer nüchternen, vorurteilsfreien wachen Vernunft. Ganz im Geiste seines Mentors Descartes, im Geiste der cartesischen Trennung von Traum und Realität, fordert Bekker die Läuterung der menschlichen Sinne von den Affekten. Statt sich von bestimmten Eindrücken passiv betreffen und erschrecken zu lassen, soll der Mensch seine Sinne aktiv gebrauchen, er soll sie durch die Prüfung der Vernunft von den Schleiern der Träume und Hirngespinste befreien.

> "Denn wie jemand durch die Schärffe seines Gesichts/ durch den Nebel hinsehen wird/ der den schwachen Augen offt allerley Gestalten fürbilden kan: Also ist es auch/ daß ein klahrer Verstand und ein gesundes Urtheil das geschwächte Gehirn erläutert/ und durch den Nebel hinsiehet. Wenn nur nicht die Vielheit der Figuren auch wohl einen verständigen Mann wegen allzu vieler Bekümmerniß oder Geschöpffte/ die er in dem Haupte gesamblet/ ihm sein Gesichte oder sein Gehör verhindert/ und also sehen oder hören machet/ was nicht zu sehen war/ noch einen Thon von sich gab".[503]

Man mache es sich daher zur Maxime,

> "daß man die Sinnen wohl prüfe/ wie ein Werckzeug/ ob es gar wohl gereinigt/ geschärffet ist/ ein gutes Werck zu machen (...) und ob es auch bequeme Zimmer=Materie ist/ die ihnen unter Händen kommet. Besehet das Lacken/ehe ihr es kaufft (...) und wackere Homerus fället wohl einmahl in Schlaaff. Man muß nicht leicht glauben/ was man höret und siehet/ was niemahls oder selten wird geschehen...
>
> GOtt hat uns unsere Sinnen nicht gegeben/ als die unvernünfftigen Thiere/ bloß auff die Gestalten anzulauffen; sondern auch Verstand darbey/ dieselbigen darmit zu prüfen und zu regieren."[504]

Bekker beschließt sein Werk mit dem Aufruf:

> "übet euch selber/ was für Deckel des Aberglaubens und altvettelichen Fabeln man euch auch vorspinnet; vergaffet euch selber nicht am Schein oder Schatten/ an Gespenst oder Nacht=Gesichte/ an Hexen oder Unholden/ an Wahrsager oder Teufelsjägern...
>
> Wo diese Übung im Schwange gehet/ da ist alles Ruffen von dem Teuffel nur vergebens... Seyd nüchtern und Wachet (1.Pet. 5 v.8)... daß wir nicht mehr benebelt/ mit dem übrigen Rauch des Abgrunds/ aus unsern Augen sehen".[505]

## 5.4 Gegner und Verteidiger des Geisterglaubens

Die Vertreibung der Gespenster durch die Lehren der Aufklärung war ein mühsamer Prozeß. Dies zeigen die Debatten, die die Gelehrten im 17. Jahrhundert über deren Existenz und Nicht-Existenz führten, ganz deutlich. Vertreter der kirchlichen Orthodoxie und starrsinnige Vertreter des Hexenjagens verwiesen mit erhobenem Zeigefinger auf das Schreckgespenst des Atheismus, das sie hinter den materialistischen Lehren eines Thomas Hobbes und später auch noch eines Balthasar Bekker vermuteten.

Joseph Glanvill (1635-1680), ein anglikanischer Geistlicher, der einen lebenslangen Argumentations- und Publikationskampf gegen die Leugnung des Hexenglaubens führte, zeigt sich in seiner gegen den Materialismus ("Sadduzismus") gerichteten Schrift "Against Modern Sadducism" (1675)

> "bekümmert um die Rechtfertigung des Glaubens an Hexen, da dieser ein greifbares und geläufiges Zeugnis unserer Unsterblichkeit ist."[506]

> "Diejenigen, die nicht offen heraus zu sagen wagen: es gibt keinen Gott, begnügen sich damit, als ersten Schritt zu leugnen, daß es Geister und Hexen gibt."[507]

Die Leugnung der Existenz von Hexen und Geistern ist für Glanvill gleichbedeutend mit der Leugnung des Immateriellen und Spirituellen in der Welt. Der Materialismus läuft auf die Verneinung der unsterblichen Seele hinaus und zieht das Greuel des Atheismus unmittelbar nach sich. Noch immer sollte es neben dem Licht der natürlichen Vernunft auch noch das Licht der göttlichen Offenbarung geben. Der Streit zwischen der Autorität der Kirche und der Autorität der Vernunft ist keinesfalls leicht zu entscheiden.

Aber waren Leute wie Glanvill nicht schlicht Vertreter eines rückständigen Denkens, das, so sieht es rückblickend aus, durch die Erfolge der neuzeitlichen Wissenschaft und die Bemühungen der Aufklärung überwunden wurde? Man wird diese Frage zweifellos bejahen wollen, doch der Kern des Problems liegt tiefer.

Wenige Jahre zuvor hatte Thomas Sprat seine berühmte Apologie der Royal Society verfaßt. Sprat pries darin die Erfolge der neuen Wissenschaft und "Experimentellen Philosophie" als Wohltat für die Menschheit und verteidigte die Mitglieder der Gesellschaft gegen die Anwürfe von konservativen klerikalen Gegnern, unter denen z.B. Meric Casaubon den Vorwurf erhoben hatte, sie seien

> "Menschen, die sehr der Materie anhängen und den sekundären Ursachen und den Sinnendingen... und die am liebsten nur zu schnell... vergessen, daß da ist ein Gott, und daß ihre Seelen unsterblich sind."[508]

Sprat schildert in seiner Apologie ausgiebig die abergläubischen Ängste vor Geistern und Dämonen, die durch die Spekulationen der Alten in die Welt gekommen waren.

> "In unserer Zeit waren diese fantastischen Formen zu neuem Leben erwacht und hatten von der Christenheit und selbst ihren größten Gelehrten Besitz ergriffen: Eine Unzahl von Feen wohnte in jedem Haus; Geistererscheinungen erfüllten die Kirchen. Schon in der Wiege erfaßte die Menschen ein Grauen, das sie bis mit ins Grab nahmen. (...)
>
> Doch seit der Zeit, da die Wirkliche Philosophie entstanden war, ist kaum noch ein Wispern von all diesem Horror geblieben. Niemand läßt sich heute noch erschüttern von Geschichten, vor denen seine Vorfahren erbebten. *Die Dinge nehmen ihren ruhigen Gang auf dem wahren Weg der natürlichen Ursachen und Wirkungen. Dies zeigen uns die Experimente, welche zwar noch nicht die Geschichte der Entdeckung der wahren Welt vollendet haben, wohl aber bereits jene wilden Bewohner der falschen Welt verjagt haben,* welche die Geister der Menschen zu erstaunen pflegten. Für diesen Segen sollten wir dankbar sein, wenn wir uns erinnern, daß es einer der größten Flüche ist, die Gott über die Gesetzlosen geschickt hat, daß da wird Furcht sein, wo keine Furcht ist."[509]

Der neuzeitliche Wirklichkeitsbegriff, der allein natürliche Ursachen und Wirkungen gelten läßt, wird auch bei Sprat ganz wesentlich durch eine Strategie des Ausschlusses gewonnen. Solange nur die Bewohner der falschen Welt verjagt werden, während die wahre Welt noch keineswegs erkannt ist, solange hinterläßt die exklusive Vernunft ein Vakuum, ein Erklärungsdefizit. Und genau hier setzen Glanvill und andere an:

> "Der Zufall soll diese schöne, wohlgeordnete Einrichtung der Welt hervorgebracht haben; unsere Seelen sollen bloße Materieteile sein, die zusammenkommen, man weiß nicht wie, noch von woher, welche alsbald wieder in die einzelnen Atome zerfallen, aus denen sie zusammengesetzt sind; unsere Ideen sollen nichts anderes sein als der Zusammenstoß

von einem Materieteil mit einem anderen; und unsere Gedanken nichts als blinde, zufällige Bewegungen."[510]

Glanvill war eine äußerst ambivalente Figur. Immerhin Mitglied der Royal Society, befürwortete er deren "Experimental Philosophy" und war als ein Anhänger des Baconschen Programms überzeugt, daß naturwissenschaftliche Experimente und Beobachtungen zur Perfektibilität der menschlichen Lebensbedingungen beitragen würden. Ja er bewunderte sogar Descartes, den er einmal als "den großen Sekretär der Natur" bezeichnete.[511]

Auf der anderen Seite hielt er das cartesianische Ideal eines perfekten und quasi göttlichen Wissens schlicht für Hybris und vertrat demgegenüber einen religiös motivierten Skeptizismus, den er in seinem Hauptwerk "The Vanity of Dogmatizing" (1661) vortrug. Wissenschaftliche Erklärungen haben laut Glanvill allenfalls den Status von Hypothesen. Scharfsinnig identifiziert er die Schwächen des cartesianischen "Dogmatismus", der zu wissen vorgab, was allein Gott zu wissen möglich ist.

Ließ dieser nicht tatsächlich die naheliegendsten Phänomene unerklärt, wie etwa die Entstehung des Fötus im Mutterleib oder die Kohäsion eines Körpers aus der bloßen Nachbarschaft seiner Teile? Ist es nicht völlig rätselhaft, wie die Seele den Leib bewegen soll, wo sie doch die Vorgänge in dessen Innerem nicht kennt?

Ist es dann nicht genauso möglich, fragt Glanvill in "Against Modern Sadducism", daß Geister, die von uns so verschieden und weit entfernt sind, Hexen durch die Luft befördern? Ist nicht der böse Blick der Hexen genauso unbegreiflich wie jene okkulten Qualitäten der Sympathie und Antipathie, deren Realität wir nicht bestreiten, doch deren Art des Wirkens wir nicht kennen? Müssen wir den Hexengeschichten nicht gerade deshalb Glauben schenken, weil sie unglaublich sind und unsere Vernunft übersteigen?[512]

Glanvills Wissenschaftsskepsis ließ ihn zu einem Apologeten der traditionellen Dämonologie werden. Denn was war schon gewonnen, wenn das Wunderbare in dieser Welt für unerklärlichen Zufall ausgegeben wurde? So wird bei Glanvill die Vernunft begrenzt, um für den Aberglauben Platz zu schaffen.

Als Bathasar Bekker wegen seiner "Bezauberten Welt" sein Amt als Pfarrer quittieren mußte, wurde er mit einer Flut von empörten Gegenschriften überhäuft, deren Tenor ganz ähnlich lautete wie bei Glanvill.

John Beaumont (gest. 1731), der sich als Geologe einen Namen gemacht hatte und zum Fellow der Royal Society gewählt worden war, widmete ein eigenes Kapitel seiner Geisterlehre, die den Titel "Historisch = Physiologisch = Theologischer/Tractat/ Von Geistern/Erscheinungen, Hexereyen/ und andern Zauber = Händeln..." (1705, deutsch 1721)[513] trägt, der Widerlegung Bekkers, des "Vorfechters aller Gespensterleugner".[514] Der Engländer hatte nach Ausbruch einer schweren persönlichen Krise selbst viele Jahre persönlichen Umgang mit Geistern gepflegt, deren Erscheinungen er in seinem Buch ausführlich wiedergibt und deren Existenz er beweisen will.

> "Es ist mir nicht unbekannt, daß D. Bekker in seiner bezauberten Welt dergleichen Dinge alle verlacht... Ich weiß nicht, was man Leuten von so hartnäckigen Vorurtheilen antworten soll, welche haben wollen, daß alle Dinge welche ihnen fremd vorkommen und sich ihrem Glauben widersetzen, durch Betrug verrichtet würden."[515]

> "Man wird jederzeit einige finden, die in kaltem Blut, fein trocken heraus sagen werden, was massen sie keine Prodigia glauben könnten, weil sie nichts von dergleichen ausserordentlichen Dingen gesehen hätten. Man disputiere ja nicht mit solchen Leuten. Wenn ein Mensch ungläubig seyn will, so wird er mitten unter den Prodigiis und Wunder = Werken also seyn. Es werden jederzeit Leute gefunden, die... haben wollen, daß alle Dinge Mährlein, Wahnwitz, und Betrüberey wären. Manche Leute beurtheilen alle Dinge nach dem, was sie ordentlicher Weise sehen, und halten alles für falsch, was die Grenzen der Natur überschreitet."[516]

Leute gleich welchen Alters, welcher Profession und Herkunft und gleich welcher Religion hätten übereinstimmend Erfahrungen mit Geistern gemacht und darin in ihren Berichten, "wenn sie auch noch so seltsam herauskommen", übereingestimmt.[517] Gegen Bekkers Materialismus meint Beaumont, daß keinesfalls

> "die Würckung dieser subtieln Theilgen der Materie sich zu einer so verständigen und willigen Würcksamkeit erstrecken könne."[518]

> Darum "sollten wir billig den Geistern zuschreiben, was durch Cörper nicht kan hervorgebracht werden."[519]

> "daferne man sich nicht durch eine gewisse Art des Triumphierens, womit er seine Ausdruckungen beseelet, wolle

> betäuben, so wird man noch immer in Gefahr schweben, bezaubert zu bleiben."[520]

Die neuzeitliche Reinigung der Wirklichkeit von den Geistern und den Mächten der Finsternis war von einer merkwürdigen Dialektik begleitet. Indem die Aufklärung für die in den Kategorien der Dämonologie beheimateten Erfahrungen des Irrationalen keine Alternativen, keine neuen Deutungsmuster entwickelte, sondern solche Erfahrungen aus dem Bereich des Deutbaren ausschloß, hat sie den Aberglauben nicht aus der Welt geschafft, sondern zu dessen Weiterwuchern außerhalb der Grenzen des als real Anerkannten beigetragen. Die nüchternen und coolen Denker der Aufklärung waren es zufrieden, das Traumhafte zur Illusion, zur hypochondrischen Grille zu erklären, es der Pathologie zu überantworten und ebenso das Wunderbare, Numinose auf das Willkürspiel der Atome und die Kategorie des Zufalls zu reduzieren. Das Traumhafte war ortlos geworden. Doch wie sollten Menschen wie Beaumont, die die Heimsuchung der Träume und Geister an sich erfahren hatten, ihre Erlebnisse sich noch deuten, anders als mittels der überkommenen Lehre von den Dämonen?

Beaumont ahnte wohl, daß er einen zunehmend obsoleten Standpunkt vertrat. Er klammerte sich an eine verlorene Sache:

> "Die Gelehrten unter den Christen werden die Sache sehr reiflich erwegen, ehe sie einer ihnen so lange gelehrten Lehre den Abschied geben."[521]

Doch Beaumont gehörte nicht mehr zu der Generation der hartgesottenen Apologeten des Hexenwahns. Sein Geistertraktat stellt vielmehr in seinen autobiographischen Partien die Bekenntnisschrift eines Gemütskranken und von finsteren Träumen Heimgesuchten dar.

Nur so ist zu erklären, daß Christian Thomasius, ein Vorreiter der deutschen Aufklärung und entschiedener Gegner der Hexenverfolgungen, die deutsche Ausgabe dieses Geistertraktats besorgte und mit einer Vorrede versah. Thomasius konnte bereits darauf bauen, daß dieses Buch und sein Verfasser sich durch die Naivität der darin vorgebrachten Geistergeschichten lächerlich machen würde. In seiner Vorrede bedenkt Thomasius diesen Geisterseher mit dem ironischen Lob, "daß der ehrliche Beaumont, was den Glaubens=Artickel von Geniis und Spiritibus familiaribus betrifft, ein wahrhafftiger Orthodoxe, das ist ein recht leichtgläubiger, aufrichtiger und bescheidener Melancholicus seye". Man müsse dem ehrlichen Beaumont, "der alles herausgesagt wie es ihm um das Hertze war", wohl glauben, "daß alles dasjenige, was er von sich meldet, daß er die Geister so vielenmahl gesehen und gehöret habe, würcklich und in der That also in seinem Gehirn, oder glandula pienali, oder deutlicher und vernünftiger zu reden, in seiner Einbildung also vorgegangen sey".[522] Thomasius gibt dann eine komprimierte Zusammenfassung der in Beaumonts Buch versammelten abergläubischen Vorstellungen. So wie man im Zeitalter der Vernunft die Wahnsinnigen im Narrenhospital wie in einem Zoo bestaunen sollte, so sollten die Bekenntnisse Beaumonts öffentlich gemacht und erbarmungslos dem Spott des lesenden Publikums preisgegeben werden.

Den Beschluß von Beaumonts Geistertraktat möchte ich dem Leser nicht vorenthalten. Beaumont versucht hier noch einmal, die Existenz von Geistern durch die persönliche Erfahrung zu beglaubigen. Doch plötzlich kommt ein gewisses Maß an Krankheitseinsicht bei ihm auf, und er fragt sich, ob seine zwei großen "Heimsuchungen" nicht vielleicht doch die Folge einer Melancholie waren, die ihn wegen jahrelang sich hinziehender familiärer Erbstreitigkeiten bedrückte[523] und beim Alkohol Zuflucht suchen ließ, um dann schließlich doch an der Realität der ihm erschienenen Geister festzuhalten.

> "Ich erkläre mich demnach mit aller Aufrichtigkeit eines Christen, daß es mir niemals auch nur in meine Gedanken gekommen, etwas vorzunehmen, Geister zu erwecken oder zu citieren, wie einige getan haben, sondern wenn sie kamen, war es mir vielmehr ein hefftiger Schrecken. Bey ihrer ersten Ankunfft erschienen sie mir nicht, sondern blieben vor meinen Kammer=Fenstern, und in einem vor meiner Kammer Fenster gelegenen Hoff, und in einem an ein ander Fenster anstoßenden Garten. Sie rufften mich, sungen, spielten auf Instrumenten, läuteten Glokken, kreheten bisweilen wie Hähne, und dergleichen. Und ich habe große Ursache zu glauben, daß es gute Geister gewesen; Denn ich kunte nichts an ihnen abnehmen, das auf was Böses abzielte: Ihr Zweck bey ihrer Ankunfft war, soviel ich anmercken kunte, bloß, mein Gemüth zu besänfftigen, und es zu seiner höchsten Lauterkeit zu bringen: Sie gebrauchten sich keiner Drohungen gegen mich, sondern die Verwunderung hielte mich allemal in Schrecken, und sie verharreten ohngefähr 2 Monate bey mir. Ihre andere Ankunfft bey mir geschahe etliche Jahre hernach, da ihrer zuerst fünfe kamen, wie ich in meinem vierten Capitel angezeiget; Bald hernach kamen sie zu hunderten, und ich sahe einige von ihnen in meinem Garten in einem runden Kreiß tanzen und singen, indem sie die Hände rund hielten, und einander nicht die Gesichter, son-

dern die Rücken zukehrten, also, daß die letztern nach den innern Theil gewendet waren. Ich fande diese von unterschiedlicher Eigenschafft zu seyn, einige gut, andere bös, wie es unter Menschen hergehet. Denn einige derselben pflegten dann und wann zu fluchen und zu schweren, und leichtfertigen Reden zu führen; und andere sie hingegen deswegen zu bestraffen. Jedoch suchte keiner von diesen allen mich jemahls zu etwas Bösen zu bereden, sondern alle pflegten mir von allzu freyen Trincken und andern unordentlichen Wesen abzurathen. Wenn ich irgend einmahl nach einer benachbarten Stadt reisen wollte, pflegten sie mir zu vermelden, sie wollten mit mir reisen, welches sie auch thaten. Denn sie pflegten daselbst vor meinen Vorhängen bey meiner Bett=Seite zu ruffen, und mit mir zu reden, wie sie gemeiniglich zu Hause im Brauch hatten.

Nach diesen zwey großen Heimsuchungen sind sie etliche Jahre nur dann und wann zu mir gekommen, und bisweilen eine Woche bißweilen zwey oder drey Tage bey mir geblieben: Und von ihrer ersten Ankunfft an haben sie mir beständig allerhand in meinen Träumen eingegeben, wie sie dann und wann noch zu thun pflegen. Bey ihrer ersten Ankunfft hörete ich keines seines Namens unter ihnen Erwehnung geschehen, wie ich bey ihrer andern Versuchung anmerckte. Ich nahm sie durch all meine vier Sinne wahr; Denn ich sah sie, und hörete sie, und dreyen gieng ein finsterer Rauch zum Munde heraus, welcher dem Geruch einiger massen zu wieder schien, indem er dem Dampff von einer Lampe gleich war; Und dreye von ihnen hiessen mich sie bey der Hand zu nehmen, welches ich thate, allein sie gab meiner Berührung nach, also, daß ich keines empfindlichen Wiederstandes gewahr werden kunte. So kunte ich auch nichts kaltes darinnen anmercken; wie man saget, daß einige Erscheinungen gehabt haben sollen. Ich ließ keine curioesen Fragen an sie abgehen, wie einige wollen, daß ich es thun sollen, und wie sie ihrem Vorgehen nach gethan haben würden, wenn sie an meiner Stelle gewesen; sondern ich hielte mich allezeit auf meiner Hut, und bathe sie beständig, sie möchten sich hinweg begeben; und wollte mich in keine solche Vertraulichkeit mit ihnen einlassen. Zwar fragte ich sie einmahl, was sie vor Creaturen wären? Da vermeldeten sie mir, sie wären ein Orden von Creaturen, die höher als Menschen wären, und sie könnten Einfluß in unsere Gedancken haben, und ihr Aufenthalt sey die Lufft. Ich fragte sie auch allerhand Sachen von meinen Angelegenheiten in dieser Welt, und ich vernahm bißweilen so wohl aus ihrer Antwort, als auch deme, was sie mir in meinen Träumen eingaben recht Erstaunens würdige Dinge. Einer von ihnen legte sich eine geraume Zeit alle Nacht lang zu mir auf mein Bette, und bezeugte große Liebe zu mir; Und wenn mir einige andere etwan droheten, vermeldete mir dieser Geist, daß sie mir kein Leid zufügen sollten.

Wenn man sich fraget, ob ich würcklich davor halte, daß diese Erscheinungen Geister, oder nur die Würckung einer Melancholie gewesen, so kan ich mehr nicht sagen, als was St. Paulus von der Eigenschafft seiner Entzückung saget: GOTT weiß es, ich weiß es nicht; Aber sie sind mir würcklich erschienen.

Tandlern in seiner Dissertation von der Melancholie meldet, daß der Affekt der Melancholie sich vornehmlich von Leuten von 40sten biß zum 60ten Jahr ereigne und daß man sich dieselbe mehrenteils im Sommer und Herbst zu zöge, bis sie im Frühling den Ausbruch gewinne; Und ich muß gestehen, daß ich über 40 Jahr als ward, ehe mir etwas von dergleichen Dingen begegnete, aber es geschahe beyde male um Weynachten, als mir die Erscheinungen vorkamen.

Was die Melancholie betrifft, weiß ich nicht, ob mein Temperament gar zu viel davon haben möchte, doch düncket mich, ich führe mehr von dem sanguinischen bey mir. Zwar kan es vielleicht seyn, daß dieses das andere stärcken halffen. Als sie erstlich zu mir kamen, wurde ich eben von einem nachlassenden Fieber gesund, welches mich über zwölff Monat gequälet hatte: Und ich gestehe es, ich war zu derselbigen Zeit mit einem Rechts=Process unglückseelig verwikkelt, welches mein Gemüth wohl einigermassen verunruhigen mochte; Und da die Geister das andere mahl zu mir kamen, wurde dieser Prozess immer noch fortgesetzet, und ich kan nicht anders sagen, als daß zu derselbigen Zeit wohl einigermassen bey mir eingetroffen haben mag, was der weise Mann saget, Proverb. 23.v. 31.33. Si dedas te vino, oculi tui videbunt extraneas, nempe, Visiones, et mirabiles Apparitiones: Wie es Lavaterus (De spectr. 1.1.c.4) erkläret; Alleine es wäre viel, wenn eine solche Gelegenheit verursachen solle, daß sie über 3 Monate bey mir verharret.

Ich könnte noch viel mehrere Umstände beyfügen, dessen, was zwischen mir und den Geistern vorgegangen; Denn ich hielte etliche Jahre ein Journal darüber, so wohl dasjenige was mir in Träumen als auch sonsten vorkam aufzuzeignen; Allein ich will dem Leser nicht länger beschwerlich fallen. Nur dieses muß ich noch gedencken, daß gleichwie mir diese Versuchungen derer Geister Gelegenheit zu erwegen gaben, wie weit sich die menschliche Vernunfft, bey Erweissung der Existenz derer Geister und ihrer Würckungen, erstrecke; Also ich mich erklären muß, was massen ich festiglich glaube, daß, wie die gantze sichtbare Welt von der unsichtbaren hergerühret, (welches auch nach der Epicureischen Lehre statt findet;) Also auch gute und böse Geister, subordinierte Agenten der ersten Ursache, in Verwaltung derselben begriffen seyn müssen. Und dieser Meinung hange ich so wohl vermittelst der Vernunfft, als mit dem Glauben an, worinnen wir, meines Erachtens, alle zu beruhen verbunden sind. Und es erscheint mir deutlich genug, daß diejenigen, so dieses nicht thun wollen, sich nur in einer schwindelsüchtigen Doxomania selbsten verliehren, und das Centrum einer soliden Wahrheit niemahlen recht treffen werden."[524]

## 6. Traumkritik und Leibreiztheorie der Aufklärung

Die Geschichte des Traums im Zeitalter der Vernunft ist die Geschichte seiner Ablehnung, seiner Ridikulisierung und seiner Verdrängung. Nach Descartes' epistemologischer Trennung ist der Traum in den Diskursen der Aufklärung nur noch die Unwirklichkeit einer Nicht-Wahrnehmung, verzerrtes Spiegelbild des wachen Daseins, eine Art chaotischer Naturzustand der Seele, in den noch der Vernünftigste allnächtlich zurückfällt. Der Traum steht für die Gleichzeitigkeit eines ungleichzeitigen mythischen Bewußtseins im Menschen, das zu seiner wachen Rationalität in einen immer schärferen Gegensatz tritt.

Im Traum begegnet der durch Vernunft sich definierende Mensch dem Anderen der Vernunft, dem Dämonischen *in* ihm selbst. Im Schlaf am aufrechten Gang und am freien Gebrauch seiner rationalen Vermögen gehindert, sieht er sich in einer Welt gefangen genommen, in der das Grauen und die Angst überwiegen. Er gewahrt sich als schuldbeladenes Wesen und in seiner Nacktheit als Tier. Doch diesem Anderen seiner selbst, dieser unerbittlichen Wahrheit seiner Nacht vermag er nicht ins Antlitz zu sehen.

In dem Maße, in dem die Gespenster dem Tag der Aufklärung weichen müssen, beginnt sich der Mensch als alleinigen Urheber des Traums zu erkennen. Doch zugleich spaltet er ihn von sich ab, projiziert seine Herkunft auf die verpönte Leiblichkeit und überantwortet seine Deutung dem Aberglauben. Der Traum hört auf, dem Menschen die Wahrheit seines Schicksals oder seines Herzens zu sagen. Die divinatorischen Künste von einst fallen seit dem 17. Jahrhundert dem Prozeß der Entmythologisierung zum Opfer; die Aufklärung läutet das Ende der Prophetie ein. Die Träume künden von keiner Zukunft mehr, sondern erscheinen in der mechanistischen Physiologie und Assoziationspsychologie schließlich nur noch als Zerfallsprodukte vergangener Tageswahrnehmungen, denen allenfalls noch einfältige, wundergläubige Gemüter irgendeinen Sinn andichten können.

Doch bis zum Schluß, bis in die Diskurse der aufgeklärten Traumphysiologie hinein, bleibt eine Irritation angesichts des Ausgegrenzten zu spüren. Geschieht im Traum tatsächlich alles "ohne Grund"? In der Enzyklopädie von Diderot und d'Alembert erscheint der Traum als Labyrinth, in dem sich die Vernunft zu verlieren droht.

## 6.1 "Die Schrecken der Nacht" (Nashe, 1594)

> "Wenn ich dachte, mein Bett soll mich trösten, mein Lager soll mir meinen Jammer erleichtern, so schrecktest du mich mit Träumen und machtest mir Grauen durch Gesichten, daß ich mir wünschte, erwürgt zu sein, und den Tod lieber hätte als meine Schrecken." (Hiob 7, 13-15)

Februar 1593. Der englische Journalist und Schriftsteller Thomas Nashe besucht in Connington (Suffolk) seinen Freund Robert Cotton, einen angesehenen Mann und wohlhabenden Antiquar. Dieser klagt, von einer anhaltenden Melancholie bedrückt zu werden, die der unvermutete Tod seines Vaters ein dreiviertel Jahr zuvor ausgelöst hatte.

Der plötzliche Tod des Vaters erscheint beiden verdächtig. Ihm war keinerlei Erkrankung vorausgegangen, und unweit von Connington beschuldigt man Angehörige angesehener Familien, durch Hexerei Krankheiten und Todesfälle bewirkt zu haben. Überdies war Cottons Vater, ein sonst so besonnener Mann, in seinen letzten Stunden von den abscheulichsten Visionen heimgesucht worden. War er von Malefizien getroffen worden? Ging auch die Melancholie des Sohnes auf die Rechnung der Hexen? Oder waren zumindest in seinem Fall nur das ungesunde, feucht-nebelige Klima der Gegend und der Gelehrtenberuf für seine Erkrankung verantwortlich?

Nashe will sich Klarheit verschaffen. Noch während seines Aufenthalts im Hause des Antiquars beginnt er mit der Abfassung eines Pamphlets unter dem Titel "The Terrors of the Night",[525] das er vor der Gesellschaft der Antiquare vortragen will. Das Ergebnis ist ein beklemmendes Dokument der Ängste und Alpträume, die die Menschen der frühen Neuzeit nachts in ihren Betten befielen.

> "Die Schrecken der Nacht sind so zahlreich wie unsere Sünden. Die Nacht ist das Schwarzbuch des Teufels, in das er all unsere Vergehen einschreibt. Wie ein Verurteilter in seinem finsteren Verlies abgeschlossen vom Tageslicht und menschlicher Gesellschaft nun an sein früheres gottloses Leben denkt und an die grobe Schmach und die Missetaten, die ihn in seine furchtbare Lage gebracht haben, so ist es, wenn die Nacht unser Augenlicht in ihrem schimmeligen Verlies gefangenhält, und wir ohne Trost allein sind in unseren verschlossenen Kammern. Dann nimmt der Teufel unser sündiges Bewußtsein ins Verhör und präsentiert uns den

Schuldzettel für jede einzelne seiner abscheulichen Gottlosigkeiten. Die Tafel unseres Herzens wird zu einem Index unserer Vergehen, und unsere Gedanken sind nichts als Schuldsprüche, die uns verdammen. Die Erquickung, die wir in unseren Betten suchen, ist wie die eines müden Reisenden, der sich des Sommers ins kühle Gras niederlegt, um sich auszuruhen und seine müden Glieder zu laben, und der seinen Kopf, ohne es zu merken, in ein Nest voll ekliger Schlangen legt."[526]

Dies ist nur der Auftakt einer apokalyptisch gestimmten und in düsteren Allegorien schwelgenden Litanei des Grauens, die sich schwarz in schwarz von der ersten bis zur letzten Zeile des Textes fortschreibt. Die Nacht, sie ist "Hebamme der Sorgen, Mutter der Verzweiflung, Tochter der Hölle".[527] Sie ist das Tal des Todes, wo der Teufel als schwarzer Rabe den Menschen die Augen aushackt, damit sie den Himmel des göttlichen Erlösers nicht mehr sehen sollen. Da, wo die Menschen allein und wehrlos sind, greift sie der Teufel an und schleicht sich in ihre Träume. Seine bevorzugten Opfer sind Kinder, Narren und besonders Menschen, die gesündigt haben. Diesen gibt der Teufel im Schlaf einen Vorgeschmack auf die Hölle, indem er sie mit ihren Gewissensnöten und Schuldgefühlen foltert. Besonders gerne erscheint er in Gestalt von Verwandten und von Leuten des täglichen Umgangs, um sich zu tarnen. Die Zahl seiner dämonischen Helfershelfer ist Legion. Sie bewohnen jeden Winkel der Abtei von Westminster und fressen die Falten in die Gesichter alter Hexen. Der Teufel hat sich in jüngster Zeit, so Nashe, zum Schlimmen verändert, "jetzt, wo die Welt beinahe an ihr Ende gekommen ist".[528] Einst war er ein von allen anerkannter "good fellowe", der gelegentlich als Küfer oder Barbier auftrat, um die Leute zu zwacken oder an den Fersen aus dem Bett zu holen. Doch diese Ehrerbietung gilt ihm nun nichts mehr. "Er hat keine Form, sondern nur noch Materie im Sinn" und ist auf seine alten Tage ein bösartiger Puritaner geworden. Da er nur noch den Kaufvertrag kennt, "schachert er alle Augenblicke mit Zauberern und Hexen. Privat und verkleidet geht er um und ist an tausend Orten in einer Stunde".[529] Sein Gebahren und seine Gestalt verwandeln sich genauso schnell, wie die Träume und Phantasien, in die er sich einschleicht.

Dennoch - so eindringlich Nashe auch den Teufel in seiner Allgegenwart beschwört, es bleibt doch unklar, ob er ihn als Realität im wörtlichen Sinn verstanden wissen will, oder nurmehr als allegorische Personifikation der inneren Stimme des Gewissens, die die Puritanerseele in der Gefangenschaft der Nächte peinigt. Sein Hinweis, daß der Teufel sich besonders gern in die Gestalt von Bekannten und Angehörigen kleide, kann auch in einem psychologischen Sinn aufgefaßt werden. Jedenfalls kommt bei Nashe neben der diabolischen (übernatürlichen) Deutung der "Schrecken der Nacht" auch deren "melancholische" (natürliche bzw. pathologische) Herleitung zu ihrem Recht, ohne daß einer der beiden Deutungen eindeutig der Vorzug gegeben würde. Diese Unentschiedenheit durchzieht ähnlich auch die Diskussionen der frühen Neuzeit über die Realität des Hexenwesens.

> "So wie Schleim und Dreck in einem stehenden Pfuhl Kröten und Frösche hervorbringt und andere häßliche Geschöpfe, so erzeugt der melancholische Saft (der dickste Teil des Blutes), der, weil er stillsteht, immer dicker wird, viele mißratene Gegenstände in der Imagination. Manchmal sehen wir am Himmel ganze Armeen miteinander kämpfen oder Drachen, wilde Tiere, blutige Nordlichter, flammende Kometen und brennende Balken, und unzählige andere Erscheinungen: Aus welchem Stoff aber ballen sie sich zusammen wenn nicht aus den qualmenden Meteoren der Erde?
>
> Und genauso steigt jener heiße Stoff von der qualmenden Melancholie der Milz in die höheren Regionen des Gehirns herauf, wo unheimliche Visionen sich bilden."[530]

So wie über den Sümpfen Conningtons sprichwörtlich englische Nebel aufsteigen, so steigen dem Melancholiker aus der Milz (engl. = spleen) die erhitzten Dämpfe der schwarzen Galle zu Kopfe, um sein Gemüt mit schrecklichen Phantasien und Träumen zu trüben und zu verwirren. Nashe weist darauf hin, daß die Melancholie seines Freundes Cotton mitbedingt war durch das ungesunde Klima (wrotten climate) der Gegend.

Überdies war Cotton Antiquar, und Melancholie galt als typische Berufskrankheit der Gelehrten. Sie prädisponierte zu höherer Geistigkeit und Genialität, aber auch zur Schwermut. Diese Ambivalenz, die der Konzeption der "inspirierten Melancholie" in der Renaissance, wie wir sahen, noch eigentümlich war, wird aber in der aufklärerischen Deutung der Melancholie getilgt. Seit dem 17. Jahrhundert kommt es, wie Schings[531] gezeigt hat, zu einer Pejorisierung der Melancholie, im Zuge derer nur noch, wie hier schon bei Nashe, ihr pathologisches Moment festgehalten wird.

Für Nashe ist es auch bereits eine Lächerlichkeit, den Nebel der Träume irgendwie deuten zu wollen:

"Als ob jemand aus dem Dampf, der aus der Küche kommt, auf das Fleisch im Topfe schließt, so ist es, wenn jemand aus dem Dunst der Träume künftige Dinge prophezeit."[532]

Die Träume sind nichts als

"das Seufzen, das von unserem Munde kommt, wenn unser Wundarzt, der Schlaf, uns kuriert."[533]

"Wenn alles gesagt ist: Melancholie ist die Mutter der Träume und der Schrecken der Nacht."[534]

zum Schluß seines Pamphlets schildert Nashe die Totenbettvisionen von Cottons Vater. Am ersten Tag seiner Erkrankung gewahrt er in seiner Schlafkammer beim Beten des Pater Nosters etliche Fischernetze, in die er sich zu verstricken wähnt, und dann lauter Haken, die ihm die Kehle aufzuschlitzen und seinen Körper in Stücke zu reißen drohen. Nachdem sich diese Erscheinung verflüchtigt hat, kommt ein Haufen johlender und zechender Seeleute herein, die ihm zuprosten und zu tanzen beginnen, ehe sie wieder verschwinden, wonach eine stattliche Zahl schwarzgesichtiger, prachtvoll gekleideter Teufel mit Schatzkisten die Szene betreten. Ihre Augen funkeln, ihre Münder sind weit aufgesperrt wie schreckliche Löcher. Aus einer der Schatzkisten holen sie ein reichverziertes Zelt, aus dem bald darauf Luzifer in Prunk und Pomp gewandet heraustritt und die Schätze all denen verspricht, die sich ihm ergeben wollen. Nachdem der Gepeinigte dieser Versuchung widerstanden hat, erblickt er eine Gruppe verlockender Jungfrauen, die ihre Nacktheit nur mit einem Seidenschleier verhüllt haben, aber Masken vor dem Gesicht tragen. Diese Schönen wandeln graziös durch sein Zimmer und nähern sich seinem Bett, so daß er ihre Reize aus der Nähe in Augenschein nehmen kann. Doch er widersteht ihrem lüsternen Anerbieten, so wie er der vorherigen Verlockung widerstanden hatte, und bittet sie, sich bei anderem, heißerem Blut zu vergnügen; er könne sie nicht zufriedenstellen. Worauf die Mädchen sich leicht enttäuscht zurückziehen, und ihr Bild schwindet dahin. Zuletzt betritt eine Versammlung tugendhafter Matronen sein Gemach, die für ihn beten möchten. Er erlaubt es ihnen, obwohl er fürchtet, abermals von bösen Geistern heimgesucht zu werden. Daraufhin fallen die Matronen auf die Knie und beten länger als eine halbe Stunde zu Gott für seine baldige Genesung.

"Nicht deshalb schreibe ich dies, weil ich denke, daß es keine echten Erscheinungen (apparitions) gibt, sondern um zu zeigen, wie leicht wir verwirrt werden, wenn wir mit unseren althergebrachten Vorstellungen nicht äußerst vorsichtig sind."[535]

Zwar steht Nashes Pamphlet noch ganz im Bann jener zahllosen "Schrecken der Nacht", die er beschwört, doch kündigt sich in solcher Skepsis der Tag der Aufklärung von ferne an. Die eher allegorische Lesart des Teufels und die Ansätze zu einer "melancholischen" statt einer "diabolischen" Deutung von Visionen und Alpträumen weisen in diese Richtung. Die letzte Ursache des Übels und all dieser Ängste ist in den Augen Nashes aber eine moralische und in der Sündhaftigkeit der Menschen (insbesondere der Puritaner, die ihm verhaßt waren) zu suchen.

Das Bild des nächtens ohnmächtig den Torturen des eigenen Gewissens ausgelieferten Menschen, das Nashe für die Gesellschaft der Antiquare entworfen hat, es wirkt bereits wie eine Karrikatur des mündigen, selbstverantwortlichen kapitalistischen Subjekts.

Welcher Vergehen aber hatten sich die Menschen schuldig gemacht, daß sie in ihren Nächten die Versuchungen des Heiligen Antonius und noch Schlimmeres durchleiden mußten?

Keith Thomas hat Fallbeispiele angeführt, in denen von Schuldgefühlen begleitete Alpträume zu Anklagen wegen Hexerei führten. Unter ökonomisch zugespitzten Bedingungen wurde im England des 17. Jahrhunderts manch besser Gestellter von Gewissensnöten gepeinigt, weil er den Armen das Almosen verweigert hatte, das er ihm nach der traditionellen Moral der Wohltätigkeit hätte geben müssen.

So erhob die Bürgerin Dinah Wiffin im Jahre 1680 gegen den mittellosen John Wright Anklage wegen Hexerei und gab vor Gericht als Begründung an, daß sie

"mehrmals beim Anblick von John Wright, als dieser auf der Straße und vor ihrer Türe bettelte, ein Zittern befiel; und da ihr Gatte es ihr verboten hatte, ihm etwas zu geben, unterließ sie es und gab ihm nach zwei oder drei Malen ungefähr vierzehn Tage nach dem vergangenen Michaelistag nichts mehr; sie sagte, daß sie in den letzten drei oder vier Monaten in ihren Träumen mehrmals das Bild vor sich hatte (oder phantasierte), besagter John Wright stünde neben ihrem Bett, manchmal sogar dann, wenn sie wach war. Einmal träumte sie, er lege ihr seine Hand auf den Hals, um sie zu erwürgen; ein andermal dachte sie, er wolle sich auf sie legen (...), und am letzten Freitag vor vierzehn Tagen kam dieser John Wright bettelnd vor ihre Tür - zu dieser Zeit war die Zeugin in sehr guter Verfassung -, und sagte zu ihm, es gebe nichts für ihn, worauf er wegging; und alsbald (d.h. sofort) (...) befiel die Zeugin ein Zittern, und sie bekam einen sehr heftigen Anfall."[536]

6.2 "Vom Schlaf und den Träumen" (le Vayer, 1654)

War es bei Nashe die strafende Stimme des Über-Ichs, die wir im Traum zur Geltung kommen sahen, so ist es in der nun zu besprechenden Schrift de la Motthe le Vayers "Vom Schlaf und den Träumen" (Du sommeil et des songes)[537] aus dem Jahre 1654 vor allem das Es, die verpönte Triebnatur des Menschen. Le Vayers Polemik richtet sich gegen die Furcht, ja Ehrfurcht, mit der so viele ihrem Träumen ungeachtet ihrer Amoralität noch immer begegnen und stellt damit ein typisches Beispiel für die Aberglaubenkritik und die Entmythologisierungsbestrebungen der Aufklärung dar.

Der Text ist an eine (wohl fiktive) Person addressiert, die den Typus des im Aberglauben befangenen Zeitgenossen verkörpern soll, und die über eine unerklärliche Schlafsucht und furchterregende Gesichte geklagt hatte. Le Vayer sieht es als seine vordringlichste Aufgabe an, "Sie zu allererst von dieser Furcht zu heilen".[538] Die eigentliche Ursache dafür, daß von den Träumen "eine solche Vielzahl von Ängsten und Geistesverwirrungen ausgehen", besteht nach Le Vayer darin, "daß die Philosophen die Verteidigung der Träume unternommen und sie als etwas sehr Wichtiges angesehen haben".[539] Hierfür müssen in der Antike besonders Homer, aus neuerer Zeit vor allem Cardano und seine "Betrügereien" einstehen, ein Autor, der verantwortungslos alles niedergeschrieben habe, was ihm so durch den Kopf ging.[540] Alle diese Philosophen "in der Nachfolge von Homer glaubten, daß die Träume vom Himmel geschickt werden",[541] wohingegen man den natürlichen und kritischen Ansichten eines Aristoteles und Cicero viel zu wenig Beachtung geschenkt habe.

Zu den schon bei Aristoteles genannten Gründen gegen den göttlichen Ursprung der Träume tritt bei Le Vayer als besonders wichtiger Grund der anstößige, moralisch verwerfliche Inhalt der Träume hinzu. Als wahrhaft empörend erscheint ihm der Traum Julius Cäsars vom Inzest mit seiner eigenen Mutter, der - da die Erde die Mutter aller Dinge ist - ihm die Weltherrschaft vorbedeutet hatte.

> "Es spricht nichts dafür, daß eine so lasterhafte Ausdrucksweise von oben kommt; als ob es Gott nicht vermochte, Cäsar seine Bestimmung wissen zu lassen, ohne ihn zugleich in seiner Phantasie ein Verbrechen begehen zu lassen."[542]

Selbst in christlichen Zeiten seien solche gottlosen Deutungen im Schwange gewesen, wenn - wie im Geschichtsspiegel des Vinzenz von Beauvais nachzulesen - sogar der Bischof von Auxerre in der Nacht vor seiner Wahl geträumt hatte, sich mit seiner Mutter zu vereinigen.

Aber nicht nur der Inhalt der Träume ist unzüchtig, schlimmer noch: Einst wie heute haben sich bedeutende Leute und Staatsmänner in ihren Handlungen von Träumen leiten und nicht selten zu Verbrechen anstiften lassen. Hierfür findet Le Vayer eine Fülle von Beispielen besonders bei Herodot und Tacitus: Hatte nicht Cambises seinen Bruder erschlagen, bloß auf den Traum hin, dieser habe ihm den Thron streitig machen wollen? Hatte nicht Astiages seinen Enkel auf einen Traum hin umbringen lassen?

So kommt für Le Vayer durch den Traumglauben ein amoralisches, irrationales Moment von verhängnisvoller Tragweite in die Geschichte hinein.

> "Man käme an kein Ende, wollte man aus unserer und unser Nachbarn Geschichte alles anführen, was die Macht der Träume rechtfertigt, und was für Taten sie oftmals verursacht haben."[543]

Auf der anderen Seite hält Le Vayer viele solche Überlieferungen in den Geschichtsbüchern für zweifelhaft, da die Historiker häufig nichts anderes als die im Volk kursierenden Gerüchte wiedergegeben hätten.

Le Vayers Kritik des Traumglaubens gipfelt in dem Angriff auf dessen vorgebliche Legitimierung durch die Bibel. Wenn gesagt werde, die Bibel rechtfertige doch ausdrücklich die Träume, und die Autorität des göttlichen Gesetzes wiege schwerer als alle Vernunftgründe, so hätten die Menschen in ihrer Leichtgläubigkeit jene Bibelstellen überlesen, die die Traumdeutung verurteilen, wie etwa die im 2. Buch der Chronik 33.6. (Dort werden Traum- und Zeichendeutung zusammen mit Zauberei und Geisterbeschwörung als Götzendienst angeprangert.)

Im übrigen sei der Ausgang der Träume gänzlich ungewiß, und in der Traumdeutung gebe es "keine sicheren Regeln, sondern nur solche, die sich gegenseitig zerstören".[544] Im Zeitalter des Cartesianismus müssen nicht nur die Träume selbst, sondern auch ihre Deutungen als völlig irrational und regellos, ihre angebliche Erfüllung als rein zufällig erscheinen.

Aber was für einen haarsträubenden und hartnäckig sich durchhaltenden Irrationalismus muß le Vayer bei seinen Zeitgenossen konstatieren:

> "Es gibt überall Menschen, die auf wunderbare Weise dazu neigen, sich selbst zu betrügen; es ist eine merkwürdige Sache, daß die Menschen der alten und der neuen Welt so sehr darin übereinstimmen, vor allem, was die Träume anbetrifft. Mehr noch als Cicero zu seiner Zeit haben wir heute Grund, uns über das abergläubische Vertrauen zu beklagen, das man ihnen entgegenbringt."[545]

Was aber hat es nun mit den Träumen auf sich, insbesondere mit den furchterregenden, von denen der Adressat des Traktats heimgesucht wird? Woher kommen sie? Um die Entstehung von Alpträumen zu erklären, bedient sich Le Vayer einer merkwürdigen Analogie.

> "Sie entstehen, wie man sagt, daß in Afrika Monster gezeugt werden. Die Wasserknappheit zwingt die Tiere dort, sich alle zu derselben Stelle zum Trinken einzufinden. Und aus diesem Grund vermischen sich die verschiedenen Arten untereinander und begatten sich in ihrer Brunstzeit, woraus dann die Monster entstehen, die man dort in viel größerer Zahl trifft als an irgend einem anderen Ort der Erde.
>
> Solches geschieht nun während unseres Schlafes, wenn die mannigfaltigen Bilder verschiedener Gegenstände als Dämpfe zum Gehirn aufsteigen, wo der Sitz der Phantasie ist, um dort ohne weiteres jene prodigiösen Träume zu bilden, von denen wir gesprochen haben."[546]

Diese Erklärung erinnert an den Titel von Goyas berühmtem Capricho "Der Schlaf der Vernunft gebiert Monster". Goyas Losung scheint hier ganz naiv und konkretistisch in die Traumphysiologie übertragen zu sein. Das Licht der Aufklärung, es läßt zur Nacht als Fackel nur noch Fratzen sehen.

Wo die Aufklärung von den Nachtträumen als dem Anderen der Vernunft redet und ihre Schrecken beschwört, schlägt ihr Diskurs selbst in Phantastik um. Im Schlaf wird der Mensch ins hinterste Afrika mit seinen Fabelwesen verschlagen, deren reale Existenz Le Vayer da, wo es gilt, die Träume zu erklären, seltsamerweise gar nicht in Zweifel zieht. Zwischen Wachwelt und Traum entsteht eine Kluft, analog derjenigen zwischen dem zivilisierten Europa und den fernen Gegenden der Wildnis, wo wahllos die Tiere sich paaren.

Die Ursache von Angstträumen ist nach Ansicht Le Vayers (wie zuvor schon bei Nashe) letztlich eine moralische. Er hält es mit einer Theorie, die er den Pythagoreern zuschreibt, wonach "ein jeder sich in seinen Träumen kontempliert wie in einem Spiegel", und glaubt mit Epikur, daß "eine gute Lebensführung während des Tages ihn vor solchen Träumen bewahren würde, die für gewöhnlich von unseren Entgleisungen herrühren".[547]

Nachdem Mythos, antike Mantik und Bibel ihre Zuständigkeit für den Traum verloren haben, wird er zu einer Höllenfahrt der Selbsterkenntnis. Das Chaotische und Bedrohliche der Träume spiegelt nur die Zügellosigkeit und Unbeständigkeit der Leidenschaften und des Lebenswandels im wachen, realen Dasein. Indem die Träume dem Menschen schonungslos die Vergehen und Untugenden seiner Wachexistenz vor Augen führen und ihm so zum Tugendspiegel werden, lassen sie sich trotz ihrer im übrigen feststehenden Nichtigkeit in den Dienst der Selbstdisziplinierung und Selbstüberwachung nehmen. Diese zu erlernen konstituiert den neuzeitlichen Vernunftmenschen.

Zwar entziehen sich die Träume dem unmittelbaren Zugriff der Vernunft, aber sie sind, wie Foucault sagen würde, "rational umzingelt".

So heißt es bei Maaß, einem anderen Aufklärer, in seinem "Versuch über die Leidenschaften":

"Man kann daher behaupten, daß es eine sittliche Pflicht des Menschen sei, auch in den Träumen die Reinheit der Phantasie zu bewahren, soweit dies durch Freiheit möglich ist, und daß ihm auch das Gute und Böse zugerechnet werden könne, was er im Traume sagt oder tut, sofern nämlich sein Traum durch seine Begierden erzeugt oder modifiziert ist, und diese Begierden von der Freiheit abhängig sind."[548]

Nicht mehr wie einst etwas Göttliches manifestiert sich im Traum, sondern die aus dem Wachdasein zu verdrängende Sexualität, die verpönte Triebnatur des Menschen. In den als göttlich ausgegebenen Träumen wird für Le Vayer der Skandal des Inzests offenbar, während in den Angstträumen die ganze afrikanische Tierheit sich vermischt und Monster gebiert, um dem Menschen das verzerrte Spiegelbild seines wachen Ichs vor Augen zu stellen.

In der Neuzeit entdeckt sich der Mensch als Autor seiner Träume, um sich in ihnen als das Tier erkennen zu müssen, das er qua Vernunftsubjekt ja nicht sein darf.

Das Ideal der "vita contemplativa", mit dem Schlaf und Traum noch in der Renaissance verbunden waren, hat nun abgedankt. Für Le Vayer steht a priori fest,

> "daß die Ruhe der Handlung untergeordnet ist, welche viel edler ist als diese, und daß in der Moral der Schlaf nur insofern wünschenswert ist, als er zum Wachen wiederherstellt, welches als der Zweck und die Form anzusehen ist, wovon das andere nur eine Privation ist."[549]

Der Schlaf hat nur noch den Zweck, die Arbeitsfähigkeit des Menschen wiederherzustellen. Er ist, wie schon Aristoteles gesagt hatte, "Mangel des Wachseins". Diese Abwertung des Schlafs wird bei Le Vayer allerdings komplettiert durch eine von dem Stagiriten noch nicht geteilte Verachtung für den Traum als etwas, das "von allem in der Welt die geringste Existenz hat".[550]

### 6.3 Der Rückgang des Prodigienglaubens

Im Laufe des 17. Jahrhunderts geht der Glaube an Wunder, Vorbedeutungen und astrologische Prophezeiungen allmählich zurück.

Durchdringen sich Glaube und Aberglaube, Theologie und Dämonologie zu Beginn der Neuzeit selbst im Denken der Gebildeten, so erfolgt seit der Gegenreformation, die sich um eine bessere Ausbildung der Geistlichen bemühte, allmählich eine Trennung zwischen dem Christentum der Elite und dem des Volkes. Über die religiösen Parteien hinweg kommt es zu einer "Entzauberung" und Entmythologisierung des Religiösen, in deren Zuge die "heidnisch-antike Wahrsagung" und eine biblisch verbrämte Traumdeutung als purer Aberglaube des einfältigen Pöbels disqualifiziert und an den Rand gedrängt werden. Die Aufklärung läutet das Ende jeglicher Art von Prophetie und Zukunftsdeuterei ein. Besonders gut läßt sich dies an den gegensätzlichen Reaktionen auf die Kometenerscheinungen der Jahre 1654 und 1680 ablesen.[551]

Die Pariser Gazetten berichten angesichts der Kometenerscheinung von 1654 von einer allgemeinen Panik, die zugleich einen Run auf Astrologen und Wahrsager auslöste. Die Gelehrten Comiers und Petit schreiben in königlichem Auftrag Abhandlungen, die zeigen sollen, daß die Kometen keinerlei Vorhersagekraft haben, weder im guten noch im schlechten Sinn, und daß der Glaube an derlei Vorbedeutungen ein Zeugnis des Aberglaubens der Ungebildeten ist.

> "Ganz Europa war vor Angst erstarrt, ich spreche vom unwissenden Volk, und man ging soweit, an das Ende der Welt zu glauben, sich auf den Tod vorzubereiten oder sich in den Kellern einzugraben, um den bösen Influenzen zu entgehen."[552]

Die Aberglaubenkritik durch Kirche, Wissenschaft und Staat trägt bei der Kometenerscheinung von 1680 Früchte. In den Salons mokiert sich die gebildete Elite über den Aberglauben, der das Erscheinen der Kometen begleitet.

Galante Madrigale, die von dem Ereignis inspiriert sind, werden verfaßt. Eine Satire behauptet, der Komet verkünde den Tod des Elefanten der Menagerie von Versailles. Eine Fontenelle zugeschriebene Komödie über das Ereignis kommt zur Aufführung. Die Elite grenzt sich von dem Aberglauben des Volkes ab. Das traditionelle Wissen um die Vorbedeutungen wird marginalisiert, in die Irrationalität abgewiesen. Zugleich distanziert sich die neuzeitliche Wissenschaft von der antiken, die als Urheberin des eingewurzelten Übels ausgemacht wird.

> "Die Philosophie der Alten glaubte an die Vorbedeutungen der Kometen, weil sie sie für sublunar hielten, für Ausdünstungen aus dem irdischen Bereich, die in einer großen Verwirrung der Elemente Feuer gefangen hätten, was eine Umwälzung ankündigen mußte. Doch seit man weiß, daß die Kometen Himmelskörper sind, hat man diesen Irrtum überwunden, der nur ein Irrtum des Volkes ist."[553]

Die Kometen sind also viel weiter weg, als man lange geglaubt hatte. Deshalb ist die Angst vor Prodigien am Himmel in den Augen Comiers eine

> "Volkskrankheit, vor der Menschen vornehmen Standes sich schämen und von der sie sich kurieren sollten, um nicht ihr Ansehen zu verlieren."[554]

Damit gerät aber auch die Astrologie, die Königen der weissagenden Künste von einst, in Mißkredit.

So klagt Bayle in seinen "Diversen Gedanken über den Kometen":

> "Hat man nicht unser ganzes Abendland noch im Lichte des Christentums von Horoskopen verseucht gesehen? Haben

nicht Albertus Magnus, der Bischof von Regensburg, der Kardinal von Ailly und einige andere die Frechheit besessen, Jesus Christus das Horoskop auszustellen?"[555]

1687 veröffentlicht Bernard le Bouvier de Fontenelle (1657-1757) sein religionskritisches Werk "Geschichte der Orakel" (Histoire des Oracles). Er widerlegt darin Schritt für Schritt die Ansichten des holländischen Mediziners Van Dale, der in seinem vier Jahre zuvor erschienenen Buch "De oraculis ethnicorum dissertationes duae" (1583) behauptet hatte, daß in den antiken Orakeln die heidnischen Götter, also die Dämonen, zu den Menschen gesprochen hätten. Erst das Erscheinen Christi habe diese aus der Welt vertrieben, was ein Beweis für die siegreiche Wahrheit des Christentums sei. Diese Thesen unterzieht Fontenelle einer beißenden ironischen Kritik. In Wahrheit habe aus den heidnischen Orakeln nichts anderes gesprochen als die skandalöse Scharlatanerie der heidnischen Priester, die sich dadurch Vorteile, Macht und Einfluß verschaffen wollten. Überdies seien viele Orakelstätten schon vor Christi Erscheinen eingegangen, während andere noch nach seinem Tod weiterbestanden hätten. Fontenelle zitiert schließlich eine Fülle von Beispielen angeblicher Prophezeiungen, die sich in Wahrheit niemals erfüllt hätten.

Der Glaube an Weissagungen beruht also in den Augen der Aufklärer einerseits auf der Leichtgläubigkeit des Volkes und andererseits auf dem Betrug trickreicher Scharlatane, die sich dies zunutze machen.

In seinem kleinen Essay "On Prophecies" hat Francis Bacon die aufklärerische Ablehnung jeglicher Art des Prophezeiens im allgemeinen und der Traumdeutung im besonderen auf den Punkt gebracht.

Wenn man Traumvorbedeutungen Glauben geschenkt habe, so beruhe dies auf drei Dingen: Einmal würden die Menschen generell nur die in Erfüllung gegangenen Träume überliefern, nicht aber die vielen wirkungslos gebliebenen. Zum zweiten hätten die Menschen ganz empirisch begründete Mutmaßungen über die Zukunft als Prophezeiungen angesehen oder im Nachhinein als solche ausgegeben, wie im Falle von Senecas Vers, wo von großen Ländern jenseits des Atlantik die Rede ist. Drittens und hauptsächlich seien die meisten Traumprophezeiungen schlicht erfunden worden, nachdem ein bestimmtes Ereignis eingetreten war.[556]

Einen Schritt weiter geht der anonyme Verfasser eines 1679 im "Mercure Gallant", dem Vorläufer des heutigen "Mercure de France" erschienenen "Brief(s) über die Träume der Alten" (Lettre sur les songes des Anciens).[557] Er begnügt sich nicht mehr mit der Verwerfung der aus der Antike überlieferten Traumdivination, sondern möchte diese darüber hinaus aus den Voraussetzungen einer mythischen, pantheistischen Weltsicht der Alten herleiten. In diesem Text werden bereits Ansätze zu einer "animistischen" Theorie der primitiven Religionen erkennbar, wie sie im 19. Jahrhundert von Tylor und Spencer entwickelt wurde. Der Glaube an die Allbeseeltheit der Welt ist diesem Autor zufolge das "Fundament" des antiken Traumglaubens,

> "das diejenigen, die sich bisher mit der Erklärung der Träume beschäftigt haben, übersehen haben, obwohl ich glaube, daß es die erste Grundlage ihrer Deutungen bildet".[558]

Die Alten legten nicht nur die Träume aus, um in die Zukunft zu schauen, sondern ebensosehr

> "die Luft, das Feuer, den Rauch, kurz lauter Dinge, die nicht die geringste Verbindung mit dem Menschen haben. Was für eine Extravaganz! Nichts, das ihnen nicht göttlich und heilig gewesen wäre; die allerbelosesten Dinge hatten eine Seele (s'animent), um über das Schicksal der Menschen zu bestimmen."[559]

> "Gott war überall verbreitet,... und jedes Ding hatte seine eigene partikulare Gottheit. Jeder Mensch hatte für sich selbst zwei Genien, einen guten und einen bösen, und diese Vorstellung wurde von den Platonikern lange Zeit aufrechterhalten. (...) Darauf bauten Hermes und seine Nachfolger ihre Ansicht von den Orakeln und die divinatorische Wissenschaft. Sie glaubten, daß die Genien im Schlaf zu unserem Geist sprechen, wenn die Seele keinen Verkehr mehr mit den Sinnendingen hat."[560]

Eine solche pantheistische Weltsicht ist aber nur das Zeugnis der Einfalt und Rückständigkeit der Alten. "Vorauseilendes Begehren" (désir avancé) eines künftigen Gutes einerseits, abergläubische Furcht vor einem künftigen Übel andererseits war die Grundlage ihrer Traumdeutung.

> "Denn da es den Alten an Erfahrung mangelte, klammerten sie sich an alles mögliche, um sichere Wege für ihr Verhalten zu finden."[561]

In einem neuzeitlichen Erfahrungsbegriff, der in der Tat alles Seelische aus der Natur verbannt hat, haben die Träume keinen Platz mehr. Daß sich in der Traumdeutung der Alten auch ein Reichtum an Erfahrung hätte bekunden können, ist im Zeitalter der Vernunft ein unmöglicher Gedanke.

### 6.4 "Abhandlung über die Nichtigkeit der Träume und der Geistererscheinungen" (anonym, 1690)

Das folgende Textbeispiel zur Traumkritik der populären Aufklärung, eine ebenfalls im "Mercure Gallant" erschienene anonyme "Abhandlung über die Nichtigkeit der Träume und der Geistererscheinungen" (Discours de la vanité des songes, et sur les apparitions des esprits)[562] aus dem Jahre 1690, ist dadurch besonders bemerkenswert, daß ihr Verfasser seinem Publikum anhand autobiographischer Erlebnisse demonstrieren möchte, wie er selbst aus einem zunächst traumgläubigen Menschen zu einem Verächter der Träume wurde. Der Mentalitätenwandel wird hier lebensgeschichtlich nachvollziehbar.

"Der überzeugendste Beweis für die Nichtigkeit der Träume, lieber Freund, ist das Leben, das mir nach dem Traum vom 22. September 1679 verblieben ist. An jenem Tag wachte ich um fünf Uhr morgens auf, schlief aber nach einer halben Stunde wieder ein und träumte, ich läge in meinem Bett, den Vorhang zum Fußende hin offen (zwei wirkliche Umstände), und ich sähe, wie meine vor einigen Jahren verstorbene Verwandte das Zimmer betritt, mit einer ganz traurigen Miene, wo sie doch damals ein so fröhlicher Mensch war. Sie setzte sich ans Ende meines Bettes und sah mich kummervoll an. Ich wußte, daß sie tot war, sowohl im Traum, wie in der Wirklichkeit, und so schloß ich aus ihrem Kummer, daß sie mir eine schlechte Nachricht überbringen würde, vielleicht sogar die von meinem eigenen Tod. Ich kam ihr zuvor und sagte ziemlich gefaßt: Aha, jetzt gilt es also zu sterben? Ja, so ist es, antwortete sie. Und wann, fragte ich sofort. Noch heute, antwortete sie. Ich muß gestehen, die Frist schien mir knapp bemessen, aber ich fuhr unerschrocken fort und fragte sie, auf welche Art und Weise es denn geschehen solle. Sie murmelte einige Worte, die nicht bis an mein Ohr drangen, und in diesem Moment erwachte ich.

Die Bedeutsamkeit eines so klaren Traumes ließ mich meine Lage inspizieren, und ich stellte fest, daß ich lang ausgestreckt, die Hände am Bauch, auf der rechten Seite lag. Ich erhob mich, um meinen Traum aufzuschreiben, aus Angst,

> ich könnte etwas vergessen. Ich fand ihn von all den Umständen begleitet, die man den mysteriösen Träumen zuschreibt..."563

Der Traum war wohlgestaltet und im Schlaf des Morgens begegnet. Er besaß also alle seit alters her dafür angesehenen Kennzeichen eines unfehlbaren Gesichtes, eines untrüglichen Vorzeichens. Dennoch - die tödliche Prophezeiung erfüllte sich nicht. Dies glaubt der Autor unseres Textes allein seiner Kaltblütigkeit und Standhaftigkeit verdankt zu haben.

> "Wäre ich nur schwach genug gewesen, mich mit dem Glauben abzufinden, daß ich sterben würde, so wäre ich vielleicht wirklich gestorben."564

Solche angeblich mysteriösen Träume haben also an sich keine schicksalhafte Kraft. Sie werden dem Menschen dadurch zum Verhängnis, daß er bereit ist, an das Verhängnis der Träume zu glauben und sich vor ihrem Eintreffen fürchtet. Der Mechanismus der "self-fullfilling prophecy", eine Art Woodoo-Zauber, ist hier am Werk:

> "Sicher ist jedenfalls, daß ein Einwohner Kanadas nicht davon kommen würde, und wenn er sich dazu in den Abgrund stürzen oder Hand an sich legen müßte, denn die Völker dieses Landes leben in dem festen Glauben, daß sie nichts träumen, was nicht auch eintreffen wird."565

Unserem Autor waren offensichtlich die Berichte der in Kanada missionierenden Jesuiten bekannt, die damals in Frankreich für Aufsehen sorgten. Die Huronen und Irokesen, so hieß es, kannten offenbar nur einen einzigen Gott, und das ist der Traum. Was immer sie träumen, muß in Erfüllung gehen.

Levy-Bruhl hat in seinem Buch "Die geistige Welt der Primitiven" hierzu Beispiele aus den "Relations des Jesuites" zitiert:

> "Das Volk denkt an nichts anderes, sie unterhalten sich von nichts anderem, alle ihre Hütten sind von Träumen erfüllt."566

> "Wenn unsere Träume nicht wahr wären, wären es doch die ihrigen, und sie würden sterben, wenn sie sie nicht ausführten. Demnach hängt unser Leben von den Träumen eines Wilden ab, denn wenn sie träumten, daß sie uns töten müßten, so würden sie das unfehlbar tun, wenn sie könnten."567

Die Missionare mußten sich mit der paradoxen Tatsache abfinden, daß sich die Indianer nur dann zum Christentum bekehren ließen, wenn sie, ihrem alten Glauben gehorchend, im Traum dazu aufgefodert wurden:

> "Ich bin durchaus geneigt, den Glauben anzunehmen und Christ zu werden, so schrecklich es mir ist, sagte uns einer dieser armen Sklaven des Satans, vorausgesetzt, daß mein Traum es mir befiehlt."[568]

Der neuzeitliche Einstellungswandel gegenüber dem Traum dokumentiert sich nicht zuletzt in der Überheblichkeit des zivilisierten Europas gegenüber dem Traumglauben der sogenannten Wilden, wie er hier in den Anfängen der Ethnographie zutage tritt.

Das zweite biographische Ereignis, das der Autor erzählt, um den traditionellen Traumglauben in schlechtem Licht erscheinen zu lassen, betrifft einen Schwur, den er mit seiner verstorbenen Geliebten getauscht hatte. Sie hatten einander hoch und heilig versprochen, sich im Traume wieder zu begegnen, wenn einer von beiden vor dem anderen sterben sollte. Wie sich aber herausstellte, war dieses Versprechen in Unkenntnis der wahren Verhältnisse gegeben worden und daher gar nicht einlösbar.

> "Die Seelen trennen sich nicht vom Körper, um dann wieder in ihn zurückzukehren. Die Nachtruhe ist ihnen nicht günstig, mag sie auch für junge Leute schön sein. Verhielte es sich anders, ja dann hätte ich Plusside nach ihrem Tod wiedergesehen. Diese Schöne... hatte mir an einem Ostertag geschworen, daß sie mich besuchen und von ihren Erlebnissen berichten würde, sollte sie vor mir sterben, und auch ich gab ihr dieses Versprechen im Schwur. Nichtdestoweniger hat sie vor mehreren Jahren der Natur Tribut gezollt, ohne eingelöst zu haben, was sie der Freundschaft und ihrem Wort schuldig war.
>
> Viele Leute werden bestätigen, daß Plusside mir das Wort gegeben hat, nach ihrem Tod zurückzukehren, sogar ein sakramentales Wort, wenn dieser Ausdruck erlaubt ist. Ihr werdet mir vielleicht entgegenhalten, daß Gott ihr die Erlaubnis nicht erteilt hat. Ah! Das steht für mich außer Zweifel. Freilich ist unser Pakt nur unter dieser Voraussetzung geschlossen worden. Sonst hätte er sich ja auch gar nicht erfüllen können. Aber ich glaube, daß Gott dies überhaupt niemandem zubilligt..."[569]

Diese so sehr ernüchternde Erfahrung - erinnert sie nicht an Orpheus' vergeblichen Versuch, Eurydike aus der Untwerwelt zurückzuholen? -, sie ist für den Autor Grund genug, alle Überlieferungen von einer Wiederkehr der Verstorbenen in Zweifel zu ziehen.

Die neuzeitliche Kritik verabschiedet den im Volksglauben und im gelehrten Platonismus der Renaissance gleichermaßen beheimateten Mythos von der nachts ausschwärmenden Seele, die mit den Toten in Verbindung treten kann. Die Seele, das sahen wir schon bei Descartes (und bei Nashe), ist im Schlaf nur noch als Gefangene des Leibes zu denken. Ähnlich heißt es hier:

> "Ich glaube, die Seele ist so sehr verwirrt durch den Schlaf, der die Macht hat, ihr die Pforten der Sinne zu verschließen und sie so im Dunkel des Körpers gefangen zu halten, daß sie beinahe davon verrückt wird und nichts als Tollheiten anstellt, solange diese Gefangenschaft andauert."[570]

Nun kommt der Autor ausführlich auf Beispiele von Erfahrungen zu sprechen, bei denen Traum und Realität miteinander verwechselt wurden, und schildert zunächst ein besonders dramatisches Erlebnis aus seiner eigenen Kindheit.

Der eben erst aus der Armee zurückgekehrte Vater hatte den Jungen des Abends auf sein Zimmer geschickt, wo er seine Schulaufgaben machen sollte, während er selbst in Begleitung einer Dame zu einer Gesellschaft gegangen war.

> "Meine Aufgabe ließ mich, gleich nachdem er weg war, in das Zimmer hinauf gehen, das man mir dort zugewiesen hatte. Nachdem ich es mir dort bequem gemacht hatte, um in aller Ruhe zu schreiben, kniete ich mich, kleiner Junge der ich war, vor einen Sessel und plazierte darauf mein Papier und meine Tinte. Während ich schrieb, hörte ich Leute auf der Treppe, die Getreide auf den Speicher hinauftrugen. Ich war von meinem Platz aufgestanden und zog ein Stück des Wandbehanges zur Seite.
>
> Und da sah ich durch einen kleinen Riß in der Wand meinen Vater neben der Dame sitzen und sich mit ihr unterhalten. Da ich aber gesehen hatte, wie beide die Kutsche bestiegen und den Hof verlassen hatten, war ich sehr verwundert, sie nun in dieser Ritze zu sehen. In mein Erstaunen mischte sich die Angst. Ich ließ den Wandbehang fahren, lief aus dem Zimmer und rannte die Treppe hinab, so schnell es

ging. Ganz aufgelöst kam ich in die Amtsstube herein, die sich unten befand. Ein Dienstmädchen, das die Veränderung in meinem Gesicht bemerkte, fragte, was denn mit mir los sei. Ich erzählte es ihr. Sie aber erklärte mir allen Ernstes, daß ich träumen würde, und daß Madame la Marquise und mein Vater nicht vor einer Stunde zurückkommen würden. Ich wollte nichts davon glauben und verharrte bei der Tür zur Amtsstube bis zu ihrer Rückkehr.

Meine Pein verdoppelte sich, als ich sie endlich kommen sah, doch sagte ich nichts zu meinem Vater. Als er mich dann kurz nach dem Nachtessen ins Bett schicken wollte, mußte ich mich wohl oder übel aus seiner Nähe entfernen lassen. Dann wartete ich auf ihn, damit wir gemeinsam in unser Zimmer gingen, denn ich wollte es nur mit ihm betreten. Ganz erstaunt, mich noch immer anzutreffen, wollte er wissen, was mich zurückgehalten hatte. Nach einigen vergeblichen Ausflüchten gestand ich ihm, ich hätte Angst, denn er sei von den Geistern in diesem Zimmer zurückgekommen. Er spottete über meine Angst und erkundigte sich, bei wem ich diese dumme Geschichte gehört hatte. Ich erzählte ihm also von meinem Abenteuer. Seine Antwort bestand in dem Versuch, mich von meinem Irrtum zu befreien. Er ließ mich zum Getreidespeicher hinauf geleiten, oder vielmehr zur Dachkammer, wo die Treppe mündete. Mir wurde erklärt, daß sie nicht den Zweck hatte, Getreide zu lagern, das es hier nicht gebe, noch jemals gegeben habe. Und als ich wieder unten war, wollte mein Vater wissen, an welcher Stelle ich den Wandbehang hochgehoben hatte. Ich suchte in allen Winkeln und Ecken, um ihm den Spalt zu zeigen, der mir noch lebhaft vor Augen war. Allein, es war vergeblich. Ich fand in den vier Wänden unseres Zimmers keine andere Tür als die zur Treppe.

Alles schien sich also zu widersprechen, was ich vorher für wahr gehalten hatte, so daß ich noch mehr als zuvor in Aufregung geriet. Ich besann mich auf die Geschichte von den Kobolden, die ich gehört hatte und stellte mir vor, daß einige von ihnen mir etwas vorgegaukelt hätten, um mit mir ihr Spiel zu treiben. Mein Vater belehrte mich, daß diese amüsanten Geistergeschichten, die ich da aufgeschnappt hatte, nichts als Fabeln seien, mehr noch Fabeln als die von Aesop und Phaedros. Und er setzte hinzu, daß ich wohl in Wahr-

> heit beim Schreiben eingeschlafen sei, und alles, was ich zu hören und zu sehen mir eingebildet hatte, im Schlaf geträumt habe. Und daß diese Überraschung und Furcht, die sich meiner Phantasie beigesellt und Macht über sie gewonnen hatten, auch durch die Wahrheit selbst hätten bewirkt werden können. Zunächst wollte ich mich mit dieser Erklärung überhaupt nicht abfinden, mußte aber nach und nach einsehen, daß sie nur allzu wahr war. Bedenkt aber, wie stark der Eindruck dieses Traumes war."[571]

Dieser Erlebnisbericht zeigt in eindringlicher Weise, wie lebhafte Träume in der Erlebniswelt eines Kindes zur Wirklichkeit werden können. Das Kind hatte die reale Abwesenheit des so sehnlich herbeigewünschten Vaters durch seine halluzinatorische Anwesenheit in einem Riß hinter dem Wandbehang ersetzt - ein Wunscherfüllungstraum also.

Das Kind besteht hartnäckig auf der Realität seines Erlebnisses, dessen Unvereinbarkeit mit dem tatsächlichen Sachverhalt ihm nicht einleuchten will. Zunächst einmal gerät die Wachwelt selbst in Zweifel. Das Kind fühlt sich von Kobolden betrogen, so daß der Vater schließlich seine ganzen Überredungskünste aufbieten muß, um seinem kleinen Sohn klar zu machen, daß es derlei Wesen nur im Märchen gibt, und daß er in Wahrheit geträumt habe.

Die Situation ist im übrigen nicht unähnlich der des mit Windmühlenflügeln fechtenden Don Quichote. Er hält sie für Riesen, und als ihn sein realitätstüchtiger Gefährte Sancho Panza vom Gegenteil überzeugen will, kommt Don Quichote zu dem Schluß: Es sind in Windmühlenflügel verzauberte Riesen. Genauso vermutet er in jedem häßlichen Bauernweib seine verzauberte Dulcinea. Die Phantasie behauptet sich gegen den Augenschein einer nüchternen, entzauberten Realität.

Der Autor ist überzeugt, daß sein Erlebnis beileibe kein Einzelfall war.

> "Und ich wundere mich überhaupt nicht, wenn so viele Leute gleich welchen Alters und welcher Klugheit aufgrund ihrer eigenen Träume zu der gleichen Ansicht gekommen sind wie ich. Denn sie werden sich ihre Träume nicht weniger lebhaft eingebildet haben wie ich, nur daß sie auf nichts gestoßen sind, das sie von ihren falschen Überzeugungen hätte abbringen können."[572]

> "Auf diese Weise haben tausende Träume geträumt, ohne es zu bemerken. Denn sie sind durch ihre heftige Regung daran gehindert worden, die sich zum Herren ihres Gemüts

> und ihrer Gedanken gemacht und sie zu sehr beschäftigt hat, als daß ihnen hätte der Verdacht kommen können, daß vielleicht die Einbildung ihrer Sinne getäuscht haben könnte."[573]

Hierfür findet der Verfasser in der antiken Überlieferung (die Vision des Brutus wird ausführlich diskutiert) und in der Lokalgeschichte seiner Heimat Beispiele in Hülle und Fülle.

Aber auch das Umgekehrte ist möglich: Auch reale Ereignisse können als geträumte erscheinen. Als Beispiel wird die Geschichte eines Arztes erwähnt, der nachts von lärmenden Weibern geweckt wurde, dies am nächsten Morgen als Traum erzählte, um dann aber von dem Gastwirt hören zu müssen, daß die Sache doch wirklich vorgefallen war; ferner die Geschichte eines Trunkenboldes, der von reichen Adligen aus der Gosse aufgelesen und für einen Abend fürstlich bewirtet wurde, um sich dann abermals betrunken an seinem alten Platz wiederzufinden, wonach ihm alles wie ein Traum vorkam.

> "Das also sind die Irrtümer der Phantasie. Der Arzt und der Trunkenbold hielten das Original für die Kopie, den Körper für den Schatten; ich dagegen hielt umgekehrt die Illusion für die Wirklichkeit, die Lüge für Wahrheit. All dies bildet auch die Grundlagen der skeptischen Philosophie."[574]

In der Tat! Aber mag auch die Realität selbst mit dem Menschen manchmal ihren Schabernack treiben, es handelt sich doch immer um "Irrtümer der Phantasie".

Da es im neuzeitlichen Erfahrungsbegriff Brüche eigentlich nicht mehr objektiv geben darf, müssen sie als Illusion der subjektiven Einbildung zugeschlagen werden.

> "Glaubt mir also, und schenkt den Träumen nicht mehr Beachtung als den Figuren, die man in den Wolkenformationen erkennen kann, und überzeugt Euch, daß die Toten nicht wiederkehren, so wenig wie die verflossene Zeit."[575]

In diesem aufklärerischen Abschied von den Träumen klingt jedoch unüberhörbar eine Enttäuschung mit.

## L'HOMME MACHINE BLEUE

Die gelben Beine kreuzt der Mensch im Schlaf.
Die Kniee kniet er tief in seinen Mund.
Das dunkle Auge träumt den dunklen Leib.

Der hochgedrehte Kopf dreht sich im Traum
Die Träume träumen Träume ohne Grund.

(Ernst Meister)

### 6.5 Träume "ohne Grund"?

Ernest Jones hat in seiner Studie "Der Alptraum in seiner Beziehung zu gewissen mittelalterlichen Formen des Aberglaubens" zutreffend bemerkt, das Mittelalter habe die Herkunft von Alpträumen auf dämonische Mächte projiziert, die neuzeitlichen Traumtheorien vor Freud dagegen auf das Somatische.[576]

In der Tat begegnen wir in der sich häufig als "Seelenphysik" verstehenden Aufklärungspsychologie des 17. und 18. Jahrhunderts überall jenen simplifizierenden Leibreiztheorieen des Traums, die, indem sie Licht auf die somatische Basis der Traumvorgänge zu werfen suchen, die psychische Bedeutsamkeit des Traums verdunkeln oder gänzlich in Abrede stellen.

Die Träume sind laut Hobbes die Folge von leiblichen "Störungen". Sie sind das Ergebnis innerer oder äußerer Körperreize, die die Einbildungskraft des Schlafenden in Tätigkeit versetzen und die Qualität der Traumbilder und der im Traum vorherrschenden Affekte bestimmen. Kaltes Liegen im Schlaf erzeugt Alpträume, eine Erhitzung des Körpers dagegen Träume von Leidenschaft und Zorn.[577]

Gemäß dem physikalischen Trägheitssatz wirken die bei Tage empfangenen Wahrnehmungsstimuli noch im Schlafe weiter "Einbildung ist daher nichts anderes als zerfallende Empfindung (decaying sense)".[578] Die alte Theorie des Aristoteles vom Traum als einem "Nachzittern" der aktuellen Sinnestätigkeit wird von Hobbes in mechanistische Begriffe umgegossen.

In Kreisen der sich aufgeklärt Dünkenden gilt es als verpönt, von Träumen irgendwelches Aufhebens zu machen, genügt es doch zu wissen, daß sie von einem überfüllten Magen oder von der Melancholie, einem Überhandnehmen der schwarzen Galle herrühren, deren Dämpfe dem Träumer zu Kopfe steigen.

Locke fragt sich, wozu die Natur überhaupt einen so irrationalen und offenkundig nutzlosen Vorgang wie das Träumen eingerichtet haben soll, und erinnert sich an das Beispiel eines Mannes, der erst nach dem Ausbruch einer Fiebererkrankung zum ersten Mal Träume hatte. Er ist offensichtlich bestrebt, schon das Träumen selbst als etwas Pathologisches erscheinen zu lassen.[579]

In welchem Maße Traumerlebnisse tatsächlich auf das Körperliche projiziert und verschoben wurden, zeigt die folgende autobiographische Erzählung Bekkers aus seiner schon besprochenen "Bezauberten Welt".

> "Von dem ersten (sc. dem Nachtwandeln) habe ich/ da ich kaum zwanzig Jahre alt/ die Probe gehabt/ und deutlich gemercket/ daß es aus gewisser Bekümmerniß entstanden/ die mich mehr angegriffen/ als ich wuste/ und mich stets kränklich machte/ und es war ein Stück/ das mein Studieren betraff. Unterweilen träumete ich/ ich wuste nicht wo ich wäre/ und suchte einen Ausweg nach meines Vaters Hause/ darin ich lag und schlieff/ daher stund ich umb Mitternacht auff/ stieg schlaffend aus dem Bette auff/ und noch vier Treppen von der Kammer hinab/ gieng nach der Thür des Vorhauses/ und nachdem ich drey Thüren geöffnet/ und eine davon auffgeriegelt/ und nun die vierdte auch aufthun wollte/ meynete ich am Rande eines Grabens zu seyn/ darein ich unvermeidlich hinein zu fallen gedachte. Dieses verursachte/ daß ich mit lauter Stimme anfieng zu ruffen/ und indem ich darauf Antwort bekam/ darüber erwachte. *Als ich den folgenden Tag zur Ader gelassen/ befand ich mein Blut sehr schwarz/* die Nacht darnach war ich wieder aus der kleinen Kammer/ da ich denn alsbald erwachte/ und die darauff folgende Nacht kam ich nur halb aus dem Bette/ und weiter nicht mehr; und damit war es gethan/ und ist mir niemals dergleichen wiederfahren/ wiewohl mir viel grössere Ursache der Schwermüthigkeit mehr denn einmal begegnet. Es scheinet aber/ daß mit den Jahren und durch Erfahrung das Urtheil fester/ und die Einbildung reiner geworden/ gleich wie solches auch insgemein von Naturforschern bekräfftiget wird."[580]

Mit der Schilderung dieser Episode aus seiner Jugend will Bekker Spekulationen über eine etwaige Beteiligung von Gespenstern beim Somnambulismus in die Gefilde des blauen Dunstes verweisen. Die nüchterne Haltung des erfahrenen Naturwissenschaftlers, der sich von solchen Erlebnissen nicht beeindrucken läßt, gilt ihm dabei als vorbildlich. Doch weder er selbst, noch der ihn zur Ader lassende Arzt bemerken, daß die angeblich zu beobachtende Schwarzfärbung des Blutes, die die Melancholie des jungen Bekker erweisen soll, nichts als eine Projektion ist. Die Frage nach dem Sinn der "Bekümmernis..., die mich mehr angegriffen/ als ich wuste" und die den Studenten schlafwandelnd nach dem Vater suchen und an den Rand eines abgrundtiefen Grabens gelangen ließ, wird einfach ausgeblendet. Weiter heißt es bei Bekker über das sogenannte "Nachtmännelein":

> "Die schwere Speise und Tranck kan dieses auch wohl zu wege bringen/ daß schwere Dünste also das Gehirn beunruhigen. Von Speise mag dieses wohl zur Probe dienen/ daß ein gewisses Kind/ so mir hier zu Amsterdam in einem Hause deutlich genennet worden/ und welches des Nachts sehr unruhig schlief und schrie/ daß ein solcher heßlicher Mann ihm Schaden zu thun drauete/ auff diese Weise von dem scheußlichen Gespenste erlöset worden. Es ward von jemand verspühret/ daß diesem Kinde/ insonderheit des Abends/ allzu viel zu essen gegeben ward/ und da man solches hernach verminderte/ da erschien dieser heßliche Mann nicht mehr/ und es schlieff allezeit ruhig."[581]

Solche Nachtgeburten rühren also von einem überfüllten Magen her. Galten die Träume in physiologischer Hinsicht als wertlose Begleiterscheinung der Verdauung oder als pathologisches Symptom, so sind sie epistemologisch der Inbegriff des Falschen, ontologisch gesehen des Irrealen. Der cartesische Hiat von Traum und Realität setzt sich in der Psychologie, Anthropologie und Erkenntnistheorie des 17. und 18. Jahrhundert überall durch.

Der Artikel zum Stichwort "Traum" in Meissners "Philosophische(s)m Lexicon aus Christian Wolffs sämtlichen deutschen Schriften" beginnt beispielsweise mit folgender Definition:

> "Traum ist eine Unordnung in der Veränderung der Dinge. Traum wird der Wahrheit (veritati transcendentali) entgegengesetzt."[582]

Die Demarkationsstrategie der Aufklärung erlaubt keine positive Rede mehr vom Traum. Was der Traum ist, läßt sich nur noch negativ definieren, indem gesagt wird, was er nicht ist. Er ist nur noch als das Negativ der dem Wachsein eigenen Ordnung in den Blick zu bekommen.

Bei Meissner wird die Dichotomie von Wachen und Traum am Beispiel einer Tischgesellschaft demonstriert: Handelt es sich um eine wahre, das heißt wirkliche, so geschieht hier alles nach dem Satz vom "zureichenden Grund", "warum es vielmehr ist, als nicht ist".[583] Dann können wir sagen, "warum jede Person zugegen ist, wie sie dahingekommen, warum die Gesellschaft wieder auseinandergeht, und es wird sich keine Veränderung in der Gesellschaft ereignen, von der man nicht sagen kann, wie und warum sie sich zuträgt."[584]

Die Geschehnisse im Traum dagegen unterliegen nicht dem "Satz vom Grund". Sie sind vollkommen irrational.

> "Wenn es ein Traum ist: so kann ich nicht sagen, warum jede Person zugegen ist, und wie sie dahin kommen können. Denn da wird man ungeladene, auch öfters fremde Gäste sehen, die man zu anderer Zeit an weit entlegenen Orten gesehen; ja unter ihnen einige erblicken, die man zu anderer Zeit an weit entlegenen Orten gesehen, oder die auch wohl gar schon längst abgestorben und unter der Erden verfaulet sind. Niemand wird sagen können, warum sie zugegen sind: eine Person wird sich in eine andere verändern können, ohne daß man sagen kann, wie es zugegangen; es werden Personen weg seyn, ohne daß sie fortgegangen; andere hingegen da stehen, ohne daß sie hergekommen sind; die ganze Gesellschaft wird an einem anderen Ort seyn, ohne daß sie aufgestanden und fortgegangen sind: mit einem Wort, die Veränderungen, die sich hier ereignen, sind gar nicht in einander gegründet, und ich kan daher niemals sagen, wie und warum dieses geschiehet."[585]

Wären nun aber die Träume mit ihren seltsamen Metamorphosen, ungeladenen Gästen und wiederauferstandenen Toten völlig irrational auch in dem Sinne, daß die wissenschaftliche Vernunft sie nicht erklären könnte, dann wäre laut Meissner die universelle Gültigkeit des "Satzes vom Grund" in Frage gestellt, was ja nun auch wieder nicht sein darf. Die Träume sind daher nicht nur "materialiter", von den geträumten Vorstellungsinhalten her, zu betrachten, sondern auch "formaliter", als in der Seele irgendwie gegründete Erscheinungen. "Formaliter" unterliegen sie nämlich in dem Gesetz der imaginativen "Ideenvergesellschaftung", dem Gesetz der Assoziation.

Die Lehre von den Assoziationen geht auf Aristoteles zurück. In seiner Schrift "De memoria" hatte er als Bedingungen, unter denen sich Vorstellungen miteinander verbinden, genannt: "Das Gleiche" (Ähnlichkeit), das "Entgegengesetzte" (Kontrast) und das "Naheliegende" (Kontiguität).

Die Lehre von der Ideenassoziation war aber in Vergessenheit geraten, ehe sie Hobbes und Locke mit großer Wirkung für die Aufklärungspsychologie wiederentdeckten.

Hobbes unterscheidet im dritten Kapitel seines "Leviathan" (1651) zwei Arten der Gedankenfolge: "Die erste ist ungesteuert, absichtslos und unbeständig"[586] und der ziellos schweifenden Phantasietätigkeit eigentümlich, besonders der des Traums. Die zweite charakterisiert, wir sahen es bereits, das planvolle, von Zweckmäßigkeitserwägungen geleitete Wachdenken.

Nun ist zwar das (durch leibliche "Störungen" angeregte) Geschehen der Träume so disharmonisch und ungereimt wie das Spiel auf einem verstimmten Musikinstrument. "Aber selbst in diesem wilden Durcheinander kann man oftmals den Weg der Gedanken und ihre gegenseitige Abhängigkeit erkennen".[587]

Hobbes erläutert den Mechanismus der Assoziation durch folgendes Beispiel:

> "Denn was schiene in einem Gespräch über unseren gegenwärtigen Bürgerkrieg unangebrachter als zu fragen, wie dies einer tat: 'Was war denn ein römischer Silberling wert?' Doch mir war der Zusammenhang deutlich genug. Denn der Gedanke an den Krieg führte zu dem Gedanken an die Auslieferung des Königs an die Feinde, das Denken erinnerte an die Auslieferung Christi, dieses an die dreißig Silberlinge, die der Lohn des Verrats waren, und daraus entstand leicht diese boshafte Frage, und zwar all dies in der Zeit eines Augenblicks, denn die Gedanken sind schnell."[588]

Die Ideenassoziation im Traum hat ihre Ursache in einer Bewegung der Lebensgeister, die bestimmte durch vergangene Tageswahrnehmungen bereits geschaffene Spuren im Gehirn bevorzugen. Sie ist eine vollkommen passive Ordnung der Vorstellungsbilder, so daß das Auftreten der einen dasjenige der anderen unmittelbar nach sich zieht, "wie Wasser auf einem ebenen Tisch auf dem Weg nachgezogen wird, indem man einen Teil von ihm mit dem Finger leitet".[589]

Daß in den Träumen etwas Neues zutage treten könnte, ist nach dieser Theorie nicht mehr denkbar. Es gibt nichts im Traum, was nicht zuvor in der Wahrnehmung war. Die Unzahl der miteinander kombiniert im Gerhirn abgespeicherten Tageseindrücke (Phantasmata) erklärt dann nach Hobbes die Inkohärenz der Träume und das scheinbar willkürliche Spiel der Assoziationen.[590]

Die Durchsetzung der Assoziationslehre in der Aufklärungspsychologie hatte eine bedeutsame Konsequenz: Das Denken in Ähnlichkeiten, das in den symbolisch verfaßten Weltbildern ehemals Zusammenhänge des Wirklichen selbst stiften konnte - man hat die Ähnlichkeit auch als Grundkategorie des magischen Denkens bezeichnet -, wird neuzeitlich als ein bloß subjektives, ziellos schweifendes Phantasieren eingestuft, das mit den wahren Zusammenhängen nichts mehr zu tun hat.

> "Die Ähnlichkeit", schreibt Foucault, "ist nicht mehr die Form des Wissens, sondern eher die Gelegenheit des Irrtums, die Gefahr, der man sich aussetzt, wenn man den schlecht beleuchteten Ort der Konfusion nicht prüft."[591]

Die Ähnlichkeiten werden laut Hobbes von der Phantasie bemerkt, die Unähnlichkeiten dagegen vom Urteilsvermögen. Er läßt keinen Zweifel daran, welchem der beiden Vermögen der Vorrang gebührt. Da die Phantasie stets in Gefahr ist, in den Wahnsinn abzugleiten, bedarf sie zu ihrer Kontrolle des Urteilsvermögens. Letzteres ist aber selbstgenügsam und eine Tugend als solche.

## 6.6 Der Artikel "Songe" in der Enzyklopädie von Diderot und d'Alembert

Der Artikel "Songe" (Traum) in der "Encyclopédie ou dictionnaire raisonné des sciences, des arts et des métiers"[592] von Diderot und d'Alembert bringt exemplarisch die Haltung der Aufklärung zu den Problemen des Traums zum Ausdruck.

Sein Verfasser ist Jean-Henri-Samuel Formey (1711-1797), Sekretär der Preußischen Akademie der Wissenschaften, ein überzeugter Anhänger der Leibniz-Wolfschen Schule und Autor einer Vielzahl von Aufsätzen zu psychologischen Themen.

Durch die an das Stichwort "Songe" unmittelbar anschließende Klammer "(metaphys. & physiol.)" werden die für den Traum zuständigen Wissensbezirke eingegrenzt, also Metaphysik und Physiologie. Bereits in dieser einengenden Festlegung des Blickwinkels, aus dem heraus der Traum allein zum Gegenstand des Wissens und des rationalen Diskurses gemacht werden kann, erweist sich die Wirkmächtigkeit des Cartesianismus für die neuzeitliche Traumanschauung.

Formey vereinigt in seinem Artikel die reduktionistische Betrachtungsweise der mechanistischen Physiologie und Assoziationspsychologie mit metaphysischen Reflexionen, die einmal mehr um das Problem einer stringent durchzuführenden Unterscheidung von Wachsein und Traum kreisen. Die Frage nach einer möglichen Bedeutung des Traums wird dagegen nirgends mehr gestellt.

Der größte Teil des Artikels ist physiologischen Erörterungen der Traumentstehung gewidmet, die metaphysischen Überlegungen treten erst zum Schluß in den Vordergrund. Zu Anfang bestimmt Formey den Traum als "bizarre Erscheinung des Seelischen", dessen Phantome sich auf keinerlei äußeren Gegenstand beziehen, und die sich außerdem der reflexiven Kenntnis (connaissance reflechie) und der Kontrolle des Menschen entziehen.[593]

> "Um die Natur der Träume zu erklären, muß man vor allen Dingen eine Anzahl deutlicher Prinzipien aus der Erfahrung gewinnen; dies ist der einzige Ariadnefaden, der uns in diesem Labyrinth führen kann."[594]

Diese Formulierung, die eine ausgiebige am Paradigma der mechanistischen Assoziationspsychologie orientierte Beschreibung der Traumvorgänge einleitet, läßt von Anfang an erkennen, daß Formey seinem Thema mit Befremden begegnet: Die Träume sind ein Labyrinth, aus dem allein das Zauberwort "Erfahrung" einen Ausweg verspricht.

Die Träume sind nun nichts anderes als die Folge einer Erregung der im Gehirn einmündenden Nervenleitungen von seiten der Lebensgeister (esprits animaux). Hier geschieht laut Formey genau dasselbe wie bei Tagträumen und Phantasien im Wachzustand, nur daß der Wille auf die Nachtträume keinen Einfluß hat.

Die extravagante und anscheinend vollkommen willkürliche Abfolge der Traumbilder sei nun, so Formey, mit Hilfe des durch die Erfahrung zuverlässig bezeugten Gesetzes (der Assoziation) zu erklären, wonach die Einbildungskraft die Objekte in derselben Weise verbindet, wie sie zuvor in der Wahrnehmung verbunden waren. Da nun ein und dasselbe Objekt bald in Verbindung mit diesem, bald in Verbindung mit jenem Objekt wahrgenommen wurde, kann der Traum aus den im Gehirn gespeicherten Eindrücken eine Unzahl von "bizarren" Kombinationen bilden.[595] Nicht ein Gegenstand, der nicht zugleich mit einem anderen wahrgenommen worden wäre, und dieser wiederum mit einem dritten usw. Auf diese Weise kann man von einer beliebigen Idee ausgehend entlang der im Gehirn angelegten, einander überkreuzenden Trassen zu jeder anderen Idee gelangen.

Formey überträgt nun das Bild vom "Labyrinth" der Träume direkt in die Hirnphysiologie:

"Unser Gehirn ist gewissermaßen ein von tausend Alleen durchkreuzter Wald; und wenn Sie sich in einer dieser Alleen befinden, heißt das, daß Sie mit dieser oder jener Empfindung beschäftigt sind. Verfolgen Sie nun diese Idee, diese Allee, ob nun im Wachen freiwillig oder im Traum gezwungenermaßen, dann betreten Sie eine zweite Allee, eine dritte, wie sie eben angelegt sind, und Ihr Weg, so unregelmäßig er auch erscheinen mag, ist bestimmt durch den Ort, von dem Sie ausgegangen sind, und durch die Anlage des Waldes, so daß bei einem anderen Ausgangspunkt und einem anderen Wald mit anderen Schneisen Ihr Weg, das heißt Ihr Traum ein gänzlich anderer gewesen wäre."[596]

Die assoziationspsychologische Betrachtung entdeckt in dem unentwirrbar scheinenden Chaos der Träume die Anlage eines gigantischen Irrgartens. Der Träumer ähnelt einem Wesen, das verloren und orientierungslos von Wegkreuzung zu Wegkreuzung durch die Alleen eines Parks ohne Ende irren muß, bis ihn das Erwachen erlöst.

Die Antithese zur Ordnung des Wachbewußtseins ist danach nicht mehr das reine Chaos, sondern ein Labyrinth, eine quasi rationale Struktur also, doch wie zum Zwecke der Täuschung angelegt. Allerdings ist Formeys Analogie vom "Labyrinth" des Gehirns wohl eher dazu geeignet, die Rätselhaftigkeit des Traums in der theoretischen Erklärung zu verdoppeln als sie aufzulösen.

Formey erörtert nun die im 17. und 18. Jahrhundert zwischen den Vertretern des Empirismus und denen des Rationalismus umstrittene Frage, ob der Mensch nur dann träumt, wenn er davon ein Bewußtsein hat und sich an etwas erinnern kann - wie die Empiristen annahmen -, oder ob er nicht vielmehr immer und jede Nacht fortwährend träumt, auch wenn er beim Erwachen nichts mehr davon weiß - wie die Rationalisten im Anschluß an Descartes behaupteten.

Dieser Streit, der exemplarisch zwischen Locke und Leibniz ausgetragen worden war,[597] stand mit jeweils konträren metaphysischen Auffassungen vom Wesen der menschlichen Seele im Zusammenhang.

So ist für Locke der Begriff einer Seelensubstanz ein äußerst fragwürdiges "Je-ne-sais quoi", und er hält es für widersinnig, daß die Seele im Schlaf tätig sein soll, ohne ein Bewußtsein davon zu besitzen. Sie gliche einem Spiegel, "der fortgesetzt eine Fülle verschiedener Bilder und Ideen empfängt, aber keine festhält".[598] Bewußtsein ist für Locke immer reflexives Bewußtsein.

Für die Rationalisten in Descartes' Nachfolge ist die Seele dagegen eine Substanz, von der ihr wesentliches Attribut, das Denken und Vorstellen, zu keinem Zeitpunkt abgetrennt werden kann. Der Mensch träumt demnach immer, ungeachtet der Tatsache, daß er sich meist an nichts mehr erinnern kann. So ist für Leibniz die Seele ein im Schlaf und selbst noch in tiefer Ohnmacht unaufhörlich tätiges Wesen. Sie produziert ständig und spontan jene kleinen unmerklichen oder auch nur unbemerkt vorübergehenden Perzeptionen, die zu schwach sind, um von der reflexiven Aufmerksamkeit begleitet zu sein. Nach dem Erwachen, argumentiert Leibniz, haben wir das Gefühl, daß eine gewisse Zeit verflossen ist. Die Zeit aber bemißt sich nach der Abfolge der Vorstellungen im Bewußtsein. Also müssen wir auch dann geträumt haben, wenn wir am Morgen nichts mehr davon wissen.[599]

Formey stellt sich als Anhänger der Leibniz-Wolffschen Schule auf die Seite der Rationalisten und nimmt an, daß die Seele bereits im Mutterleib und im anscheinend traumlosen Tiefschlaf ein ständig vorstellendes und empfindendes Wesen ist. Was wir gewöhnlich einen Traum nennen, ist nichts anderes als das Erinnern eines Traums. Die Traumerinnerung ist allerdings vom Zustand des Leibes abhängig: "Nun sind es aber rein maschinale Ursachen, die das Gewahrwerden der Träume bestimmen".[600] Erinnerbare Träume entstehen in einem mittleren Zustand zwischen dem vollkommenen Tiefschlaf, der wie schon unser pränatales Dasein von dunklen, nicht erinnerten Vorstellungen begleitet wird, und dem Erwachen.

Die im Schlaf gegen Morgen wiedergewonnene Spannkraft der erholten Glieder und Nerven ist nach Formey die "innere" Vorbedingung der Traumentstehung, die anhaltende Reizung der Hautoberfläche (irritation des chairs) durch das Liegen im Bett ist die "äußere" Ursache dafür.[601] Träume, an die wir uns erinnern können, entstehen, wenn der Zustrom der Lebensgeister weder zu stark noch zu schwach ist.

Der Ariadnefaden der Erfahrung verläßt uns, so Formey, wenn es gilt, die Entstehung eines Traums unmittelbar zu verfolgen. In den mikroskopisch kleinen Verästelungen der im Gehirn einmündenden Nervenenden, da, wo die Träume wie Fledermäuse hängen, da muß nun die Vernunft der Erfahrung zu Hilfe eilen, um die Geburt eines Traums begreiflich zu machen.[602]

Formey postuliert als unmittelbare Ursache des Traums eine sein Erscheinen prägende leibliche Sensation. Sie ist "Mutter des Traums".[603] Fällt ein Lichtstrahl auf die Augenlider des Schlafenden, so wird sein Traum visuell geprägt sein, dringt ein Gewitterdonner an sein Ohr, so vorwiegend akustisch. Darüber hinaus kommen innerleibliche Reize als Traumerreger in Betracht: Der Hungrige träumt vom Essen, der Durstige vom Trinken. Auch die seelischen Präokkupationen des Vortages spielen bei der Traumentstehung eine Rolle.

Formeys Ausführungen wirken besonders hier reichlich abgenutzt und banal, aber sie sind typisch für jene intellektualistische Leibreiztheorie, die das medizinisch-wissenschaftliche Denken über den Traum bis zum Erscheinen von Freuds "Traumdeutung" im Jahre 1900 prägen sollte.

Die Erörterung des Problems der Unterscheidung von Wachsein und Traum bildet den Beschluß des Artikels.

Die neuzeitliche Entzweiung von beidem tritt auch hier in aller Schärfe zutage:

> "Unser Leben teilt sich in zwei wesentlich verschiedene Zustände, von denen der eine Wahrheit und Realität ist, der andere dagegen nur Trug und Illusion."[604]

Im Wachzustand geschieht nichts ohne "zureichenden Grund" (cause ou raison suffisante), und die Ereignisse sind "auf natürliche und einsichtige Weise miteinander verbunden" (liés entre eux d'une manière naturelle & intelligible).[605]

Der Traum dagegen ist "verworren, ohne Ordnung, ohne Wahrheit" (décousu, sans ordre, sans vérité). Alles geschieht hier "aufs Geratewohl" (à l'improviste) und im "Widerspruch zu den Naturgesetzen" (contraires à toutes les loix de l'ordre et de la nature).[606]

"Das ist also das Kriterium, durch welches wir beide Zustände unterscheiden", erklärt Formey, kommt aber nun zu bemerkenswert skeptischen Schlußfolgerungen bezüglich der Zulänglichkeit dieses Kriteriums:

> "Aus der Gewißheit dieses Kriteriums selbst folgt eine doppelte Verlegenheit, in der man sich befindet, wenn einerseits einem im Wachzustand etwas begegnet, das auf den ersten Blick unbegreiflich ist; man fragt sich, ob man wacht und zwickt sich, um sich zu vergewissern, daß man wach ist; und auf der anderen Seite, wenn ein Traum so klar und so zusammenhängend ist und nur sehr gut mögliche Dinge enthält, wie sie einem begegnen, wenn man vollkommen wach ist, dann ist man geglegentlich über die Realität im Zweifel, wenn der Traum zu Ende ist, und zu glauben versucht, daß sich die Dinge in Wirklichkeit so zugetragen haben."[607]

Die cartesische Unterscheidung von Wachsein und Traum durch das Kriterium der Kohärenz, über deren Triftigkeit die Philosophen mehr als ein Jahrhundert gestritten hatten, erscheint hier bei Formey in einer eigentümlichen Umkehrung: Die Gewißheit des Kriteriums weckt in Wahrheit jene Zweifel, die es doch eigentlich beheben sollte.

Es gibt sie eben ausnahmsweise doch, die Brüche im Zusammenhang der wachen Erfahrung und die "kohärenten" Träume. Um dieses Eingeständnis kommt auch Formey am Ende nicht herum.

So scheint hier der Rationalismus fast schon zu resignieren. In unserem Leben wechseln nun einmal Wahrheit und Illusion, Wachsein und Traum miteinander ab, und nicht einmal vom Wachsein her gelingt es dem Menschen, die Grenze zwischen beidem klar zu ziehen.

Dies ist nach Formey die Folge der bedauerlichen Tatsache, daß der Mensch nicht nur Geist, nicht nur Vernunft ist, sondern unweigerlich auch Leib, auch ein schlafendes und träumendes Wesen. Erst vom jenseitigen Leben dürfen wir uns den ewigen Tag der ungetrübten Wahrheit und einen Zustand fortdauernden Wachens erhoffen. So erklärt Formey abschließend:

> "Es ist das Schicksal unserer Seele, solange sie an die Organe des Körpers gebunden ist, nicht genau die Folge ihrer Phantasmen entwirren zu können. Doch wie die Entwicklung unserer Organe uns von einem fortwährenden und gänzlich verworrenen Traum in einen Zustand hat übergehen lassen, der geteilt ist in Traum und Wahrheit, so muß man hoffen, daß unser Tod uns in einen Zustand erheben wird, in dem unsere Ideen fortwährend klar und durchsichtig sind und nicht mehr von irgendeinem Schlaf, noch von einem Traum unterbrochen werden."[608]

## 6.7 Der Traum ist eine "unwillkürliche Dichtung" (Kant)

Betrachten wir abschließend Kants Ansichten zum Traum, wie sie in seinen Schriften und Vorlesungen zur Anthropologie zutage treten.[609]

Kant nennt den Traum eine "unwillkürliche Dichtung",[610] ohne freilich den Gehalt seiner berühmten und vielversprechenden Definition auch nur annähernd auszuschöpfen. Jedenfalls ist Kant noch weit davon entfernt, den Traum als eine Quelle der dichterischen Schöpfung zu würdigen, wie es die Romantiker und in vollem Umfang eigentlich erst die Surrealisten tun sollten.

In Übereinstimmung mit den Rationalisten behauptet Kant, daß es keinen Schlaf ohne Traum geben könne, und wer nicht geträumt zu haben wähnt, seinen Traum nur vergessen hat. Diese Annahme folgert Kant jedoch nicht aus dem Begriff einer Seelensubstanz, die er, darin nun wieder den Empiristen folgend, in ihrer Gänze für unerkennbar hält. Die Seele ist nicht an sich selbst, sondern nur in ihren einzelnen Erscheinungen (Empfindungen, Vorstellungen) erfahrbar.

Kant glaubt vielmehr, daß wir deshalb immer träumen, weil der Traum zur Aufrechterhaltung des Lebens im Schlaf notwendig ist:

> "Das Träumen scheint zum Schlafen so notwendig zu gehören, daß Schlafen und Sterben einerlei sein würde, wenn nicht der Traum als eine natürliche obzwar unwillkürliche Agitation der inneren Lebensorgane durch die Einbildungskraft hinzukäme."[611]

Kant erhebt damit den Traum zur spezifischen Differenz von Schlaf und Tod. Ihm kommt eine fundamentale Vitalfunktion zu. Nicht das Aufhören der Denktätigkeit im Schlaf, sondern deren Inkohärenz verursacht das Vergessen der Träume nach dem Erwachen. Der Traum ist ein "Tumult" von Bildern und Vorstellungen,

> "welche so unordentlich schnell und ohne Zusammenhang abwechseln, daß wir uns ihrer, weil sie mit unserem Zustande bei der Erwachung in gar keiner Verbindung stehen, gar selten erinnern können."[612]

Kant unterstellt, daß der "Tumult" in unserer Phantasie mit einer Funktion der Einbildungskraft zusammenhängt, im Schlaf die Verdauung zu befördern,

> "denn daß Ideen dazu etwas beitragen, können wir an jeder Mahlzeit sehen: eine einsame Mahlzeit bekommt uns schwerlich, aber durch eine Mahlzeit mit Gesprächen, wo man in Tätigkeit ist, wird die Verdauung ungemein befördert: Ohne diese Träume möchte der Mensch also in Leblosigkeit fallen."[613]

Kant, bekanntermaßen ein Hypochonder, liebte es, in geselliger Runde zu speisen, und versäumt nicht, auf den diätetischen Nutzen dieser Vorliebe hinzuweisen. Die Verbindung von Einbildungskraft und gesellschaftlicher Konversation war überdies ein geläufiger Topos: Im Gespräch bildet man sich gegenseitig etwas ein, und das Wirrwarr der Träume ist gewissermaßen die imaginäre Fortsetzung der Tischgespräche. Die vulgäre Meinung des aufgeklärten Jahrhunderts, Träume rührten von der Verdauung her, wird bei Kant freilich auf den Kopf gestellt: Träume machen die Verdauung allererst möglich. Der ständig von Blähungen und Unregelmäßigkeiten des Stoffwechsels geplagte Kant wird hier an eigenen Erfahrungen gedacht haben. In der eigenen Biographie begründet ist jedoch vor allem Kants Annahme, ein Schlaf ohne Traum wäre todbringend. Kant litt nämlich seit frühester Jugend an einer engen und schwachen Brust und hatte häufig Atembeschwerden. Wahrscheinlich hatte er nicht selten im Schlaf Erstickungsängste. Die daraus resultierenden peinigenden Alpträume deutete er als rettende Signale, rechtzeitig aufzuwachen und sich in eine andere Lage zu drehen:

> "Dahin gehört auch die wohltätige Wirkung des Traums beim Alpdrücken (incubus). Denn ohne diese fürchterliche Einbildung von einem uns drückenden Gespenst und der Anstrengung aller Muskelkraft, sich in eine andere Lage zu bringen, würde der Stillstand des Blutes dem Leben geschwind ein Ende machen."[614]

> "Ich erinnere mich sehr wohl, wie ich als Knabe, wenn ich mich, durch Spiele ermüdet, zum Schlafen hinlegte, im Augenblicke des Einschlafens durch einen Traum, als ob ich ins Wasser gefallen, und, dem Versinken nahe, im Kreise herumgedreht würde, schnell erwachte, um aber bald wieder ruhiger einzuschlafen, vermutlich, weil die Tätigkeit der Brustmuskeln beim Atemholen, welches von der Willkür abhängt, nachläßt, und so, mit der Ausbleibung des Atemholens, die Bewegung des Herzens gehemmt, dadurch aber die Einbildungskraft wieder ins Spiel versetzt werden muß."[615]

Kant gesteht dem Traum über die Vitalfunktion hinaus auch eine Art pädagogische Bedeutung zu, weshalb

> "bei weitem die mehrsten Träume Beschwerlichkeiten und gefahrvolle Umstände enthalten; weil dergleichen Vorstellungen die Kräfte der Seele mehr aufreizen, als wenn alles nach Wunsch und Willen geht."[616]

In der "Kritik der Urteilskraft" vergleicht Kant die Zweckhaftigkeit des Traums mit derjenigen von Ungeziefer(!), das manche Menschen befällt, um sie so zur Reinlichkeit anzustacheln.[617] Auf diese Weise geben die Träume "eine unterhaltende, bisweilen belehrende Aussicht auf eine teleologische Ordnung der Dinge, auf die uns, ohne ein solches Prinzip, die bloß physische Betrachtung allein nicht führen würde".[618]

Zusammenfassend kann man sagen: Kant ist der Entdecker der vitalen Funktion des Traums, von der auch die moderne Schlafforschung ausgeht. Gerade weil er die Träume als ein Übel empfand, kam er zu der Frage, welchen biologischen und womöglich erzieherischen Sinn sie wohl haben mochten. An eine psychologische Bedeutung des Traums hat Kant jedoch nicht gedacht. Stattdessen begegnen wir auch in seinem Werk überall den aufklärerischen Warntafeln vor den Gefahren der Einbildungskraft.

## 7. Kants Schrift "Träume eines Geistersehers, erläutert durch die Träume der Metaphysik"

Kant sollte schließlich die neuzeitliche Trennung von Traum und Realität zur Vollendung bringen, indem er sich anschickte, noch der Metaphysik selbst alles Spekulieren und Träumen abzugewöhnen.

Diese war vielerorts noch immer eine "Meta-Physik" im vollen Wortsinne, nämlich eine Lehre von dem, was über die Grenzen des Physischen hinausgeht, bzw. aus einer transzendenten Welt in dieses hineinwirkt, eine Lehre von spirituellen Prinzipien, von Seelen und Geistern, die in der sichtbaren Welt etwas vollbringen, was sich aus physischen Ursachen nicht erklären ließ.

Eine solche Lehre vom Übersinnlichen, das haben wir oben gesehen, war von Vertretern der kirchlichen Orthodoxie gegen die kruden Theorien des aufgeklärten Materialismus verteidigt worden, der die Wunder der Schöpfung auf das Willkürspiel der Atome reduzieren wollte und doch die nächstliegenden Phänomene unerklärt ließ. Unter Berufung auf eine solche Metaphysik glaubte auch der von dämonischen Stimmen und Erscheinungen verfolgte Beaumont, seine Begegnungen mit den Geistern als Realität ausweisen zu können; er hatte ganz richtig geahnt, daß die Gelehrten unter den Christen es sich reiflich überlegen würden, "einer so lange gehegten Lehre (sc. von den Geistern) den Abschied zu geben."

Das tut Kant mit seiner 1766 erschienenen Satire auf den Geisterseher Swedenborg, in welcher er die Metaphysik von solchen Träumen reinigt und ihr gleichzeitig eine völlig neue Bestimmung zuweist. An die Stelle einer positiven inhaltlichen Lehre vom Übersinnlichen tritt bei Kant eine nur noch formal bestimmte Metaphysik als einer "Wissenschaft von den Grenzen der menschlichen Vernunft".[619] Ihr fällt die im wesentlichen kritische Aufgabe zu, alles was die Grenzen des empirisch Erfahrbaren überschreitet, in den Bereich der haltlosen Spekulation und der Träume abzuweisen.

Kant war um die Metaphysik, in die er nach eigenem Bekenntnis "das Schicksal hatte, verliebt zu sein",[620] besorgt. Anlaß dazu bot ihm der Erfolg Emmanuel Swedenborgs (1688-1772), des "Erzphantasten unter allen Phantasten",[621] dessen telepathische Fähigkeiten und visionäre Gaben damals in aller Munde waren und dessen immer größer werdende Anhängerschaft später eine eigene Kirche "Das Neue Jerusalem" gründete. Swedenborg, ein hochgelehrter Naturwissenschaftler und zeitweiliger Schüler Newtons, hatte 1745 eine schwere Krise durchlebt, in deren Folge ihm mehrfach visionäre Einblicke in das Geisterreich zuteil wurden. Seit dem Ausbruch seiner seelischen Krankheit schrieb er unter dem Diktat der Engel sein gigantisches Hauptwerk Arcana Coelestica, "Himmlische Geheimnisse".

Kant wurde von Freunden zu einer Stellungnahme gedrängt und unterzog sich der Mühe, "acht Quartbände voll Unsinn"[622] durchzuarbeiten, deren Quintessenz er aber in einer knappen und durchaus plausiblen Form in dem Abschnitt "Ein Fragment der geheimen Philosophie, die Gemeinschaft mit der Geisterwelt zu eröffnen" in seiner Geisterseherschrift vortrug. Kant war redlich genug, die Swedenborgsche Lehre, die trotz der "herrschenden Mode des Unglaubens"[623] auf viele seiner Zeitgenossen eine so große Anziehungskraft ausübte, zunächst einmal ernst zu nehmen, wodurch seine anschließende Kritik an Überzeugungskraft gewinnen mußte.

Swedenborg begründete seine visionären Erlebnisse mit einer Lehre, wonach die Menschen dank ihrer unsterblichen Seele in Gemeinschaft mit der intelligiblen Welt der Geister stehen, was jedoch den meisten unter ihnen, da sie in diesem irdischen Leben an das Dunkle der Leiblichkeit gebunden sind, erst nach dem Tode offenbart wird. Einige wenige prophetisch begabte Menschen gebieten jedoch über ein "inwendiges Sehen" der intelligiblen Welt schon während ihres Erdendaseins, unter ihnen auch Swedenborg selbst, denn, so Kant, "sein Innerstes ist aufgetan".[624]

In der intelligiblen Welt Swedenborgs leben die zu Engeln gewordenen Menschen in einer rein geistigen Gemeinschaft nach pneumatischen Prinzipien. Die "unvollendete Harmonie zwischen der Moralität und ihren Folgen in dieser Welt"[625] ist in der der Geister aufgehoben, und eine gute Absicht ist hier schon durch sich selbst verwirklicht. Auch müssen die Menschen sich nicht mehr in der Kommunikation sprachlich vermitteln, sonden können die Gedanken der anderen direkt verstehen. Swedenborgs Geisterreich ist ein symbolischer Kosmos; in diesem "eingebildeten Raume" sind Menschen, die sich lieben, auch räumlich einander nah, wenn sie sich hassen dagegen auch räumlich voneinander entfernt. Unter Rückgriff auf chiliastisches Gedankengut hatte Swedenborg eine Gegenutopie zur bürgerlichen Gesellschaft und der in ihr herrschenden Entfremdung entworfen.

Und was Kant beunruhigte: Swedenborg konnte sich auf den "Lehrbegriff von einem geistigen Wesen" stützen, der in der Schulphilosophie der Zeit überall im Gebrauch war. Die visionären Erscheinungen des "Erzphantasten" Swedenborg waren durch die auf den Universitäten gelehrte Metaphysik beglaubigt.

Verschiedene Gründe schwebten Kant vor, die auch in seiner aufgeklärten Zeit noch die Annahme geistiger Wesen berechtigt erscheinen lassen konnten. Newton hatte das Gesetz der Gravitation aufgestellt und damit eine adäquate Beschreibung der Erscheinungswelt geliefert, aber er hatte - gemäß seiner Maxime, in der Naturphilosophie keine Hypothesen zu ersinnen - darauf verzichtet, die wahre Ursache der Gravitation zu benennen. War aber die Gravitation nicht abermals eine jener spirituellen Prinzipien oder okkulten Qualitäten, von denen sich zu distanzieren die neuzeitliche Wissenschaft gerade begonnen hatte? Konnte man sich nicht als wahre Ursache der Gravitation eine geistige Kraft denken, die im Raume wirkt, ohne selbst räumlich zu sein, und die die Körper bewegt, ohne deren Undurchdringlichkeit zu besitzen?

Und weiter: Da lebendige Organismen offenbar nicht durch mechanistische Prinzipien allein erklärt werden können, sondern eine weit vollkommenere Zweckhaftigkeit und Harmonie aufweisen als etwa eine Maschine, mußte nicht darin die Wirkung von etwas Seelischem und Geistigem erblickt werden, die schöpferische Tätigkeit eines übermenschlichen Verstandes? Legt nicht schließlich die Erfahrung, daß ich meinen Körper willentlich in Bewegung setzen kann und daß ich meine Glieder spüre, die Existenz einer immateriellen Seelensubstanz nahe, welche ich zwar als solche nicht selbst empfinden kann, welche ich mir aber denken muß?

Ausführlich erörtert Kant das Hin und Her der Schulphilosophie über den Sitz der Seele, sei es nun, daß dieser das Gehirn ist oder daß sich die Seele ganz im ganzen Körper befindet und ganz in jedem seiner Teile, um schließlich die Müßigkeit dererlei Spekulationen zu konstatieren, denn "dergleichen Sätze lassen sich nur sehr seichte, oder gar nicht beweisen, und, weil die Natur der Seele im Grunde nicht bekannt genug ist, auch nur schwach widerlegen."[626] Später wird Kant die Möglichkeit einer Psychologie als Wissenschaft verneinen und alle Versuche, aus dem Begriff der substantiellen Seele deren Unsterblichkeit zu beweisen, als Paralogismen der rationalen Psychologie verwerfen. Die Seele ist ein rätselvolles Etwas und in ihrer Ganzheit kein Gegenstand möglicher Erfahrung.

Das bedeutsamste Motiv für die Annahme spiritueller Mächte war jedoch in der Sphäre der Ethik zu suchen, denn "unter den Tendenzen, die das menschliche Herz bewegen, scheinen einige der mächtigsten außerhalb demselben zu liegen".[627] Gemeint ist das sittliche Gefühl. Es ist in Kants Frühphilosophie noch keineswegs in der Autonomie des vernünftigen Subjekts begründet, sondern bezeichnet die Erfahrung, "daß in uns gleichsam ein fremder Wille wirksam sei." "Eine geheime

Macht nötigt uns, unsere Absicht auf anderer Wohl oder nach fremder Willkür zu richten".[628] War etwa diese geheime Macht das spirituelle Prinzip, das die Menschen in Swedenborgs Geisterreich unmittelbar zu einer Gemeinschaft vereinigte?

Wenn von verschiedenen Menschen ein jeglicher seine eigene Welt hat, so ist zu vermuten, daß sie träumen".[629] Mit dieser Umkehrung von Heraklits Diktum, das Kant irrtümlich Aristoteles zuschreibt, eröffnet er den kritisch-destruktiven Teil seiner Satire auf Swedenborg und gibt der bis dahin als halbwegs plausibel dargestellten Geisterlehre endgültig den Abschied. Die überkommene Metaphysik soll nunmehr als "spekulatives Hirngespinst einer verkehrtgrübelnden Vernunft"[630] erwiesen, der Geisterseher Swedenborg aber als ein "Kandidat des Hospitals"[631] abgefertigt werden. Nachdem schon Heraklit die Welt des Traumes als eine private angesehen hatte, soll jetzt auch das Umgekehrte gelten: Wenn Erfahrungen bloß privat sind, dann muß, so Kant, vermutet werden, daß der Mensch träumt. Die intersubjektiv nicht überprüfbaren Spekulationen der alten Metaphysik, ebenso wie die "vorgegebenen Privaterscheinungen"[632] Swedenborgs müssen dem Schattenreich des Unwirklichen zugeschlagen werden. Erstere sind "Träume der Vernunft", letztere "Träume der Empfindung".

"Träumer der Vernunft" sind laut Kant jene Philosophen, die mit dem Begriff von einem Geist umgehen. Ein solcher Begriff ist zwar denkmöglich, wie manches andere auch, aber er hat keinen erfahrbaren Inhalt. Begriffe ohne Erfahrung sind leer. Der Rekurs auf irgendwelche Geister, immaterielle pneumatische Prinzipien oder Seelen, die als unsichtbare Drahtzieher hinter den Kulissen der Erscheinungswelt ursächlich in diese eingreifen sollen, ist nichts als eine "Zuflucht der faulen Philosophie".[633] Zu einer empirisch gegebenen Wirkung muß auch die Ursache empirisch gefunden werden, denn

> "wie etwas könne eine Ursache sein oder eine Kraft haben, ist unmöglich jemals durch Vernunft einzusehen, sondern diese Verhältnisse müssen lediglich aus der Erfahrung genommen werden."[634]

Denken läßt sich manches über immaterielle Ursachen der Gravitation, der Organisation des Lebendigen oder des sittlichen Gefühls, ohne Gefahr zu laufen, widerlegt zu werden, aber auch ohne Hoffnung, etwas beweisen zu können. Objektive Erkenntnis ist nur von Erscheinungen, von Daten der Wahrnehmung möglich. Für den "Lehrbegriff von geistigen Wesen" gilt daher:

> "Er kann vollendet sein, aber im negativen Verstande, in dem er nämlich die *Grenzen unserer Einsicht* mit Sicherheit festsetzt und uns überzeugt, daß die verschiedenen *Erscheinungen* des Lebens in der Natur und deren Gesetze alles sind, was uns zu erkennen vergönnet ist, das Principium des Lebens aber, d.i. die geistige Natur, welche man nicht kennet, sondern vermutet, niemals positiv könne gedacht werden, weil keine Data hierzu in unseren gesamten Empfindungen anzutreffen sind..."[635]

Kant entzieht der Metaphysik die transzendenten Inhalte, die herkömmlicherweise ihren positiven Gegenstamndsbereich ausmachten, um sie nur noch negativ und formal als "Wissenschaft von den *Grenzen der menschlichen Vernunft*"[636] zu definieren.

Bereits hier, in der Geisterseherschrift, antizipiert Kant sein Programm der Vernunftkritik. Metaphysik wird zu einer Reflexion über die Reichweite und Grenzen der menschlichen Vernunft. Was überhaupt Gegenstand der Erkenntnis werden kann, ist durch eine vorgängige Reflexion auf die Beziehung der Gegenstände der Erkenntnis zu den menschlichen Erkenntnisvermögen abzusichern. Kant fordert eine

> "Philosophie..., die über ihr eigen Verfahren urteilt, und nicht die Gegenstände allein, sondern deren Verhältnis zu dem Verstande des Menschen kennt."[637]

H. und G. Böhme haben gezeigt, daß zentrale Motive von Kants kritischer Philosophie bereits in seiner Geisterseherschrift vorweggenommen sind. Es sei daher verfehlt, Kants Vernunftkritik bloß kognitiv als Synthese von Leibniz-Wolffschem Rationalismus und Humeschem Empirismus zu begreifen. Ihre eigentlichen psychodynamischen Impulse hätte sie vielmehr aus der Auseinandersetzung mit der Geisterseherei bezogen:

> "Wir vermuten, daß Kant in Swedenborg eine Art Zwillingsbruder, das Gegenbild seiner selbst erblickte, von dem sich zu trennen lebenswichtig war. (...) Kant (muß) bei seiner intensiven Swedenborg-Lektüre gemerkt haben, daß er mit seinen eigenen Spekulationen über Bewohner anderer Welten und ihre geistigen Fähigkeiten, wie sie sich in der 'Theorie des Himmels' finden, Swedenborg nicht unähnlich war. Dies begann ihm unheimlich zu werden."[638]

Kant distanzierte sich also nicht nur von Swedenborg, sondern ebensosehr von seinen eigenen phantastischen Spekulationen über Bewohner jenseitiger Welten.

Demgegenüber bestimmt Kant nun Metaphysik als "Wissenschaft von den Grenzen der menschlichen Vernunft." Sie beschränkt die Wirklichkeitserkenntnis auf den Bereich der empirischen Erscheinungen, also auf Daten der Empfindung, die, wie Kant später in der "Kritik der reinen Vernunft" darlegt, durch die Kategorien des Verstandes zur objektiven Einheit der Erfahrung synthetisiert werden.

Beziehen wir dieses Resultat noch einmal auf die Problematik der Außenwelterkenntnis zurück. Diesbezüglich ist bei Kant nämlich eine eigentümliche Umkehrung zu beobachten.

Die Wirklichkeit soll bloß Erscheinung sein? Dann ist sie am Ende gar bloß Traum, nämlich eine totale Innenwelt der Vorstellung. Das war für Leibniz und für Berkeley die eigentliche Quelle der Irritation.

Für Kant gilt aber umgekehrt: Die Selbstbeschränkung der Erkenntnis auf Erscheinungen ist die einzige Möglichkeit, unter der sie objektiv sein kann.

Daß es eine Außenwelt geben muß, zeigt Kant später in seiner "Widerlegung des Idealismus". Denn innere Erfahrung ist ohne räumliche Außendinge gar nicht möglich. Die Grenze zwischen innen und außen, zwischen Traum und Wachsein, verläuft innerhalb der phänomenalen Welt.

Das Reich der Träume beginnt für Kant vielmehr jenseits derselben, nämlich bei den Dingen an sich, da wo Swedenborg die Engel vermutet. Nicht die Erscheinungswelt ist bloß Traum, sondern die jenseitige Welt der Geister. Nur "Luftbaumeister" der Metaphysik wollen hinter die Kulissen der Erscheinungswelt sehen. Daß die traditionelle Metaphysik sich ein Wissen von der intelligiblen Welt anmaßte und es sogar zu gestatten schien, engelartige Wesen zu deduzieren, das ist für Kant in der Geisterseherschrift der eigentliche Skandal der Philosophie.

> "Nunmehro lege ich die ganze Materie von Geistern, ein weitläufig Stück Metaphysik, als abgemacht beiseite. Sie geht mich künftig nichts mehr an."[639]

Erkenntnis war auf den Bereich der empirischen Erfahrung eingeschränkt, den der sinnlichen Empfindung, die ihr den Stoff liefern muß.

Die Grenze zwischen wirklichen Empfindungen und bloß vermeintlichen verläuft innerhalb der Erscheinungswelt. Aber diese Grenze ist auch hier nicht an sich vorfindbar, sondern muß durch Kriterien gesichert und befestigt werden. Die Unterscheidung zwischen Wachsein und Traum ist keinesfalls selbstverständlich.

Denn Swedenborg behauptete, die Geister und Engel der intelligiblen Welt tatsächlich zu *sehen*. Er hatte von ihnen nicht nur den leeren Begriff, sondern, wie er vorgab, auch sinnliche Erfahrung.

Neben den "Träumern der Vernunft" gibt es aber, so Kant, auch noch die "Träumer der Empfindung", "weil sie etwas sehen, was kein anderer gesunder Mensch jemals sieht, und ihre Gemeinschaft mit Wesen haben, die sich niemandem sonst offenbaren, so gute Sinne er auch haben mag".[640]

Swedenborg ist für Kant ein pathologischer Fall. Und seine Verrücktheit versucht sich Kant, ganz im Geiste der mechanistischen Physiologie, folgendermaßen zu erklären: Der gesunde Mensch versetzt den Brennpunkt seiner Einbildungen, den "focus imaginarius", in sich, den seiner Wahrnehmungen dagegen nach außen, und hat somit wenigstens im Wachzustand keine Schwierigkeit, Realität und Traum zu unterscheiden. Beim Geisterseher dagegen liegt eine "Ver-Rückung" des "focus imaginarius" im wörtlichen Sinne vor, insofern er den Brennpunkt seiner Einbildungen nach außen versetzt, wobei seine "selbstausgeheckten Bilder"[641] die Sinne als wahre Gegenstände betrügen. Die Krankheit des Phantasten ist eine zusammenhängende Sinnestäuschung, daher "der Unglückliche seine Blendwerke durch kein Vernünfteln heben könne".[642]

Nun sah Swedenborg zwar etwas, das andere Menschen nicht wahrnehmen können, aber er berief sich eben auf seine prophetische Gabe, dank derer er Einblicke in eine höhere Realität nehmen durfte, die den gewöhnlichen Sterblichen verwehrt waren. Aber eben die Privatheit solcher Erfahrungen, ihre Gebundenheit an die charismatische Person des Visionärs, macht sie zu unwirklichen, bloß geträumten. Erst die Nachvollziehbarkeit einer Wahrnehmung durch die Mehrheit der gesunden und "normalen" Menschen macht sie zu einer realen.

> "Wenn aber gewisse angebliche Erfahrungen sich unter kein unter den meisten Menschen einstimmiges Gesetz der Empfindung bringen lassen, und in der Tat also nur eine Regellosigkeit in den Zeugnissen der Sinne beweisen würden (wie es in der Tat mit den herumgehenden Geistererzählungen bewandt ist), so ist ratsam, sie nur abzubrechen; weil der Mangel der Einstimmung und Gleichförmigkeit alsdenn der historischen Erkenntnis alle Beweiskraft nimmt,

und sie untauglich macht, ein Fundament zu irgend einem Gesetz der Erfahrung zu dienen, worüber der Verstand urteilen könnte."[643]

Wirklich ist allein das in der Empfindung Gegebene, und dieses muß sich als solches nach dem Kriterium der Intersubjektivität vom Traum unterscheiden. Wer dieser Unterscheidung nicht mehr mächtig ist, darf als pathologischer Fall aus der Gesellschaft vernünftiger Bürger ausgegrenzt werden.

"Daher verdenke ich es dem Leser keineswegs, wenn er, anstatt die Geisterseher vor Halbbürger der anderen Welt anzusehen, sie kurz und gut als Kandidaten des Hospitals abfertigt, und sich dadurch alles weiteren Nachforschens überhebt."[644]

## Schluß

Wir sind am Ende unserer Untersuchung über die neuzeitliche Trennung von Traum und Realität angelangt. Dabei haben wir gesehen, daß die Träume in der vorneuzeitlichen Tradition der Mantik als eine übervernünftige Zugangsweise zur Realität anerkannt waren, um dann im Zeitalter der Vernunft in die Irrealität abgedrängt und aus der Selbstinterpretation des Menschen ausgeschlossen zu werden.

Besteht aber die neuzeitliche Trennung von Traum und Realität heute noch fort? Hat nicht die Nachtseite des Menschen durch die Romantik eine poetische und durch Freuds epochemachendes Werk "Die Traumdeutung" (1900) auch eine wissenschaftliche Rehabilitierung erfahren?

Freuds zweite Aufklärung bestand in der Einsicht, daß das Ich nicht "Herr ist im eigenen Hause" und auch in seinem wachen Dasein den Ansprüchen auf Vernünftigkeit nicht genügt. Weder von seinen Fehlleistungen und Symptomhandlungen noch von der Herkunft seiner plötzlichen Eingebungen vermag das bewußte Ich Rechenschaft abzulegen. Diese Brüche in der Vernünftigkeit des Menschen gewinnen jedoch unter Voraussetzung eines psychischen Unbewußten, das einer eigenen Gesetzlichkeit gehorcht, Sinn, Verständlichkeit und Zusammenhang mit dem wirklichen Leben. Freud bezeichnete die Träume als "Königsweg des Unbewußten". Sie zeugen von "primären", vorwiegend bildlich-symbolischen Denkvorgängen, in denen die logischen Kategorien des Wachdaseins keine Gültigkeit besitzen, die aber, blickt man hinter die Fassade des manifesten Trauminhaltes, an die neuralgischen Punkte und Traumata unserer Lebensgeschichte zurückführen. Die Träume bringen - wenn auch in zensierter und entstellter Form - jene Wünsche zum Ausdruck, die wir uns in unserem wachen erwachsenen Dasein nicht erfüllen dürfen.

Freud zeigte also - gegen Descartes und die Philosophie der Aufklärung - daß sich die Träume trotz ihrer scheinbaren Widersinnigkeit mit Hilfe der freien Assoziationen des Träumers sehr wohl in den Zusammenhang unserer Lebensgeschichte einfügen lassen.

Die Voraussetzung dafür war aber, daß die Träume von dem Anspruch, die äußere Realität adäquat abzubilden, ein für allemal freigesprochen wurden. Die Realität des unbewußt Psychischen hat ihre eigenen Gesetze. Da jedoch der größte Teil des menschlichen Seelenlebens, wie Freud überzeugt war, unbewußt bleibt, stellt die Deutung der Träume einen Beitrag zur menschlichen Selbsterkenntnis dar. "Wo Es war, soll Ich werden".

Mit der Einsicht, daß die Träume einen Sinn haben, und in den Zusammenhang des Seelenlebens sinnvoll hinein gehören, ist die neuzeitliche Trennung von Traum und Realität also ein Stück weit überwunden. Dennoch, die je eigene subjektive Welt des Psychischen ist eine andere als die der physikalischen Tatsachen. Freuds Rehabilitierung der Traumdeutung war keine einfache Rückkehr zur antiken Mantik. Die Träume prophezeien keine künftigen Ereignisse der Wachwelt, auch werden sie nicht mehr von äußeren Mächten geschickt. Darin bleiben wir Erben der neuzeitlichen Aufklärung und des cartesischen Dualismus. Die Wirklichkeit unseres wachen Daseins ist tatsächlich radikal entzaubert. Diejenigen, die - wie seinerzeit Beaumont oder Swedenborg - heute noch von Geistern angefochten werden, gelten als krank und erleiden das traurige Schicksal einer Internierung in den geschlossenen Abteilungen der Psychiatrie. Kants Geisterseherschrift besitzt immer noch eine gewisse Aktualität.

Allerdings stellen für uns die Gespenster auch nicht mehr jene Bedrohung dar wie noch bis ins 17. und 18. Jahrhundert hinein. In diesem Punkt haben die meisten von uns Traum und Realität zu trennen gelernt. Dafür scheint zwei Jahrhunderte nach Kant in unserer postmodernen, von der Erfahrung radikaler Pluralität geprägten Kultur eher die Rede von der einen und einzigen Realität überhaupt fragwürdig geworden zu sein. Wir leben gleichzeitig in einer Vielheit heterogener Wertsphären und haben uns daran gewöhnt, beständig Übergänge zwischen ihnen zu vollziehen. So wächst in unserer heutigen gesättigten Konsumgesellschaft das Bedürfnis nach Spiritualität und Transzendenz. Die künstlichen Träume der Medienwelt vermögen nicht mehr wirklich zu befriedigen. Im Zeichen von "New Age" ist vielerorts eine Rückkehr zu vorneuzeitlichen, esoterischen Traditionen zu beobachten, die durch die Aufklärung bereits endgültig verdrängt schienen.

Von daher sollte uns eine Anerkennung der Welt der Träume nicht mehr schwerfallen. Jenseits eines modischen Irrationalismus stellen sie ein Refugium authentischer Subjektivität dar. Wenn die Begegnung mit dem Traum heute allerdings meist auf die Stunde beim Psychotherapeuten beschränkt bleibt, so ist dies eine späte Folge seiner neuzeitlichen Trennung vom Wirklichen. Diese zu überwinden, hieße für jeden von uns, einen selbständigen und selbstverständlichen Umgang mit den Botschaften der Nacht zu finden.

**Anmerkungen**

1 Allerdings ist von verschiedenen Autoren auf die neuzeitliche Trennung von Traum und Realität wiederholt hingewiesen worden. So erklärt Foucault in seinem Vorwort zu "Wahnsinn und Gesellschaft": "Man muß auch von anderen Trennungen sprechen. In der lichtvollen Einheit der Erscheinungswelt, der absoluten Trennung des Traumes, den der Mensch auf seine eigene Wahrheit hin zu befragen sich nicht versagen kann - sei es die seines Schicksals oder die seines Herzens -, die er aber nur jenseits einer wesentlichen Ablehnung befragt, die ihn konstituiert und in die Lächerlichkeit der Traumdeutung zurückdrängt."; M. Foucault, Wahnsinn und Gesellschaft: Eine Geschichte des Wahns im Zeitalter der Vernunft, Frankfurt/M. 1969, S. 10. - G. E. v. Grunebaum sieht in Descartes ebenfalls eine Wasserscheide: "For our purpose, we designate Descartes as the first fully selfconscious spokesman of the recent West, and we term all civilizations before this time, Eastern or Western, 'medieval' or, more blandly, 'premodern'."; G. E. v. Grunebaum, Introduction: The cultural function of the dream as illustrated by classical Islam, in: G. E. v. Grunebaum/R. Caillois (Eds.), The dream and human societies, Berkeley/Los Angeles 1966, S. 5.
2 Die bis heute maßgebliche Gesamtdarstellung zur Geschichte der abendländischen Traumanschauungen ist die von L. Binswanger, Wandlungen in der Auffassung vom Traum von den Griechen bis zur Gegenwart, Berlin 1928. - Vgl. auch E. Lenk, Skizzen zu einer Geschichte des Imaginären bis zum Beginn der Neuzeit, in: dies.: Die unbewußte Gesellschaft: Über die mimetische Grundstruktur in der Literatur und im Traum, München 1983, S. 79-142.
3 Hierzu A. Leo Oppenheim, Mantic dreams in the ancient Near East, in: Grunebaum/Caillois, a.a.O., S. 341-350.
4 Hierzu B. Buchsenschütz, Traum und Traumdeutung im Alterthume, Berlin 1868. - E. R. Dodds, Die Griechen und das Irrationale [1956], Darmstadt 1970. - R. G. A. Van Lieshout, Greeks on dreams, Utrecht 1980. - A. Brehlich, The place of dreams in the religious concept of the Greeks, in: Grunebaum/Caillois, a.a.O., S. 293-318. - J. Latacz, Funktionen des Traums in der antiken Literatur, in: Th. Wagner-Simon/G. Benedetti (Hg.), Traum und Träumen: Traumanalysen in Wissenschaft, Religion und Kunst, Göttingen 1984, S. 10-31.
5 Theogonie, 211-212.

6 Odyssee, XXIV, 12.
7 Ovid, Metamorphosen II, 592ff.
8 Ilias I, 64.
9 Hekabe, 68f.
10 Diese Typologie ist ein Vorschlag von mir. Dodds erwähnt ein Schema von H. J. Rose (Primitive Culture in Greece, S. 151), der drei vorwissenschaftliche Arten der Traumbetrachtung unterscheidet, nämlich 1. "das Traumgesicht als objektive Tatsache anzusehen"; 2. "anzunehmen, daß etwas von der Seele oder von einer der Seelen gesehen worden ist, während sie zeitweilig außerhalb des Leibes weilte, ein Ereignis, das in der Geisterwelt spielt, oder dergleichen"; 3. "es mit Hilfe einer mehr oder weniger komplizierten Symbolik zu deuten"; Dodds, a.a.O., S. 57.
11 Hierzu besonders Dodds, a.a.O., S. 57ff.
12 Agamemnons Traum wird ausführlich erörtert von Latacz, a.a.O., S. 22ff.
13 Ilias II, 19.
14 Ilias II, 26.
15 Ilias II, 6.
16 Odyssee, XXIV, 560.
17 Politeia 283a; Wenn nicht anders vermerkt, zitiere ich Platon hier und im folgenden nach der Studienausgabe griech./deutsch in 8 Bdn., rev. Übers. nach Schleiermacher, Darmstadt 1970.
18 Das Traumbuch des Synesios von Kyrene: Übersetzung und Analyse der philosophischen Grundlagen von W. Lang, Heidelberger Abhandlungen zur Philosophie und ihrer Geschichte, Bd. 10, Tübingen 1926, 147C.
19 Ilias II, 79-84, zit. nach Latacz, a.a.O., S. 26, der diese Stelle sehr prägnant übersetzt.
20 Artemidor von Daldis, Das Traumbuch: Aus dem Griechischen übertragen, mit einem Nachwort, Anmerkungen und Literaturhinweisen versehen von K. Brackertz, München 1979, IV, 24.
21 Symposion 202d.
22 Apologie 33c.
23 Phaidon 60c-61b.
24 Kriton 44a-b.
25 Hierzu C. A. Meier, The dream in ancient Greece and its use in temple cures (incubation), in: Grunebaum/Caillois, a.a.O., S. 308. - Vgl. auch Dodds, a.a.O., S. 58.

26 Hierzu B. Snell, Die Entdeckung des Geistes: Studien zur Entdeckung des europäischen Denkens bei den Griechen, Hamburg 1946.
27 Siehe für das folgende besonders Dodds, a.a.O., S. 72-91. - Van Lieshout, a.a.O., S. 28-33.
28 Gorgias 493b; Kratylos 402b; Politeia 363d; Menon 81a.
29 Pindar, Frg. 131b; siehe Dodds, a.a.O., S. 72.
30 Kyropaidia VIII, 7.21, zit. nach Dodds, a.a.O., S. 72.
31 Dodds, a.a.O., S. 76ff.
32 Rhetorik 1418a 24; vgl. Dodds, ebd., S. 79.
33 Hinweis von E. Lenk, a.a.O., S. 152.
34 Aischylos, Eumeniden 104.
35 Heraklit, Fragmente, griech. und deutsch von B. Snell, München 1965, Frg. 26b.
36 M. Tulli Ciceronis de divinatione libri duo, hg. von A. St. Pease, Darmstadt 1963, I 51, 115.
37 Phaidros 244a-b.
38 Phaidros 244a, hier zit. nach Dodds, a.a.O., S. 78.
39 Timaios 71e, übers. von Latacz, a.a.O., S. 19.
40 Phaidros 244a-b, übers. von Latacz, ebd.
41 71a-72c.
42 Politeia 572b.
43 Timaios 71c-d.
44 Timaios 71e.
45 Kleine Naturwissenschaftliche Schriften (Parva Naturalia), übers. und mit einer Einl. und erkl. Anm. vers. von E. Rolfes, Leipzig 1924.
46 Vgl. Eudemos oder Über die Seele, in: Aristoteles, Hauptwerke, Ausgewählt und übers. von W. Nestle, Stuttgart 1953, S. 3.
47 Von Schlafen und Wachen, a.a.O., 453b.
48 Ebd., 455b.
49 Von den Träumen, 462a.
50 Von den weissagenden Träumen, 463a.
51 Hierzu Dodds, a.a.O., S. 70.
52 Zit. nach Latacz, a.a.O., S. 20.
53 Hierzu C. A. Meier, a.a.O., S. 306.
54 Ebd.
55 Das Traumbuch des Synesios..., a.a.O., 131D-132B.
56 Ebd., 132C.
57 Ebd., 131A.
58 Ebd., 133C-D.

59 Ebd., 143A.
60 Ebd., 135D-136A.
61 Ebd., 137C.
62 Ebd., 137A-B.
63 Ebd., 141D.
64 Ebd., 138A.
65 Ebd., 143C.
66 Ebd.
67 Ebd., 153A.
68 Ebd., 153C.
69 Ebd., 149D-150A.
70 Ebd., 150B.
71 Ebd., 132B.
72 Ebd., 146D.
73 Ebd., 143D.
74 Ebd., 144C.
75 Ebd., 148A.
76 De divinatione, a.a.O., I 49, 109; II 11, 26.
77 M. Foucault, Sexualität und Wahrheit (I): Die Sorge um sich, Frankfurt/M. 1986, S. 11.
78 De divinatione, a.a.O., II 8.
79 Achilleus Tatios, Leukippe und Kleitophon, deutsche Übers. K. Plepelits, Stuttgart 1980, I, 3; hier zit. nach Foucault, Sexualität und Wahrheit (I), a.a.O., S. 12.
80 Artemidor, Traumbuch, a.a.O., I, 1.
81 Ebd.; diese Etymologie ist allerdings eine Erfindung Artemidors.
82 Ebd., I, 2.
83 So erklärt Artemidor das Traumbild "die Sonne im Westen aufgehen sehen" folgendermaßen: "Bewegt (Helios) sich nämlich in einer seiner Natur entgegengesetzten Bahn, dann leidet, wie sich leicht denken läßt, das ganze All darunter. In jedem Fall ist auch der Träumer ein Teil des Alls."; II., 36. - Zu den stoischen Motiven bei Artemidor vgl. K. Brackerts im Nachwort, S. 355f.
84 Artemidor, a.a.O., I, 9.
85 S. Freud, Die Traumdeutung. Studienausgabe in 10 Bdn., Frankfurt/M. 1969-79, Bd. II, S. 103.
86 Artemidor, a.a.O., IV, 2.
87 Ebd., II, 25.
88 Ebd., IV, 67.
89 Ebd., I, 24.
90 Ebd., II, 9.

91 Ebd., IV, Vorwort.
92 Ebd., IV, 24.
93 Aischylos, Der gefesselte Prometheus, 486.
94 Hierzu C. A. Meier, a.a.O., S. 314.
95 Zit. nach Th. Wagner-Simon, Der Heiltraum, in: Wagner-Simon/Benedetti, a.a.O. (67-80), S. 69.
96 Artemidor, a.a.O., III, 28; Hervorhebung von mir.
97 Dodds, a.a.O., S. 60.
98 W. Benjamin, Traumkitsch, in: Gesammelte Schriften, Bd. II, Frankfurt/M., S. 77.
99 Dodds, a.a.O., S. 56.
100 Dodds, a.a.O., S. 64.
101 Die Traumdeutung, a.a.O., S. 471f.
102 "Sic sunt qui colunt idola quomodo qui in somniis vident vana", Sententrarum ex operibus s. Augustini delibatarum, 216, ed. PL 51 457, zit. nach D. Harmening, Superstitio: Überlieferungs- und theoriegeschichtliche Untersuchungen zur kirchlich-theologischen Aberglaubensliteratur des Mittelalters, Berlin 1979, S. 99. Übers. von mir.
103 Zit. nach E. R. Dodds, Heiden und Christen in einem Zeitalter der Angst: Aspekte religiöser Erfahrung von Marc Aurel bis Konstantin, übers. von H. Finkel-Eitel, Frankfurt/M. 1985, S. 103.
104 De civitate Dei III, 11; De civitate Dei I, 15. - Vgl. J. Hansen, Zauberwahn, Inquisition und Hexenprozeß im Mittelalter und die Entstehung der großen Hexenverfolgung, Aalen 1964, S. 26.
105 De genesi ad litteram, XII, 12, zit. nach Hansen, ebd.
106 De civitate Dei XVIII, 18.
107 De doctrina christiana II, 1, zit. nach Harmening, a.a.O., S. 103. Hierzu besonders R. Götz, Der Dämonenpakt bei Augustinus, in: G. Schwaiger (Hg.), Teufelsglaube und Hexenprozesse, München 1987, S. 57-84.
108 Harmening, a.a.O., S. 100f. - Harmening nennt weitere Bußbücher und kanonische Verordnungen zur Aberglaubensbekämpfung, die sich teilweise auf Beschlüsse des Konzils von Ankyra (314) in römischer Zeit beziehen, ebd. 101f. - Hierzu ferner Cl. Lecouteux, Paganisme, Christianisme et Merveilleux, Annales E.S.C. 37 (1982), 700ff.
109 Hierzu K. Seybold, Der Traum in der Bibel, in: Wagner-Simon/Benedetti, a.a.O., S. 32-54.

110 Somniale Danielis. An edition of a medieval latin dream interpretation handbook: Lateinische Sprache und Literatur des Mittelalters, Bd. 10. Frankfurt/M./Cerincester (U.K.) 1981.
111 "qui adtendunt somnialia scripta, et falso in Danielis nomine intitulata", Decretum Gratiani, pars II, causa 26, quaest. 7, can 16, ed. Friedberg 1045; zit. nach Harmening, a.a.O., S. 107; Übers. von mir.
112 Tertullian, Die Seele ist ein Hauch: Über die Seele: Das Zeugnis der Seele: Vom Ursprung der Seele, eingel. und erl. von J. H. Waszink, Zürich/München $1986^2$, XLVII.
113 Elucidarium III, 32 (Anfang 12. Jh.), in: L'Elucidarium et les lucidaires, Paris, 1954, S. 452; Übers. von mir.
114 Dialogi IV 48. Kap. "Ob man auf Träume etwas geben muß, und wieviele Arten Träume es gibt"; Des Heiligen Papstes und Kirchenlehrers Gregor des Großen Vier Bücher Dialoge, aus dem Lateinischen übers. von J. Funk, München 1933.
115 "ne forte Satanas, in angelum lucis se transformans, quem libet incantum fallat, et aliqua erroris fraude decipat." (VI, 8); Isidoris Hispalensis Episcopi Sententiarum lib. III, cap. VI 1414 (Migne PL 83, 668).
116 Dialogi IV 49.
117 Zit. nach Le Goff, La Civilisation de l'Occident médiéval, Paris 1964, S. 421; Übers. von mir.
118 Zit. nach Harmening, a.a.O., S. 115.
119 Ebd.
120 Ebd.
121 W. H. Stahl: Macrobius Commentary on the Dream of Scipio, New York 1952. - Alcher von Clairvaux (Liber de spiritu et anima) und Johannes von Salisbury lehnen sich eng an Macrobius an; vgl. Harmening, a.a.O., S. 111.
122 Zit. nach Harmening, ebd., S. 113. - Johannes von Salisbury gibt die Definition des Macrobius wörtlich wieder, ohne sich zu einem Kommentar veranlaßt zu sehen.
123 Confessiones, III 11-12.
124 Nach E. Benz, Die Visionen, Stuttgart 1969, S. 110f.
125 Diese Beispiele für Geburtsträume in: I. Jezower, Das Buch der Träume, Frankfurt/M./Berlin/Wien 1985, S. 50f.
126 Das folgende nach P. Dinzelbacher, Vision und Visionsliteratur im Mittelalter, Monographien zur Geschichte des Mittelalters, Bd. 23, Stuttgart 1981. - Vgl. ders.: Die Visionen des Mittelalters: Ein geschichtlicher Umriß, Zeitschrift für Religions- und Geistes-

geschichte 30 (1978), 116-128. - C. J. Holdsworth, Visions and visionairies in the Middle Age, in: History 48 (1963), 141-153.
127 zit. nach Harmening, a.a.O., S. 113.
128 Dialogi XXII.
129 Zit. nach Jezower, a.a.O., S. 76f.; Hervorhebung von mir.
130 Ebd., S. 77.
131 Le Goff, Civilisation..., a.a.O., S. 407, 421. - Die folgenden Angaben nach Dinzelbacher, Die Visionen..., a.a.O.
132 Der Äbtissin Hildegard von Bingen Ursachen und Behandlung der Krankheiten (Causae et Curae, ca. 1150-60), München 1933.
133 De operatione Dei, Aus dem Genfer Kodex übers. und erl. von H. Schipperges, Salzburg 1965, S. 153.
134 Ursachen..., a.a.O., S. 31.
135 Ebd., S. 81f.
136 Ebd., S. 83.
137 Ebd.
138 Ebd.
139 Ebd., S. 137.
140 Ebd., S. 82.
141 Ebd., S. 136.
142 Ebd.
143 Ebd., S. 82.
144 "Indem sie Dinge wissen wollen, die sie nicht wissen können, ahmen sie den nach, der danach schnaubte, dem Allerhöchsten gleich zu sein." Scivias: Wisse die Wege, 5. Aufl., Salzburg 1963, S. 115.
145 Das folgende nach P. Diepgen, Der Traum als medizinisch-wissenschaftliches Problem im Mittelalter, Berlin 1912. - Vgl. ders., Arnaldus von Villanova, in: Archiv für Geschichte der Medizin 3 (1910), 369-397; 5 (1911), 115-131 und 118-197.
146 Summa Theologia, II.II 95.6, quae sit causa somniorum.
147 Arnald von Villanova, zit. nach Diepgen, ebd., S. 24.
148 Dieses Schema habe ich nach Diepgens Angaben in: Der Traum..., a.a.O., S. 27ff. erstellt.
149 Vgl. J. Le Goff, Der Traum in der Kollektivpsychologie des Mittelalters, in: Für ein anderes Mittelalter, Frankfurt/M./Berlin/Wien 1984, S. 140. - Lecouteux, a.a.O., S. 712.
150 Le Goff, ebd.
151 In säkularisierter Form sind apokalyptische Ängste erst in jüngster Zeit wieder virulent geworden. Fortschreitende Umweltzerstörung, die Möglichkeit eines atomaren Holocaust, aber auch das

Gefühl von Überdruß und Übersättigung, das viele der in der modernen Industriegesellschaft Lebenden beschleicht, tragen heute zu einer weit verbreiteten Endzeitstimmung bei.

152 Heinrich Seuse, Deutsche Schriften, hg. von K. Bihlmeyer, Stuttgart 1907 (unv. Neudruck Frankfurt/M. 1961), S. 352f.
153 Für das folgende vgl. J. Delumeau, Angst im Abendland: Die Geschichte kollektiver Ängste im Europa des 14. bis 18. Jahrhunderts, deutsch von M. Hübner, G. Konder und M. Roters-Burck, Hamburg 1985, S. 358ff.
154 Das folgende nach R. Schenda, Die deutschen Prodigiensammlungen des 16. und 17. Jahrhunderts, in: Archiv für Geschichte des Buchwesens (1962), 638-710.
155 Vgl. A. Rosenthal: Dürer's dream of 1525, in: Burlington Magazine 69 (1936), 82-87. - A. Warburg, Heidnisch-antike Wahrsagung in Wort und Bild zu Luthers Zeiten, in: Gesammelte Schriften, Heidelberg 1920, Bd. II, S. 508ff.
156 Zit. nach Jezower, a.a.O., S. 471.
157 Ebd.
158 Ebd.
159 A. Dürer, Schriftlicher Nachlaß, Bd. 1, hg. von H. Ruppich, Berlin 1956, S. 214f.; hier zit. nach W. Waetzoldt, Dürer und seine Zeit, Köln 1953, S. 69.
160 In: Dürer, Nachlaß, a.a.O., S. 268.
161 Zit. nach Waetzoldt, a.a.O., S. 69.
162 Darauf verweist Delumeau, a.a.O., S. 329.
163 Vgl. Delumeau, a.a.O., S. 314ff.
164 Th. Müntzer, Die Fürstenpredigt: Theologisch-politische Schriften, Stuttgart 1983, S. 66. - Vgl. für das folgende E. Bloch, Thomas Müntzer als Theologe der Revolution, Frankfurt/M. 1977.
165 Ebd., S. 67.
166 Ebd., S. 65f.
167 Ebd., S. 75.
168 Ebd., S. 68.
169 Ebd., S. 54.
170 Ebd., S. 68.
171 Ebd., S. 60.
172 Ebd., S. 63.
173 Ebd., S. 63f.
174 Ebd., S. 62.
175 Ebd., S. 58.
176 Ebd.

177 Ebd., S. 59.
178 P. Wappler, Thomas Müntzer und die 'Zwickauer Propheten', Zwickau 1908, S. 19f.
179 Lenk, a.a.O., S. 197.
180 Für die Schwärmerbewegungen des 17. und 18. Jahrhunderts siehe J. Schings, Melancholie und Aufklärung, Stuttgart 1977.
181 H. Institoris/J. Sprenger, Der Hexenhammer (Malleus maleficarum, 1487), aus dem Lateinischen übertr. und eingel. von J. W. R. Schmidt, München 1983, I, 39.
182 Hierzu die Standardwerke von J. Hansen, Zauberwahn, Inquisition und Hexenprozeß im Mittelalter und die Entstehung der großen Hexenverfolgung, Aalen 1964. - W. G. Soldan/H. Heppe, Geschichte der Hexenprozesse, 2 Bde. (Nachdruck der Ausgabe München 1912), Hanau o.J.
183 Zit. nach Hansen, a.a.O., S. 14f.
184 Nicolas Jaquier, Inquisitor von Nordfrankreich, widmet einen guten Teil seiner Schrift "Flagellum haereticorum fascinariorum" (1458) der Widerlegung des Canon Episcopi. Es wird geltend gemacht, daß dieser Kanon nur von einem Partikularkonzil (dem von Ankyra) herrühre, für bestimmte Fälle zwar gültig sei, ohne daß darum die neueren Erfahrungen von der körperlichen Ausfahrt der Hexen widerlegt würden. Die Argumentation des Kanon wird von Jaquier vollends auf den Kopf gestellt: "Die Handlungen und Zusammenkünfte dieser Zaubersekte sind nicht Täuschungen der Phantasie, sondern verwerfliche, aber wirkliche und körperliche Handlungen Wachender. Es ist ein feiner Kunstgriff des Teufels, daß er den Glauben zu verbreiten sucht, als gehörten die Hexenfahrten nur ins Reich der Träume."; Zit. nach Soldan/Hoppe, Bd. 1, a.a.O., S. 221.
185 Zit. nach R. Bach, Volkskunde, Heidelberg 1960, S. 292; vgl. S. 490.
186 E. Le Roy Ladurie, Montaillou: Ein Dorf vor dem Inquisitor, Frankfurt/M./Berlin/Wien 1983, S. 378.
187 Hansen, Zauberwahn..., a.a.O., S. 136; B. Gloger/W. Zöllner: Teufelsglaube und Hexenwahn, Wien 1983, S. 91f.
188 Gloger, ebd., S. 99.
189 G. della Porta, Natürliche Magia, Das ist/ Ein ausführlicher und gründlicher Bericht/ von den Wunderwercken Natürlicher Dinge/ in vier Bücher abgetheilet./ Erstlich von Joanne Baptista Porta, einem Neapolitaner/ in Lateinischer Sprache beschrieben/ Nun aber durch einen besondern Liebhaber der Philosophiae, In unser

heochteutsche Sprach verbracht/ vnd allen denen/ so des Lateinischen vnerfahren seyn/ zu guten in Druck ver/fertiget. (Magdeburg/ bey Martin Rauschern Anno M.DC.XII) [1612], S. 252f.
190 In: Hexen: Katalog zur Wanderausstellung "Hexen" aus d. Hamburg. Museum für Völkerkunde, hg. von Th. Hauschild, Berlin 1987[13], S. 37.
191 Zit. nach C. Ginzburg, Die Benandanti: Feldkulte und Hexenwesen im 16. und 17. Jahrhundert, Frankfurt/M. 1980, S. 39.
192 Ebd.
193 Ebd, S. 185.
194 Ebd.
195 Ebd.
196 Ebd., S. 64.
197 Ebd., S. 45.
198 Ebd., S. 87.
199 Ebd., S. 36.
200 M. Cervantes, Gespräch zwischen Cipion und Berganza, den Hunden des Auferstehungshospitals in Valladolid; zit. nach Soldan/Heppe, Bd. II, a.a.O., S. 159f.
201 Sebastian Brant, Das Narrenschiff (Basel 1494), übertragen von H. A. Junghans, neu hg. von H.-J. Mähl, Stuttgart 1964, S. 232.
202 A. Warburg, Heidnisch-antike Wahrsagung in Wort und Bild zu Luthers Zeiten, Heidelberg 1920.
203 Diese Angaben nach L. Grenzmann, Traumbuch Artemidori: Zur Tradition der ersten Übersetzung ins Deutsche durch W. H. Ryff, Saecula spiritualia Bd. 2, Baden-Baden 1980, S. 48.
204 Zit. nach Lenk, a.a.O., S. 194.
205 Des/ Griechischen Philosophen/ Artemidori/ Traum = Buch/ In Dem/ Der Ursprung, Unterschied und die Bedeutung allerhand Träume, die einem im Schlaf vorkommen/ können,/ aus natürlichen Ursachen/ hergeleitet und erkläret wird,/ Nebst einer Erinnerung/ Philipp Melanchthons/ vom/ Unterschied der Träume/ und angehängten Berichte,/ was/ von Träumen zu halten sey./ Neue verbesserte/ und mit einem vollständigen Register und einer/ Astronomischen/ Traum = Tafel/ vermehrte Auflage. Leipzig 1753; unveränderter Nachdruck, Braunschweig o.J.; im folgenden Text zitiert als "Vom Unterschied der Träume".
206 Vgl. Jezower, a.a.O., S. 82ff.
207 Vom Unterschied der Träume, a.a.O., S. 55.
208 Ebd., S. 24f.
209 Ebd., S. 26.

210 Hierzu P. Burke, Die Renaissance in Italien: Sozialgeschichte einer Kultur zwischen Tradition und Erfindung, Berlin 1985, S. 182ff.
211 Zit. nach Diepgen, Der Traum als medizinisch-wissenschaftliches Problem im Mittelalter, a.a.O., S. 43; Übers. von mir.
212 Heinrich Cornelius Agrippa von Nettesheim, De occulta philosophia: Drei Bücher der Magie (1510), Nördlingen 1987, S. 149.
213 Ebd.
214 A. Koyré, Galilei: Die Anfänge der neuzeitlichen Wissenschaft, Berlin 1988, S. 86.
215 P. Pomponazzi, De naturalium effectuum admirandorum causis, sive de incantationibus, Basel 1556.
216 Ebd., S. 120.
217 Ebd., S. 179; Übers. von mir.
218 Ebd., S. 242f.
219 Ebd., S. 177; Übers. von mir.
220 Ebd., S. 183.
221 Ebd., S. 177f.
222 Theophrastus (Bombastus) von Hohenheim [Paracelsus], Werke, 5 Bde.: Eingerichtet von W.-E. Peuckert, Darmstadt 1967, III, 235f.
223 III, 231.
224 III, 231f.
225 III, 235.
226 III, 234.
227 III, 284.
228 V, 143.
229 III, 283.
230 Natürliche Magie, a.a.O., II, Kap. 26.
231 Ebd., S. 247.
232 Ebd.
233 De occulta philosophia, a.a.O., S. 83.
234 Ebd., S. 535.
235 III, 422.
236 III, 424.
237 III, 425.
238 III, 424.
239 III, 425.
240 François de Rabelais, Gargantua und Pantagruel, übers. v. A. Gelbcke, Frankfurt/M. 1982, S. 362f.

241 Timothy Bright, A Treatise of Melancholy (1586). Reproduced from the 1586 edition with an introduction by H. Craig, New York 1940, S. 117; Übers. von mir.
242 Ebd.; Übers. von mir.
243 Ebd., S. 118; Übers. von mir.
244 Sir Thomas Browne, Religio Medici: Ein Versuch über die Vereinbarkeit von Vernunft und Glauben (1642), übertragen und hrsg. von W. v. Koppenfels, Berlin 1978, S. 133f.; Hervorhebung von mir.
245 Joseph Addison, in: The Spectator 487 (1712), S. 226-230.
246 Vgl. S. Hutin, Henry More, Essai sur les doctrines théoriques chez les Platoniens de Cambridge, Hildesheim 1966, S. 50.
247 Hierzu F. A. Yates, Dürer and Agrippa, in: dies., The occult philosophy in the Elizabethan Age, London/Boston/Henley 1979, S. 49-59.
248 Hierzu P. French, John Dee, The World of an Elizabethan Magus, London 1972. - Vgl. Yates, The occult philosophy, a.a.O.
249 The private diary of Dr. John Dee, hg. von J. O. Halliwell, Camden Society 1842.
250 Zur Entstehung des persönlichen Tagebuchs im 16. Jahrhundert siehe E. Bourcier, Les journaux privés en Angleterre de 1600-1660, Paris 1976.
251 Alle im folgenden zitierten Notizen aus Dees 'Diary' sind von mir übersetzt.
252 Hinweis von P. Burke, Für eine Geschichte des Traums, in: Freibeuter 27 (1986) [50-65], 60.
253 Des Girolamo Cardano von Mailand eigene Lebensbeschreibung (De vita propria 1642); übersetzt von H. Hafele, München 1962; im folgenden zitiert als "Vita".
254 Vgl. die vorzügliche Monographie von M. Fierz, Girolamo Cardano (1501-1576): Arzt, Naturphilosoph, Mathematiker, Astronom und Traumdeuter, Basel/Stuttgart 1977.
255 Fierz gibt eine kommentierte Aufstellung seiner Werke, ebd., S. 31ff.
256 Vita, S. 184.
257 Ebd., S. 160.
258 Ebd., S. 143.
259 Ebd., S. 49.
260 Ebd., S. 51.
261 Vita, S. 14.

262 G. E. Lessing, Rettung des Hieronymus Cardanus (1754), Werke Bd. 17, Donaueschingen 1822, S. 241ff.
263 Vita, S. 236.
264 Ebd.
265 Ebd., S. 89f.
266 Ebd., S. 51.
267 Ebd., S. 71.
268 Ebd.
269 Ebd., S. 50.
270 Ebd., S. 126f.
271 Ebd., S. 13.
272 Ebd., S. 141.
273 Ebd., S. 207f.
274 Ebd., S. 208.
275 Ebd., S. 128.
276 Ebd., S. 202.
277 Ebd., S. 167.
278 Ebd., S. 167f.
279 Ebd., S. 83.
280 Ebd., S. 170.
281 Ebd., S. 169.
282 Ebd., S. 176.
283 Ebd., S. 205.
284 Ebd., S. 162.
285 Ebd., S. 176.
286 Ebd., S. 163.
287 Ebd., S. 162.
288 Ebd., S. 175.
289 Ebd., S. 173.
290 Ebd.
291 Ebd., S. 171.
292 Ebd., S. 161.
293 Ebd., S. 178.
294 Ebd., S. 179.
295 Ebd., S. 171f.; Hervorhebung von mir.
296 Traumbuch a. d. Latein <wahrhaftige, unbetrügliche Unterweisung, wie allerhand nächtliche Träume und Erscheinungen ausgelegt werden sollen> (Synesiorum omnis generis explicantes, Libri IV 1545), Basel 1563 [im folgenden zitiert als "Traumbuch"], I, 13.
297 Vita, S. 133.

298 Ebd., S. 179.
299 Vita, S. 134.
300 "Als ich 1562 nach Bologna übersiedelte, gab ich das Buch De somniis heraus, das gewiß für viele verständige Leute von Nutzen, dem ungebildeten Pöbel freilich gefährlich und schädlich sein wird."; Vita, S. 190.
301 Traumbuch, Vorrede; Hervorhebungen von mir.
302 Ebd.
303 Traumbuch I, 3.
304 Ebd., I, 65.
305 Ebd., I, 3.
306 Ebd.
307 Ebd., IV, 50; die arabische Ziffer bezieht sich hier und im folgenden jeweils auf die Numerierung von Cardanos eigenen Träumen im 'Buch der Beispiele'.
308 Vita, S. 127.
309 Ebd., S. 40.
310 Ebd., S. 79f.
311 Ebd.
312 Ebd., S. 80.
313 Traumbuch IV, 8; zit. nach Fierz, der die Traumberichte aus "Synesiorum Somniorum" übersetzt, a.a.O., S. 107f.
314 Traumbuch IV, 6.
315 Ebd., IV, 7.
316 Vita, S. 136.
317 Traumbuch IV, 28.
318 Ebd., IV, S. 14-17.
319 Ebd., IV, S. 37.
320 Ebd., IV, S. 42.
321 Ebd., IV, S. 31.
322 Ebd., IV, S. 32.
323 Vita, S. 174.
324 Ebd., S. 117.
325 Traumbuch IV, 43.
326 Ebd.
327 Ebd.
328 Vita, S. 119.
329 Ebd.
330 Ebd., S. 188.
331 Traumbuch IV, 53.
332 Ebd., IV, 29.

333 Ebd., IV, 34.
334 Ebd., IV, 33.
335 Ebd., IV, 18.
336 Vita, S. 139.
337 Traumbuch IV, 12; zit. nach Fierz, a.a.O., S. 109ff.; Hervorhebung von mir.
338 Zit. nach Fierz, a.a.O., S. 107.
339 Traumbuch IV, 27.
340 A.a.O., S. 119.
341 Heraklit, Fragmente. Griech. und deutsch von B. Snell, Frg. 89.
342 Lenk, a.a.O.
343 Theaitetos 158b-d.
344 E. Cassirer, Das Erkenntnisproblem, Bd. 1 (1922), Darmstadt 1974.
345 Kritik der reinen Vernunft, B 163f.; Werke in 12 Bdn., hg. von W. Weischedel, Frankfurt/M. 1968.
346 Norbert Elias, Über den Prozeß der Zivilisation (1956), 2 Bde., Frankfurt/M. 1976, Bd. 2, S. 391.
347 Hierzu M. L. v. Franz, Der Traum des Descartes, in: Zeitlose Dokumente der Seele (Studien aus dem C. G. Jung-Institut Zürich, 3), Zürich 1952.
348 An Beekmann, 23.4.1619; AT X 162; Oeuvres de Descartes, hg. von Ch. Adam und P. Tannery, 11 Bde. 1897-1910; Neuaufl. 1964-1967; hier und im folgenden zitiert als AT.
349 A. Baillet, La Vie de M. Descartes, 2 Bde., Paris 1961, Neudruck: Hildesheim/New York 1972, I, S. 81ff.
350 Ebd., I, 81.
351 Ebd., I, S. 81ff. Ich zitiere die Übers. von Jezower, a.a.O., S. 91ff.
352 Baillet, ebd., I, S. 85.
353 Hierüber informiert W. Röd, Descartes: Die Genese des Cartesianischen Rationalismus, zweite, völlig überarb. Aufl., München 1982, S. 21.
354 S. Freud, Brief an Maxime Leroy: Über einen Traum des Cartesius (1929), in: Über Träume und Traumdeutung, Frankfurt/M. 1971, S. 113-117.
355 Ebd., S. 113f.
356 Ebd., S. 113.
357 Ebd., S. 114f.
358 Baillet, a.a.O., I, S. 85.
359 Ebd.
360 Ebd., S. 84.

361 Ebd.
362 Ebd.
363 Ebd., S. 85.
364 Cogitationes privatae, AT X, 214.
365 Das folgende nach P. Arnold, Descartes et les Rose-Croix, in: Mercure de France 340 (1955), 266-284.
366 Das folgende nach H. Gouhier, Le refus du symbolisme dans l'humanisme cartésien, in: Archivio de Philosophia 23 (1958), 65-74.
367 Cogitationes privatae, AT X, 217.
368 Ebd., AT X, 218.
369 Ebd., AT X, 219f.
370 Ebd., AT X, 219.
371 "Die erste und prinzipielle Ursache unserer Irrtümer sind die Vorurteile unserer Kindheit", heißt es in den "Prinzipien der Philosophie" (I. Teil, 71), und "die zweite ist, daß wir diese Vorurteile nicht vergessen können" (I. Teil, 72); Descartes, Oeuvres et Lettres, Textes présentés par A. Bridoux, Paris 1953, S. 71f.; Übers. von mir.
372 Vgl. L. Gäbe, Descartes' Selbstkritik: Untersuchungen zur Philosophie des jungen Descartes, Hamburg 1972.
373 Discours, 4. Teil, AT VI, 37.
374 6. Meditation, AT VII, 73.
375 Discours, 2. Teil, AT VI, 15; 13f.
376 Gäbe, a.a.O.
377 Discours, 2. Teil, AT VI, 16.
378 Baillet, a.a.O.
379 Discours, 1. Teil, AT VI, 10.
380 Ebd., 2. Teil, AT VII, 15.
381 1. Meditation, AT VII, 12.
382 Siehe oben.
383 Briefe (1629-1650), hg. von M. Bense, Köln 1949, S. 56f.
384 AT X, 511; Übers. von mir.
385 1. Meditation, AT VII, 19.
386 Discours, 4. Teil, AT VI, 32.
387 Vgl. dazu B. Williams, Descartes: Das Vorhaben der reinen philosophischen Untersuchung, Königstein/Ts. 1981, S. 363-367. - D. Blumfeld/J. B. Blumfeld, Can I know that I am not dreaming? in: M. Hooker (ed.), Descartes: Critical and interpretive essays, Baltimore 1978, S. 234-256. - G. Nakhnikian, Descartes dream argument, ebd., S. 256-287. - W. Röd, L'argument du rêve dans la

théorie cartésienne de l'expérience, in: Les Etudes philosophiques 1976, 461-473.
388 Discours, 4. Teil, AT VI, 39.
389 N. Malcolm, Dreaming, London 1959. - J.-P. Sartre, Das Imaginäre: Phänomenologische Psychologie der Einbildungskraft, deutsch von H. Schönberg, Hamburg 1971, S. 255ff. - S. Freud, Die Traumdeutung, a.a.O., S. 87.
390 A. Kenny, Descartes: A study of his philosophy, New York 1968, S. 31.
391 "Wie können Sie sicher sein, daß unser Leben nicht ein fortwährender Traum ist, und daß alles, was Sie durch die Sinne aufzunehmen glauben, nicht falsch ist, jetzt genauso, wie wenn Sie schlafen."; AT X, 511; Übers. von mir.
392 Der Vergleich stammt von B. Williams, a.a.O., S. 35f.
393 Diesen Gedanken entwickelt sehr schön R. Smullyan, Traum oder Wirklichkeit? in: Simplicius und der Baum, Bonn 1985, S. 153-174.
394 Discours, 4. Teil, AT VI, 38.
395 Übersicht über die folgenden Meditationen, AT VII, 16.
396 1. Meditation, AT VII, 22.
397 2. Meditation, AT VII, 26.
398 Thomas Hobbes, Vom Körper: Elemente der Philosophie I, übers. von M. Frischeisen-Köhler, Hamburg 1967, S. 77.
399 Discours, 4. Teil, AT VI, 35.
400 2. Meditation, AT VII, 28.
401 W. Windelband, Lehrbuch der Geschichte der Philosophie, hg. von H. Heimsoeth, Tübingen 1976, S. 400.
402 J. Addison, On the pleasures of imagination, in: The Spectator, No. 411-421 (1718).
403 6. Meditation, AT VII, 90.
404 Discours, 4. Teil, AT VI, 40.
405 S. Freud, Metapsychologische Ergänzung zur Traumlehre, Studienausgabe, Bd. III, a.a.O., S. 189.
406 Briefe, a.a.O., S. 307f.
407 Les passions de l'âme, Art. 26. Oeuvres et Lettres, a.a.O., S. 708; Übers. von mir.
408 An Elisabeth, 1.9.1645, a.a.O., S. 308.
409 3. Meditation, AT VII, 29; Vgl. die Parallelstelle: "Und wenn auch die sinnlichen Wahrnehmungen nicht von meinem Willen abhängen, so glaube ich doch nicht, daß man daraus schließen müsse, sie rührten von anderen Dingen her als von mir selbst, da ja vielleicht in mir selbst eine Fähigkeit sein könnte - wenngleich sie mir

noch nicht bekannt ist -, welche sie hervorruft." 6. Meditation, AT VII, 77.
410 Über den Menschen (1632), sowie: Beschreibung des menschlichen Körpers (1648), nach der ersten französischen Ausgabe von 1664 übersetzt und mit einer historischen Einleitung versehen von K. E. Rothschuh, Heidelberg 1969, S. 131.
411 Ebd., S. 131f.
412 Ebd., S. 106.
413 AT I, 263; Übers. von mir.
414 An Hyperaspistes, August 1641, Oeuvres et Lettres, a.a.O., S. 1136; Übers. von mir.
415 6. Meditation, AT VII, 73.
416 2. Meditation, AT VII, 29.
417 Hobbes, 3. Einwände, AT VI, 270f.
418 AT VII, 271.
419 Vgl. AT VII, 54-57, 76-78.
420 Briefe von Malebranche an Mairan vom 6.9. und 17.6.1714. - S. V. Cousin, Fragments de Philosophie Cartésienne, Paris 1845, S. 343 und 308; zit. nach E. Cassirer, Das Erkenntnisproblem, Bd. 1, Darmstadt 1974, S. 569f.
421 Blaise Pascal, Über die Religion und über einige andere Gegenstände (Pensées), übertragen und hg. von E. Wasmuth, Frg. 282. Heidelberg 1978.
422 Vgl. K. Kanthack, Leibniz: Ein Genius der Deutschen, Berlin 1946, S. 57ff.
423 Die "Monadologie" (1714), Hauptschriften zur Grundlegung der Philosophie, übers. von A. Buchenau, Hamburg 1966, Bd. II, S. 436.
424 Siehe z.B. Hauptschriften, Bd. II, a.a.O., S. 270.
425 Hauptschriften, Bd. II, a.a.O., S. 123-128.
426 Ebd., S. 124.
427 Ebd.; Hervorhebung von mir.
428 Ebd.
429 Ebd., S. 125.
430 Die Methoden der universellen Synthesis und Analysis, Hauptschriften Bd. I, a.a.O., S. 46.
431 Über die Methode, reale Phänomene... zu unterscheiden, a.a.O., S. 125.
432 Neue Abhandlungen über den menschlichen Verstand, übers., eingel. und erl. von E. Cassirer, Hamburg 1971, IV. Buch, II, § 2, S. 437.

433 Über die Methode..., a.a.O., S. 125.
434 Ebd., S. 126.
435 Ebd., S. 126f.
436 P. Strawson, Skeptizismus und Naturalismus, aus dem Engl. von M. N. Istase, Frankfurt/M. 1987, S. 37.
437 George Berkeley, Philosophisches Tagebuch (Philosophical commentaries), übers. und hg. von W. Breidert, Hamburg 1979, Notiz 87.
438 Ders., Drei Dialoge zwischen Hylas und Philonous (1713), Leipzig 1926, S. 95.
439 John Locke, An Essay Concerning Human Understanding, Collected and annotated with prolegomena, biographical, critical, and historical by A. P. Fraser, in two vols., New York 1959, Book IV, 11.8.
440 Kritik der reinen Vernunft, Vorrede zur zweiten Auflage B XXXIX, Werkausgabe, a.a.O.
441 Ebd., B 275
442 Ebd., B 277ff.
443 Ebd., B 278.
444 Über die Religion..., a.a.O., Frg. 386.
445 Calderon de la Barca, Das Leben ein Traum (La vida es sueño 1635), Nachdichtung und Nachwort von E. Gürster, Stuttgart 1955.
445a Ebd., S. 63.
446 Thomas Hobbes, Leviathan oder Stoff, Form und Gewalt eines kirchlichen und bürgerlichen Staates (1650), hg. und eingel. von I. Fetscher, Stuttgart 1984, S. 15.
447 Vom Körper, a.a.O., IV, 25.9.
448 Hierzu W. v. Leyden, Descartes and Hobbes on waking an dreaming, in: Revue Internationale de Philosophie 10 (1956), 95-101.
449 Vom Körper, a.a.O., IV., 25.9.
450 Neue Abhandlungen, a.a.O., II. Buch, § 14, S. 89f.
451 Baruch de Spinoza, Briefwechsel, Hamburg 1977, S. 70.
452 S. L. Feuer, The dream of Benedict de Spinoza, in: American Imago XIV n°3 (1957), 225-242.
453 An Balling, a.a.O., S. 71.
454 An Schuller, Briefwechsel, a.a.O.
455 Encyclopédie ou Dictionnaire Raisonné Des Sciences, des Arts Et Des Métiers, Nouvelle impression en facsimilé de la première

édition de 1751-1780, Vol. 15 (1765), Stuttgart/Bad Cannstatt 1967, S. 354.
456 Leviathan, a.a.O., S. 50.
457 Ebd., S. 19f.
458 Kritik der reinen Vernunft, a.a.O., B 133.
459 Versuch über die Krankheiten des Kopfes, A 22.
460 M. Foucault, Wahnsinn und Gesellschaft, a.a.O., S. 240ff..
461 A Treatise of Dreams and Visions, London 1662; 2. Aufl.: Pythagoras, his Mystick Philosophy revived; or, the Mystery of Dreams unfolded (1689).
462 A Discourse of the Causes, Natures and Cure of Phrenesie, Madness or Distraction (1689); The Augustean Reprint Society, Publication Number 160, Los Angeles 1973. Bezüglich der biographischen Angaben folge ich den Herausgebern.
463 Ebd., S. 249; hier und im folgenden von mir übersetzt.
464 Ebd., S. 253.
465 Ebd., S. 260.
466 Ebd., S. 259.
467 F. Schalk, Somnium und verwandte Wörter in den romanischen Sprachen, Arbeitsgemeinschaft für Forschung des Landes Nordrhein-Westfalen, Heft 32, Köln 1955.
468 A Discours..., a.a.O., S. 258.
469 Ebd., S. 261.
470 Ebd., S. 266.
471 Pierre Le Loyer, Quatre Livres des Spectres ou Apparitions et Visions d'esprits, anges et démons se montrant sensibles aux hommes, Angers 1586; 1608 auf acht Bücher erweitert und als Quartband erschienen unter dem Titel "Discours et Histoire des Spectres ou Apparitions des esprits"; ich zitiere und übersetze nach der Ausgabe von 1608.
472 Ebd., S. 2f.
473 Ebd., S. 3.
474 Ebd., S. 170.
475 Ebd., S. 3.
476 Ebd., S. 9.
477 Artikel 'Le Loyer' in der Nouvelle Biographie Générale.
478 Hobbes, Vom Körper, a.a.O., IV, 25.9.
479 Leviathan, a.a.O., S. 229f.
480 Ebd., S. 16.
481 Ebd.
482 Ebd., S. 17.

483 Ebd., S. 83.
484 Ebd.
485 Ebd., S. 487.
486 Erforschung der Wahrheit (Recherche de la Vérité, 1674), 3 Bde., München 1914, Bd. III, 6. Hauptstück I, S. 308ff.
487 Ebd., S. 309f.
488 Ebd., S. 309.
489 Ebd., S. 311.
490 Ebd., S. 312.
491 Ebd., S. 310.
492 Ebd., S. 312.
493 Balthazar Bekker, De betoverde Wereld (Amsterdam 1691); deutsch: Bezauberte Welt, Neuübersetzung: J. S. Semler, Leipzig 1781/82.
494 Buch I, 4. Hauptstück, S. 3.
495 Vorrede, 26.
496 Buch II, XXXII. Hauptst., 225f.
497 Buch II, S. 4.
498 Buch IV, 24.
499 Ebd.
500 Buch IV, S. 9.
501 Buch IV, S. 13.
502 Buch IV, S. 294.
503 Buch IV, S. 25.
504 Buch IV, S. 26.
505 Buch IV, S. 308.
506 Against Modern Sadducism, S. 38; zit. nach B. Easlea, Witchhunting, magic and the New Philosophy: An introduction to the debates of the scientific revolution 1450-1750, Sussex 1980, S. 205; Übers. von mir.
507 Ebd.; zit. nach Easlea, ebd., S. 203; Übers. von mir.
508 zit. nach Easlea, Ebd., S. 208; Übers. von mir.
509 Thomas Sprat, History of the Royal Society, ed. with critical apparatus by J. I. Cope and H. Whitmore (London 1667), St. Louis/Miss. 1958, S. 340f.; Übers. und Hervorhebung von mir.
510 Against Modern Sadducism; zit. nach Easlea, S. 203.
511 The Vanity of Dogmatizing, The three versions, hg. von St. Medcalf, Hove (Sussex) 1970, S. 211.
512 Easlea, a.a.O., S. 203ff.
513 An Historical, Physiological and Theological Treatise of Spirits, Apparitions, Witchcrafts and other Magical Practices, 8 Bde.,

London 1705; Historisch = Physiologisch = und Theologischer Tractat/ Von/ Geistern... Nebst einer Vorrede/ Des Herrn Geheimbden Raths Thomasii..., Halle 1721.
514 Historisch = Physiologisch = und Theologischer Tractat/ Von/ Geistern..., a.a.O., S. 275.
515 Ebd., S. 274f.
516 Ebd., S. 296.
517 Ebd., S. 275.
518 Ebd., S. 357.
519 Ebd., S. 296f.
520 Ebd., S. 314.
521 Ebd., S. 328.
522 Vorrede Thomasii.
523 Siehe Artikel 'Beaumont' im Dictionary of National Biography.
524 Historisch = Physiologisch = und Theologischer Tractat/ Von/ Geistern..., a.a.O., S. 354ff.
525 Thomas Nashe, The Terrors of the Night, Or a Discourse of Apparitions, in: The Works of Thomas Nashe, edited from the original Texts by R. B. McKerrow, vol. 1, Oxford 1958. - Über die Entstehung und Hintergründe des Textes siehe C. G. Harlow, Thomas Nashe, Robert Cotton the antiquary, and The Terrors of the Night, in: Review of English Studies 12 (1961), 7-23; alle Nashe-Zitate sind von mir übersetzt.
526 The Terrors of the Night, a.a.O., S. 345.
527 Ebd., S. 346.
528 Ebd., S. 367.
529 Ebd.
530 Ebd., S. 354.
531 J. Schings, Melancholie und Aufklärung, Stuttgart 1977.
532 The Terrors of the Night, a.a.O., S. 368.
533 Ebd., S. 357.
534 Ebd.
535 Ebd., S. 378.
536 K. Thomas, Die Hexen und ihre soziale Umwelt, in: Cl. Honegger (Hg.), Die Hexen der Neuzeit: Zur Sozialgeschichte eines kulturellen Deutungsmusters, Frankfurt/M. 1978, S. 285.
537 Receuil de Dissertations Anciennes et Nouvelles, Sur les Apparitiones, les visions & les Songes, Avec une Préface historique par M. l'Abbé Lenglet Dufresnoy, Tome second, Partie II, Paris 1751.
538 Du sommeil et des songes par M. de la Motte le Vayer, in: Receuil..., a.a.O., S. 10; Übers. der Zitate von mir.

539 Ebd., S. 11.
540 Ebd., S. 31.
541 Ebd., S. 11.
542 Ebd., S. 21.
543 Ebd., S. 23ff.
544 Ebd., S. 24.
545 Ebd., S. 33.
546 Ebd., S. 25ff.
547 Ebd., S. 28.
548 Zit. nach E. Bloch, Das Prinzip Hoffnung, Bd. I, Frankfurt/M. 1959, S. 175.
549 Le Vayer, a.a.O., S. 36.
550 Ebd., S. 10.
551 Das folgende nach J.-M. Goulemout, Démons, Merveilles et Philosophie à l'Age Classique, in: Annales E.S.C. 35 (1980), 1223-1251.
552 Zit. nach Goulemout, Ebd., S. 1226; Übers. von mir.
553 Zit. nach Goulemout, Ebd., S. 1227; Übers. von mir.
554 Zit. nach Goulemout, Ebd., S. 1227; Übers. von mir.
555 Zit. nach Goulemout, Ebd., S. 1228; Übers. von mir.
556 Francis Bacon, On prophecies, in: Works, Bd. 6, Stuttgart/Bad Cannstatt 1963, S. 463ff.
557 Anonym, in: Receuil de Dissertations..., a.a.O., S. 139-146; Übers. im folgenden von mir.
558 Ebd., S. 144.
559 Ebd., S. 141.
560 Ebd., S. 145.
561 Ebd., S. 142.
562 In: Receuil de Dissertations..., a.a.O., S. 147-169; Übers. im folgenden von mir.
563 Ebd., S. 147ff.
564 Ebd., S. 149.
565 Ebd.
566 Zit. nach L. Lévy-Bruhl, Die geistige Welt der Primitiven, Darmstadt 1966, S. 95.
567 Zit. nach Lévy-Bruhl, Ebd., S. 96.
568 Zit. nach Lévy-Bruhl, Ebd., S. 100.
569 Discours de la vanité des songes..., a.a.O., S. 151.
570 Ebd., S. 150.
571 Ebd., S. 154ff.
572 Ebd., S. 158.

573 Ebd., S. 166ff.
574 Ebd., S. 159ff.
575 Ebd., S. 158.
576 E. Jones, Der Alptraum in seiner Beziehung zu gewissen mittelalterlichen Formen des Aberglaubens (1912), Nendeln/Liechtenstein 1970.
577 Leviathan, a.a.O., S. 15ff.
578 Ebd., S. 13.
579 J. Locke, Essay (1), a.a.O., S. 135ff.
580 Bezauberte Welt, a.a.O., IV. Buch, S. 22; Hevorhebung von mir.
581 Ebd.
582 Heinrich Adam Meissner, Philosophisches Lexicon aus Christian Wolffs sämtlichen deutschen Schriften (1734), S. 620.
583 Ebd., S. 621.
584 Ebd., S. 620.
585 Ebd., S. 621.
586 Leviathan, a.a.O., S. 19.
587 Ebd., S. 20.
588 Ebd.
589 Ebd., S. 19.
590 Ebd.
591 M. Foucault, Die Ordnung der Dinge, Frankfurt/M. 1974, S. 83.
592 Bd. 15, 1765; die Zitate aus Formeys Artikel sind von mir übersetzt.
593 Ebd., S. 354.
594 Ebd.
595 Ebd., S. 355.
596 Ebd., S. 354f.
597 Vgl. G. W. Leibniz, Neue Abhandlungen über den menschlichen Verstand, a.a.O., S. 79f.; S. 87f.
598 An Essay concerning human understanding, Bd. I, a.a.O., S. 135f.
599 Neue Abhandlungen..., a.a.O., S. 89.
600 Encyclopédie, a.a.O., S. 355.
601 Ebd., S. 356.
602 Ebd.
603 Ebd., S. 357.
604 Ebd., S. 356.
605 Ebd.
606 Ebd., S. 358.
607 Ebd.
608 Ebd., S. 358f.

609 Vgl. Satura, Kants Erkenntnispsychologie, Kantstudien, Ergänzungsheft 101, Bonn 1971.
610 Immanuel Kant, Anthropologie in pragmatischer Hinsicht, BA 104f.
611 Ebd., BA 104.
612 Die philosophischen Hauptvorlesungen Kants, 122f., zit. nach Satura, a.a.O., S. 126.
613 Immanuel Kants Menschenkunde oder philosophische Anthropologie, 173f., Phil. Hauptvorlesungen, zit. nach Satura, a.a.O., S. 127.
614 Anthropologie, BA 190.
615 Ebd., BA 105.
616 Ebd.
617 I. Kant, Kritik der Urteilskraft, B 302.
618 Ebd.
619 I. Kant, Träume eines Geistersehers, erläutert durch die Träume der Metaphysik (1766), A 115.
620 Ebd., A 114.
621 Ebd., A 84.
622 Ebd., A 98.
623 Ebd., A 84.
624 Ebd., A 102.
625 Ebd., A 47f.
626 Ebd., A 23.
627 Ebd., A 40.
628 Ebd., A 42.
629 Ebd., A 58.
630 Ebd., A 81.
631 Ebd., A 72.
632 Ebd., A 114.
633 Ebd., A 34.
634 Ebd., A 120.
635 Ebd., A 10; Hevorhebung von mir.
636 Ebd., A 120.
637 Ebd.
638 H. Böhme/G. Böhme, Das Andere der Vernunft: Zur Entwicklung von Rationalitätsstrukturen am Beispiel Kants, Frankfurt/M. 1983, S. 251.
639 'Geisterseher', a.a.O., A 81.
640 Ebd., A 59.
641 Ebd., A 61.

642 Ebd., A 71.
643 Ebd., A 126.
644 Ebd., A 72.

**Quellen**

Addison, Joseph: On the pleasures of imagination. In: The Spectator, No. 411-421 (1718).
Addison, Joseph: In: The Spectator 487 (1712), S. 226-230.
Agrippa von Nettesheim, Heinrich Cornelius: De occulta philosophia. Drei Bücher der Magie (1510). Nördlingen 1987.
Aristoteles: Hauptwerke. Ausgewählt und übers. von W. Nestle. Stuttgart 1953.
Aristoteles: Kleine Naturwissenschaftliche Schriften (Parva Naturalia). Übers. und mit einer Einl. und erkl. Anm. vers. von E. Rolfes. Leipzig 1924.
Artemidor von Daldis: Das Traumbuch. Aus dem Griechischen übertragen, mit einem Nachwort, Anmerkungen und Literaturhinweisen versehen von K. Brackertz. München 1979.
Bacon, Francis: On prophecies. In: Works. 14 Bde. Hg. von J. Spedding, R. Ellis und D. D. Heath. London 1857-1874. Bd. 6, S. 463-465. Stuttgart/Bad Cannstatt 1963.
Baillet, A.: La Vie de M. Descartes. 2 Bde. Paris 1961. Neudruck: Hildesheim/New York 1972.
Beaumont, John: Historisch = Physiologisch = und Theologisches Tractat/ Von/ Geistern/ Erscheinungen, Hexereyen/ und andern Zauber = Händeln,/ Darinnen/ Von denen Geniis oder Spiritibus familiaribus, so wohl guten/ als bösen/ welche die Menschen in diesem Leben begleiten sollen/ und was einige (insonderheit der Author viele Jahre aus eigener/ Erfahrung) davon wahrgenommen,/ Wie auch von Erscheinungen derer Geister nach dem Tod/ Außerordentlichen Träumen, Wahrsagereyen, Personen, die Geister sehen,/ und dergleichen, Nachricht ertheilet,/ Ingleichen die Gewalt derer Hexen und daß es würcklich Magische/ Würckungen gebe, klärlich dargethan,/ Anbey D. Bekkers bezauberte Welt/ Nebst andern Scribenten, die sich dergleichen Glaubwürdigkeiten widersetzt,/ widerlegt wird/ Aus der Englischen Sprache in die Teutsche/ mit Fleiß übersetzt von Theodor Arnold./ Nebst einer Vorrede/ Des Herrn Geheimbden Raths Thomasii, /Wie auch neuen Summarien und vollständigen Registern. 16 Bl. Vorrede, 360 Seiten 4°. Halle im Magdeburgischen 1721.
Bekker, Balthazar: De betoverde Wereld (Amsterdam 1691). Deutsch: Bezauberte Welt. Neuübersetzung: J. S. Semler. Leipzig 1781/82.
Berkeley, George: Drei Dialoge zwischen Hylas und Philonous (1713). Leipzig 1926.

Berkeley, George: Philosophisches Tagebuch (Philosophical commentaries). Übers. und hg. von W. Breidert. Hamburg 1979.
Brant, Sebastian: Das Narrenschiff (Basel 1494). Übertragen von H. A. Junghans. Neu hg. von H.-J. Mähl. Stuttgart 1964.
Bright, Timothy: A Treatise of Melancholy (1586). Reproduced from the 1586 edition with an introduction by H. Craig. New York 1940.
Browne, Sir Thomas: Religio Medici. Ein Versuch über die Vereinbarkeit von Vernunft und Glauben (1642). Übertragen und hrsg. von W. v. Koppenfels. Berlin 1978.
Calderon de la Barca, Pedro: Das Leben ist ein Traum (La vida es sueño 1635). Nachdichtung und Nachwort von E. Gürster. Stuttgart 1955.
Cardano, Girolamo: Des Girolamo Cardano von Mailand eigene Lebensbeschreibung (De vita propria 1642). Übersetzt von H. Hafele. München 1962.
- Traumbuch. A. d. Latein <wahrhaftige, unbetrügliche Unterweisung, wie allerhand nächtliche Träume und Erscheinungen ausgelegt werden sollen> (Synesiorum omnis generis explicantes, Libri IV 1545). Basel 1563.
Cicero, Marcus Tullus: M. Tulli Ciceronis de divinatione libri duo. Hg. von A. St. Pease. Darmstadt 1963.
Dee, John: The private diary of Dr. John Dee. Hg. von J. O. Halliwell. Camden Society 1842.
Descartes, René: Oeuvres de Descartes. Hg. von Ch. Adam und P. Tannery, 11 Bde. 1897-1910; Neuaufl. 1964-1967.
- Oeuvres et Lettres. Textes présentés par A. Bridoux. Paris 1953.
- Regeln zur Ausrichtung der Erkenntniskraft (Regulae ad directionem ingenii). Lat.-deutsch. Hg. von H. Springmeyer, L. Gäbe und H. G. Zehl. Hamburg 1973.
Descartes, René: Von der Methode (Discours de la Méthode 1637). Übersetzt von A. Buchenau und L. Gäbe. Hamburg 1971.
- Meditationen über die Grundlagen der Philosophie (Meditationes de prima philosophia). Lat.-deutsch. Hg. von A. Buchenau, L. Gäbe und H. G. Zehl. Hamburg 1977.
- Über den Menschen (1632). Beschreibung des menschlichen Körpers (1648). Nach der ersten französischen Ausgabe von 1664 übersetzt und mit einer historischen Einleitung versehen von K. E. Rothschuh. Heidelberg 1969.
- Briefe (1629-1650). Hg. von M. Bense. Köln 1949.
Dürer, Albrecht: Schriftlicher Nachlaß. Bd. 1. Hg. von H. Ruppich. Berlin 1956.

Formey, Jean-Henri-Samuel: "Songe". In: Encyclopédie ou Dictionnaire Raisonné Des Sciences, Des Arts Et Des Métiers. Nouvelle impression en facsimilé de la première édition de 1751-1780. Vol. 15 (1765). Stuttgart/Bad Cannstadt 1967.

Glanvill, Joseph: The Vanity of Dogmatizing. The three versions. Hg. von St. Medcalf. Hove (Sussex) 1970.

Gregor der Große: Des Heiligen Papstes und Kirchenlehrers Gregor des Großen Vier Bücher Dialoge (Dialogi). Aus dem Lateinischen übers. von J. Funk. München 1933.

Heraklit: Fragmente. Griech. und deutsch von B. Snell. München 1965.

Hildegard von Bingen: Der Äbtissin Hildegard von Bingen Ursachen und Behandlung der Krankheiten (Causae et Curae, ca. 1150-60). München 1933.

- De operatione Dei. Aus dem Genfer Kodex übers. und erl. von H. Schipperges. Salzburg 1965.
- Scivias. Wisse die Wege. 5. Aufl. Salzburg 1963.

Hobbes, Thomas: Leviathan oder Stoff, Form und Gewalt eines kirchlichen und bürgerlichen Staates (1650). Hg. und eingel. von I. Fetscher. Stuttgart 1984.

- Vom Körper. Elemente der Philosophie I (Elementorum Philosophiae Sectio Prima D. Corpore). Übers. von M. Frischeisen-Köhler. Hamburg 1967.

Homer: Ilias (griech. und deutsch). Übertr. von H. Rupé. Mit Urtext, Anh. und Reg. Darmstadt 1983.

- Odyssee (griech. und deutsch). Übertragung von A. Weiher. München 1955

Honorius Augustudonensis: L'Elucidarium et les lucidaires. (Anfang 12. Jh.). Paris 1954.

Institoris, Heinrich/Jacob Sprenger: Der Hexenhammer (Malleus maleficarum, 1487). Aus dem Lateinischen übertr. und eingel. von J. W. R. Schmidt. München 1983.

Kant, Immanuel: Werke in 12 Bdn. Hg. von W. Weischedel. Frankfurt/M. 1968.

Leibniz, Gottfried Wilhelm: Hauptschriften zur Grundlegung der Philosophie. Übers. von A. Buchenau. 2 Bde. Hamburg 1966.

- Neue Abhandlungen über den menschlichen Verstand. Übers., eingel. und erl. von E. Cassirer. Hamburg 1971.

Le Loyer, Pierre: Quatre Livres des Spectres ou Apparitions et Visions d'esprits, anges et démons se montrant sensibles aux hommes. Angers 1586. 1608 auf acht Bücher erweitert und als Quartband erschienen unter dem Titel "Discours et Histoire des Spectres ou Apparitions des esprits".

Lenglet Dufresnoy: Receuil de Dissertations Anciennes et Nouvelles, Sur les Apparitiones, les Visions & les Songes. Avec une Préface historique par M. l'Abbé Lenglet Dufresnoy. Tome second, Partie II. Paris 1751.

Locke, John: An Essay Concerning Human Understanding. Collected and annotated with prolegomena, biographical, critical, and historical by A. P. Fraser. In two vols. New York 1959.

Malebranche, Nicole de: Erforschung der Wahrheit (Recherche de la Vérité, 1674). 3 Bde. München 1914.

Macrobius: Stahl, W. H.: Macrobius Commentary on the Dream of Scipio. New York 1952.

Meissner, Heinrich Adam: Philosophisches Lexicon aus Christian Wolffs sämtlichen deutschen Schriften (1734).

Melanchthon, Philipp: Des/ Griechischen Philosophen/ Artemidori/ Traum=Buch/ In Dem/ Der Ursprung, Unterschied und die Bedeutung allerhand Träume, die einem im Schlaf vorkom-men/ können,/ aus natürlichen Ursachen/ hergeleitet und erkläret wird,/ Nebst einer Erinnerung/ Philipp Melanchthons/ vom/ Unterschied der Träume/ und angehängten Berichte,/ was/ von Träumen zu halten sey./ Neue verbesserte/ und mit einem vollständigen Register und einer/ Astronomischen/ Traum=Tafel/ vermehrte Auflage. Leipzig 1753. Unveränderter Nachdruck. Braunschweig o.J..

Müntzer, Thomas: Die Fürstenpredigt. Theologisch-politische Schriften. Stuttgart 1983.

Nashe, Thomas: The Terrors of the Night, Or a Discourse of Apparitions. In: The Works of Thomas Nashe. Edited from the original Texts by R. B. McKerrow. Vol. 1. Oxford 1958.

Paracelsus, Theophrastus (Bombastus) von Hohenheim: Werke, 5 Bde. Eingerichtet von W.-E. Peuckert. Darmstadt 1967.

Pascal, Blaise: Über die Religion und über einige andere Gegenstände (Pensées). Übertragen und hg. von E. Wasmuth. Heidelberg 1978.

Platon: Studienausgabe griech./deutsch in 8 Bdn. Rev. Übers. nach Schleiermacher. Darmstadt 1970.

Pomponazzi, Pietro: De naturalium effectuum admirandorum causis, sive de incantationibus. Basel 1556.

Porta, Gianbattista della: Natürliche Magia, Das ist/ Ein ausführlicher und gründlicher Bericht/ von den Wunderwercken Natürlicher Dinge/ in vier Bücher abgetheilet./ Erstlich von Joanne Baptista Porta, einem Neapolitaner/ in Lateinischer Sprache beschrieben/ Nun aber durch einen besondern Liebhaber der Philosophiae, In unser hochteutsche Sprach verbracht/ vnd allen denen/ so des

Lateinischen vnerfahren seyn/ zu guten in Druck ver/fertiget. (Magdeburg/ bey Martin Rauschern Anno M.DC.XII) [1612].

Rabelais, François de: Gargantua und Pantagruel. Übers. v. A. Gelbcke. Frankfurt/M. 1982.

Seuse, Heinrich: Deutsche Schriften. Hg. von K. Bihlmeyer. Stuttgart 1907 (unv. Neudruck Frankfurt/M. 1961).

Somniale Danielis. An edition of a medieval latin dream interpretation handbook. Lateinische Sprache und Literatur des Mittelalters, Bd. 10. Frankfurt/M./Cerincester (U.K.) 1981.

Spinoza, Baruch de: Briefwechsel. Hamburg 1977.

Sprat, Thomas: History of the Royal Society. Ed. with critical apparatus by J. I. Cope and H. Whitmore. (London 1667). St. Louis/Miss. 1958.

Synesios: Das Traumbuch des Synesios von Kyrene. Übersetzung und Analyse der philosophischen Grundlagen von W. Lang, Heidelberger Abhandlungen zur Philosophie und ihrer Geschichte. Bd. 10. Tübingen 1926.

Tertullian: Die Seele ist ein Hauch. Über die Seele. Das Zeugnis der Seele. Vom Ursprung der Seele. Eingel. und erl. von J. H. Waszink. Zürich/München 1986².

Tryon, Thomas: A Treatise of Dreams and Visions. London 1662. 2. Aufl. Pythagoras, his Mystick Philosophy revived. Or, the Mystery of Dreams unfolded (1689).

- A Discourse of the Causes, Natures and Cure of Phrenesie, Madness or Distraction (1689). The Augustean Reprint Society. Publication Number 160. Los Angeles 1973.

**Sekundärliteratur**

Alewyn, R.: Das große Welttheater. Hamburg 1959.

Allen, D. C.: Doubt's boundless sea. Skepticism and faith in the Renaissance. Baltimore 1964.

Arnold, P.: Descartes et les Rose-Croix. In: Mercure de France 340 (1955), 266-284.

- Le "songe" de Descartes. In: Cahiers du Sud 39 (1952), 274-291.

Bach, R.: Volkskunde. Heidelberg 1960.

Benjamin, W.: Traumkitsch. In: Gesammelte Schriften. Bd. II. Frankfurt/M. 1977.

E. Benz: Die Visionen. Stuttgart 1969.

Binswanger, L.: Wandlungen in der Auffassung vom Traum von den Griechen bis zur Gegenwart. Berlin 1928.

Bloch, E.: Das Prinzip Hoffnung. Bd. I. Frankfurt/M. 1959.
- Thomas Müntzer als Theologe der Revolution. Frankfurt/M. 1977.
Blumfeld, D./J. B. Blumfeld: Can I know that I am not dreaming? In: M. Hooker (ed.): Descartes. Critical and interpretive essays. Baltimore 1978, S. 234-256.
Böhme, H./G. Böhme: Das Andere der Vernunft. Zur Entwicklung von Rationalitätsstrukturen am Beispiel Kants. Frankfurt/M. 1983.
Borkenau, F.: Der Übergang vom feudalen zum bürgerlichen Weltbild. Studien zur Geschichte der Philosophie der Manufakturperiode. Paris 1934.
Bourcier, E.: Les journaux privés en Angleterre de 1600-1660. Paris 1976.
Brehlich, A.: The place of dreams in the religious concept of the Greeks. In: Grunebaum, G. E. v./R. Caillois (Eds.): The dream and human societies. Berkeley/Los Angeles 1966, S. 293-318.
Buchsenschütz, B.: Traum und Traumdeutung im Alterthume. Berlin 1868.
Bunday, M. W.: The Theory of Imagination in Classical and Medieval Thought. Urbana 1927.
Burke, P.: Die Renaissance in Italien. Sozialgeschichte einer Kultur zwischen Tradition und Erfindung. Berlin 1985.
- Für eine Geschichte des Traums. In: Freibeuter 27 (1986) [50-65], 60.
Callois, R.: L'incertitude qui vient des rêves. Paris 1956.
Cassirer, E.: Das Erkenntnisproblem. Bd. 1 (1922). Darmstadt 1974.
- Die Philosophie der Aufklärung. Tübingen 1932.
Castelli, E.: Le démoniaque dans l'art-sa signification philosophique. Paris 1958.
Debus, A.: Man and nature in Renaissance. Cambridge 1978.
Delumeau, J.: Angst im Abendland. Die Geschichte kollektiver Ängste im Europa des 14. bis 18. Jahrhunderts. Deutsch von M. Hübner, G. Konder und M. Roters-Burck. Hamburg 1985.
Diepgen, P.: Der Traum als medizinisch-wissenschaftliches Problem im Mittelalter. Berlin 1912.
- Arnaldus von Villanova. In: Archiv für Geschichte der Medizin 3 (1910), 369-397; 5 (1911), 115-131 und 118-197.
Dinzelbacher, P.: Vision und Visionsliteratur im Mittelalter. Monographien zur Geschichte des Mittelalters. Bd. 23. Stuttgart 1981.
- Die Visionen des Mittelalters. Ein geschichtlicher Umriß. In: Zeitschrift für Religions- und Geistesgeschichte 30 (1978), 116-128.
Dodds, E. R.: Die Griechen und das Irrationale [1956]. Darmstadt 1970.

Dodds, E. R.: Heiden und Christen in einem Zeitalter der Angst. Aspekte religiöser Erfahrung von Marc Aurel bis Konstantin. Übers. von H. Finkel-Eitel. Frankfurt/M. 1985.

Douglas, A. H.: The Philosophy of Pietro Pomponazzi. Hildesheim 1962.

Dürr, H. P.: Traumzeit. Über die Grenzen zwischen Wildnis und Zivilisation. Frankfurt/M. 1983.

Easlea, B.: Witchhunting, magic and the New Philosophy. An introduction to the debates of the scientific revolution 1450-1750. Sussex 1980.

Elias, N.: Über den Prozeß der Zivilisation (1956). 2 Bde. Frankfurt/M. 1976.

Feuer, S. L.: The dream of Benedict de Spinoza. In: American Imago XIV, No. 3 (1957), 225-242.

Fierz, M.: Girolamo Cardano (1501-1576). Arzt, Naturphilosoph, Mathematiker, Astronom und Traumdeuter. Basel/Stuttgart 1977.

Foucault, M.: Wahnsinn und Gesellschaft. Eine Geschichte des Wahns im Zeitalter der Vernunft. Frankfurt/M. 1969.

- Die Ordnung der Dinge. Frankfurt/M. 1974.
- Sexualität und Wahrheit (I). Die Sorge um sich. Frankfurt/M. 1986.

Franz, M.-L. v.: Der Traum des Descartes. In: Zeitlose Dokumente der Seele. (Studien aus dem C. G. Jung-Institut Zürich, 3) Zürich 1952.

French, P.: John Dee. The World of an Elizabethan Magus. London 1972.

Freud, S.: Studienausgabe in 10 Bdn. Frankfurt/M. 1969-79.

- Brief an Maxime Leroy. Über einen Traum des Cartesius (1929). In: Über Träume und Traumdeutung, Frankfurt/M. 1971, S. 113-117.

Gäbe, L.: Descartes' Selbstkritik. Untersuchungen zur Philosophie des jungen Descartes. Hamburg 1972.

Ginzburg, C.: Die Benandanti. Feldkulte und Hexenwesen im 16. und 17. Jahrhundert. Frankfurt/M. 1980.

Gloger, B./W. Zöllner: Teufelsglaube und Hexenwahn. Wien 1983.

Götz, R.: Der Dämonenpakt bei Augustinus. In: G. Schwaiger (Hg.): Teufelsglaube und Hexenprozesse. München 1987, S. 57-84.

Gouhier, H.: Le refus du symbolisme dans l'humanisme cartésien. In: Archivio de Philosophia 23 (1958), 65-74.

Goulemont, J.-M.: Démons, Merveilles et Philosophie à l'Age Classique. In: Annales E.S.C. 35 (1980), 1223-1251.

Graevenitz, J. v. (Hg.): Bedeutung und Deutung des Traumes in der Psychotherapie. Darmstadt 1968.

Grenzmann, L.: Traumbuch Artemidori. Zur Tradition der ersten Übersetzung ins Deutsche durch W. H. Ryff. Saecula spiritualia Bd. 2. Baden-Baden 1980.

Grunebaum, G. E. v./R. Caillois (Eds.): The dream and human societies. Berkeley/Los Angeles 1966.

Hansen, J.: Zauberwahn, Inquisition und Hexenprozeß im Mittelalter und die Entstehung der großen Hexenverfolgung. Aalen 1964.

Harlow, C. G.: Thomas Nashe, Robert Cotton the antiquary, and The Terrors of the Night. In: Review of English Studies 12 (1961), 7-23.

Harmening, D.: Superstitio. Überlieferungs- und theoriegeschichtliche Untersuchungen zur kirchlich-theologischen Aberglaubensliteratur des Mittelalters. Berlin 1979.

Harvey, E. R.: The inward wits. Psychological Theory in the Middle Ages and the Renaissance. London 1975.

Hauschild, Th. (Hg.): Hexen. Katalog zur Wanderausstellung "Hexen" aus d. Hamburg. Museum für Völkerkunde. Berlin 198713.

Holdsworth, C. J.: Visions and visionairies in the Middle Age. In: History 48 (1963), 141-153.

Horkheimer, M./Th. W. Adorno: Dialektik der Aufklärung. Frankfurt/M. 1969.

Huizinga, J.: Herbst des Mittelalters. 11. Aufl. Stuttgart 1975.

Hunter, R./I. Macalpine: Three Hundred years of Psychiatry 1535-1860. London 1963.

Hutin, S.: Henry More. Essai sur les doctrines théoriques chez les Platoniens de Cambridge. Hildesheim 1966.

Jezower, I.: Das Buch der Träume. Frankfurt/M./Berlin/Wien 1985.

Jones, E.: Der Alptraum in seiner Beziehung zu gewissen mittelalterlichen Formen des Aberglaubens (1912). Nendeln/Liechtenstein 1970.

Jüttemann, G. (Hg.): Die Geschichtlichkeit des Seelischen. Der historische Zugang zum Gegenstand der Psychologie. Weinheim 1986.

Kamper, D./Chr. Wolf (Hg.): Die erloschene Seele. Disziplin, Geschichte, Kunst, Mythos. Berlin 1988.

Kamphausen, H. J.: Traum und Vision in der lateinischen Poesie der Karolingerzeit. Bern 1975.

Kanthack, K.: Leibniz. Ein Genius der Deutschen. Berlin 1946.

Kappler, Cl.: Monstres, Démons et Merveilles à la fin du Moyen Age. Paris 1980.

Kenny, A.: Descartes: A study of his philosophy, New York 1968.

Koyré, A.: Galilei. Die Anfänge der neuzeitlichen Wissenschaft. Berlin 1988.

Kunkel, J.: Dreams, Metaphors and Scepticism. In: Philosophy Today 25 (1981), 307-316.

Latacz, J.: Funktionen des Traums in der antiken Literatur. In: Th. Wagner-Simon/G. Benedetti (Hg.): Traum und Träumen. Traumanalysen in Wissenschaft, Religion und Kunst. Göttingen 1984, S. 10-31.

Lecouteux, Cl.: Paganisme, Christianisme et Merveilleux. Annales E.S.C. 37 (1982), 700ff.

Le Goff, J.: La Civilisation de l'Occident médiéval. Paris 1964.

- Für ein anderes Mittelalter. Frankfurt/M./Berlin/Wien 1984.

Lenk, E.: Die unbewußte Gesellschaft. Über die mimetische Grundstruktur in der Literatur und im Traum. München 1983.

Le Roy Ladurie, E.: Montaillou. Ein Dorf vor dem Inquisitor. Frankfurt/M./Berlin/Wien 1983.

Lévy-Bruhl, L.: Die geistige Welt der Primitiven. Darmstadt 1966.

Lewin, B. d.: Dreams and the Uses of Regression. In: Selected Writings. New York 1973.

Leyden, W. v.: Descartes and Hobbes on waking and dreaming. In: Revue Internationale de Philosophie 10 (1956), 95-101.

Lucas, J. D.: Le monde enchanté de la renaissance. Jérome Cardan l'halluciné. Paris 1954.

Macfarlane, A.: The family Life of Ralph Josselin. A seventeenth century clergyman. An Essay in Historical Anthropology. Cambridge 1970.

Malcolm, N.: Dreaming, London 1959.

Meier, C. A.: The dream in ancient Greece and its use in temple cures (incubation). In: Grunebaum, G. E. v./R. Caillois (Eds.): The dream and human societies. Berkeley/Los Angeles 1966, S. 308.

Mittelstraß, J.: Neuzeit und Aufklärung. Berlin 1970.

Muschembled, R.: Culture populaire et Culture des élites dans la France moderne (XVe-XVIIIe siècles). Essai. Paris 1978.

Nakhnikian, G.: Descartes dream argument. In: M. Hooker (ed.): Descartes: Critical and interpretive essays. Baltimore 1978, S. 256-287.

Oppenheim, A. L.: Mantic dreams in the ancient Near East. In: Grunebaum, G. E. v./R. Caillois (Eds.): The dream and human societies. Berkeley/Los Angeles 1966, S. 341-350.

Paques, V.: Les Sciences occultes d'après les documents littéraires du XVIe siècle. Paris 1971.

Pohl, F./Chr. Türcke: Heilige Hure Vernunft. Luthers nachhaltiger Zauber. Berlin 1983.

Popkin, R. H.: The History of Scepticism from Erasmus to Descartes. New York 1964.

Recht, R.: The Foundations Of An Amirable Science. Descartes' Dreams Of 10 November 1619. In: Human Society 4 (1981), 209-219.
Richter, H. E.: Der Gotteskomplex. Die Geburt und die Krise des Glaubens an die Allmacht des Menschen. Hamburg 1986.
Röd, W.: Descartes. Die Genese des Cartesianischen Rationalismus. Zweite, völlig überarb. Aufl. München 1982.
- L'argument du rêve dans la théorie cartésienne de l'expérience. In: Les Etudes philosophiques 1976, 461-473.
Rosenthal, A.: Dürer's dream of 1525. In: Burlington Magazine 69 (1936), 82-87.
Sartre, J.-P.: Das Imaginäre: Phänomenologische Psychologie der Einbildungskraft. Deutsch von H. Schönberg. Hamburg 1971.
Satura, V.: Kants Erkenntnispsychologie. Kantstudien, Ergänzungsheft 101. Bonn 1971.
Schalk, F.: Somnium und verwandte Wörter in den romanischen Sprachen. Arbeitsgemeinschaft für Forschung des Landes Nordrhein-Westfalen. Heft 32. Köln 1955.
Schenda, R.: Die deutschen Prodigiensammlungen des 16. und 17. Jahrhunderts. In: Archiv für Geschichte des Buchwesens (1962), 638-710.
Schings, J.: Melancholie und Aufklärung. Stuttgart 1977.
Schöpf, A. (Hg.): Phantasie als anthropologisches Problem. Würzburg 1981.
Seybold, K.: Der Traum in der Bibel. In: Th. Wagner-Simon/G. Benedetti (Hg.): Traum und Träumen. Traumanalysen in Wissenschaft, Religion und Kunst. Göttingen 1984, S. 32-54.
Siebenthal, W. v.: Die Wissenschaft vom Traum. Berlin 1953.
Smullyan, R.: Traum oder Wirklichkeit? In: Simplicius und der Baum. Bonn 1985.
Snell, B.: Die Entdeckung des Geistes. Studien zur Entdekkung des europäischen Denkens bei den Griechen. Hamburg 1946.
Soldan, W. G./H. Heppe: Geschichte der Hexenprozesse. 2 Bde. (Nachdruck der Ausgabe München 1912). Hanau o.J.
Steiner, G.: Les rêves participent-ils de l'histoire? Deux questions adressées à Freud. In: Le Debat. Paris 1983.
Strawson, P.: Skeptizismus und Naturalismus. Aus dem Engl. von M. N. Istase. Frankfurt/M. 1987.
Talmor, S.: Scepticism and Belief in the Super-Natural. In: Heythrop Journal 21 (1980), 137-152.
Thomas, K.: Die Hexen und ihre soziale Umwelt. In: Cl. Honegger (Hg.): Die Hexen der Neuzeit. Zur Sozialgeschichte eines kulturellen Deutungsmusters. Frankfurt/M. 1978.

Thorndike, L.: A History of Magic and Experimental Science. 8 Bde. New York/London 1923-1958.
Vietta, S.: Literarische Phantasie: Theorie und Geschichte. Barock und Aufklärung. Stuttgart 1986.
Van Lieshout, R. G. A.: Greeks on dreams. Utrecht 1980.
Waetzoldt, W.: Dürer und seine Zeit. Köln 1953.
Wagner-Simon, Th.: Der Heiltraum. In: Th. Wagner-Simon/G. Benedetti (Hg.): Traum und Träumen. Traumanalysen in Wissenschaft, Religion und Kunst. Göttingen 1984, S.67-80.
Wappler, P.: Thomas Müntzer und die 'Zwickauer Propheten'. Zwickau 1908.
Warburg, A.: Heidnisch-antike Wahrsagung in Wort und Bild zu Luthers Zeiten. In: Gesammelte Schriften. Heidelberg 1920, S. 508ff.
Weidhorn, M.: Dreams in seventeenth-century English Literature. The Hague/Paris 1970.
Whyte, L. L.: The Unconscious before Freud. New York 1978.
Williams, B.: Descartes. Das Vorhaben der reinen philosophischen Untersuchung. Königstein/Ts. 1981.
Windelband, W.: Lehrbuch der Geschichte der Philosophie. Hg. von H. Heimsoeth. Tübingen 1976.
Wisdom, J.: Three Dreams of Descartes. In: International Journal of Psychoanalysis 28 (1947), 11-18.
Yates, F. A.: The occult philosophy in the Elizabethan Age. London/Boston/Henley 1979.
Zilborg, G.: A History of medical Psychology. New York 1941.